Edmund Burke, Friedrich von Gentz

Betrachtungen über die französische Revolution

Edmund Burke, Friedrich von Gentz

Betrachtungen über die französische Revolution

ISBN/EAN: 9783744702614

Hergestellt in Europa, USA, Kanada, Australien, Japan

Cover: Foto ©ninafisch / pixelio.de

Weitere Bücher finden Sie auf **www.hansebooks.com**

Betrachtungen

über die

französische Revolution

Nach

dem Englischen des Herrn Bu

neu-bearbeitet

mit

einer Einleitung, Anmerkungen,

politischen Abhandlungen,

und

einem critischen Verzeichniß

der in England über diese Revolution erschienenen Schriften

von

Friedrich Gentz.

Zweiter Theil.

Berlin 1793,

bei Friedrich Vieweg dem Aelteren.

Burke

über die

Französische Revolution.

Zweyte Abtheilung.

Sie sehen mein Freund, daß dieser Brief nun schon zu einer sehr ausführlichen Schrift angewachsen ist. Ich nenne sie ausführlich in Rücksicht auf ihren Umfang, ob sie schon in Vergleichung mit der Unermeßlichkeit des Gegenstandes immer nur kurz seyn kan. Indessen haben Abhaltungen von mannichfaltiger Art meine Ideen über die großen Begebenheiten in Frankreich unterbrochen. Es war mir nicht ganz unangenehm, daß ich dadurch gezwungen wurde, mein Urtheil reifen zu lassen: ich verabsäumte keine Gelegenheit mich zu unterrichten, und meine Vorstellungen von den Dingen an die Dinge selbst zu halten. Ich untersuchte mit strenger Unpartheylichkeit, ob sich nicht in den Verhandlungen der regierenden Macht in Frankreich Ursachen finden würden, meine erste Meynung, wo nicht aufzugeben, doch umzubilden. Aber alles was geschehen ist, hat mich darin befestiget. Es war ursprünglich mein Vorsatz, eine allgemeine Uebersicht der Grundsätze der National-Versammlung in Ansehung der wichtigsten Puncte der Politik vorzunehmen, und den ganzen Umriß des neuen Gebäudes, das sie in die Stelle eines von ihr niedergerißnen gesetzt hat, mit dem Plane unsrer britischen Constitution zu vergleichen *). Aber dieser Entwurf

A 2

*) Diese Idee ist nunmehr, in Ansehung alles dessen wenigstens, was eigentlich die Regierung in beyden Ländern constituirt, von einer Meisterhand ausgeführt. S. Neckers neustes Werk: Du pouvoir Exécutif. — Nirgends ist die unglückliche Sucht eines durch Eitelkeit verblendeten Volks — alles was Vorbild und Beyspiel heißen konnte, zu verachten, und eine neue Welt aus dem Gehirn einiger kurzsichtigen Schwärmer hervorspringen zu lassen — stärker und lebendiger geschildert worden, als in diesem vortreflichen Buche. A. d. U.

war von größerm Umfang, als ich mir anfänglich vorgestellt
hatte, und Ihren Landsleuten, mein Freund, scheint es überdies um Beyspiele ganz und gar nicht zu thun zu seyn. Ich
begnüge mich daher jetzt, einige Anmerkungen über die wichtigsten Puncte des neuen Regierungssystems zu machen, und verspare das, was ich über den Geist der brittischen Staatsverfassung in Rücksicht auf ihre monarchischen, auf ihre aristokratischen, und auf ihre demokratischen Bestandtheile sagen wollte, für eine andre Gelegenheit.

Ich habe bisher mit aller möglichen Freymüthigkeit von
den Operationen der gesetzgebenden Versammlung gesprochen.
Diese Freymüthigkeit kan den jetzigen Regierern Frankreichs
nicht anstößig seyn. Die, deren Grundsatz es ist, die alte,
ehrwürdige Stimme des menschlichen Geschlechts zu verachten,
und einen Grundriß zur gesellschaftlichen Verbindung nach völlig neuen Formen zu entwerfen, müssen natürlicher Weise erwarten, daß wir, in deren Augen das Urtheil der Menschengattung von ganz andrer Wichtigkeit als das ihrige ist, sie
und ihre Erfindungen der allerstrengsten Prüfung unterwerfen
werden. · Sie müssen sich darauf gefaßt machen, daß wir uns
bloß an ihre Gründe halten, aber durchaus nicht an ihre Autorität kehren werden. Sie haben keines der alten, mächtigen
Vorurtheile, die das menschliche Geschlecht regieren, auf ihrer
Seite. Sie haben allem, was Meynung heißt, öffentlich den
Krieg erklärt. Folglich können sie auf Unterstützung von diesem
Tribunal, welches sie sammt allen andern, die sich auf mensch-
liches Ansehen gründeten, umgeworfen, und seiner Gerichts-
barkeit beraubt haben, nicht die geringste Rechnung machen.

Ich kan mich nie entschließen, in dieser Versammlung etwas anders zu sehen, als eine willführlich-zusammengetretne
Gesellschaft von Menschen, die sich günstiger Umstände bedient
haben, um die Regierung eines großen Staats an sich zu reißen.
Sie haben nicht mehr die Vollmacht und Befugniß, die ihnen

der Titel, unter welchem sie sich versammelten, beylegte. Sie
haben eine andre von ganz verschiedner Beschaffenheit angenommen, und alle Verhältnisse, in denen sie sich ursprünglich befanden, vollkommen umgestaltet und verkehrt. Kein constitutionelles Gesetz des Staats hat ihnen die Gewalt beygelegt, die sie
ausüben. Sie sind von den Mandaten der Nation, die sie ab-
gesandt hat, gewichen, da doch diese Mandate die einzigen rechtmäßigen Quellen einer Macht, die sich auf keinen Schatten eines
ältern Gesetzes oder Herkommens gründete, seyn konnten. Die
wichtigsten ihrer Beschlüsse sind nicht einmal durch eine große Majorität zu Stande gekommen: und da bey einem so geringen
Uebergewicht der Stimmen, am Ende doch blos ein erkünstelter
Name der ganzen Versammlung dem Resultat die gesetzliche Gültigkeit leiht, so kömmt es für den der dies Resultat beurtheilen
will, eben so sehr auf Gründe, als auf Stimmenmehrheit an.

Wäre dieses Experiment einer neuen Staatsverfassung schlechthin nothwendig gewesen, um die Lücke, welche die Vertreibung
eines Tyrannen-Regiments gelassen hätte, auszufüllen, so würde das menschliche Geschlecht die Periode der Verjährung in welcher Regierungen, die die Gewalt einführte, zur Rechtmäßigkeit
heranreifen, für einen so ganz ausserordentlichen Fall abgekürzt haben. Alle die, welche aus Wohlgefallen oder aus Interesse bürgerliche Ordnung lieben, hätten das Kind einer solchen dringenden
Nothwendigkeit, der im Grunde alle Staatsverfassungen ihre
Entstehung und vielleicht selbst ihre Fortdauer schuldig sind, schon
in der Wiege als rechtmäßig anerkannt. Aber sie werden sich
langsam und ungern entschließen, ihre Beystimmung zu den Operationen einer Macht zu geben, die weder vom Gesetz noch von
der Nothwendigkeit abstammt, und die ihren Ursprung mitten
unter den Lastern und Unordnungen gefunden hat, welche die gesellschaftliche Verbindung stöhren, und zuweilen auseinander reis-
sen. Auf Verjährung kan also diese Versammlung nicht bauen.
Wir haben ihre eigne Erklärung, daß sie eine Revolution stiften
wollte. Eine Revolution stiften ist ein Vorhaben, welches im

Augenblick da es sich zeigt (prima fronte) einer Rechtfertigung
bedarf. Eine Revolution stiften, heißt, den ganzen bisherigen
Zustand eines Reichs über den Haufen werfen; und ein so ge-
waltsames Unternehmen wird durch keine alltägliche Bewegungs-
gründe entschuldigt. Die allgemeine Stimme der Menschen be-
mächtiget den, welcher die Befugnisse einer neu-entstandnen
Macht untersucht und ihre Operationen beurtheilt, mit weit weniger Schonung und Ehrfurcht zu verfahren, als dem obliegt,
der sich mit einer längst eingeführten und anerkannten beschäftigt.

Diese Versammlung scheint in allem was auf die Erlangung
und Sicherstellung ihrer Macht Bezug hat, nach ganz andern
Principien zu handeln, als in dem, was den Gebrauch dieser
Macht angeht. Eine nähere Erwägung dieses Unterschiedes wird
uns den Schlüssel zu den wahren Triebfedern ihres Betragens geben. In allem, was sie gethan haben, oder noch thun, um
Macht zu erwerben oder festzuhalten, bedienen sie sich der gemeinsten Kunstgriffe. Sie verfahren ganz so, wie ihre Vorgänger in
der Herrschsucht verfuhren. Verfolgt sie in allen ihren Planen,
Ränken und Gewaltthätigkeiten: ihr werdet nirgends etwas
neues entdecken. Sie halten sich an Beyspiele und ähnliche Fälle
mit der ängstlichsten Pünktlichkeit eines Advokaten. Sie gehen
um kein Jota von den buchstäblichen Formeln der Tyranney und
Usurpation ab. Aber in allen Anordnungen, die sie für die öffentliche Wohlfahrt machen, herrscht das Gegentheil von diesem
Geiste. Da überlassen sie sich ohne Bedenken der Gnade oder
Ungnade unversuchter Spekulationen; da vertrauen sie die wichtigsten Angelegenheiten jenen luftigen Theorien an, mit denen
sich keiner von ihnen in seinem unbedeutendsten Privatgeschäft befassen würde. Dieser Unterschied rührt daher, weil es ihnen mit
dem Wunsch, Macht zu erwerben und zu erhalten, vollkommner
Ernst ist, dagegen ihnen das allgemeine Wohl nur gar wenig am
Herzen liegt. Deshalb bleiben sie dort auf der gebahnten Straße,
indeß sie hier alles dem Zufall überlassen: denn was anders
als der Zufall entscheidet die Tauglichkeit eines Entwurfs,

welcher durchaus keine Erfahrung aufzuweisen hat, die für ihn
Bürgschaft leisten könnte?

Man kan nicht leicht ohne ein mit Hochachtung vermischtes
Mitleid diejenigen irren sehen, die in Angelegenheiten, welche
die Wohlfarth ihrer Mitmenschen betreffen, schüchtern und mis-
trauisch gegen sich selbst zu Werke gehen. Aber bey jenen stolzen
Gesetzgebern ist auch nicht die geringste Spur einer solchen väterlichen Zärtlichkeit und Besorgniß anzutreffen. In der Ausgelas-
senheit ihrer Versprechungen, in der Dreistigkeit ihrer Weissagun-
gen übertreffen sie alles, was die übermüthigsten Marktschreyer
bisher noch hervorgebracht haben. Die Vermessenheit ihrer
muthwilligen Prahlereyen fordert uns gleichsam mit Gewalt zur
allerstrengsten Untersuchung gegen sie heraus.

Ich läugne nicht, daß es unter den Volksführern in der
National-Versammlung Männer von ausgezeichneten Fähigkeiten giebt. Einige davon haben in ihren Vorträgen und Schriften
eine große Beredsamkeit gezeigt: dies konnten sie nicht ohne mächtige und ohne gebildete Talente. Aber Beredsamkeit ist nicht immer mit Weisheit im portionirlichen Grade verbunden. Wenn
ich von ihren Fähigkeiten spreche, so sehe ich mich immer genöthigt,
zu unterscheiden. Was sie gethan haben, um ihr System durch-
zusetzen, ist nicht das Werk gewöhnlicher Menschen. Aber in dem
System selbst kan ich schlechterdings nichts, auch nicht ein einziges
Stück finden, das einen viel-umfassenden und schöpferischen Geist,
das auch nur einen gewöhnlichen gesunden Kopf verriethe. Ihre
Absicht scheint allenthalben keine andre gewesen zu seyn, als den
Schwierigkeiten zu entwischen. Bisher war es der
Ruhm der großen Meister in jedem Fache, Schwierigkeiten die
Stirn zu bieten, und sie zu überwinden, die zuerst-überwundnen
in Werkzeuge zu verwandeln, um über neue Hindernisse neue
Siege zu gewinnen, so das Gebiet ihrer Wissenschaft auf allen
Seiten zu erweitern, und die Gränzsteine des menschlichen Ver-
standes selbst weit über die Linie ihres ersten Entwurfs hinaus zu

rücken. Schwierigkeit ist ein strenger Hofmeister, eingesetzt von der obersten Weisheit eines väterlichen Hüters und Gesetzgebers, der uns besser kennt, als wir uns selbst kennen, so wie er uns auch zärtlicher liebt, als wir uns selbst lieben.

> . . . . Pater ipse colendi
> Haut facilem esse viam voluit. . .

Der, welcher mit uns ringt, stärkt unsre Nerven und schärft unsre Geschicklichkeit. Unser Widersacher ist unser Freund und Helfer. Dieser wohlthätige Kampf mit den Schwierigkeiten treibt uns unwiderstehlich an, in die allergenauste Bekanntschaft mit unserm Gegenstande zu bringen, ihn in allen seinen Verhältnissen, auf allen seinen Seiten zu betrachten und zu mustern. Es ist nichts als der Mangel an wahrer Thatkraft, um ein solches Unternehmen zu bestehen, es ist der Hang feiger und ausgearteter Seelen, zu heimlichen Diebeskniffen, und kleinlichen Bettelvortheilen, was in so manchen Ländern der Welt despotische Staatsverfassungen hervorgebracht hat. Sie haben auch die neue Regierungsform von Frankreich, sie haben die despotische Republik von Paris erzeugt. Wo sie einkehren, versteckt sich die ohnmächtige Geistesarmuth hinter die Machtvollkommenheit einer blinden Gewalt. Freylich gewinnt sie am Ende nichts dabey. Die Erfinder solcher unkräftigen Hülfsmittel haben das gewöhnliche Schicksal aller derer, die ihre Arbeiten nach Maximen der Bequemlichkeit behandeln. Die Schwierigkeiten denen sie nur für den Augenblick ausgewichen aber nicht für immer entgangen sind, kommen gar bald wieder zum Vorschein; sie ziehen sich in dickern Wolken als zuvor, über ihre Häupter zusammen; unvermuthet finden sie sich in ein Labyrinth ohne Leitfaden verwickelt, und zu einer mühseligen Beschäftigung ohne Gränze und ohne Ziel verdammt, wovon der Ausgang kein andrer ist, als daß sie ein schwaches, fehlerhaftes, vergängliches Werk in die Welt bringen.

Nichts anders als diese Ungeschicklichkeit mit Schwierigkeiten zu ringen hat die despotische Versammlung in Frankreich genöthiget,

ihre Verbesserungspläne [mit Ausrottung und Zerstöhrung anzu-
fangen *). Aber zeigt sich denn irgend eine Kunst im Niederreis-
sen und Abtragen? Dies kan der Pöbel wenigstens eben so gut,
als National-Versammlungen; der gemeinste Verstand, die
rohste Hand ist diesem Geschäft mehr als gewachsen. Wuth und
Verblendung können in einer halben Stunde mehr niederreißen,
als Klugheit, Ueberlegung und weise Vorsicht in hundert Jahren
aufzubauen im Stande sind. Die Mängel alter Verfassungen
sind gemeinhin sichtbar und handgreiflich. Der alltägliche Verstand bemerkt sie, und wo uneingeschränkte Gewalt gegeben ist,
da kostet es nicht mehr als ein Wort, um die Fehler und das fehlerhafte Werk auf einmal abzuschaffen. Eben diese träge aber un-
stäte Gemüthsart, welche die Bequemlichkeit liebt, und doch die
Ruhe haßt, begleitet diese Politiker, wenn sie nun statt dessen,

A 5

*) Ein sehr angesehnes Mitglied dieser Versammlung, Herr Ra-
baud de St. Etienne hat die Grundmaxime ihres Verfahrens ganz klar und unverhohlen vorgetragen. Was ist ver-
ständlicher als folgende Worte: „Alle Arten von Verfas-
„sungen in Frankreich befördern das Unglück des Volks; um
„das Volk glücklich zu machen, muß man es umschaffen, seine
„Ideen ändern, seine Gesetze ändern, seine Sitten ändern, die
„Sachen ändern, die Worte ändern . . . alles zer-
„stöhren, ja, alles zerstöhren, weil alles von neuem
„gebaut werden muß" — der Mann, der dies sagte, ward
zum Präsidenten einer Versammlung erwählt, die nicht in einem Tollhause Sitzungen hielt, und deren Mitglieder die Dreistigkeit hatten, sich für vernünftige Wesen auszugeben! Noch
mehr, die Sprache die er führt, ist die Sprache aller, die in
und außer der National-Versammlung Frankreich in diesem
Augenblick regieren. A. d. V. — Und noch weit mehr!
Diese Sprache ist Weisheit, Nüchternheit und Mäßigung gegen die, welche in den Jahren 1791 und 92 vom Morgen bis in
die Nacht unter den Nachfolgern dieses schwärmerischen Prie-
sters ertönte. A. d. U.

was sie zerstöhrt haben, etwas neues schaffen sollen. Aus jedem
Dinge nur ganz kurz das Gegentheil von dem machen, was es
vorher war, ist gerade so kinderleicht, als zerstöhren. Schwierigkeiten kommen nicht vor in dem, was nimmer versucht ward.
Die Critik ist verlegen, und gleichsam geäfft, wenn sie die Fehler
eines Gegenstandes entdecken soll, dessen Gleichen noch nie vorhanden war; und blinde Schwärmerey und chimärische Hoffnung
haben das ganze weite Feld der Einbildungskraft offen, worin sie
sich ohne allen Widerstand belustigen können.

Zugleich zu erhalten und zu verbessern — das ist eine
Aufgabe andrer Art. Wenn die brauchbaren Theile einer alten Verfassung beybehalten werden, und das, was hinzu kömmt zu dem,
was bleibt, passen soll, dann muß wahre Geisteskraft, anhaltende
und angestrengte Aufmerksamkeit, eine Mannichfaltigkeit verglei-
chender und verbindender Fähigkeiten, und jedes schöpferische Talent eines fruchtbaren Kopfs in Bewegung gesetzt werden: sie haben mit der vereinten Macht streitender Laster zu kämpfen, mit
der Hartnäckigkeit, die jede Reform verwirft, und mit dem
Leichtsinn, den alles was er besitzt, ermüdet und anekelt —
„Aber ein solches Verfahren, wird man mir einwenden, ist langsam. Es war nicht für eine Versammlung gemacht, die ihren
Ruhm darin setzt, ein Werk für Jahrhunderte in wenig Monathen zu vollenden. Diese Art zu verbessern würde mehrere Jahre
erfordern." — Das würde sie unstreitig, und das soll sie auch.
Es ist die eigenthümliche Vortreflichkeit einer Methode, bey welcher die Zeit eine Mitarbeiterin ist, daß sie langsam und zuweilen
unmerklich wirkt. Wenn Behutsamkeit und Vorsicht da unentbehrlich sind, wo wir es mit leblosen Materien zu thun haben, so
werden sie weit unnachlaßlicher, so werden sie heilige Pflicht, wenn
die Gegenstände unsrer Zerstöhrung und unsrer Schöpfung nicht
Holz und Stein, sondern empfindende Wesen sind, die wir durch
rasche und unüberlegte Entschlüsse zu Tausenden elend machen können. Aber es scheint jetzt die herrschende Meynung in Paris zu
seyn, daß ein gefühlloses Herz und unerschütterliche Zuversicht die

einzigen Erfordernisse zu einem vollkommnen Gesetzgeber sind. Wie verschieden von meinen Ideen über dieses erhabne Amt. Der wahre Gesetzgeber muß ein Herz voll warmer Empfindungen haben. Er muß seines Gleichen lieben und achten, er muß sich selbst fürchten. Sein letztes Ziel mag ihm ganz, und lebendig, und begeisternd vor Augen stehen: aber alle Schritte zu diesem Ziel müssen an der Hand der nüchternsten Ueberlegung geschehen. Politische Anordnungen, die ein Werk für gesellschaftliche Zwecke sind, müssen nicht anders, als durch gesellschaftliche Mittel gewirkt werden. Da muß Kopf mit Kopf zusammen schmelzen. Zeit ist schlechterdings nöthig, um die Vereinigung denkender Menschen zu Stande zu bringen, deren wir bedürfen, wenn das Gute, was wir beabsichten, vollständig erreicht werden soll. Geduld wird hier mehr ausrichten, als Gewalt. Wenn ich es wagen dürfte, auf etwas, das in Paris jetzt sehr außer der Mode ist, auf Erfahrung zurückzuweisen, so würde ich sagen, daß ich in meinem Lebenslauf große Männer gekannt, und nach dem Maß meiner Kräfte, mit großen Männern gearbeitet habe, daß mir aber kein Plan vorgekommen ist, den nicht Menschen von weit geringerm Verstande, als die, welche ihn entwarfen und ausführten, durch ihre Bemerkungen verbessert hätten. Bey einem langsamen und gehaltnen Vorrücken belauscht man gewissermaßen die Wirkungen eines jeden Schritts, den man thut: der gute oder schlechte Erfolg des ersten wirft Licht auf den zweyten, und so werden wir von Licht zu Licht durch die ganze Reihe sicher hindurch geführt. Wir sehen, wo sich die Theile des Systems nicht in einander fügen wollen. Wir sichern uns frühzeitig gegen die nachtheiligen Folgen die in den hoffnungsvollsten Planen verborgen liegen. Ein Vortheil wird dem andern so wenig, als möglich aufgeopfert. Wir gleichen aus, wir vereinigen, wir wägen gegen einander ab: wir setzen uns in den Stand, die Unregelmäßigkeiten, Abweichungen und streitenden Elemente, die in menschlichen Gemüthern und menschlichen Angelegenheiten immer zu finden sind, in ein zusammenhängendes Ganzes zu verbinden. Was hieraus entsteht, ist nicht Vortrefflichkeit in der Einfachheit;

es ist etwas weit größres: Vortreflichkeit in der Zusammensetzung.
Da, wo es auf das Interesse der Menschheit in vielen Generationen ankömmt, da ist es nicht unbillig, daß noch die Nachfolger
einen gewissen Antheil an den Beschlüssen haben, die sie so wesentlich treffen. Wie dies die Gerechtigkeit fordert, so fordert die
Vollkommenheit des Werks selbst mehr Verstandeskräfte, als
vielleicht eine Generation liefern kan. Von diesem Gesichtspunkt
gingen zuweilen die besten Gesetzgeber aus, und begnügten sich
mit der Aufstellung irgend eines sichern, fruchtbaren, leitenden
Regierungsprincips, in welchem das verborgen lag, was einige
Philosophen eine plastische Natur genannt haben; und nachdem sie dies Princip befestiget hatten, traten sie zurück, und überließen es seiner Wirksamkeit.

Auf diesem Wege fortzuschreiten, das heißt, unter einem
vorsitzenden Grundprincip, und von einer bildenden Grundkraft
beseelt, ist in meinen Augen das einzige untrügliche Kennzeichen
tiefer Weisheit. Was die französischen Gesetzgeber für Merkmahle eines kühnen und entschloßnen Geistes ausgeben, halte ich
für Beweise einer bejammernswürdigen Unfähigkeit. Ihre ungestüme Eilfertigkeit, ihr Mistrauen gegen die einfache Operation
der Natur lieferte sie, ohne daß sie es selbst bemerkten, jedem
Abentheurer und Projektenmacher, jedem Alchymisten und Quack-
salber in die Hände. Sie versuchen es nie, sich irgend eines
Mittels zu bedienen, das ihnen gewöhnlich scheint. Diät
ist in ihrem System der Arzneykunst soviel als nichts. Das
schlimmste ist, daß diese verzweifelte Abgeneigtheit, gemeine
Krankheiten auf dem gemeinen Wege zu heilen, nicht allein von
einem Mangel an Einsicht, sondern, wie ich besorge, von einem
bösartigen Charakterzuge herstammt. Diese Gesetzgeber scheinen
ihre Ideen von allen Ständen, und Classen und Gewerben aus
den Deklamationen der Satyrenschreiber hergenommen zu haben,
die oft selbst erstaunen würden, wenn sie ihre Schilderungen buchstäblich erklärt und angenommen sähen. Indem sie sich an solche
Führer halten, betrachten sie alle Dinge bloß von der gehäßigen

und fehlerhaften Seite, und unter den Farben der lächerlichsten Uebertreibung. Es ist unumstößlich wahr, ob es gleich äußerst paradox klingt; daß im Ganzen die, welche ihr beständiges Geschäft daraus machen, Fehler aufzusuchen und zu schildern, untauglich sind, Reformen auszuführen; nicht allein darum, weil die Modelle des Schönen und des Guten in ihren Köpfen seltner sind, sondern auch, weil die Gewohnheit sie zuletzt dahin bringt, in der Anschauung derselben kein Vergnügen mehr zu finden. Indem sie zu sehr die Laster hassen, fangen sie an, zu wenig die Menschen zu lieben. Es ist daher nicht zu verwundern, daß sie nicht sonderlich aufgelegt, und nicht vorzüglich geschickt sind, ihnen zu dienen. Hieraus entsteht die Neigung, alles in Stücke zu zerreißen, die bey einigen der französischen Volksführer ein wirklicher Temperamentsfehler zu seyn scheint. In diesem boshaften Spiele lassen sie ihre ganze arimanische *) Geschicklichkeit aus. Uebrigens gebrauchen sie die paradoxen Sätze beredter Schriftsteller, Spiele der Einbildungskraft, die keine andre Absicht hatten, als rednerische Talente auszustellen, Aufmerksamkeit zu wecken, und Erstaunen zu erregen, nicht im Geist ihrer Erfinder, wie Mittel, den Geschmack zu bilden, und den Styl zu verschönern. Diese Sätze werden bey ihnen ernsthafte, praktische Maximen, die sie der Führung der wichtigsten Staatsgeschäfte zum Grunde legen. Cicero beschreibt scherzhaft, wie Cato im öffentlichen Leben alle die Schulparadoxen anzuwenden suchte, die den Scharfsinn der jüngern Lehrlinge der stoischen Philosophie beschäftigen und üben sollten. Wenn dies vom Cato gilt, so kan man wohl von jenen Philosophen sagen, daß sie ihn nach Art einiger seiner Zeitgenossen copirten: pede nudo Catonem. — Herr Hume hat mir versichert, daß ihm Rousseau das ganze Geheimniß seiner schriftstellerischen Grundsätze selbst entdeckt hätte. Dieser eccentrische, aber scharfe Beobachter, hatte wahrgenom-

---

*) Arimanes war bekanntlich bey den Persern, und andern die ihre Philosophie und Theologie annahmen, das böse Ursprincip. A. d. U.

men, daß man, um das Publikum zu reizen, und an sich zu ziehen, durchaus das Wundervolle ins Spiel bringen muß,
daß das Wundervolle aus der heidnischen Mythologie längst keine
Wirkung mehr that, daß Riesen, Zauberer, Feen und Roman-
helden, die dessen Stelle einnahmen, den Glauben und die Bewunderung, die sie erwarten konnten, erschöpft hatten; und daß
nun dem Schriftsteller nichts mehr übrig blieb, als eine einzige
Art des Wundervollen, die aber, wenn sie geschickt benutzt wurde, den Zweck nicht leicht verfehlen konnte, nehmlich: das Wundervolle im Leben, in Sitten und Charaktern, in ausserordentlichen Situationen des Menschen, welches zu einem neuen,
ganz unbetretnen Ideengange, und zu unvermutheten und über-
raschenden Behauptungen in Politik und Moral Gelegenheit
gab *). Wenn Rousseau selbst noch lebte, er würde in mancher

*) Wie man auch über die äußerst sinnreiche Erklärung in dieser
Anekdote (die freylich noch von gar vielen Seiten näher bestimmt werden müßte, wenn sie zu einem förmlichen Zeugniß
gegen Rousseau dienen sollte) denken mag, so wird man
doch darin die in mehrern Stellen der Burkischen Schriften
sichtbare Geringschätzung eines Mannes nicht verkennen, dessen
Name sonst selten ohne einen gewissen Grad von Ehrfurcht genannt wird. Es möchte schwer halten, diese befremdende Erscheinung vollkommen zu rechtfertigen; erklärt wird sie
vielleicht dadurch, daß Burke, wenn er an Rousseau
dachte, sehr häufig den Schriftsteller über dem Menschen
vergaß, und daß er den Menschen nicht bewundern konnte, weil
er seinen Charakter verächtlich fand. — Es ist über wenige
Schriftsteller so viel geforscht und geschrieben worden, als über
Rousseau: zu einem vollständigen Urtheil sind jetzt beynahe
alle Data vorhanden. Daß dieß Urtheil, sobald der Enthusiasmus
aus dem Spiele ist, nicht vortheilhaft für seinen persönlichen
Werth ausfällt, davon kan sich jeder überzeugen, der die Ge-
mälde, die von dem merkwürdigen Mann aus sehr verschiednen
Standpuncten, von sehr verschiednen Menschen, und in ganz
verschiednen Ländern entworfen worden sind, betrachtet hat.

seiner hellen Stunden, die praktische Narrheit seiner Schüler be-
seufzen, die paradox seyn wollen, und sklavische Nachbeter sind.

Das Resultat aus allem, was die unbefangensten Richter über
Rousseau als Menschen festgesetzt haben, macht Burkes
Geringschätzung einigermaßen begreiflich; sie wird noch begreiflicher, wenn man bedenkt, daß die Beobachtungen, worauf
sie sich gründet, zu der Zeit angestellt wurden, da sich der berühmte Sonderling in England aufhielt. Die Streitigkeiten
zwischen ihm und Hume mögen in der Nacht, aus der sie nie
ganz hervorgezogen worden sind, ewig begraben liegen: aber
so viel ist richtig, daß das Betragen des Genfer Bürgers in England nicht das Betragen eines Weisen war, und daß Burke, der
ihn gerade in diesem Verhältniß am meisten studirte, Veranlassungen genung gefunden haben mag, sich in dem angebeteten
Philosophen nichts anders, als den Σόκρατης μαινόμενος des
achtzehnten Jahrhunderts (wie er ihn in einer andern Schrift
nennt) zu denken.

Uebrigens ist es eine Frage, ob Rousseau, wenn er lebte
sich nicht lieber noch seine Herabsetzung in Burkes Schrift, als
seine Vergötterung im Pantheon zu Paris gefallen lassen möchte.
Nichts würde wohl den furchtsamen Menschenfreund tiefer empört haben, als der Gedanke, sich an diese Revolution geknüpft
sich überhaupt als Vater irgend einer Revolution dargestellt zu
sehen. Nichts ist dem Geist aller seiner politischen Schriften
so auffallend entgegengesetzt. Er liebte die Freyheit, aber eine
schuldlose und unblutige Freyheit; er unterschied mit aller
Gründlichkeit eines wahren Menschenbeochters und Weltken-
ners, die schönen aber träumerischen Ideale einer vollkommnen Staatsverfassung, von dem was in allen menschlichen Einrichtungen, das einzig-erreichbare ist: und er erklärte mehr
als einmal, daß er den Frieden höher schätzte, als alle unsichre
Hoffnungen gewagter und stürmischer Revolutionen.

Ueberdies giebt es zwey charakteristische Ideen in seinen
politischen Raisonnements, die jeden, dem nach einem ernsthaften Studium seiner Schriften noch der Gedanke einkommen

gegen den Aberglauben eifern, und in ihrem Unglauben blinde Sektirer werden.

Menschen, welche wichtige Veränderungen auf einem schon gebahnten Wege unternehmen, müssen eine vortheilhafte Meynung von ihrer Geschicklichkeit für sich haben. Aber der Arzt seines Vaterlandes, der sich nicht begnügt, einzelne Krankheiten zu heilen, der eine ganz neue Constitution schaffen will, muß mit

und

konnte, daß er der f r a n z ö s i s c h e n R e v o l u t i o n, wenn er sie erlebt hätte, Beyfall zugejauchzt haben würde, diesen Glauben sofort benehmen sollten. Einmal: er war (mit welchem Recht ist hier der Ort nicht zu untersuchen) ein Gegner der repräsentativen Staatsverfassungen. Und dann: er war aufs innigste überzeugt: daß bey großen und verderbten Nationen eine jede Revolution nur Uebergang aus einem elenden Zustande in einen andern, großentheils noch elendern seyn kan — Diese tiefsinnige Behauptung enthält den Keim zu den traurigsten aber fruchtbarsten aller Betrachtungen, die sich über die französische Revolution anstellen lassen. Wenn nichts als diese Idee von Rousseaus politischen Raisonnements übrig geblieben wäre, sie würde seinen Namen verewigen.

Es ist wirklich ein Gegenstand des Lachens, wenn nun gerade dieser Schriftsteller zur Vertheidigung der abscheulichsten Excesse aller Art, und der abgeschmacktesten Erfindungen seichter Staatsverbesserer unaufhörlich citirt und angepriesen wird, wenn man ihn als das Orakel in einer Regierungsform aufstellt, der zu entgehen er sicherlich (und im buchstäblichen Sinn des Worts) in die Wälder zurückgekehrt wäre; und wenn einer der hunderttausend Schreiber in Frankreich, der berüchtigte Deklamator M e r c i e r, ein eignes Buch in 2 Bänden, unter dem Titel: J. J. Rousseau considéré comme Auteur de la Revolution françoise herausgiebt, worin er freylich der Welt keine andre neue Wahrheit eröfnet, als daß Rousseau über die Uebel, die aus der Ungleichheit der Stände entspringen, geklagt hat. A. d. U.

und hervorstechenden Gaben ausgerüstet seyn. Man sieht sich
nach den Merkmahlen einer mehr als menschlichen Weisheit in
den Planen desjenigen um, der aller Erfahrung den Scheidebrief
geschrieben, und alle Modelle verworfen hat. Sind diese Merkmahle hier zu finden? Ich will eine kurze Uebersicht anstellen,
um diese Frage zu beantworten: ich will sehen, was die National-
Versammlung, zuerst in Ansehung der gesetzgebenden Macht
dann in Ansehung der vollziehenden, dann in Ansehung der
Gerichtsverfassung gethan, wie sie die Armee organisirt,
und zuletzt, wie sie für die Finanzen gesorgt hat, um mit Ueberzeugung zu wissen, ob in irgend einem Theil ihres Werks die
wunder-ähnliche Geschicklichkeit zu finden ist, welche diese kühnen
Projektenmacher berechtigen konnte, sich klüger als das ganze
menschliche Geschlecht zu glauben *).

*) Der jetztfolgende letzte Theil dieser Schrift ist aus sehr begreif-
lichen Ursachen der mangelhafteste, und schon deßhalb der am wenigsten interessante des Ganzen. — Burke schreitet hier zur nähern Beurtheilung einer Constitution, die damals als er schrieb,
noch um ein ganzes Jahr von ihrer Vollendung entf... war:
sein Raisonnement mußte also nothwendig Stückwerk bleiben,
und, so richtig er auch die meisten einzelnen Bestandtheile dieser Constitution aufgefaßt hatte und darstellte, so wenig überdies zu vermuthen ist, daß sein Ausspruch im Ganzen vortheilhafter ausgefallen seyn wird, nachdem er sie vollendet gesehen
hat, so ist doch nichts natürlicher, als daß sein Urtheil darüber
im Anfang des Jahrs 1790 kein vollkommen-gründliches Urtheil seyn konnte. Noch weit weniger war es ihm möglich,
die Gestalt, die diese Constitution und das Reich, welchem sie
verliehen wurde, unter den Händen der zweyten gesetzgebenden
Versammlung annehmen sollte, vorauszusehen. Indessen enthält doch diese kurze, in einer so frühen Periode angestellte Revision der Hauptoperationen der constituirenden Versammlung
eine große Menge scharfsinniger, tiefdringender und unterrich-
tender Bemerkungen, und, wenn man das, was der Verfasser über die verderbliche Tendenz der meisten ihrer Plane sagt, mit dem nahen Erfolg dieser Plane vergleicht, so

B

Der Grundriß, nach welchem der vorsitzende Congreß, der allmächtige Gesetzgeber in dieser neuen Republik gebildet ist, verdient vor allen andern geprüft zu werden. Hier mögen sie zuerst ihre stolzen Ansprüche rechtfertigen.

Alte Verfassungen werden nach ihren Wirkungen beurtheilt. Wenn die Völker unter ihren Schutz glücklich, einig, reich und mächtig sind, so machen wir günstige Schlüsse aufs übrige. Wir sind geneigt, das für gut zu halten, woraus Gutes entspringt. Wenn in alten Verfassungen die Theorie fehlerhaft war, so hat man schon mannichfaltige Mittel gefunden, sie zu berichtigen. Solche Verfassungen sind die Resultate vielfacher Versuche, und vielfacher Situationen: sie sind oft gar nicht nach einer Theorie errichtet: Theorien werden vielmehr aus ihnen erst entwickelt.

wird man mehr als eine Gelegenheit zum Erstaunen und zur Bewunderung finden.

Wenn indessen die Mangelhaftigkeit der folgenden Untersuchung nicht hin und wieder auf eine unangenehme Weise fühlbar, und der Gang des Raisonnements dadurch geradezu gestört werden sollte: so war es durchaus nöthig, bey einer jetzigen Bearbeitung des Werks einige Veränderungen in diesem Theil desselben vorzunehmen. Diesem Geschäft hat sich daher der Uebersetzer (in der Hoffnung, daß eine große Majorität der Leser seiner Meynung von der Nothwendigkeit eines solchen Verfahrens beystimmen werde,) mit der Bescheidenheit und Ehrfurcht, die man dem Produkt eines großen Mannes allemal schuldig ist, unterzogen, und zu dem Ende 1) solche Stellen, wo von Entwürfen, die auf keine Art realisirt worden sind, die Rede ist, weggelassen, 2) solche Stellen, die durch kleine Abänderungen mit den eigentlichen Resultaten der Constitution übereinstimmend gemacht werden konnten, berichtiget, 3) solche, wo dergleichen Berichtigungen nicht hingereicht hätten, umgearbeitet, und 4) einige, die in diesem Augenblick kein großes Interesse mehr haben können, weil die Begebenheiten, wovon sie handeln, sich seitdem viel vollständiger entwickelt haben, abgekürzt. A. d. U.

In ihnen sehen wir zuweilen die Zwecke durch solche Mittel am besten erreicht, die mit dem, was wir für den ursprünglichen Plan halten, nicht sonderlich zu stimmen scheinen. Die Mittel, welche die Erfahrung angiebt, passen oft besser zu einer Staatsverfassung als die, welche der erste Entwurf derselben vorschreibt. Sie wirken sogar auf die ursprüngliche Constitution zurück, und verbessern den Plan, von welchem sie dem Anschein nach abwichen. Alles dies könnte man mit sehr treffenden Beyspielen aus der Geschichte der brittischen Staatsverfassung belegen. Hat man sich in verschiednen großen Berechnungen, die auf diese Verfassung Bezug haben, merklich geirrt, so kennt man wenigstens die Rechnungsfehler, und nimmt Rücksicht auf sie; die Regierung geht unterdessen ihren Gang. So ist es in alten Verfassungen: aber in neuen, ganz theoretischen Systemen muß jede Erfindung, um ihre Tauglichkeit zu bewähren, dem Endzweck zur Stelle entsprechen; besonders wenn sich die Planmacher nicht die geringste Mühe geben, ihr neues Gebäude im Fundament oder in den Seitenmauern mit irgend einem alten in Verbindung zu setzen.

Nachdem die französischen Baumeister alles was sie vorfanden als Unrath und Gemüll ausgefegt hatten, und sich anschickten, ihre neue Schöpfung, in der Manier ihrer Kunstgärtner auf einer vollkommen ebnen Fläche erstehen zu lassen, beschlossen sie, daß die gesetzgebende Macht ihres Reichs auf der Vereinigung drey ganz verschiedner Grundflächen ruhen sollte; die eine nannten sie die Territorial-Basis, die zweyte die Bevölkerungs-Basis, die dritte die Contributions-Basis. Zum Behuf der erstern haben sie die Oberfläche ihres Landes in 83 Departements von gleichem Quadrat-Inhalt, diese Departements in Distrikte, und diese wieder in eine zahllose Menge von Cantons und Municipalitäten getheilt.

Auf den ersten Anblick scheint ihre geometrische Basis weder sonderliche Bewunderung noch sonderlichen Tadel zu verdienen. Große Gesetzgeber-Talente erforderte sie freylich nicht. Zur

Ausführung eines solchen Plans bedarf es nur eines guten Land-
messers, mit Meßketten, Dioptern und Astrolabien versehen.
Die alte Eintheilung des Landes war allerdings nach keinem System oder Princip gemacht: die Ebbe und Fluth mannichfaltiger
Umstände hatte den Provinzen ihre Gränzen bestimmt. Diese
Eintheilung war mit mancherley Unbequemlichkeiten verknüpft;
aber Zeit und Gewohnheit hatten diese Unbequemlichkeiten geringer gemacht. Es ist unmöglich, daß diese neue Austäfelung in
kleine und große Quadrate, diese Organisation, und Halb-Orga-
nisation nach dem System des Empedocles oder Büffon, aber
gewiß nach keinem politischen Princip erdacht, nicht ebenfalls un-
zählbare schlimme Seiten haben sollte, die die Neuheit unerträg-
licher machen wird, die ich aber hier mit Stillschweigen übergehen muß, weil zu einer genauen Beurtheilung derselben eine genaue Kenntniß des Landes nöthig seyn würde.

Als diese Staatsvermesser ihr Werk übersahen, ward es
ihnen sogleich einleuchtend, daß in der Politik mit nichts schlechter
auszukommen ist, als mit geometrischen Demonstrationen. Sie
mußten also ihre Zuflucht zu einer andern Basis, oder vielmehr
zu einem andern Hülfsgerüste nehmen, um das Gebäude zu halten, welches auf jenem falschen Fundament hin und her schwankte.
Es war handgreiflich, daß die Güte des Bodens, die Zahl des
Volks, sein Reichthum und das Maß seiner Abgaben, zwischen
einem Quadrat und dem andern unendliche Verschiedenheiten hervorbringen mußten. Mithin ergab sich auf der Stelle, daß Feld-
messung die lächerlichste Richtschnur bey der Austheilung der Macht
in einem Staat abgeben, und geometrische Gleichheit bey der Classifizirung der Menschen zu irgend einem politischen Endzweck zu
Grunde gelegt, die größte aller Ungleichheiten hervorbringen
würde. Doch konnten sie nicht gänzlich davon abgehen. Sie
theilten daher ihre ganze Repräsentation in drey Theile, und wie-
sen der Quadrat-Vermessung einen davon an, ohne sich durch ein
einziges Faktum, durch eine einzige Berechnung überzeugt zu haben, daß gerade diese Proportion die richtige war, daß der Ter-

ritorial-Basis wirklich dieser dritte Theil gebührte. Genung sie
überließen ihn der Geometrie — vermuthlich aus Ehrerbietung
gegen die erhabne Wissenschaft — als ihre Mitgabe, und warfen
die beyden andern Dritthelle der Bevölkerung und der Contribution vor, die sie nun weiter zerreißen sollten.

Wie sie an die Bevölkerung kamen, wollte es so leicht nicht
mehr gehen, wie es auf dem ebnen Felde der Geometrie gegangen
war. Hier kam ihre Arithmetik mit ihrer politischen Metaphysik
ins Gedränge. Wären sie ihren metaphysischen Grundsätzen treu
geblieben, so wären ihre arithmetischen Probleme leicht zu lösen
gewesen. Alle Menschen sollten nach jenen Grundsätzen gleich,
und zu einem gleichen Antheil an der Verwaltung ihres Staats
berechtiget seyn. Jeder Mensch wird also in diesem System seine
Stimme haben, und geradezu den ernennen, der ihn in der gesetzgebenden Versammlung repräsentiren soll — „Doch, nur ge-
mach, stufenweise, nicht auf einmal." Jener metaphysische
Grundsatz, dem Gesetze, Gebräuche, Staatsverfassung und sogar
die Vernunft weichen mußte, muß jetzt selbst Platz machen, weil
es seinen Erfindern so gefällt. Fürs erste giebt es Stufen zwischen
dem Repräsentanten und dem, welcher ihn einsetzt, und sie stehen
in keiner unmittelbaren Verbindung mit einander. Ferner muß
der, welcher in der ersten Wahl-Versammlung wählen will, gewisse gesetzliche Qualitäten besitzen — Was? gesetzliche Qualitäten, um die unverletzbaren Menschenrechte auszuüben? Ja!
aber das Gesetz fordert nur wenig; unsre Ungerechtigkeit begnügt
sich mit einer geringen Unterdrückung, sie verlangt blos den Werth
von dreyer Tage Arbeit als Abgabe eines Wählenden — Mehr
verlangt sie nicht? Freylich ist dies in jeder Rücksicht zu wenig,
nur in einer einzigen nicht: um alle Eure Gleichheitprincipien
auf einmal über den Haufen zu werfen, ist es mehr als genung.
Als ein gesetzliches Erforderniß konnte es füglich übergangen werden, denn es erreicht seiner Geringfügigkeit halber nicht einen
einzigen der Zwecke, welche dergleichen Vorschriften beabsichten
sollen: aber nach Euren Ideen schließt es ja gerade den vom

Stimmengeben aus, deſſen natürliche Gleichheit am dringendſten eines Schutzes bedarf, den, welcher auſſer ſeiner natürlichen Gleichheit nichts hat, das ihn ſchützen könnte. Ihr weiſet ihn an, ſich ein Recht zu erkaufen, welches ihm, nach Euren vorhergehenden Verſicherungen die Natur bey ſeiner Geburt ſchon geſchenkt hatte, und deſſen ihn, wie es hieß, keine Macht der Erde erlaubter Weiſe berauben könnte. Ihr, die geſchwornen Feinde aller ariſtokratiſchen Verfaſſungen, führt alſo gleich am Eingange zu Eurer neuen Republik gegen jeden, der Euren Preis nicht halten kan, eine tyranniſche Ariſtokratie ein.

Die Bedingungen vermehren ſich. Der einzelne Staatsbürger wählt nur den Wähler ſeines Repräſentanten. Um ein ſolcher Wähler zu werden, muß man eine Contribution bezahlen, die jene erſte, wenigſtens ſomal, zuweilen 100mal überſteigt *).

*) Das ganze Wahl- und Repräſentationsſyſtem hat mit der Zeit da es zuerſt regulirt wurde, große Abänderungen erlitten. Anfänglich gab es (wie auch Burke noch immer annimmt) drey Wahlſtufen. Die Primär-Verſammlungen ernannten Wähler, welche erſt die Wähler zur National-Verſammlung ernannten. Als man dies nachher zu complicirt fand, wurde die eine Stufe ganz ausgelaſſen — Der erſten Vorſchrift zufolge mußte man, um Mitglied der geſetzgebenden Verſammlung zu werden, eine jährliche Contribution vom Werth einer Mark Silbers entrichten. Das vielfältige Geſchrey, was die herrſchſüchtigen Bettler gegen dieſe weiſe Einrichtung erhoben, bewog die National-Verſammlung, als ſie im Jahr 1791 die Conſtitution vollendete und publicirte, zwiſchen dem Princip das dieſes Geſetz hervorgebracht hatte, und der politiſchen Schwärmerey, die es verdammte, einen Accord zu ſtiften. Die Qualifikation zum Geſetzgeber wurde abgeſchaft, und dagegen die Contribution, welche die Bedingung zum zweyten Wähler (oder eigentlichen electeur, denn die erſten heißen blos citoyens actifs) ausmacht, anſehnlich erhöht. — Nach dieſer Erläuterung wird das obige vollkommen verſtändlich ſeyn. A. d. U.

Um Gesetzgeber zu werden, ist wieder die Qualifikation eines simpeln Aktiv-Bürgers hinreichend.

In diesem ganzen System, welches Bevölkerung blos nach einem Princip der natürlichen Gleichheit zu behandeln scheint, und um consequent zu verfahren, schlechterdings nicht anders behandeln darf, weil hier gerade von den ersten Funktionen des Menschen in der bürgerlichen Gesellschaft die Rede ist, kömmt doch offenbar alles auf einen Unterschied an, den das Eigenthum hervorbringt. In jedem andern Plan, und in jeder andern Staatsverfassung ist dieser Unterschied unstreitig von erster Wichtigkeit, nach den Principien dieser Neuerer ist er treulos und abgeschmackt. Von allen Schranken, welche sie der natürlichen Freyheit der Wahlen gesetzt haben, läßt sich ein und dasselbe Urtheil fällen: sie sind ohnmächtig, wenn es darauf ankömmt, daß sie irgend einem vernünftigen Zweck entsprechen sollen: sie sind blos stark genung, um die Rechte des Menschen über den Haufen zu werfen.

Wenn sie nun erst an ihre dritte Basis, nehmlich an die Contributions-Basis gelangen, dann verliehren sie diese Rechte des Menschen völlig aus dem Gesicht. Die dritte Basis beruht gänzlich auf dem Eigenthum. Ein Princip, welches von dem Grundsatze der Gleichheit ganz verschieden, welches gar nicht damit vereinbar ist, wird dadurch in die Staatsverfassung eingeführt; aber freylich wird es, wie gewöhnlich, auf der Stelle verfälscht, und noch dazu so verfälscht, daß das Gleichheitprincip nichts dabey gewinnt. Es wird nemlich festgesetzt, daß bey Regulirung des dritten Theils der Repräsentation nicht auf die Abgaben der Einzelnen, sondern auf die Abgaben der ganzen Distrikte gesehen werden soll. Der Constitutionsausschuß gesteht selbst ein, „daß alle persönliche Gleichheit zerstöhrt, und Aristokratie des Reichthums eingeführt seyn würde, wenn der Unterschied der Abgaben zwischen Einzelnen auf ihre politischen Rechte Einfluß haben sollte. Wenn aber der Unterschied der Abgaben, in großen Massen, zwischen Provinz und Provinz in Betrachtung gezogen werde, dann falle diese Gefahr weg, und es sey nichts gerechter, als bey der Vertheilung der politischen Befugnisse der Bürger auf jenen Unterschied Rücksicht zu nehmen."

Dieses ganze Raisonnement gilt so viel, als ein Geständniß, daß die dritte Repräsentations-Basis mit der Deklaration der Rechte schlechterdings unvereinbar ist. Das Princip der Contribution soll, sobald man es auf einzelne Menschen bezieht, nichtig, ungerecht und gefährlich seyn, weil es zur Aristokratie des Reichthums führt. Aber loslassen muß man es deshalb nicht. Der ganzen Schwierigkeit weicht man auf einmal aus, wenn man die Ungleichheit auf die Departements einschränkt, und die einzelnen Menschen in jedem Departement als völlig gleich behandelt. — Ich übergehe jetzt, was die vorhergehenden Bestimmungen der Wahlfähigkeit bereits zur Aufhebung der Gleichheit unter den Menschen eines und desselben Departements gethan hatten, und frage blos: ob es denn für diese Gleichheit ein so wesentlicher Unterschied ist, einzeln oder in ganzen Massen verletzt zu werden? Es kan unmöglich von gleicher Wichtigkeit für ein Individuum seyn, ob es zu einer Masse gehört, welche durch wenige, oder ob es zu einer Masse gehört, welche durch viele repräsentirt wird. Es wäre doch wahrlich zu viel verlangt, wenn man einen Menschen der auf Gleichheit mit seinen Mitbürgern eifersüchtig wäre, bereden wollte, daß er, wenn er 3 Deputirte wählt, eben so viel Rechte hätte, als ein andrer, welcher deren 10 wählen darf.

Laßt uns nun die Sache von der andern Seite betrachten, und zusehen, in wie fern die Organisation dieser dritten Basis ihren Zweck erreicht. Dieser Zweck konnte kein andrer seyn, als Sorge für die reiche Classe der Bürger, gegründet auf die Ueberzeugung, daß ihr Antheil an der Staatsverwaltung den Antheil der nicht-begüterten in gerechter Proportion übertreffen müsse. Ich bin vollkommen dieser Meynung, und halte es für ein Grundprincip, daß in einem republikanischen Staat, der auf einer

demokratischen Grundfläche ruht, noch weit mehr zur Sicherheit
der Begüterten geschehen muß, als in Monarchien. Sie sind
dem Neide, und eben dadurch der Unterdrückung ausgesetzt. Was
hat nun die National-Versammlung durch ihre dritte Basis für
diese Classe gethan? — Der einzelne Begüterte kan keinen Vortheil von dieser Einrichtung ziehen, und er wird sogar unbezwei-
felt dabey verliehren. Er kan keinen Vortheil haben, denn
der aristokratische Vorzug, den man dem Reichthum in diesem
Repräsentationssystem beylegt, geht nur auf Massen; und diese
Massen bestehen offenbar aus demokratischen Elementen, weil der
Reiche als Individuum, vor dem Armen als Individuum kein
Vorrecht, und blos mit ihm an der gemeinschaftlichen Begünstigung der ganzen Masse gegen andre Massen, einen gleichen Antheil hat. Wollten die Erfinder dieses Systems den Reichthum
wirklich begünstigen, so mußten sie die politischen Vorrechte, die
er besitzen sollte, einzelnen Personen, oder einer aus Reichen bestehenden Classe (so wie die Geschichtschreiber vom Servius Tul-
lius erzählen) beylegen, weil der Kampf zwischen dem Armen und
Reichen nicht ein Kampf zwischen Corporation und Corporation,
sondern zwischen Mensch und Mensch ist. Weit besser würde alsdann
die Absicht erreicht werden, wenn man den Plan geradezu umkehrte,
wenn die Massen gleiche Stimmen hätten, und die einzelnen Stimmen in jeder Masse im Verhältniß mit dem Eigenthum ständen.

Der Reiche muß aber bey der jetzigen Einrichtung sogar unfehlbar verliehren — Gesetzt, ein Mann in einem Distrikte
bezahlte so viel Abgaben, als hundert seiner Nachbarn. Gegen
diese hat er nur Eine Stimme. Wählte nun der Distrikt nur
Einen Repräsentanten, so würde dieser Mann von seinen ärmern
Nachbarn bey der Wahl dieses einen Repräsentanten, mit
hundert Stimmen überstimmt. Schlimm genug für ihn..
Doch es soll ihm geholfen werden. Wie denn? der Distrikt
wählt in Rücksicht auf seinen Reichthum (das heißt vielleicht blos,
auf den Reichthum jenes einzigen Eigenthümers) zehn Deputirten statt eines. Der reiche Besitzer hat also dafür, daß er eine

sehr große Contribution bezahlt, das Vergnügen, daß ihn die
hundert Armen jetzt bey der Wahl von zehn Repräsentanten
überstimmen, da sie ihn sonst nur bey der Wahl eines einzigen
überstimmt hätten. Die vermehrte Repräsentation der Provinz,
die sein Reichthum bewirkte, hat für ihn die Folge, daß neun
Menschen mehr als zuvor, und so viel mehr denn neun, als
demokratische Candidaten sind, aufstehen, um unter dem Volk,
auf seine Kosten und zu seinem Nachtheil Cabalen zu machen,
und Anhänger zu werben. Durch seine hohen Abgaben werden
blos der niedrigsten Classe in seinem Distrikt größre Hoffnun=
gen gegeben, ein Gehalt von 18 Livres täglich zu erhaschen,
womit das Vergnügen, in Paris zu residiren, und ein Königs=
reich zu regieren, verknüpft ist.

So ist das Verhältniß zwischen Armen und Reichen in ei=
ner Provinz beschaffen, die man für aristokratisch = constituirt
halten sollte, und deren innre Organisation doch weit mehr das
Gegentheil von Aristokratie ist, als die Organisation einer är=
mern. Was nun das Verhältniß einer Provinz gegen die an=
dre betrifft, so sehe ich nicht ab, wie die Ungleichheit der Re=
präsentation zur allgemeinen Sicherheit, und zum allgemeinen
Gleichgewicht beytragen kan. Wie will man die ärmern Mas=
sen vor der Tyranney der reichern wirksam schützen? Etwa
dadurch, daß man diesen noch kräftigere, und constitutionelle
Mittel in die Hände giebt, die andern zu unterdrücken? —
Der Geist des Eigennutzes und der Eifersucht herrscht unter
Corporationen so gut als unter Einzelnen: nur daß er dort weit
eher noch als hier hitzige Kämpfe und bürgerliche Kriege erzeugt.

In diesem ganzen System der drey Grundflächen finde
ich, von welcher Seite ich es auch betrachten mag, nicht eine Man=
nichfaltigkeit von Gegenständen, zur Einheit eines Ganzen verbun=
den, sondern mehrere streitende Principien, welche die französischen
Philosophen gewaltsam zusammengeschmiedet haben, und gewalt=
sam zusammenhalten, so wie man wilde Thiere in einen gemein=

schaftlichen Käsicht sperrt, wo sie einander wechselseitig zerkratzen und zerreißen werden.

Ich fürchte schon, daß ich mich selbst zu weit in ihre Manier, Staatsverfassungen zu beurtheilen, eingelassen habe. Gesetzt, ihre Metaphysik, ihre Geometrie und ihre Arithmetik wären so richtig und tadelfrey, als sie falsch und fehlerhaft sind, gesetzt, ihre Entwürfe wären so beschaffen, daß wenigstens Consequenz und Ordnung in allen ihren Theilen zu finden wäre: so würde doch das Ganze eine Chimäre, obgleich eine schönre und vollkommnere Chimäre seyn. Es ist unbegreiflich wie in einem großen System, zu menschlichen Zwecken errichtet, so gar keine Rücksicht auf irgend etwas moralisches, auf irgend etwas wahrhaft politisches genommen werden könnte, kaum glaublich, und doch unläugbar, daß nichts darin zu finden ist, was auf die Handlungen, auf die Leidenschaften, auf die mannichfaltigen Verhältnisse und das mannichfaltige Interesse der Menschen, die hiebey im Spiele sind, die geringste Beziehung hätte. Hominem non sapiunt.

Ich habe von dieser neuen Constitution hier blos das betrachtet, was die Wahlen angeht, in so fern sie Stufenweise die gesetzgebende Versammlung bilden. Ich kan mich nicht in die innre Verwaltung der Departements, und die weitläuftige Genealogie der Distrikte und Cantons einlassen. Die Elemente aller dieser Unter-Regierungen sind den Elementen der Wahl-Versammlungen gleich. Jede der Hauptabtheilungen macht ein abgerundetes für sich bestehendes Ganzes.

Es ergiebt sich auf den ersten Blick, daß dieser Plan geradezu und unmittelbar darauf ausgeht, Frankreich in eine Menge abgesonderter Republiken zu zerschneiden, die ganz unabhängig von einander existiren, und keinen andern constitutionellen Berührungspunct haben werden, als den allgemeinen Congreß ihrer Abgesandten, welchen sie National-Versammlung nennen. Ich gebe zu, daß mehrere solche Verfassungen in der Welt vorhanden sind, obgleich sicherlich keine in einer den Umständen ihrer Nation so wenig angemeßnen Form. Aber dergleichen Föderationen sind gewöhnlich die Frucht der Nothwendigkeit, nicht der Wahl gewesen, und die gegenwärtige herrschende Macht in Frankreich ist gewiß die erste Versammlung von Bürgern, die die Vollmacht, mit ihrem Vaterlande nach Belieben zu schalten, dazu anwendete, daß sie es so barbarisch in Stücken zerriß.

Es ist nicht zu verkennen, daß diese sogenannten Bürger Frankreich bey ihrer geometrischen und arithmetischen Eintheilung, wie ein erobertes Land behandelten. Nicht zufrieden, nur als gewöhnliche Eroberer zu verfahren, haben sie sich sogar die allerunbarmherzigsten aus dieser unbarmherzigen Menschenclasse zu Mustern genommen. Die Politik solcher barbarischen Sieger welche ein überwundnes Volk verachteten, und alles was ihm heilig war, mit Füßen traten, war immer die: so viel als in ihren Kräften stand, alle Spuren des vorigen Zustandes, in Religion, Verfassung, Gesetzen und Gebräuchen zu vertilgen, die Gränzen unter einander zu mischen, eine allgemeine Armuth hervorzubringen, das Eigenthum der Besiegten öffentlich zu verkaufen, ihre Fürsten, Edeln und Priester auszurotten, und alles, was sein Haupt empor hob, oder einst dazu dienen konnte, das zerstreute Volk unter seine Fahnen zu vereinigen, in den Staub zu legen. Sie haben Frankreich in eben der Manier frey gemacht, in welcher die Römer, jene alten, redlichen Freunde der Rechte des Menschen, Griechenland, Macedonien und andre Länder mit der Freyheit beschenkten. Unter dem Vorwand, die Unabhängigkeit jeder einzelnen Stadt zu sichern, rissen sie die Bande entzwey, die das Ganze zusammenhielten.

Wenn sich die Mitglieder dieser neuen Cantons-, Distrikts- und Departements-Administrationen in Bewegung setzen werden, wird oft ein Theil derselben dem andern völlig fremd seyn. Die Wähler und die Gewählten werden oft, besonders in den ländlichen

Cantons, in gar keiner Verbindung mit einander stehen, und dabey wird es ihnen an der natürlichen Disciplin fehlen, welche die Seele einer wahren Republik ist. Obrigkeiten und Aufseher über die Abgaben werden mit ihren Distrikten, Bischöfe mit ihren Diocesen, Pfarrer mit ihren Kirchspielen unbekannt seyn. Diese neuen Kolonien der Rechte des Menschen haben eine auffallende Aehnlichkeit mit einer gewissen Gattung militärischer Kolonien, von welchen Tacitus als von einem Merkmahl des Abnehmens der Staatsklugheit unter Römern spricht. In bessern und weisern Tagen war diese Nation (wie sie auch sonst mit denen, welche sie besiegte, umgehen mochte) immer darauf bedacht, in jede neu-angelegte Kolonie sogleich den Geist einer methodischen Subordination zu bringen, und sogar in die militärische Disciplin die Grundlage der bürgerlichen zu verweben. Aber, nachdem alle gute Künste in Verfall gerathen waren, da fingen sie an, nach Art der französischen National-Versammlung, mit eben so wenig Beurtheilungskraft, mit eben so wenig Sorgfalt für das, was eine Republik erträglich und dauerhaft machen kan, neue Kolonien mit keinem andern Princip, als dem der Gleichheit der Menschen ausgerüstet, zu stiften *). Doch hier, so wie an tausend andern Stellen verräth sich sichtbar genung, daß dieser neue Staat in dem Schlamm der Verderbniß, der ausgeartete und abgenutzte Republiken charakterisirt, gebohren, erzogen und genährt ist. Euer Kind tritt mit den Symptomen des Todes in die Welt: die facies Hippocratica **) ist das Unterscheidende seiner

---

*) Non ut olim universae legiones deducebantur cum tribunis et centurionibus et sui cujusque ordinis militibus, ut consensu et caritate rempublicam afficerent; sed ignoti inter se diversis manipulis, sine rectore, sine affectibus mutuis, quasi exalio genere mortalium repente in unum collecti, numerus magis, quam colonia. Tacitus Annal. l. 14.

**) Facies Hippocratica heißt in der Medizin der Zustand des Gesichts bey einem dem Tode sehr nahen Kranken. Anmerk. des Uebers.

Phyſiognomie und die Vorbedeutung ſeines unvermeidlichen Schickſals.

Die Geſetzgeber, welche die alten Republiken ordneten, erkannten viel zu gut, daß ihr Geſchäft ein ernſtes und wichtiges Geſchäft war, um ſich dabey keiner beſſern Werkzeuge als der Metaphyſik eines Halb-Gelehrten, und der Rechenkunſt eines Acciſe-Einnehmers zu bedienen. Sie hatten mit Menſchen zu thun, und glaubten ſich daher verpflichtet, die menſchliche Natur zu ſtudiren. Sie hatten mit Bürgern zu thun, und mußten daher die Eigenthümlichkeiten des bürgerlichen Lebens, und ſeine Wirkungen auf den Menſchen ausſpähen. Es konnte ihnen nicht entgehen, daß aus der Vereinigung dieſer zweyten Natur mit der erſten zahlloſe Verſchiedenheiten unter den Erdbewohnern, nach Maßgabe ihrer Geburt, ihrer Erziehung, ihrer Lebensweiſe, ihres Aufenthalts in Städten, oder auf dem Lande, ihrer mannichfaltigen Mittel, Eigenthum zu erwerben, und zu gebrauchen, entſtanden, die die Menſchen oft ſo von einander trennten, als wenn ſie ſo viele eigne Gattungen von Geſchöpfen ausmachten. Hieraus ergab ſich die Nothwendigkeit, die Bürger in ſolche Claſſen zu vertheilen und in ſolche politiſche Verhältniſſe zu verſetzen, daß für eines jeden individuelle Beſchaffenheit geſorgt war, ihnen die Vorrechte anzuweiſen, die eines jeden Bedürfniſſe erheiſchten, und einem Jeden die Kraft zu verleihen, die er durchaus nöthig hatte, um ſich in dem Kampf der getrennten Privatzwecke, der in allen größern Geſellſchaften unvermeidlich iſt, aufrecht zu erhalten. Der Geſetzgeber würde ſich geſchämt haben, daß der einfältige Landmann ſeine Schafe und ſein Rindvieh, und ſeine Pferde richtig claſſifizirt, und richtig behandelt und verſorgt, daß ihn ſein geſunder Verſtand davor bewahrt hätte, ſie alle einer thörigten Gleichheitsgrille zu Liebe in Thiere überhaupt hinauf zu vernünfteln, ohne einer jeden Gattung ihr beſondres Futter und ihre beſondre Pflege angedeihen zu laſſen — und daß dagegen Er, der Verwalter, der Hausvater und der Schäfer ſeines eignen Geſchlechts, in einen luftigen Metaphyſiker aufgelöſet,

nichts weiter von seiner Heerde hätte wissen, in thörigtem Muthwil-
len nichts weiter zu wissen b e g e h r e n sollen, als daß sie aus M e n -
s c h e n i m A l l g e m e i n e n bestand. Montesquieu bemerkte
daher sehr richtig, daß die großen Gesetzgeber des Alterthums bey
der Classifizirung ihrer Bürger alle ihre Kräfte angestrengt, und
sich oft über sich selbst erhoben haben. Gerade in diesem Punct
sind die neuen französischen Gesetzgeber tief unter Null, tief sogar
unter ihr eignes Nichts gesunken. So wie jene Gesetzgeber erst
die verschiednen Gattungen der Bürger aussonderten und sie dann
wieder in ein Ganzes verbanden, so haben im Gegensatz diese metaphysischen und alchymistischen Gesetzgeber damit angefangen,
alle Classen so gut als es ihnen möglich war, in eine gleichartige
Masse zusammenzuschmelzen, und dann haben sie ihr Amalga-
ma in eine Menge unzusammenhängender Republiken zerstückelt.
Sie haben die Menschen nicht einmal in Z i f f e r n, die doch im
Gehalt steigen, wenn sie auf dieser oder jener Stelle der Tafel
stehen, sondern in bloße Z a h l p f e n n i g e verwandelt, um sich
das Rechnen abzukürzen. Die Anfangsgründe ihrer eignen Lieb-
lingswissenschaft sollten sie schon eines bessern belehrt haben. Der
bloße Anblick ihrer Categorientafel mußte sie aufmerksam darauf
machen, daß es in der intellektuellen Welt noch etwas anders
giebt, als S u b s t a n z und G r ö ß e. Der Catechismus ihrer
Metaphysik konnte ihnen sagen, daß sich noch a c h t andre Categorien
finden *), die sie ganz vernachläßigt haben, ob es gleich gerade
diejenigen sind, bey welchen menschliche Kunst etwas auszurichten
vermag, und die man in keiner verwickelten menschlichen Angele-
heit bey Seite setzen darf.

Sie sind so weit von jener Weisheit der alten Gesetzgeber, die
mit ängstlicher Genauigkeit nach allen moralischen Eigenheiten und
Anlagen im Menschen forschten, entfernt geblieben, daß sie sogar
die Unterschiede der Stände, die sie in der schlichten, kunstlosen

---

*) Nehmlich nach der alten Categorientafel des A r i s t o t e l e s:
   Qualitas, Relatio, Actio, Paſſio, Ubi, Quando, Situs, Habitus.

Organisation der Monarchie fanden, in welcher eine strenge Classifikation der Bürger bey weitem so nöthig nicht ist, als in der Republik, niederrissen und zu Grunde richteten. Sollte der Entwurf dieser neuen republikanischen Staatsverfassung scheitern, so wird die Folge dieses Verfahrens seyn, daß es nun auch um alles, was eine gemäßigte Freyheit sichern kan, auf immer geschehen ist: alle Schranken des Despotismus sind weggeschaft; und wenn über kurz oder lang die monarchische Regierung wieder das Uebergewicht in Frankreich bekömmt, so muß sie, es sey denn daß der freywillige Entschluß eines weisen und tugendhaften Fürsten das Uebel milderte, die uneingeschränkteste Despotenherrschaft werden, die noch jemals auf dem Erdboden erschienen ist *). Sich solchen Gefahren aussetzen, heißt doch wohl ein verzweifeltes Spiel spielen!

Höchst seltsam ist es, daß sie sogar die Verwirrung die mit solchen Unternehmungen, als die ihrige war, nothwendig verknüpft ist, zu ihrem Vortheil in Rechnung bringen, und ihre neue Constitution dadurch gesichert glauben, daß man zittern wird, beym Umsturz derselben die Gräuel, in denen sie empfangen und gebohren ward, von neuem aufleben zu sehen. „Es wird jeder Macht, die es versuchen wollte, schon darum „unmöglich werden sie zu zerstöhren, sagen sie, weil man sie „ohne gänzliche Auflösung des Staats nicht überwältigen kan" — Sie schmeicheln sich also selbst, daß, wenn je wieder eine Macht, gleich der ihrigen, aufstehen sollte, sie doch sanfter und nüchterner zu Werke gehen, und vor dem Gedanken, den Staat so gewissenlos und grausam, wie sie es gethan haben, zu zerreißen, zurückbeben würde. Sie erwarten von den Tugenden eines zurückkehrenden Despotismus, Sicherheit für die Misgeburt ihrer demokratischen Ausschweifungen und Verbrechen.

Ich

*) Eine Bemerkung voll großen Scharfsinns, und von der alleräußersten Wichtigkeit! A. d. U.

Ich wünschte wohl, mein Freund, daß Sie und alle meine Leser Ihre Aufmerksamkeit auf das richten möchten, was Herr von Calonne über diesen Gegenstand in seiner Schrift gesagt hat. Sein Buch ist nicht allein ein beredtes, sondern auch ein gründliches und sehr unterrichtendes Buch. Ich bleibe hauptsächlich bey seinen Urtheilen über die neue Staatsverfassung und den Zustand der Finanzen stehen. Was die Streitigkeiten dieses Ministers mit seinen Nebenbuhlern betrift, so bin ich froh, daß ich nicht darüber entscheiden darf. Eben so wenig wage ich es, über die Vorschläge, die er thut, um sein Vaterland aus seiner jetzigen schrecklichen Lage gerissen, und es von Knechtschaft, Anarchie, Bankerutt und Bettelarmuth erlöset zu sehen, meine Meynung zu äußern. Ich kan ihm in seinen hoffnungsvollen Spekulationen nicht nachfolgen; indessen, er ist ein Franzose, hat strengre Pflichten, und beßre Data über diese Gegenstände zu urtheilen, als ich. Das ausdrückliche Geständniß eines der Hauptanführer in der National-Versammlung, dessen in diesem Buche erwähnt wird *), daß nehmlich der neue Plan der Departements-Administrationen darauf abzielte, Frankreich nicht allein aus einer Monarchie in eine Republik, sondern weiterhin aus einer Republik in eine bloße Föderation zu verwandeln, legt ein neues Gewicht auf meine bisherigen Bemerkungen, so wie überhaupt das Calonnische Werk die Mängel meiner Schrift, durch viele neue und

---

*) Mirabeau des ältern. S. Calonne, De l'Etat de la France présent et à venir p. 336. Das Buch des Herrn von Calonne ist unstreitig das wichtigste von allen die über die erste Periode dieser erstaunenswürdigen Revolution erschienen sind. Es enthält vortreffliche Data, und sehr gründliche Raisonnements. Es ist merkwürdig genung, daß die Resultate dieses denkenden und sinnreichen Kopfs, mit den Ideen seines Nebenbuhlers und Todfeindes Necker (in dessen beyden Werken: Sur l'administration 1791 und Du pouvoir exécutif. 1792) so häufig aufs genaueste übereinstimmen. A. d. U.

E

treffende Argumente in Ansehung der meisten von mir behandelten Gegenständen ergänzt.

Wäre die neue Eintheilung des Landes unterblieben, so hätte sich die National-Versammlung alle die verwickelten Probleme über die Repräsentationsmethoden, und alle ihre unzusammenhängenden Anordnungen über diesen Punct erspart. In einem wahren Repräsentationssystem und mit einer weisen Staatsverfassung wäre jeder Deputirter bey der gesetzgebenden Versammlung ein Repräsentant von ganz Frankreich, von allen Classen in Frankreich, ein Repräsentant der Menge so wie jedes Einzelnen, des Reichen wie des Armen, der großen Districte so wie der kleinern gewesen. Alle diese Districte wären einer einzigen, höchsten, abgesondert-existirenden Macht subordinirt worden, ohne welche ihre Repräsentation selbst keine Kraft gehabt, in der sich die ganze Regierung des Staats concentrirt hätte. Eine solche Macht, und nur eine solche Macht allein auf einem festen Fundament errichtet, konnte einem Lande, wie Frankreich, die Einheit eines wahrhaften Ganzen verleihen und sichern. Wenn wir in Großbrittannien unsre Volksrepräsentanten erwählt haben, so senden wir sie in einen Senat, in welchem jeder Einzelne ein Unterthan, jeder Einzelne einer vollständig-organisirten Regierung aufs strengste unterworfen ist und bleibt. In Frankreich ist die gewählte National-Versammlung der Souverain, und noch dazu der einzige Souverain: jedes Mitglied dieser Versammlung ist daher ein integrirender Theil der obersten souverainen Macht. Bey uns hat das Haus der Repräsentanten, abgesondert von den übrigen Bestandtheilen der gesetzgebenden Macht nicht die geringste Kraft; es kann nicht einmal ohne sie existiren. So ist es auch mit dem andern Haupttheil unsers Nationalsenats beschaffen, nehmlich mit dem Hause der Lords. Bey uns sind der König und das Oberhaus, jedes für sich, und beyde gemeinschaftlich, Bürgen für die Gleichförmigkeit der Gesetze durch alle Provinzen und Districte des Reichs. Wer hat hat je gehört, daß irgend eine

Provinz von Großbrittannien durch die Ungleichheit der Repräsentation gelitten hätte? Nicht allein die königliche Gewalt und die Verfassung des Oberhauses, sondern der Geist und der Charakter des Unterhauses selbst, schützt uns vor aller Gefahr von dieser Seite. Jene Ungleichheit der Repräsentation, worüber so viel thörigte Klagen geführt werden, ist vielleicht gerade das, was uns verhindert, als Deputirte einzelner Distrikte zu denken, oder zu handeln. Cornwall ernennt so viele Parlamentsglieder als ganz Schottland. Wird darum für Cornwall mehr gesorgt als für Schottland? Wenige Menschen in England, einige rastlose Clubbs ausgenommen, bekümmern sich um eine einzige von allen Repräsentations-Basen. Die, welche eine Veränderung im System aus wirklich vernünftigen Gründen wünschen, begehren sie in ganz andrer Rücksicht.

Die neue französische Constitution ist überhaupt so sehr das gerade Gegentheil der Brittischen, daß ich kaum begreife, wie man sie uns von irgend einer Seite als Muster vorstellen kan. Das charakteristische in unsrer Repräsentation ist die unmittelbare Verbindung zwischen dem Repräsentanten, und dem, der ihn wählt; in Frankreich ist es eine Gradation, die diese unmittelbare Verbindung aufhebt. Es ist der uneigentlichste Ausdruck der sich denken läßt, wenn man sagt, daß der Aktiv-Bürger in Frankreich seinen Repräsentanten ernennt *).

Was ist eigentlich der Endzweck bey einer Wahl? Wenn sie nicht ein Kinderspiel seyn soll, so muß zuvörderst der, welcher wählt, im Stande seyn, die Fähigkeit dessen, den er zu seinem

*) Die Critik über diese Einrichtung trift freylich das zuerst ersonnene System, worin es drey Stufen der Wahl gab, stärker als das nachher eingeführte, in welchem der Aktiv-Bürger unmittelbar den Wähler seines Repräsentanten wählt. Indessen trift sie auch dieses in gewissem Grade. A. d. U.

Abgeordneten machen will, zu beurtheilen; und dann muß irgend
eine Art von Verantwortlichkeit des Abgeordneten gegen seinen
Wähler zu allen Zeiten Statt finden. In welcher Absicht werden
nun die Primär-Versammlungen in Frankreich mit einer Aufforderung zur Wahl beehrt, oder vielmehr verhöhnt? Sie wissen
nichts von den Eigenschaften dessen, der ihnen dienen soll, und
er kan nie irgend eine Art von wahrer Verbindlichkeit gegen sie
haben. Unter den Befugnissen, die sich nicht auf andre übertragen lassen, giebt es keine, die in so hohem Grade ungeschickt
dazu wäre, als die Befugniß, eine persönliche Wahl anzustellen. Handelt der Abgeordnete den Rechten und Vortheilen
seiner Constituenten zuwider, so können sich diese nie an ihn, sondern nur an die Versammlung der Wähler halten, die sie gewählt hatten, um ihn zu wählen — Es ist offenbar, daß es
in dem ganzen Wahlsystem gar keine Responsabilität giebt.

Da ich in der Innern Beschaffenheit und Constitution der
neuen französischen Freystaaten durchaus kein Princip finden konnte, welches einen mit den andern vereinigte, so habe ich nachge-
forscht, ob die Gesetzgeber irgend einen künstlichen Kitt aus fremdartigen Materialien gebildet, ersonnen, um diesen Zusammenhang hervorzubringen. Ihre Bundesfeste, ihre Aufzüge, ihre
Bürgermahle, ihre Apotheosen, verdienen keiner Erwähnung.
Dies sind nichtsbedeutende Taschenspielerkünste: um die eigentliche
Maschinerie zu entdecken, wodurch sie die Einheit unter den zerrißnen Theilen zu erhalten gedenken, muß man ihre Plane in
ihren Handlungen aufsuchen. Die erste ihrer Maschinen ist die
Confiscation der geistlichen Güter, und die damit verknüpfte Papiercirculation; die zweyte ist die Oberherrschaft der Stadt Paris;
die dritte ist die Armee. Was ich von dieser letztern zu sagen habe,
verspare ich, bis ich von der militärischen Verfassung besonders
reden werde.

Die Confiscation und der Papierumlauf können die bindende
Kraft, die man in ihnen sucht, wirklich während einer gewissen

Zeit besitzen, wenn nicht ein unsinniger oder verkehrter Gebrauch dieses Mittels die Anziehung, die es befördern soll, gleich Anfangs
in Zurückstoßung verwandelt. Gesetzt aber, das Kunststück thäte
eine Weile seine Wirkung, was wird die Folge seyn? Entweder
die Fabrikation des Papiergeldes wird die Gränzen der Confiscation überschreiten (und das wird höchstvermuthlich der Fall seyn):
alsdann wird es, statt zum Vereinigungspunct der neuen Republiken zu dienen, die Trennung und Zerrüttung der conföderirten
Provinzen, unendlich vermehren: oder, die Confiscation wird
wirklich so weit gehen, daß das Papiergeld nach und nach getilgt
werden kan, alsdann verschwindet auch mit ihm das ganze künstliche Cement. In der Zwischenzeit aber wird sein Effect nie anders als unsicher seyn, und mit jedem Wechsel im Kredit des Papiergeldes steigen, oder fallen.

Eins ist bey diesem Plan fast unfehlbar — dem Anschein
nach eine Nebenwirkung, aber in dem System der Anführer gewiß ein Hauptzweck — daß er in jeder der neuen Republiken eine
Oligarchie erzeugen wird. Eine Papiercirculation von so un-
geheurem Umfange, die sich auf keinen Schilling eines wirklich
vorhandnen Geldes gründet, mit Gewalt an die Stelle der gang-
baren Münze des Reichs gesetzt, und dadurch zu dem wesentlichsten Theil seiner Einkünfte sowohl als zu dem allgemeinen Instrument in allem bürgerlichen und Handelsverkehr erhoben, muß
schlechterdings denen, welche sie verwalten und dirigiren, alle
Macht, die noch im Lande zu finden ist, in die Hände liefern.

Wir fühlen sogar in England den Einfluß der Bank, da doch
diese nichts weiter als der Mittelpunct freywilliger Geldgeschäfte
ist. Wie wenig müßte man also davon unterrichtet seyn, was
Geld bey den Menschen vermag, wenn man nicht einsehen sollte,
zu welchem Ansehen die Administration einer Geldmasse, welche
das Capital unsrer Bank bey weitem übersteigt, und welche ihrer
Natur nach weit mehr von der Willkühr der Administration ab-
hängt, mit der Zeit führen muß. Ueberdies ist hier nicht blos von

der Verwaltung einer Geldmaſſe die Rede. Mit dieſer Verwaltung iſt noch eine andre Prärogative in dem neuen Syſtem unzertrennlich verbunden. Dies iſt die Vollmacht, nach eignem Belieben einzelne Stücke der confiſcirten Ländereyen zu veräußern,
nach eignem Belieben einen unaufhörlichen Umtauſch von Land
gegen Papier, und Papier gegen Land zu betreiben. Hiedurch
wird der Agiotir- und Wuchergeiſt der Maſſe des Landeigenthums ſelbſt mitgetheilt und eingepflanzt, hiedurch wird die feſteſte
aller Beſitzungen gewiſſermaßen verflüchtiget. Jene gefährliche
Operation giebt ihr eine ungewöhnliche, und widernatürliche Beweg-
lichkeit, davon der Erfolg kein anderer ſeyn kan, als daß vielleicht
der zehnte Theil aller Ländereyen im Staat in die Hände der Pa-
piergeld-Krämer zu Paris und in den Provinzen geräth, nachdem
er zuvor die ſchlimmſte und verderblichſte Eigenſchaft des Papiergeldes ſelbſt, nehmlich die größte mögliche Veränderlichkeit des
Werths erworben hat. Sie haben die Wohlthätigkeit der La-
tona gegen das Landeigenthum der Inſel Delos umgekehrt; das
ihrige haben ſie muthwillig abgelöſet, und laſſen es umher treiben,
gleich den Trümmern eines zerſchlagnen Schiffs, oras et littora
circum.

Da die neuen Intereſſenten in den Staatsfonds, ohne Ausnahme Abentheurer ſind, die weder eine geſetzte Lebensart führen, noch eine Vorliebe für dieſen oder jenen Ort haben, ſo
werden ſie blos kaufen, um wieder zu verkaufen, je nachdem
der Preis der Papiere, des Geldes, oder der Ländereyen
Vortheil bey dieſem Handel verſprechen wird. Denn obgleich ein
heiliger Biſchof *) der Meynung iſt, daß der Ackerbau unter den
Händen der „aufgeklärten“ Wucherer, welche die confiſcirten
Kirchenländer an ſich bringen werden, beträchtlich gewinnen ſoll,
ſo muß ich, der ich zwar kein großer, aber ein alter Landwirth
bin, mir die Freyheit nehmen, ihm mit allem Reſpekt, der ſeinem
vorigen Stande gebührt, zu verſichern, daß Wuchergeiſt kein

*) Talleyrand-Perigord, geweſener Biſchof von Autun.

guter Vormund des Ackerbaus ist; und was das Wort „aufge-
klärt" betrift, so möchte wohl, wenn es im Sinn des neuen
Wörterbuchs gelten soll, Niemand füglich begreifen können, wie
man dadurch, daß man nicht an Gott glaubt, geneigter oder gar
geschickter werden sollte, die Erde zu bauen — Diis immortalibus
sero, sagte ein alter Römer, da er die eine Handhabe des Pfluges
hielt, indeß der Tod schon an die andre faßte. Laßt die sämmtlichen
Direktoren der Discontocasse in eine große ökonomische Commission
zusammentreten — ein einziger erfahrner Bauer ist mehr werth,
als sie alle. Ich habe über einen künstlichen und wichtigen Zweig
der Landwirthschaft in einer kurzen Unterredung mit einem Car-
theuser-Mönch mehr gelernt, als von allen Administratoren der
Bank, mit denen ich je umgegangen bin. Indessen ist es im Ernst
nicht zu befürchten, daß die Geldwechsler sich viel mit der Oekonomie beschäftigen. Anfänglich möchten vielleicht ihre zarten und
empfänglichen Herzen von den unschuldigen und uneinträglichen
Vergnügungen eines Schäferlebens gefesselt werden, aber in kurzem wird es ihnen einleuchten, daß Ackerbau ein weit mühsamres,
und ein weit armseligeres Geschäft ist, als das, welches sie verließen. Sie werden ihm daher erst eine Lobrede halten, und ihm
dann den Rücken zukehren, gleich ihrem großen Vorgänger und
Urbilde beym alten Dichter. Wie dieser werden sie mit „Beatus
ille" anfangen, aber was wird das Ende seyn? —

> Haec ubi foenerator Alphius,
>   Jam jam futurus rusticus:
> Omnem redegit Jdibus Pecuniam
>   Quaerit Calendis ponere.

Sie werden die neue geistliche Casse unter dem geheiligten
Vorsitz jenes Prälaten, mit weit mehr Erfolg anbauen, als die
Weingärten, oder Kornfelder der Kirche. Sie werden ihre Talente so anwenden, wie es ihre Gewohnheit und ihr Interesse mit
sich bringt. Sie werden nicht hinter dem Pfluge hergehen, wenn
sie Schatzkammern verwalten, und Provinzen regieren können.

Die franzöſiſchen Geſetzgeber, neu und originell in allem, ſind gewiß die erſten geweſen, die einen Staat auf Spielen gegrün, det, und ihm den Spielgeiſt als ſeinen belebenden Athem ein, geblaſen haben. Der große Endzweck dieſer Staatsmänner iſt fein andrer, als der, ihr Vaterland aus einem großen Königreich in einen großen Spieltiſch umzuſchaffen, ſeine Einwohner in eine Nation von Spielern, ihr Leben in ein langes Hazards, ſpiel zu verwandeln, jedes Geſchäft des Bürgers mit Spekula, tation zu untermiſchen, und die ganze Summe der Hoffnungen und Beſorgniſſe des Volks von ihrer bisherigen Richtung ab, und auf die Leidenſchaften und Thorheiten derer hinzulenken, die vom Eigenſinn des Glücks und von ungewiſſem Gewinn leben. Sie rufen es laut aus, daß ihr gegenwärtiges Staatsſyſtem ohne die, ſen Spielfonds ſchlechterdings nicht beſtehen kan, und daß der Lebensfaden ihrer neuen Conſtitution ſelſt aus dem Stoff ihrer Wucherſpekulationen geſponnen iſt. Das ehemalige Spielen in den öffentlichen Fonds war allerdings verderblich genung: aber es traf doch immer nur einzelne Menſchen. Selbſt in ſeiner größ, ten Ausdehnung, in den Miſiſſippi, und Südſee, Planen wur, den verhältnißmäßig nur wenige davon ergriffen: wo es ſich wei, ter verbreitete, ſo wie bey den Lotterien, hatte es immer nur ei, nen einzelnen Gegenſtand. Aber wenn das Geſetz welches ſonſt das Spiel in den meiſten Fällen unterſagte, und in keinem einzi, gen begünſtigte, ſelbſt hingeriſſen wird, wenn es ſeine Natur und ſeinen Endzweck verläugnet, den Unterthan mit eigner und mit gewaltſamer Hand an dieſen gefährlichen Tiſch führt, indem es den Geiſt und die Symbole des Spielens in die kleinſten An, gelegenheiten überträgt, und ohne Unterſchied, jeden Menſchen und in jedem Verhältniß dazu auffordert: dann darf man doch wohl behaupten, daß eine ſchrecklichere Epidemie noch nie die Welt heimgeſucht hat. In Frankreich kan jetzt kein Menſch ſein Mittagsbrodt verdienen oder einkaufen ohne eine Spekulation *) zu machen. Was er des Morgens empfängt wird des Abends

---

*) Ueber den Cours der Aſſignate.

nicht mehr denselben Werth haben. Was man ihn für alte Schuld in Zahlung anzunehmen zwingt, wird er nie zu gleichem Preise wieder ausgeben können, wenn er sich genöthigt sieht eine neue Schuld, die er machen mußte, zu bezahlen, nicht einmal zu gleichem Preise, wenn er sich auch entschließen wollte, durch baare Bezahlung alles weitre Schuldenmachen zu vermeiden. Industrie muß dahin welken. Sparsamkeit muß aus dem Lande verbannt werden. Thätige Sorge für die Zukunft kan gar nicht mehr Statt finden. Wer will arbeiten, wenn er nie genau weiß, was seine Bezahlung seyn wird? Wer will sich die Mühe geben, das zu vermehren, was Niemand schätzen kan? Wer wird sammeln, wenn er den Werth dessen, was er bey Seite legt, nicht kennt? — Papiere aufzuhäufen, von denen kein andrer Gebrauch zu machen ist, als wieder damit zu spielen, wäre nicht die weise Fürsorge eines Menschen, sondern der verirrte Instinkt eines Raben.

Die wahrhaft-melancholische Seite dieses Unternehmens, eine ganze Nation in einen Spieler-Clubb umzubilden, ist die, daß zwar alle gezwungen sind zu spielen, aber nur eine geringe Anzahl das Spiel versteht, und noch eine geringre im Stande ist, von ihrer Kenntniß Nutzen zu ziehen. Daher wird die Menge offenbar das Opfer der wenigen, welche die Maschine dieser Spekulation regieren. Was dies besonders auf den Landmann für Wirkungen haben muß, ist einleuchtend. Der Städter kan von einem Tage zum andern seine Berechnung machen; nicht so der Bewohner des platten Landes. Wenn der Bauer sein Getraide auf den Markt bringt, zwingt ihn die Stadt-Obrigkeit, Assignate wie baar Geld anzunehmen *). Wenn er mit seinem Gelde

E 5

*) Bis zu diesem Uebermaß der Ungerechtigkeit, wodurch freylich in wenig Tagen alles Gewerbe und aller Verkehr in ganz Frankreich aufgehoben worden wäre, haben es die Volks-Regenten nun wohl nicht kommen lassen. Gewalt war hier

In den Laden kömmt, findet er es um viele Procente schlechter geworden, während daß er über die Straße gegangen ist. Zu diesem Markte kehrt er nun so leicht nicht wieder zurück. Was ist
die Folge? Das Volk geräth in Noth, und zeitig genung in
Aufruhr. Der Landmann wird gezwungen, seine Lebensmittel
nach der Stadt zu bringen. Er widersetzt sich, und die Mord-
scenen von Paris und St. Denys werden in ganz Frankreich wiederholt.

Was half nun dem Landmann die leere Schmeicheley, die
man ihm machte, da man ihm in der Constitutionstheorie einen
größern Antheil an der Repräsentation zugestand, als er vielleicht
zu fordern Recht hatte? Wo ist der wahre Sitz der Herrschaft
über Geld- und Land-Eigenthum? Wer hat die wahren Mittel
in Händen, den Werth jeder Besitzung im Staat zu steigern oder
herabzusetzen? Die, deren Operationen das Vermögen jedes
Menschen in Frankreich um 10 Procent vermehren oder verrin-
gern können, sind die Herren jedes Menschen in Frankreich. Alle
Macht, die durch diese Revolution gewonnen ist, concentrirt sich
in den Städten, und in den Händen derer, welche bey den Geld-
geschäften den Vorsitz führen. Der Güterbesitzer, der Pächter,
und der Bauer haben weder die Anlagen, noch die Neigungen,
noch die Kenntnisse, die zur Theilnahme an dieser einzigen, in

schlechterdings nicht anwendbar, alle List der Welt aber konnte
das ungeheure Fallen der Assignate nicht aufhalten. Den Gesetzgebern blieb nun nichts übrig, als der ohnmächtige Versuch, die Nation zu überreden, daß dieses Fallen gar kein
Uebel sey. Als die Assignate 40 und mehr Procent gegen
baares Geld verlohren, machte der nachherige Finanzminister
Clavieres die große Entdeckung, daß eigentlich die
Assignate gar nicht fielen, sondern daß nur
der Preis des baaren Geldes, in der Proportion, in welcher die Ungelehrten das Fallen
der Assignate zu bemerken glaubten, stiege!! —
A. d. U.

Frankreich noch übrigen Quelle von Ansehen und Einfluß leiten.
Das Wesen des Land-Eigenthums, der Charakter des Landlebens
selbst, der Geist der in allen seinen Beschäftigungen und in allen
seinen Vergnügungen waltet, macht Verbindungen und Plane
(den einzigen Weg, politische Macht zu erlangen und fest zu
halten) unter den Landleuten beynahe unmöglich. Man
mag sie mit noch so viel Kunst zusammenbinden, sie fallen
allemal in ihre Individualität zurück. Etwas einer Zunft ähnliches unter ihnen einzuführen, ist eine vergebliche Bemühung.
Hoffnung, Furcht, Schrecken, Eifersucht, das flüchtige Geschwätz eines Tages, das am Abend dahin stirbt, alle diese Dinge,
der Zügel und der Sporn, womit die Volksführer die Gemüther
ihrer Anhänger wechselsweise zurückhalten, und anfeuern, verliehren bey einer zerstreuten Menge ihre ganze Wirksamkeit. Wenn sie
sich versammeln, wenn sie sich bewaffnen, wenn sie sich in Bewegung
setzen sollen, so geschieht es nicht anders, als mit größter Langsamkeit und nach mühsamen Vorbereitungen. Ihre Anstrengung
ist niemals von Dauer. Sie können nicht systematisch zu Werke
gehen. Wollte der Güterbesitzer sich durch die bloßen Renten seines Eigenthums Einfluß verschaffen, wie könnte er denen die
Spitze bieten, die zehnmal so viel abzulassen haben als ihre Renten betragen, und die ihm sein Eigenthum selbst zu Wasser machen
können, wenn sie es blos dahin bringen, daß es ihrem räuberi-
schen Papier begegnet? Wollte etwa der Güterbesitzer verkaufen
oder verpfänden, so würde der Werth seiner Ländereyen fallen,
mithin der Werth der Assignate steigen, und folglich die Macht
seines Feindes gerade durch die Mittel, deren er sich bedienen
wollte, um mit ihm zu kämpfen, zunehmen. Auf diese Weise
wird e i n e ganze Classe achtungswürdiger Bürger von der Regierung ihres Vaterlandes so vollständig ausgeschlossen, als wenn
ein Gesetz sie davon entfernte. Es ist einleuchtend, daß in den
Städten alles das, was sich gegen den Landmann verschwört,
zum Vortheil des Geldbesitzers und Geldverwalters zusammentritt. In den Städten sind Verbindungen leicht und natürlich.
Die Erziehung, die Geschäfte, die Vergnügungen, die Arbeit

und der Müßiggang ihrer Bürger führen sie beständig zu wech,
selseitiger Berührung. Ihre Tugenden und ihre Laster sind ge,
selliger. Sie sind fast beständig in Waffen, und kommen je,
dem, der sich zu einer politischen oder militärischen Operation
ihrer bedienen will, halb, disciplinirt und in geschloßnen Glie,
dern entgegen.

Alle diese Betrachtungen lassen mir über das künftige
Schicksal des Landes nicht den geringsten Zweifel mehr übrig.
Frankreich wird, wenn nehmlich dieses Ungeheuer einer Con,
stitution Dauer haben kan, von Niemand anders regiert wer,
den, als von einigen Städtischen Clubbs, von den Verwaltern
der Assignate und der Kirchengüter, von Advokaten, Agenten,
Mäcklern, Agiotanten, Wucherern und Abentheurern — einer nie,
drigen Bande, die sich auf den Trümmern des Throns, der
Kirche, des Adels und des Volks erhob. Hier enden nun alle
die betrügerischen Träume und Schattenbilder von Menschen,
gleichheit und Menschenrechten. In dem grundlosen Moraß
dieser verworfnen Oligarchie sind sie alle verschlungen, unter,
gesunken und verlohren auf immer.

Man fühlt sich versucht zu glauben, daß Frankreich durch ir,
gend eine Todtsünde, durch irgend ein furchtbares National,
Verbrechen, wenn gleich menschliche Augen es nicht entdecken
können, die Rache des Himmels auf sich gezogen haben muß, weil
er es in seinem Zorn mit dieser ehrlosen, verächtlichen Regierung
strafte, worin auch nicht einmal der eitle Ersatz, der geringfügige
Trost zu finden ist, welche jener falsche Glanz, der um andre
Tyrannen gaukelt, und die Unterdrückten wenigstens vor der
Schmach einer gänzlichen Erniedrigung rettet, verliehen würde.
Ich kan nie ohne Betrübniß, aber auch nie ohne eine gewisse Bit,
terkeit an verschiedne Männer, sonst von großem Range, noch jetzt
von großem Charakter denken, die sich von einigen hochtönen,
den Worten bethört in ein Unternehmen einließen, welches sie
nicht zu ergründen vermochten, die ihren unbefleckten Ruf und

das Ansehen ihrer einladenden Namen den listigen Planen ver-
ruchter Menschen liehen, deren wahre Beschaffenheit sie in der
Reinheit ihres Herzens nicht begreifen konnten, und die daher
durch ihre Tugenden selbst den Ruin ihres Vaterlandes befördert
haben.

So viel über das erste ihrer politischen Cementir-Principien.

Das zweyte ist die Superiorität der Stadt Paris; und
sein genauer Zusammenhang mit dem ersten ist unverkennbar. In
diesem Theil des Entwurfs müssen wir die eigentliche Ursach der
Aufhebung aller alten Gränzen, aller geistlichen und weltlichen
Gerichtsbarkeiten, und aller vormaligen Gemeinheiten, so wie
der Errichtung der großen Anzahl kleiner unzusammenhängender
Republiken aufsuchen. Die Macht der Stadt Paris ist offenbar eine der wichtigsten Springfedern in ihrer ganzen Politik.
Durch die Macht dieser Stadt, die jetzt das Centrum und der
Brennpunct der Wechselgeschäfte geworden ist, leiten oder vielmehr beherrschen die Anführer einer Faktion die ganze gesetzgebende und vollziehende Gewalt des Staats. Es muß also nichts
verabsäumt werden, was den Einfluß der Stadt Paris auf die
andern Republiken befördern kan. Paris enthält eine ungeheure
Masse von Kraft, mit der die Kraft keiner einzigen der andern
Quadrat-Republiken sich messen kan, und diese Kraft ist in einen
engen Raum zusammengezogen, und gleichsam verdickt. Alle
Theile von Paris stehen unter einander in einem natürlichen und
leichten Zusammenhange, den keine geometrische Eintheilung an-
fechten kan; auch ist es höchst gleichgültig, ob der Antheil dieser
Stadt an der Repräsentation größer oder kleiner ist, da sie den
ganzen Zug von Fischen in ihrem Netz hält. Die Provinzen des
Reichs sind zerhackt, zerrissen, aller Vereinigungspuncte beraubt,
und können sich wenigstens anfänglich gegen die Hauptstadt nicht
verbinden. Es gehörte ausdrücklich in den Plan, daß in alle
untergeordneten Glieder, Schwäche, Verwirrung und Trennung einkehren mußte. Um dies zu befördern hat die National-

Berſammlung noch neulich den Beſchluß gefaßt, daß nicht zwey ihrer Republiken denſelben General-Commendanten haben ſollten.

Jeder, der das Ganze überſieht, wird freylich leicht be-merken, daß in dieſem Syſtem die wahre Stärke der Stadt Paris auf der allgemeinen Ohnmacht des Landes beruht. Man prahlt häufig damit, daß die neue geometriſche Staatsverfaſ-ſung alle Privat-Neigungen, alle Vorurtheile des Orts vertil-gen, daß es künftig keine Gasconier, keine Pikarden, keine Nor-männer, ſondern blos — Franzoſen, mit Ei-nem Sinn, Einem Vaterlande und Einer National-Ver-ſammlung geben würde. Viel wahrſcheinlicher aber iſt es, daß die Bewohner von Frankreich in kurzem gar kein Vaterland haben werden. Weder Nationalſtolz, noch perſönliches Inter-eſſe, oder gar ein Gefühl der Liebe, kan jemals einen Men-ſchen für eine Quadrat-Eintheilung einnehmen. Nie wird Jemand ſeinen Ruhm darin ſetzen, daß er zu dem Viereck, Nr. 71, oder zu irgend einem andern Felde eines großen Schachbretts gehört. — Unſre bürgerlichen Neigungen müſſen in unſern Familien anfangen. Wer die ſeinige nicht liebt, iſt nie ein wahrer Patriot. Von unſern Familien gehen wir zu unſern Nachbarn, und zu den Mitbürgern in unſrer Provinz über. Dies ſind Ruheplätze und Herbergen auf unſrer Reiſe zum allgemeinen Bürgergeiſt. Alle ſolche Eintheilungen unſers Vaterlandes, die durch alte Gewohnheiten und langes Herkom-men, nicht durch einen plötzlichen Ruthenſchlag einer deſpoti-ſchen Macht entſtanden, ſind Abbildungen des Ganzen im Klei-nen, worin unſer Herz etwas findet, daran es ſich halten kan. Vaterlandsliebe wird durch dieſe untergeordneten Neigungen nicht ausgelöſcht. Vielmehr liegen gerade in ihnen die Ele-mente der Erziehung zur höhern und ausgebreitetern Anſicht der Dinge, welche allein den Menſchen dahin führen kan, für die Wohlfarth eines Staats von ſolchem Umfange, als Frank-reich, wie für ſeine eigne Angelegenheit zu fühlen. Die Zu-neigung zum Lande ſelbſt gründete ſich, ſo wie die Anhänglichkeit an die alten Namen der Provinzen, auf alte Vorurtheile und dunkle Gefühle, nicht auf irgend eine Vorstellung von den geometrischen Eigenheiten seiner Figur — Der Einfluß und der Vorrang von Paris wird die zerstreuten Republiken so lange zu, sammenhalten, als er selbst dauern wird: lange wird er gewiß nicht dauern.

Wenn wir von den bürgerlich-schaffenden, und bürger, lich-bindenden Principien dieser Constitution zu der gesetzge, benden Versammlung selbst übergehen, so finden wir eine Con, gregation, in der sich alle denkbaren Arten von Macht vereinigen, ohne daß es irgend eine denkbare Einschränkung von außen her für diese Macht gäbe. Wir sehen eine Versammlung ohne Fundamen, tal Gesetze, ohne eingeführte Grundmaximen, ohne anerkannte Re, geln oder Formen, die nichts in der Welt zwingen ken, irgend einem System treu zu bleiben. Ihre Begriffe von Macht sind immer von der übertriebensten und gewaltsamsten Ausdehnung der Befugnisse eines Gesetzgebers, die Gründe wonach sie sich in den alltäglichsten Vorfällen bestimmen, von den außerordentlichen Vorschriften einer gebieterischen Nothwendigkeit hergenommen. Die künftige Versammlung wird von vielen Seiten der jetzigen gleich seyn: aber vermöge der neuen Wahlverfassung und der . Ideen welche die neuen Schriften von Tage zu Tage weiter ver, breiten, wird es ihr auch noch an dem schwachen innern Wider, stand einer Minorität fehlen, in der ein abgesondertes Interesse und eben deshalb ein abgesonderter Geist herrschte. Die näch, ste Versammlung muß, wenn es möglich ist, schlech, ter als die gegenwärtige seyn *). Dadurch daß die jetzigen Demagogen alles zerstöhren und umwerfen, werden sie ihren Nachfolgern auf den ersten Anblick nichts übrig lassen, wo, durch Popularität zu gewinnen ist. Diese werden sich daher, um nur ihre Vorgänger zu erreichen, zu den verwegensten und lächer,

---

*) Ob, und in wiefern diese Prophezeyung eingetroffen ist, kan jetzt alle Welt beurtheilen.   A. d. U.

lichsten Unternehmungen hinreißen laſſen. Es wäre widerſinnig,
zu glauben, daß eine Verſammlung dieſer Art vollkommen ruhig
und unthätig bleiben könnte.

Laßt uns nun unſre Augen auf das richten, was ſie für die
ausübende Macht im Staat gethan haben. Sie haben ſie einem abgeſetzten Könige übertragen. Und wie haben ſie ſie ihm
übertragen? Was hat dieſer König mit den innern und äußern
Angelegenheiten und Verhältniſſen des Staats zu thun?

Die wichtigſte aller innern Angelegenheiten eines Landes, iſt
die Verwaltung der Gerechtigkeit. An dieſer hat der König
nicht den geringſten Antheil. Es wäre lächerlich, ihn die Quelle der
Gerechtigkeit zu nennen. Weder die Unter-Richter noch die Ober-
Richter werden von ihm creirt. Er kan die Candidaten weder
vorſchlagen noch verwerfen. Er verwaltet blos das Amt eines
Notars, indem er die geſchehnen Wahlen regiſtriren läßt. Die
Sentenzen der Richter werden durch ſeine Beamten zur Ausführung gebracht. Wenn man das eigentlich-charakteriſtiſche ſeiner
Funktionen in dieſem Fach beſtimmen wollte, ſo müßte man
ſchlechterdings bekennen, daß er nichts als der Oberaufſeher der
Gerichtsdiener, der Häſcher, der Provoſte, der Kerkermeiſter,
und der Henker iſt. Es war ſchlechterdings nicht möglich, das,
was man königliche Würde nennt, in ein verächtlicheres Licht zu
ſtellen. Tauſendmal beſſer wäre es für das Anſehen dieſes unglücklichen Fürſten geweſen, wenn man ihn ganz und gar von der
Juſtizverwaltung ausgeſchloſſen hätte, da ihm einmal alles ehrwürdige, alles tröſtliche dieſes Amts, alle Macht, aufzuſchieben,
zu lindern und zu begnadigen geraubt war. Alles was klein und
gehäßig in der Ausübung der Gerechtigkeit iſt, hat man auf ihn
geworfen. Die Verſammlung hat ſich nicht umſonſt ſo viele
Mühe gegeben, die Ehrloſigkeit, die an gewiſſen Beſchäftigungen
klebte, aufzuheben, da ſie ſich vorgenommen hatte, den, der vormals ihr König geweſen war, nur um eine einzige Stufe über
den Scharfrichter zu ſtellen, und ihm ein Amt von ähnlicher
Beſchaf-

Beschaffenheit anzuweisen. Es ist gegen alle Natur, daß ein
König von Frankreich, so wie er jetzt angethan ist, von andern
geachtet werden, oder sich selbst achten könnte! *)

Dieser neue vollziehende Staatsbeamte steht ganz unter den
Befehlen der National-Versammlung. Gesetze ausführen, ist
ein Königlicher Beruf: aber Befehlen gehorchen, heißt nicht
König seyn. Die oberste executive Macht in einem Staat
muß Glanz und Würde umgeben. Wie kan man von der Ohnmacht erwarten, daß sie die Kräfte eines Staats lenken und
regieren soll? Was ist ein König, der nicht belohnen und nicht
bestrafen kan? — So ist aber der König von Frankreich. Er
kan keine Aemter verleihen, keine Grundstücke verschenken, kein
Jahrgehalt von hundert Thalern anweisen, nicht den elendsten
Titel ertheilen. Er ist so wenig die Quelle der Ehre als der
Gerechtigkeit. Alle Macht zu belohnen, alle Macht zu erheben ist in andern Händen. Die, welche dem Könige dienen, können durch nichts anders zu ihrer Pflicht angehalten werden, als
durch Furcht, durch Furcht vor allem in der Welt, nur nicht vor
ihrem Herrn. So wie in der Justizverwaltung, so ist auch in
der innern Administration des Reichs nur alles unangenehme,
alles was verhaßt machen kan, sein Loos geworden. Wenn eine
Provinz oder eine Municipalität um Erlassung der Abgaben bit-
tet, so bewilligt sie die National-Versammlung. Wenn irgend
ein Aufruhr entsteht, wobey sich die öffentliche Macht ins Mittel
schlagen muß, wird der König aufgefordert: bey jeder Gelegenheit
soll er sich mit dem Blut seines Volks besprützen. Er muß sogar

*) Und doch tobten die Volksschreyer unaufhörlich über das, was
sie die große Verrätherey des Königs nannten, und
was nichts weiter war, als ein natürlicher Versuch, dieser unnatürlichen Verfassung ein Ende zu machen —
Alles was Burke hier nur kurz und unvollständig vorträgt,
ist in Neckers neustem Werke aufs ausführlichste, befriedi-
gendste, und meisterhaftste abgehandelt. A. d. U.

D

Hülfe leisten, wenn die, welche ihn aus seiner Gefangenschaft befreyen wollen, oder welche die geringste Neigung zu seiner Person, oder die geringste Achtung vor seiner ehmaligen Würde verrathen, niedergemacht werden sollen *).

Die ausübende Gewalt eines Staats muß so constituirt seyn, daß die, welchen sie übertragen ist, immer geneigt bleiben, die, denen sie gehorchen sollen, zu lieben und zu ehren. Eine muthwillige Widersetzlichkeit, oder was schlimmer ist, ein äußerlicher und buchstäblicher, aber hinterlistiger und verrätherischer Gehorsam von Seiten der Staatsdiener ist der Ruin der treflichsten Beschlüsse, welche die gesetzgebende Macht hervorbringen kan. Wo die Fehler in der Staatsverfassung zu einem solchen heimlichen Zwist zwischen den Mächten den Grund gelegt haben, da bemüht man sich umsonst, innre und redliche Uebereinstimmung, wahre Einigkeit zu wirken. Es ist in keines Gesetzes Gewalt, dem Menschen Eifer für eine Sache anzuhauchen. Könige, auch selbst wahre Könige müssen sich oft die Freymüthigkeit solcher Unterthanen gefallen lassen, die ihnen verhaßt und gefährlich sind: sie müssen sogar Macht und Ansehen an diesen Unterthanen dulden, wenn sie ihrer bedürfen. Ludwig XIII. haßte den Cardinal Richelieu tödtlich; aber daß er diesen Minister gegen alle seine Nebenbuhler schützte und aufrecht hielt, war der Ursprung alles Ruhms seiner Regierung und das Fundament der Festigkeit seines Throns. Ludwig XIV. liebte den Cardinal Mazarin nicht, als er zum Besitz der Krone gelangte; aber seines eignen Vortheils halber ließ er ihn nie sinken. In spätern Jahren war es fast der nehmliche Fall mit Louvois. Der König verabscheute ihn, aber ertrug ihn sehr lange, weil er ein trefliches Werkzeug

---

*) Und wird als der niedrigste aller Missetäter behandelt, wenn er bey der Annäherung derer, die feiner Sklaverey und der Sklaverey feines Volks ein Ziel setzen wollen, nicht Trauerkleider anlegt und sich an die Spitze feiner Todtfeinde stellt. Zusatz des Ueberf.

feiner Größe war. Als George II. Herrn Pitt, einen Mann der ihm nicht angenehm seyn konnte, zum Minister machte, that er, was einem weisen Fürsten zu thun geziemte. Aber alle diese Minister, die das politische Bedürfniß, nicht die Neigung der Monarchen erhob, handelten doch im Namen und unter der Autorität ihrer Könige, nicht als ihre offenbaren, erklärten oder gar gesetzlichen Oberherren. Es ist unmöglich, daß irgend ein König, wenn er sich vom ersten Schrecken erholt hat, gutwillig und mit wahrem Eifer die Absichten derer befördern kan, die er schlechterdings für Feinde und Widersacher halten muß — Werden die Minister eines solchen Königs *) den Befehlen derer, welche sie den Tag zuvor in seinem Namen in die Bastille geschickt hatten, mit Freuden gehorchen? Wer das erwartet, der muß nach allen andern Umwandlungen und Regenerationen auch noch eine Total-Revolution in der menschlichen Natur stiften, und sich nach einer neuen Constitution für das menschliche Herz umsehen. Ohne diese ist an keine Harmonie zwischen der gesetzgebenden und ausübenden Macht in Frankreich, so wie sie jetzt beschaffen sind, zu denken. Es giebt Fälle, wo wir uns mit Namen und Abstraktionen durchaus nicht hinhalten lassen. Nennt ein halb Dutzend Volksaufwiegler die wir zu fürchten und zu hassen Ursach haben, immerhin die Nation: dies macht weiter keinen Unterschied, als daß wir sie noch mehr hassen und noch mehr fürchten. Sollte aber einmal eine Revolution, wie diese, durch solche Mittel ausgeführt werden, so war es besser und klüger, den Streich des 5ten und 6ten Oktobers zu vollenden. — Ein neuer Verwalter der executiven Macht hätte alsdenn seine Befehlshaber zugleich als seine Schöpfer anzusehen gehabt: sein eigner Vortheil, die Societät des Verbrechens, und selbst (wenn unter den Frevlern noch eine Tugend wohnen kan) Dankbarkeit, würde ihn

E 2

---

*) Wenn sie nehmlich wirkliche Minister nicht geradezu Creaturen der gesetzgebenden Macht und Zuchtmeister oder Verräther besser, den sie bedienen sollen, sind. A. d. U.

zum Gehorsam gegen diejenigen aufgefordert haben, welche ihn zu einer erträglichen zu einer äußerlich-glänzenden, auf jeden Fall zu einer wichtigern Stelle, als die jetzige Königswürde ist, empor gehoben hatten: denn für einen groß-gemachten Günstling hätten sie sicherlich mehr gethan, als für einen gedemüthigten Gegner.

Wenn ein König, wie dieser *), von der Last seines Elends betäubt und erdrückt wird, so, daß er Essen und Schlaf für die einzigen Privilegien und Belohnungen seines Lebens ansieht, und für Ehre und Schande fühllos wird: so kan er die Pflichten seines Berufs nicht erfüllen. Wenn er empfindet, wie Menschen gewöhnlich empfinden, so muß er bald bemerken, daß ein Amt wie das seinige, unter Umständen wie die seinigen, keinen der es bekleidet, zieren oder beglücken kan. Nicht eine einzige edle Triebfeder kan ihn zum Handeln bewegen. Er wird sich im besten Fall leidend verhalten. Für einen Menschen von niedriger Abkunft kan eine solche Stelle noch immer ihren Reiz haben. Aber zu ihr erhoben werden, und zu ihr herabsinken, sind zwey ganz verschiedne Dinge, die auch ganz verschiedne Gefühle rege machen müssen. Ernennt dieser König wirklich seine Minister, so werden sie seine Empfindungen theilen. Werden sie ihm aufgedrungen, so wird Kampf und wechselseitige Gegenwirkung das beständige Verhältniß zwischen ihnen und dem Namen-Regenten seyn. In allen andern Ländern ist das Amt eines Staatsministers mit großer Würde verknüpft. In Frankreich wird es ein gefahrvoller und ein ruhmloser Posten seyn. Indessen werden sie auch in ihrer Nichtigkeit Nebenbuhler finden, so lange niedriger Ehrgeiz in der Welt vorhanden, und die Begierde nach einem elenden

---

*) Das folgende Dilemma ist unwiderleglich. Aber die, welche die Monarchie sans roi (S. 1ter Theil S. 216 Note) begehrten, kümmerten sich nicht darum. Ihrer Büberey oder Stupidität waren beyde Theile der Alternative erwünscht, weil sie beyde zu ihrem Ziel führten. A. d. U.

Gehalt ein Sporn für kurzsichtige Habsucht seyn wird. Diese
Nebenbuhler haben in der neuen Constitution die leichtesten Mittel
in Händen, einen Minister anzugreifen: er kan sich nicht anders
gegen sie wehren, wenn sie ihn im National-Senat durch den
ersten den besten Bösewicht unter den Repräsentanten anklagen
lassen, als in der niedrigen Gestalt eines Staatsverbrechers. —
Die Verantwortlichkeit dieser Minister ist eine elende Bürgschaft
einer guten Administration. Die Erhebung der Seele die von der
Furcht herstammt, wird eine Nation nimmermehr zum Ruhme
führen. Verantwortlichkeit kan manchen Vergehungen vorbeugen.
Sie macht offenbare Eingriffe in die Gesetze gefährlich. Aber nur
Dummköpfe mögen sich einbilden, daß sie jemals eine Triebfeder
der wahren Thätigkeit, des Eifers und des Patriotismus werden
kan. Wird man die Führung eines Krieges mit Sicherheit einem
Mann anvertrauen können, welchem der beste Ausgang desselben
vielleicht abscheulich ist, welcher bey jedem Schritt, den er in diesem Kriege thut, fürchten muß, die Macht seiner Unterdrücker
zu befestigen oder zu vergrößern? — Werden sich fremde Mächte
mit einem Fürsten einlassen, der weder für sich selbst, noch durch
seine Minister Krieg oder Frieden schließen kan? — Nein! Nein!
Der Zustand der Erniedrigung ist kein Zustand für einen König;
besser war es, sich ihn auf einmal vom Halse zu schaffen.

Ich weiß wohl, daß man behauptet, dieses ganze unglückliche Verhältniß werde nur noch unter der jetzigen Regierung
Statt haben, und daß man sich auf das dem Könige abgedrungne
Versprechen, den Dauphin so, wie es sich zu seiner künftigen Lage
schickt, erziehen zu lassen, nicht wenig zu Gute thut. Aber mich
dünkt, wenn man ihn für seine Bestimmung erziehen will, so
muß er gar nicht, oder muß noch schlechter erzogen werden, als
je ein Despot erzogen ward. Wenn er lieset! — doch, er mag
lesen oder nicht, irgend ein guter oder böser Genius wird ihm
wohl zuflüstern, daß seine Vorfahren Könige waren. Von dem
Augenblick an wird sein einziger Zweck, sein einziges Bestreben
seyn, sich empor zu schwingen, um seine Eltern zu rächen.

„Dies," werdet Ihr sagen, „würde ja mit seiner Pflicht streiten." Immerhin, aber es ist seiner Natur angemessen, und Ihr handelt sehr unweise, wenn Ihr Euch der Pflicht anvertraut, während daß Ihr die Natur gegen Euch erzürnt. Mit diesem gebrechlichen Constitutionsplan nährt der Staat eine beständige Quelle von Verwirrung, Widerstand, Ohnmacht und Verfall in seinem Busen, und schmiedet selbst die Waffen zu seinem unvermeidlichen Untergange.

Eben so schlechte Haushälter als Staatsmänner haben sie eigentlich zwey ganz verschiedne Verfassungen auf einmal eingeführt; eine wirkliche, und eine scheinbare. Beyde werden mit großen Kosten unterhalten: aber die scheinbare vielleicht mit den größten *).

*) Hierüber hat uns der Erfolg freylich eines andern belehrt. — Im Grunde verfuhren die Jakobiner vollkommen consequent, wenn sie unabläßig über die Raserey einer Civil-Liste von 25 Millionen schrien: eine solche politische Null, wie der König ihrer abgeschmackten Republik, war mit dem 25sten Theil immer noch ausschweifend bezahlt. Aber — wenn dieser König die Macht, die er haben mußte, um das wahre Lebensprincip des Staats zu seyn, von Anfang an besessen hätte, wer kan es läugnen, daß die 25 Millionen, die ihm bestimmt waren, gleich in den ersten zwey Jahren dem Reiche wenigstens 50mal 25 Millionen gerettet hätten? — Die Geschichte wird es kaum wagen, der Nachkommenschaft zu erzählen, daß unter den Händen dieser beyspiellosen Regenten-Bande in einer so kurzen Zeit, und ohne daß ein einziges bleibendes Denkmal dem ungläubigen Erstaunen zu Hülfe käme — eine Summe von solcher Unermeßlichkeit, daß die Verschwendungen Ludwig des XIV. und XV. darüber vergessen werden müssen, eine Summe, mit der man die größten Wüsteneyen urbar machen, und in den entferntesten Meeren einen neuen Staat schaffen konnte, zerronnen und verschwunden ist — Für einen so ungeheuren Preis hätte man doch wohl etwas bessers kaufen können, als den Ruin eines Königreichs und einige Tausende geschmackloser Schul-Chrien, die sie politische Reden nannten! A. d. U.

Und doch ist eine Maschine, wie diese, nicht des Oels werth, das man an die Räder verschwendet. Ich weiß alles, was sie zu ihrer Entschuldigung anführen. „Der Plan, heißt es, nach „welchem die executive Gewalt eingerichtet ist, war nicht ein frey' „willig-gewählter. Das Schaugerüste, was einmal da war, „mußte beybehalten werden; das Volk hätte nicht zugegeben, daß „man es ganz zerstöhrte" — Gut! ich verstehe Euch. Trotz allen jenen großen Theorien, vor denen sich Himmel und Erde beugen sollten, wißt Ihr Euch in die Umstände zu schicken, wenn die Noth es fordert. Da Ihr dies aber einmal thun mußtet, so hättet Ihr noch einen Schritt weiter gehen, und das, was Ihr beybehieltet, zu einem brauchbaren Werkzeuge machen sollen. Dies stand in Eurer Macht, und dies war Eure Pflicht. War-um, zum Beyspiel, ließt Ihr dem Könige nicht das Recht, Krieg und Frieden zu beschließen? — „Wie! die gefährlichste aller „Prärogativen!" — Allerdings die gefährlichste, aber eben darum mußte sie ihm anvertraut werden. Freylich mußte er denn noch viele andre Rechte besitzen, ohne welche jene Befugniß nichtig ge-wesen wäre. Aber es war der einleuchtendste Vortheil des Staats, sie ihm unter jeder vernünftigen Bedingung einzuräu-men. Dies war das einzige Mittel, wodurch die Potentaten von Europa verhindert werden konnten, sich in genaue Verbindun-gen und persönliche Intriguen mit den Mitgliedern der gesetzge-benden Versammlung einzulassen, ihre Hand in allen wichtigen Angelegenheiten des Reichs zu haben, und die fürchterlichsten aller Faktionen, die, welche unter der Leitung fremder Mächte stehen, im Herzen des Staats zu nähren. Von diesem letzten und größten Uebel sind wir, Dank sey es Gott! noch frey. Bey den Gesetz-gebern Frankreichs hätte es gestanden, ihren Staat auf immer dagegen zu sichern. Gefielen ihnen die Vorkehrungen nicht, die man in England dieserhalb gemacht hat, so konnten sie bessere ersinnen.

Es wäre noch unendlich viel über die seltsame und widersin-nige Constitution der ausübenden Macht in dieser neuen Staats-

verfaſſung zu ſagen: aber Ermüdung muß der Abhandlung ſolcher Gegenſtände Schranken ſetzen, die an und für ſich faſt ohne
Gränzen ſind.

In dem neuen Plan der Juſtizverwaltung, welchen die National-Verſammlung entworfen hat, finde ich eben ſo wenig
Weisheit und Erfindungsgeiſt. Die Baumeiſter der Verwüſtung
fingen auch hier, nach ihrer unveränderlichen Maxime damit an,
daß ſie die Parlamenter gänzlich abſchafften. Dieſe ehrwürdigen
Tribunäle bedurften, wie alles andre unter der alten Regierung,
einer Reform: aber ſie hatten Eigenheiten in ihrer Verfaſſung,
die den Beyfall der Weiſen verdienten. Sie beſaßen den wichtigen
Vorzug, die wahre Fundamentalvollkommenheit, daß ſie unabhängig waren. Selbſt der ſonſt-verdächtige Umſtand, daß ihre
Stellen käuflich erworben wurden, trug das ſeinige zu dieſer Unabhängigkeit bey. Obgleich der Monarch ſie bezahlte, war es
doch kaum als ſtänden ſie unter ihm. Es war als wenn die ent-
ſchloſſenſten Angriffe auf ſie, welche die Könige wagten, blos
ihre eingewurzelte Unabhängigkeit in ein helleres Licht ſtellten. Sie
waren große bleibende Corporationen, deren Weſen darin lag,
willkührlichen Neuerungen zu widerſtehen; und ſie waren eben
deshalb, und wegen des Eigenthümlichen in ihren Formen,
äußerſt geſchickt, den Geſetzen Sicherheit und Beſtändigkeit zu
verleihen. Sie waren die ſichre Freyſtätte derſelben in allen Revolutionen der Meynungen und der öffentlichen Macht geweſen.
Sie hatten dies heilige Depoſitum des Landes unter den Regierungen deſpotiſcher Fürſten, und unter den Kämpfen deſpotiſcher Faktionen bewahrt. Sie waren das Archiv der Conſtitution. Sie waren zu allen Zeiten die Beſchützer des Eigenthums
geweſen. — Die höchſte Gewalt in einem Staat muß die richterlichen Funktionen allemal ſo organiſiren, daß ſie nicht nur unabhängig von ihr ſind, ſondern ihr gewiſſermaßen das Gleichgewicht halten können. Sie muß für ihre Gerechtigkeit gegen ihre
Macht Bürgſchaft leiſten. Sie muß ihre Tribunäle ſo einrichten,
als befänden ſie ſich außerhalb des Staats.

Die Parlamenter waren, wenn gleich nicht eine unüber,
windliche, doch eine sehr beträchtliche Schutzwehr gegen manchen,
ley Fehler und Ausschweifungen der monarchischen Regierung.
Diese unabhängigen Gerichtshöfe wurden ungleich unentbehrli,
cher, als eine Demokratie die herrschende Macht im Staat ge,
worden war. In einer solchen Constitution müssen erwählte, nur
für eine bestimmte Zeit und für einen bestimmten Distrikt er,
wählte Richter, die ihre untergeordneten Funktionen in einem ein,
geschränkten Kreise ausüben, die schlechtesten von allen seyn.
Umsonst wird man bey ihnen auch nur einen Anschein von Ge,
rechtigkeit gegen Fremde, gegen die verhaßten Reichen, gegen die
Minorität überwundner Partheyen, gegen alle die welche bey
dem Wahlgeschäft den Nebenbuhlern ihre Stimme gaben, suchen
können. Es wird ganz unmöglich seyn, den verderblichsten Fak,
tionsgeist von diesen neuen Gerichtshöfen abzuwehren. Alles
Ballotiren ist, wie eine lange Erfahrung gelehrt hat, ein eitler
und kindischer Versuch, die Gesinnungen der Wählenden zu ver,
stecken. Wenn es seinen Zweck am besten erreicht, so bringt es
Mistrauen hervor, welches noch eine gefährlichere Quelle der
Partheylichkeit ist, als offne Feindschaft.

Hätte man die Parlamenter beybehalten, anstatt sie mit so
ungeheuren Kosten für die Nation aufzuheben: so hätten sie dem
neuen Staat vielleicht auf ähnliche Weise, wie der Areopagus
zu Athen den griechischen Freystaaten dienen können. Jedermann
weis, daß dieses Tribunal die große Stütze des ganzen griechischen
Bundes, der heilsamste Damm gegen die Vergehungen leichtsin,
niger Demokratien war. Die Parlamenter mögen vom Parthey,
geist nicht ganz frey gewesen seyn: aber das Uebel war bey ihnen
äußerlich und zufällig: es war ihnen nicht durch die Fehler der
Constitution selbst eingeimpft, wie dies der Fall bey den neu, er,
fundnen sechsjährigen Wahltribunälen seyn muß.

Es fehlt noch ein Stück zur Vollständigkeit der neuen Justiz,
verfassung. Man will sie mit einem obersten Tribunal krönen,

D 5

das den Namen eines National-Gerichts führen, und über die Verbrechen, welche gegen die Nation, das heißt, gegen die National-Versammlung begangen werden, sprechen wird. Da dieser Theil des Entwurfs noch nicht ausgeführt ist, so ist es auch noch nicht möglich, ein Urtheil darüber zu fällen. So viel läßt sich aber im Voraus prophezeyen: wenn man nicht mit äußerster Sorgfalt von diesem Tribunal den Geist der bisher in allen Proceduren gegen Staatsverbrecher gewaltet hat, zu entfernen sucht, so wird es in Vereinigung mit dem Untersuchungs-Ausschuß die letzten Funken von Freyheit, die noch in Frankreich glimmen mögen, auslöschen, und die schreckenvollste Tyranney herbey führen, die je in irgend einem Lande gewüthet hat *).

*) Das hohe National-Gericht ist nicht lange nachher zu Stande gekommen, und hat, wie bekannt, bis auf die Revolution vom 10ten August 1792 seine Sitzungen in Orleans gehalten. Alles was der Verfasser von der Abscheulichkeit seiner Organisation fürchten konnte, ist in reichem Maße realisirt worden, doch hat es wenig oder gar kein Uebel angerichtet. Der Grund dieses Phänomens liegt in einem Umstande, dem Frankreich allein verdankt, daß es unter der heillosesten aller Regierungen nicht ganz zu Grunde gegangen, und, so zu sagen, vom Erdboden verschwunden ist. In einer vollständigen Anarchie sind die verworfensten Plane, und die verderblichsten Anordnungen nicht halb so schädlich, als ein zweydeutiges Gesetz in einem blühenden und wohl-regierten Staat. Da, wo das Gute nichts mehr wirken kan, wirft auch das Böse nicht mächtig. Dieses wohlthätige Gleichgewicht in der moralischen Welt verwandelte durchgängig sieben Achttheile von dem, was die National-Versammlungen anordneten und beschlossen, und einführten, und niedersetzten — in Nichts. Das hohe National-Gericht artete gleich bey seiner Geburt in eine leere Formalität aus. Seiner Bestimmung und seinen Endzwecken getreu, wäre es ein Ungeheuer geworden.

Statt des Untersuchungsausschusses der ersten National-Versammlung ist übrigens in der zweyten ein Ob-

Leuchtet etwa größre Weisheit aus der Organisation der
Armee, als aus der neuen Justizverfassung hervor? Vernünf,
tige und zweckmäßige Einrichtungen sind in diesen Theil des
Systems doppelt nothwendig, da das Militair, an und für sich
ein Gegenstand von höchster Wichtigkeit, zugleich das dritte bin,
dende Princip abgiebt, wodurch die neu,errichteten Republiken
welche man den französischen Staat nennt, zusammengehalten
werden. Es ist schlechterdings nicht abzusehen, was aus dieser
Armee zuletzt noch werden wird. Verstärkt hat man sie genung,
und der Sold ist ansehnlich; für die Fonds, woraus er bestritten
werden soll, mehr als zu ansehnlich. Aber ist die Springfeder
der Disciplin in dieser Armee? Und wem wird sie in der Folge
gehorchen?

Der Kriegsminister, Herr La Tour du Pin, entwarf
im Monath Juny 1790 in einer geschickten und gründlichen Rede,
die er vor der National Versammlung hielt, eine Schilderung
vom Zustande der französischen Armee. Nach diesem schrecklichen
Gemählde, war die alte Disciplin, die strenge Subordination,
der Gehorsam gegen den König allenthalben erloschen; in vielen
Regimentern herrschte bereits offne Empörung; die Regiments,
fahnen und Regimentscassen wurden weggenommen, die Offiziere
verjagt, die Commandanten der Festungen öffentlich umgebracht.
Allenthalben entstanden ohne Vorwissen der Obern, oder gar
ihren offenbaren Verboten zum Trotz, unregelmäßige, aufrühre,
rische Zusammenkünfte unter den Soldaten; allenthalben kamen
die traurigen Symptome einer militärischen Demokratie

---

huts ausschuß erschienen, der weiterhin den Namen einer
Commission der Zwölfe, und dann der Zwanzig,
und dann der ausserordentlichen Commission, ge,
führt, und in allen seinen verschiednen Gestalten, mit den
verabscheutesten Inquisitionstribunälen gewetteifert hat, von
denen die alte oder neue Geschichte das Andenken aufbe,
wahrte. A. d. U.

zum Vorſchein, des ſchrecklichſten aller politiſchen Ungeheuer, das ſich ſelten an etwas geringerm, als dem Untergange des Staats begnügt.

Der Kriegsminiſter wundert ſich in einer Stelle ſeiner gewiß authentiſchen Schilderung, daß dieſe Ausſchweifungen gerade zu einer Zeit vorfielen, wo die Geſetzgeber damit beſchäftiget waren, den Wohlſtand aller Claſſen der franzöſiſchen Nation zu befördern, jedem Bürger die Ausübung ſeiner Rechte zu ſichern und Frank, reich zum glücklichſten Reich des Erdbodens zu machen. Die gänzliche Ausartung der Truppen von allen ihren alten Tugenden ſcheint ihm unbegreiflich. — Gewiß, die, an welche er ſich wandte, begriffen ſie beſſer. Sie mußten ſich der Maximen er, innern, welche ſie gepredigt, der Dekrete, welche ſie gegeben, der Thaten, welche ſie begünſtiget hatten. Die Soldaten haben den 6ten Oktober im Sinn. Sie haben die Einnahme der Kö, niglichen Schlöſſer zu Paris und Marſeilles nicht vergeſſen. Die Grundſätze von der allgemeinen Gleichheit der Menſchen, die man ihnen mit ſo vielem Fleiß und mit ſo vielem Gepränge kund gethan hat, werden ſie ſo leicht nicht wieder fahren laſſen. Die Herabwürdigung des ganzen Franzöſiſchen Adels, die gänzliche Aufhebung aller Titel und alles Ranges iſt für ſie nicht verloh, ren geweſen. Der Kriegsminiſter wundert ſich über ihren Unge, horſam, zu einer Zeit, da die Weiſen der National, Verſamm, lung ſie gelehrt hätten: „wie man Geſetzen mit Achtung begeg, nen ſoll.“ Es iſt aber leicht zu beurtheilen, welche Art von Leh, ren bey Menſchen, die Waffen in ihren Händen führen, den ſicherſten Eingang finden muß. Was die Armee vom Könige zu halten hatte, wußte ſie längſt: vielleicht hat ſie weiterhin gelernt, daß die geſetzgebende Verſammlung nicht viel freyer iſt, als dieſe Königliche Figur.

Was werden nun in dieſer bringenden Lage, einer der be, denklichſten, darin ſich ein Staat befinden kan, für Maßregeln ergriffen? — Der Miniſter fordert die National, Verſammlung

auf, sich mit allen ihren Schrecknissen zu bekleiden, und in aller
ihrer Majestät hervorzutreten. Er wünscht, daß sie durch eine
Ankündigung voll Ernst und Strenge die Proclamation des Königs unterstützen möchte. — Nach diesem Eingange konnte man
nun wohl mit Recht nichts anders erwarten, als Kriegsgerichte,
Untersuchungscommissionen, Cassation einiger Regimenter, De-
zimirung andrer, und alle die furchtbaren Mittel, welche in solchen Fällen die Nothwendigkeit vorschreibt, um den Fortschritten
des furchtbarsten aller Uebel Einhalt zu thun; vorzüglich aber
mußte man den Anstalten zur allerstrengsten Nachforschung über
die Ermordung der Commandanten im Angesicht ihrer Soldaten
entgegen sehen. — Nicht ein Wort von dem allen, oder von etwas ähnlichem. Nachdem man ihnen erzählt hat, daß die Soldaten die Dekrete der National-Versammlung, welche der König
ihnen zugesandt hatte, mit Füßen traten, entschließt sich die National-Versammlung — neue Dekrete zu machen, und bemäch-
tiget den König — neue Proklamationen ergehen zu lassen.
Nachdem sie gehört haben, daß die Regimenter der feyerlichsten
Eide nicht mehr achten, schlagen sie vor — was denn? — neue
Eide. Sie häufen Dekrete und Verordnungen in eben dem Verhältniß, in welchem ihnen die Nichtigkeit aller Gesetze einleuch-
tet; sie vermehren die Eide, indeß sie das Ansehen der Religion
von Tage zu Tage tiefer in den Gemüthern der Menschen herab-
würdigen. Hoffentlich werden sie bequeme Auszüge aus den vortreflichen Predigten, der Voltaire, d'Alembert, Dide-
rot und Helvetius, über die Vorsehung, über die Unsterblichkeit, über die Belohnungen und Strafen in einem künftigen
Leben, zugleich mit dem Bürgereide an die Soldaten schicken.
Ich zweifle nicht im geringsten daran, seitdem ich erfahren habe,
daß das Lesen gewisser Schriften jetzt einen beträchtlichen Theil
ihrer militärischen Uebungen ausmacht, und daß sie mit Pam-
phletten eben so reichlich, als mit Pulverkasten versorgt werden.

Um den verderblichen Folgen demokratischer Soldaten-Ver-
sammlungen, militärischer Berathschlagungen und Meutereyen,

Aufruhrstiftender Deputationen, und allen den Gräueln zu entgehen, welche Müßiggang, Schwelgerey und Insubordination
in einer Armee erzeugen, hat man sich eines Mittels bedient,
welches selbst den, der an die Kunststücke dieses erfinderischen Zeitalters gewöhnt ist, noch in Erstaunen versetzen wird. Es ist
nichts geringers, als dies: der König hat in Circularbriefen an
die ganze Armee alle Soldaten auffordern müssen — sich mit
den Clubbs und Bürgergesellschaften in ihren Garnisonen zu vereinigen, und an ihren Festen und patriotischen Belustigungen
Theil zu nehmen. Diese anmuthige Disciplin soll wahrscheinlich
die Wildheit des militärischen Charakters abstumpfen, die Soldaten mit ihren Trinkgesellen aus andern Ständen enger verbinden, und abgesonderte Complotte an allgemeinere Verschwörungen knüpfen. Daß dergleichen Vorschriften den Soldaten gefallen müssen, daran ist freylich kein Zweifel: so rebellisch sie auch
gesinnt seyn mögen, solchen Proclamationen werden sie zuverläs-
sig Gehör geben. Aber eine andre Frage ist, ob alles dies patriotische Schwören und Schmausen und Clubbhalten sie zu einem
strengern Gehorsam gegen ihre Offiziere ermuntern, zur bessern
Beobachtung der ernsten Regeln einer militärischen Disciplin geneigt machen wird. Sie werden auf diesem Wege herrliche Bürger nach französischer Form, nur nicht ganz so gute Soldaten
nach irgend einer bisher bekannten Form werden.

Was von dieser treflichen Methode zunächst zu erwarten steht,
wird noch sichtbarer und handgreiflicher, wenn man die jetzige
Verfassung der Municipalitäten erwägt, so wie sie der Kriegsminister in jener Rede abschildert. Das oberste Commando über
die Truppen, welches die Constitution dem Könige übertragen
hat, maßen sich in den kleinsten Flecken die Municipalbeamten
an. Anstatt sich des einzigen, durchs Gesetz ihnen erlaubten Einflusses auf das Militair, einer Aufforderung im Falle der Noth
zu bedienen, nehmen sich diese Beamten vielmehr die Freyheit,
die Offiziere vorzufordern, und zu cassiren, den Soldaten Befehle zu geben, sie von Posten, worauf man sie gestellt hat, zu

vertreiben, sie in Märschen, die der König anordnete, aufzuhalten, und sie, mit einem Worte, als bloße Instrumente ihrer Plane, und ihrer Launen zu gebrauchen.

So ist die Stimmung und der Charakter der Municipalverfassungen beschaffen, an welche man sich wendet, um in der Armee die verlorne Ordnung wieder hergestellt zu sehen! Dies sind die Krankheiten der französischen Truppen! Dies sind die Heilmittel! So wie es mit der Armee steht, so steht es mit der Flotte! Die Municipalitäten setzen sich über die Verordnungen der National-Versammlung, die Seeleute über die Verordnungen der Municipalitäten hinweg! — Was mußte ein alter Mann, wie jener Kriegsminister, empfinden, als er gezwungen war, einer Versammlung, wie diese, den patriotischen Giftbecher zuzutrinken, und mit grauem Haupt an den phantastischen Possenspielen dieser unbärtigen Staatsmänner Theil zu nehmen? Solche Projekte und Anträge pflegt man von einem Mann, der funfzig Jahr unter Menschen und Geschäften gelebt hat, nicht zu erwarten. Sie tragen vielmehr das Gepräge jener politischen Wundermänner an sich, die in allen ihren Schritten vom innern Licht einer gewissen fanatischen Zuversicht geleitet, der Weisheit eines ihrer Schriftgelehrten beypflichten, der neulich in der National-Versammlung unter dem Händeklatschen aller Zuhörer behauptet hat „daß es gefährlich sey, alten Leuten Gehör zu geben, „oder auf irgend Jemanden zu achten, der noch verblendet ge„nung wäre, an Erfahrung zu glauben". — Dies ist also die Losung für alle künftige Minister: sie werden keinen Beyfall zu erwarten haben, wenn sie nicht alle Irrthümer und Ketzereyen der veralteten Erfahrung und Menschenkenntniß feyerlich abschwören. Jedermann hat seine eigne Weise. Was mich betrift, ich würde, wenn ich auch die Einsichten des Alters nicht erreichen könnte, doch dem äußern Ansehen desselben so viel nicht vergeben. Ich würde mich hüten, an ihrer neuen Schöpfung Theil zu nehmen; ich würde mich um keinen Preis

entschließen, ihnen meine verhärteten Muskeln zur Verjüngung
und Regeneration darzubringen, in meinem großen Stufenjahr
ihr neues Lied anzustimmen, oder in meiner zweyten Wiege
die Elementarlaute ihrer barbarischen Metaphysik zu stammeln.
Si isti mihi largiantur ut repueriscam et in eorum cunis
vagiam, valde recusem!

Es ist unmöglich, die Ohnmacht irgend eines Theils in
dem kindischen und pedantischen System, welches sie eine Staatsverfassung nennen, ans Tageslicht zu bringen, ohne sofort die
gänzliche Untauglichkeit und Verderblichkeit jedes andern Theils,
mit welchem jener in Berührung kömmt, oder nur in der al-
lerentferntesten Verbindung steht, aufzudecken. Man kan kein
Mittel in Vorschlag bringen, um der Unfähigkeit der Krone
aufzuhelfen ohne die Schwäche der National-Versammlung blos
zu stellen. Man kan nicht über die Unordnung in der Armee
rathschlagen, ohne auf die weit schrecklichere in den bewaffneten
Municipalitäten zu stoßen. Die militärische Anarchie zeugt
von der bürgerlichen, so wie die bürgerliche die militärische
verräth. Die Truppen sollen den wohlgesinnten Theil der Municipalitäten, welcher geständlich der schwächste ist, vor den
Anfällen des andern, der ihn an Stärke weit übertrift, beschützen. Aber die Municipalitäten führen ja das Commando
über eben diese Truppen, die zu ihrem Schutz bestimmt sind.
Es giebt also nichts, was die Armee im Zaum halten kan, als
die Municipalitäten, und nichts, was Ordnung in den Municipalitäten sichern soll, als die Armee. Um da, wo es keine
Macht mehr giebt, wenigstens einen Schatten von Eintracht
auf jede Bedingung zu unterhalten, versucht die National-Versammlung, die Krankheiten durch Krankheiten zu heilen: um
sich vor einer rein-militärischen Demokratie zu retten, lockt sie
selbst die Armee in die gefahrvolle Verbindung mit der bürgerlichen hinein.

Wenn

Wenn ſich die Soldaten erſt unter die ſtädtiſchen Clubbs, Cabalen und Complotte gemiſcht haben, ſo wird eine natürliche Anziehungskraft ſie gar bald an den niedrigſten und verzweifeltſten Theil derſelben knüpfen. Mit dieſem werden ſie ſympathiſiren. Die militäriſchen Zuſammenrottirungen, die durch die bürgerlichen verbeſſert werden ſollen, die rebelliſchen Municipalitäten, die man zum Gehorſam, und zur Ordnung bringen will, indem man ſie in den Stand ſetzt, die Armee des Staats, welche ſie züchtigen ſoll, zu ihrem Werkzeug zu machen — alle dieſe Chimären einer abentheuerlichen und fabelhaften Politik werden die Verwirrung vermehren, aus welcher ſie entſprungen ſind. Es wird Blut fließen. Blut allein kan die tauſendfältigen Beleidigungen des geſunden Menſchenverſtandes, kan alle die zahlloſen Fehler büßen, die ſie in der Austheilung jeder Art von Macht, und in jeder ihrer bürgerlichen, militäriſchen und gerichtlichen Anordnungen begangen haben. Tumulte werden an einer Seite geſtillt werden: ſie werden an hundert andern wieder hervorbrechen, weil das Uebel im Innern liegt, weil es im Mark des Körpers hauſet. Alle dieſe Projekte, rebelliſche Soldaten mit rebelliſchen Bürgern zu vermiſchen, werden die militäriſche Verbindung zwiſchen Soldaten und Offizieren immer mehr und mehr ſchwächen, und die aufſtützige Verwegenheit unruhiger Handwerker und Bauern von Tage zu Tage unbezwinglicher machen. Wo man eine wirkliche Armee behalten will, da muß der Offizier in den Augen des Soldaten das erſte und letzte ſeyn; das erſte und letzte in ſeiner Aufmerkſamkeit, in ſeinem Gehorſam, in ſeiner Achtung. In Frankreich ſind jetzt die nöthigſten Eigenſchaften für einen Offizier, Mäßigung und Geduld. Es bleibt ihm nichts übrig, als ſich die Folgſamkeit ſeiner Soldaten durch Wahl und Volkskünſte zu ſichern. Er muß ſich, wie ein Candidat, nicht wie ein Befehlehaber, betragen.

Es iſt noch nicht entſchieden, wie die Verſammlung den wichtigen Punct wegen der Stellenbeſetzung und des Vorrük-

E

lens in der Armee bestimmen wird. *) Geschieht dies so, daß
Anciennität, als das einzige Princip angenommen wird, so
entsteht eine Armee, die nicht durch Talente, sondern durch
leere Formen regiert wird, eine Armee, die von allen Gewalt-
habern im Staat gewissermaßen unabhängig ist, mithin einer
militärischen Republik desto zuträglicher wird. Wählt man irgend einen andern Weg, so muß man irgend Jemanden die
Vollmacht, die militärischen Stellen nach eigner Beurtheilung
zu vergeben, übertragen. Ganz wird man sie dem Könige
nicht verleihen. Erhält er einen Theil derselben, so geräth alles in Verwirrung. Man kan einen König durchaus nicht zur
Hälfte absetzen. Wenn er in den Augen der Armee nicht alles
ist, so ist er nichts. Was kan eine Macht ausrichten, die man
dem Nahmen nach an die Spitze der Armee setzt, die aber
nie ein Gegenstand der Dankbarkeit oder der Furcht derselben
werden kan. Ein solches Unding ist nicht dazu geschickt, das
mißlichste aller Aemter, die Oberherrschaft über ein bewaffne-
tes Heer zu führen. Eine Armee kan nur durch wahres, le-
bendiges, thätiges, persönliches Ansehen regiert werden, so wie
sie auch nur dem, welchen ein solches Ansehen umgiebt, gern
gehorchen wird. Nie werden die Truppen auf die Befehle eines
Gefangnen achten. Sie werden eines Schattenköniges spotten,
oder sie werden ihn bemitleiden, und ihm aufzuhelfen suchen.
Das Verhältniß zwischen der Armee und dem Thron wird ein
gar ernsthaftes Dilemma in der neuen Staatsverfassung werden.

Thöricht wäre es, wenn die National-Versammlung sich
einbildete, sie selbst oder ihre Nachfolger würden entweder unmittelbar oder durch irgend ein Organ, dessen sie sich bedienen

---

*) Sie hat es bald nachher gethan, und ist dabey ihrer gewöhn-
lichen Maxime, allen Schwierigkeiten auf Mittelwegen
zu entwischen, treu geblieben. Ein Theil des Avancements
ist unabänderlich vorgeschrieben, und ein andrer dem Könige
überlassen worden.   A. d. U.

könnten, das wahre Commando über die Armee führen. Es
ist bekannt, wie schwer es zu allen Zeiten gehalten hat, Armeen zu einem anhaltenden Gehorsam gegen bürgerliche Senate und Volksversammlungen zu bringen: am wenigsten werden sie sich aber von einer Versammlung regieren lassen, die
nie länger als zwey Jahre in ihrer Würde verbleibt. Der
ganze militärische Charakter müßte verlohren gehen, wenn Mi-
litärpersonen sich in schuldiger Ehrfurcht und schweigender Bewunderung das Commando von Rednern gefallen lassen sollten, zumahl, wenn sie voraussehen, daß sie einer immer wech-
selnden Reihe dieser Redner, deren jedesmahlige militärische
Grundsätze und Operationen so unsicher, als flüchtig seyn müssen, den Tribut ihres Gehorsams zu leisten haben werden.
Unter der Ohnmacht eines Theils der Regierung und dem
Schwanken aller andern Theile, werden sich die Offiziere dieser
Armee eine Zeitlang mit einzelnen Empörungen und Meutereyen begnügen, bis irgend ein allgemein beliebter General,
der die Kunst versteht, den Soldaten zu fesseln, und der den
wahren Geist eines militärischen Befehlshabers besitzt, es dahin bringen wird, aller Augen auf sich allein zu richten. Diesem werden die Armeen aus persönlicher Ergebenheit gehorchen.
Keine andre Art von Gehorsam ist in dieser Lage der Sachen
vom Soldaten zu erwarten. Von dem Augenblick aber, da
dies geschehen wird, muß der Mann, der die Armee wirklich commandirt, auch Meister alles übrigen werden; er muß
Herr (so wenig dies auch sagen will) des Königs, Herr der
gesetzgebenden Versammlung, Herr der ganzen Republik seyn.

Wodurch ist die National-Versammlung zu ihrer gegenwärtigen Macht über die Armee gelangt? Hauptsächlich dadurch, daß sie die Soldaten von ihren Offizieren abwendig
machte. Dies hieß mit der verderblichsten aller Operationen
anfangen. Dies hieß den großen Mittelpunct angreifen, um
welchen alle Partikeln, aus welchen eine Armee besteht, in
Ruhe sind. Dies hieß das Princip der Subordination, die

wahre Seele aller militärischen Verfassung in der Wurzel zerstöhren. Man hat den Soldaten gelehrt, er sey ein Bürger,
und besitze die Rechte eines Menschen und eines Bürgers.
Diese Rechte, hat man ihm ferner gesagt, bestehen darin, daß
er sich selbst regieren oder doch nur von solchen regieren lassen
muß, denen er sein Souverainitätsrecht abgetreten hat. Was
ist natürlicher, als daß der gemeine Mann glauben wird, dieser Grundsatz müsse nirgends so sehr seine Anwendung finden,
als, wo es auf die Einsetzung eines solchen Anführers ankömmt,
dem er unbedingten Gehorsam leisten soll? Die Soldaten
wissen sehr wohl, daß in der National-Versammlung die Frage abgehandelt worden ist: ob sie nicht bey der Wahl ihrer Offiziere concurriren müßten? Wenn solche Gegenstände erst zur
Berathschlagung kommen, dann ist es wohl nichts Uebertrieb-
nes zu vermuthen, daß sie der Meynung zugethan seyn werden, die ihren Einfluß begünstiget. Sie werden es wahrlich
nicht lange ertragen, als die Armee eines abgesetzten Königs
angesehen zu werden, unterdessen, daß eine andre Armee, mit
welcher sie Zusammenkünfte und Gastmähler halten, wie die
freye Armee einer freyen Constitution behandelt wird. Sie
werden nicht einsehen, warum diese andre Armee vor ihnen
den Vorzug, ihre Offiziere zu wählen, behaupten soll. Sie
werden nicht begreifen, aus welchem Grunde sie sich nicht eben
so gut einen Marquis La Fayette aussuchen dürfen, als
jene. Wenn die Wahl eines Anführers mit unter die Menschenrechte gehört, warum macht sie nicht auch einen Theil der
ihrigen aus? Sie sehen um sich her nichts als gewählte Richter, gewählte Pfarrer, gewählte Bischöfe, gewählte Municl-
palbeamten, und gewählte Commandeurs der Nationalgarde.
— Warum sollen sie allein vom Wahlrecht ausgeschlossen seyn?
Sind die braven französischen Truppen die einzigen in Frankreich, die die Talente ihres Standes nicht zu beurtheilen fähig
sind, die nicht wissen, was zu einem Anführer gehört? Sollen sie etwa ihre Menschenrechte darum verliehren, weil die
Nation sie bezahlt? Sie machen ja einen Theil der Nation

aus, und tragen selbst, gleich andern, zu ihrer Besoldung bey. Wird nicht der König, wird nicht die National-Versammlung, werden nicht die, welche die National-Versammlung wählen, ebenfalls bezahlt? Anstatt, daß alle diese dadurch, daß sie Besoldungen empfangen, ihre Rechte verlöhren, werden sie vielmehr eben dafür, daß sie ihre Rechte ausüben, besoldet — Alle Eure Beschlüsse, alle Eure Proceduren, alle Eure Debatten, alle Werke Eurer Religionslehrer und Politiker sind geflissentlich in die Hände der Soldaten gespielt worden: und Ihr erwartet jetzt, daß sie von Euren Lehren und Beyspielen nur soviel, als es Euch belieben wird, auf ihre eigne Lage anwenden werden?

In einer solchen Verfassung, wie die neue französische ist, kömmt auf die Armee alles an. Man hat alle Meynungen, alle Vorurtheile, und soviel als es sich thun ließ, alle Instincte, worauf sich Herrschaft über Menschen überhaupt gründen kann, muthwillig ausgerottet: folglich muß im ersten Augenblick, da zwischen der gesetzgebenden Versammlung und irgend einem Theil der Nation Uneinigkeit entsteht, zu den Waffen geschritten werden. Nur durch eine Armee können sie regieren, und doch haben sie, sowohl dieser Armee, durch welche, als der ganzen Nation, über welche sie regieren wollen, Grundsätze und Ideen eingeflößt, die allem Regieren über kurz oder lang ein Ende machen müssen. Der König soll Truppen gegen das Volk anführen: und man hat vor der ganzen Welt erklärt, und die Behauptung dröhnt noch in unsern Ohren, daß Truppen nie auf Bürger feuern müssen. Die Colonieen verlangen eine freye Constitution und freyen Handel: man muß sie durch Truppen zum Gehorsam bringen. Aber in welchem Capitel des Gesetzbuches der Rechte des Menschen steht denn geschrieben, daß man sich gefallen lassen muß, seinen Handel eingeschränkt, seine Industrie gehemmt zu sehen, damit andre in einem entfernten Welttheil davon Nutzen ziehen? So wie die Bürger der Colonieen sich gegen das Mutterland erheben,

so erheben sich ihre Negern wieder gegen sie selbst — Neue
Truppen hingeschickt! — Blutvergießen, Torturen, Mar-
tern aller Art! — Das sind also Eure Menschenrechte? Das
sind die Früchte metaphysischer Deklamationen, muthwillig aus-
geworfen, muthwillig zurück genommen? Ihr setzt philosophische Axiomen fest, die uneingeschränkte Folgesätze erzeugen, und
dann sucht Ihr Eure Logik den Schranken Eures Despotismus zu unterwerfen?

Die Volksführer haben ihren Anhängern Abscheu gegen
alle Lehnsverfassung, als gegen eine barbarische Erfindung der
Tyranney eingeflößt; und doch wollen sie ihnen vorschreiben,
in wie fern sie sich dieses Barbarenregiment künftig noch gefallen lassen sollen. Das Volk weiß recht gut, daß gewisse
Abgaben und persönliche Dienste, deren Loskaufung ihm die
National-Versammlung verstattet hat, ohne ihm jedoch das
Geld dazu nachzuweisen, gegen die Lasten, die immer noch
auf seinen Schultern bleiben, unbedeutend sind. Das Volk
weiß, daß das ganze jetzige System des Landeigenthums seinen
Ursprung in der Lehnsverfassung hat, daß es auf einer Vertheilung der Ländereyen der alten Besitzer beruht, womit ein
barbarischer Eroberer seine barbarischen Gehülfen belohnte, und
daß jede Landrente und Grundabgabe, von welcher Art sie auch
seyn mag, eine Folge dieser Eroberung, und die drückendste
aller ihrer Folgen ist.

Die Bauern sind wahrscheinlich die Abkömmlinge jener
alten, römischen oder gallischen Eigenthümer! — Sollten sie
indessen ihre Ansprüche nach den Grundsätzen der Alterthums-
kenner und Rechtsgelehrten nicht durchsetzen können, so flüch-
ten sie in die feste Schanze der Rechte des Menschen. Hier
finden sie, daß alle Menschen gleich sind, daß die Erde, ihrer
aller gleiche und gütige Mutter, nicht in Beschlag genommen
werden darf, um den Stolz und die Schwelgerey derer zu
füttern, die von Natur nicht besser als sie, und, wenn sie für

Ihr Brodt nicht arbeiten wollen, sogar schlechter sind. Sie finden, daß nach dem Gesetz der Natur der, welcher ein Stück Landes zuerst in Besitz nimmt, der wahre Eigenthümer desselben wird; daß es gegen die Natur keine Verjährung geben kann; daß alle Verträge mit ihren Grundherren, da sie zur Zeit der Sklaverey geschlossen wurden, und nichts anders, als eine Wirkung der Grausamkeit und der Gewalt waren, jetzt nach der Wiederein- führung der Menschenrechte eben so ungültig geworden sind, als alles übrige, was unter der Herrschaft der alten Lehnstyrannei entstanden ist. Sie werden erklären, daß sie keinen Unterschied zwischen einem Müßiggänger mit einem Hut und einer National- cokarde, und zwischen einem Müßiggänger mit einem langen Mantel und einer Mönchskappe finden. Will man das Recht, seine Renten zu erheben, auf uralten Besitz gründen, so werden sie aus der Rede des Herrn Camus, welche die National-Ver- sammlung zu ihrem Unterricht drucken ließ, antworten, daß ein Besitz, der aus einer unreinen Quelle floß, nie durch Verjährung geheiliget werden kan, daß die Ansprüche ihrer Herren von An- fang an ungültig waren, daß Gewalt wenigstens eben so schlimm ist, als Betrug. Setzt man ihnen das Recht der Erbfolge ent- gegen, so wird es heißen, die Erbfolge derer, welche den Boden bebauen, nicht bestäubtes Pergament, und schmutziges Papier gründe den wahren Stammbaum des Eigenthums; die bisheri- gen Herren haben nur zu lange in ihrem unrechtmäßigen Besitz geschwelgt; und wenn diesen weltlichen Mönchen noch so viel übrig gelassen werde, daß sie ihr Leben fristen können, so bleibe ihnen hinlängliche Ursach zufrieden zu seyn, und die wundervolle Güte des wahren Eigenthümers gegen seinen ungerechten Usur- pator mit gebührendem Danke zu erkennen.

Wenn Euch die Bauern diese Münze der Sophisterey, auf welche Ihr Euer Bild und Eure Ueberschrift gesetzt habt, zurück- geben, so verschreyt Ihr sie als unächtes Geld, und kündigt ihnen an, daß Ihr in Zukunft mit Dragonern und Husaren bezahlen würdet. Ihr zeigt ihnen, um sie zu züchtigen, die untergeord-

nete Macht eines Königes, den Ihr in ein bloßes Werkzeug der
Zerstörung verwandelt, und dem Ihr nicht die geringste Macht
sich selbst oder sein Volk zu beschützen, gelassen habt. Er allein
soll Euch Gehorsam verschaffen. Aber die Unterthanen werden
antworten: Ihr habt uns gelehrt, daß es keine Vorzüge der
Geburt giebt: nach welchem Eurer Grundsätze sollen wir uns vor
einem Könige beugen, den wir nicht erwählt haben? Wir wissen, ohne es von Euch zu lernen, daß der Besitz der Ländereyen
auf Lehnswürden, Lehnstiteln und Lehnsämtern beruht. Da
Ihr die Ursach, als einen drückenden Mißbrauch niederrisset,
warum mußte die weit drückendere Wirkung stehen bleiben? Da
es jetzt keine erblichen Würden, keine ausgezeichnete Familien
mehr geben soll, warum sollen wir Abgaben bezahlen, um sie
aufrecht zu erhalten? Ihr habt unsern alten aristokratischen
Grundherren kein andres Recht gelassen, als das, unter Eurem
Schutz uns Steuern abzufordern? Habt Ihr Euch Mühe gegeben, diesen Euren Renteneinnehmern irgend ein Ansehen in
unsern Augen beyzulegen? Nein! Ihr habt sie uns mit um-
gestürzten Wappen, mit zerbrochnen Schilden, mit zersetzten In-
signien zurückgeschickt, so ausgerupft, verunstaltet und verwandelt, daß wir die federlosen, zweybeinichten Geschöpfe durchaus
nicht mehr kennen. Sie gehen uns schlechterdings nichts weiter
an. Sie führen nicht einmahl den Nahmen unsrer ehmaligen
Herren. Sie mögen vielleicht physisch dieselbigen Menschen
seyn: obgleich Eure neuen philosophischen Lehrsätze über persönliche Identität uns auch dies noch zweifelhaft machen. In jeder
andern Rücksicht sind sie gänzlich umgeschmolzen. Warum sollten
wir ihnen nicht mit eben dem Recht ihre Renten versagen, mit
welchem Ihr alle ihre Titel und Würden abschaffet? Wir haben Euch nie den Auftrag ertheilt, es zu thun. Hierin, wie in
tausend andern Fällen freylich, habt Ihr nach bloßer Willkühr
gehandelt. Wir sehen, daß die Bürger von Paris Euch durch
ihre Clubbs, durch ihre Pöbelrotten, und durch ihre National-
garden leiten, wie es ihnen gefällt; und daß sie Euch das als
Gesetz vorschreiben, was Ihr uns nachher als Gesetz zukommen

laßt. Durch Euch schalten und walten diese Parifer Bürger nach
Belieben mit unfer aller Leben und Glücksgütern.   Warum soll
nicht der Wunsch des arbeitsamen Landmanns, die Abgaben, die
ihn sehr ernsthaft drücken, abgeschafft zu sehen, eben soviel bey
Euch gelten, als das Verlangen jener übermüthigen Städter,
Ehrentitel und Vorzüge, unter welchen weder sie noch wir das
allergeringste litten, vernichtet zu wissen?   Offenbar kehrt Ihr
Euch mehr an ihre Grillen, als an unsre Bedürfnisse.   Gehört
es unter die Rechte des Menschen, an seines Gleichen Steuern
zu bezahlen?   Ehe Ihr jenes Gesetz gabt, das alle Unterschiede
aufhebt, konnten wir uns einbilden, daß zwischen uns und un-
fern Herren ein Unterschied Statt fände.   Ein altes leeres durch
lange Gewohnheit gewirktes Vorurtheil hätte wie bisher eine gewisse Achtung für sie in uns erhalten: aber, da Ihr das Gesetz
machtet, wodurch Ihr sie auf einmahl erniedrigtet, mußte Eure
Absicht seyn, alle Art von Ansehen in ihnen zu vertilgen.   Ihr
habt uns verboten, ihnen mit den alten Formalitäten des Re-
spects zu begegnen: und jetzt sendet Ihr Truppen, um uns mit
Säbeln und Bajonetten einen Tribut abzuzwingen, den wir, wie
sonst, wenn Ihr uns nicht stöhret, dem milden Scepter einer
alten Meynung dargebracht hätten.

Ein jeder vernünftiger Mann wird die Grundsätze worauf
dieses Raisonnement beruht, lächerlich oder abscheulich finden:
aber nach dem System dieser metaphysischen Politiker, welche
Lehrsäle der Sophisterey eröfnet, und Verfassungen für die
Anarchie geschaffen haben, ist alles darin ohne Ausnahme
gründlich und consequent.   Es ist einleuchtend, daß die Führer
in der National-Versammlung, wenn sie ihre Begriffe von
Recht weiter verfolgten, nicht einen Augenblick anstehen konnten, die Einkünfte zugleich mit den Titeln und Wappen abzuschaffen.   Sie thaten dadurch nichts, als daß sie ihren Principien getreu blieben und Zusammenhang in ihre Operationen
brachten.   Aber sie waren erst kürzlich selbst durch eine Confiscation Besitzer beträchtlicher Ländereyen geworden.   Diese Län-

dereyen wollten sie verkaufen, und mit diesem Verkauf würde es schlecht ausgelehen haben, wenn sie dem Landmann erlaubt hätten in eben den Spekulationen zu schwelgen, womit sie selbst sich so reichlich berauscht hatten. Die einzige Sicherheit, die es unter ihnen für irgend eine Classe von Eigenthum giebt, ist die, welche von dem Interesse der Raubsucht bey einer andern Classe desselben herstammt. Ihr eignes unumschränktes Wohlgefallen bestimmt einzig und allein, welches Eigenthum geschützt und welches umgestürzt werden soll.

Eben so wenig als sie sich der Unterwürfigkeit des Bauers auf eine vernünftige Weise gesichert haben, sind sie auf Mittel bedacht gewesen, ihre Municipalitäten im Gehorsam zu halten, oder auch nur zu verhindern, daß sich nicht jede ohne alles Bedenken vom Ganzen absoudre, einen unabhängigen Staat bilde, oder gar mit einem fremden in Verbindung trete. In den meisten Provinzen haben sich die Unterthanen geweigert, die Taxen zu entrichten. Warum sollen sie das nicht? Welche Macht ist geblieben, um sie mit Nachdruck einzufordern? Die meisten dieser Taxen haben die Könige eingeführt. Die ältern rühren von den vormahligen Ständen her. Die Bürger können mit vollem Recht zur National-Versammlung sagen: Wer seyd Ihr denn, daß Ihr uns gebietet? Seyd Ihr unsre Könige? seyd Ihr die Stände welche wir erwählt haben? seyd Ihr auch nur Deputirte, die den Vorschriften treu blieben, welche wir ihnen bey ihrer Wahl ertheilten? — Und wer sind wir denn, daß wir allein gehorchen? daß wir nicht eben das Recht haben sollen, als jene, welche die Gabellen, deren einstweilige Fortdauer ihr angeordnet hattet, abschafften, und am Ende ihren strafbaren Ungehorsam von Euch gebilligt und bestätiget sahen? Wer sind wir, daß wir uns nicht einer gleichen Macht bedienen, und nach eigner Willkühr bestimmen sollen, welche Abgaben wir bezahlen werden, und welche nicht? — Hierauf giebt es wieder keine Antwort als die: „wir werden Truppen über Euch schicken.“ Die letzte Zuflucht der

Könige ist allemal die erste der National-Versammlung. Diese militärische Hülfe wird ihre Zeit hindurch vorhalten, so lange der Eindruck, den der vermehrte Sold gemacht hat, und die Eitelkeit, Schiedsrichter in allen Streitigkeiten zu seyn, noch auf die Armee wirkt. Aber ehe man es sich versieht, wird dies Gewehr umschlagen, und treulos die Hand verwunden, welche sich seiner bediente. Die National-Versammlung hält eine offne Schule, worin sie methodisch und mit unermüdetem Eifer Maximen vorträgt und Erziehungsplane schmiedet, die allen Subordinationsgeist im bürgerlichen wie im militairischen Verhältniß untergraben müssen; und dann schmeichelt sie sich noch, ein entzügeltes Volk durch eine entzügelte Armee in Ordnung halten zu können?

Die **Municipal-Armee**, die in diesem neuen System der Linien-Armee das Gleichgewicht halten soll, ist, wenn man sie an und für sich und abgesondert betrachtet, weit einfacher und in jeder Rücksicht weit weniger fehlerhaft organisirt, als die andre. Sie ist eine rein-demokratische Masse, ohne alle Verbindung mit der Krone und dem Reich, bewaffnet und ausgerüstet und mit Offiziers versehen, so wie es den einzelnen Distrikten beliebt, welche auch die Dienste, die zu leisten sind, oder die Abgaben, womit diese Dienste abgekauft werden können, nach ihrer Willkühr bestimmen. Nichts ist einförmiger. Wenn man hingegen diese zweyte Armee in irgend einer Beziehung auf den König, auf die National-Versammlung, auf die Gerichtshöfe, oder auf die erste Armee betrachtet, dann sieht man ein Ungeheuer, und kan sich keinen andern Ausgang ihrer unnatürlichen Bewegung, als furchtbare Convulsionen, und große Landes-Calamitäten denken. Als Präservativ der Constitution ist sie schlimmer ausgesonnen als die Systasis von Creta *), als die Conföderation von Poh-

---

*) Die Systasis von Creta (bekannter unter dem Namen des Synkretismus) war ein Gesetz, welches alle Bürger aufforderte, mit Beyseitesetzung ihrer Privat- und Parthey-Streitigkeiten gegen den Angriff eines fremden Feindes gemein-

len, oder irgend eine andre politische Maschine, wodurch man
den Bedrängnissen einer Staatsverfassung im Augenblick der
Noth abzuhelfen gedachte.

Ich schließe nunmehr meine wenigen Bemerkungen über die
Organisation der gesetzgebenden, der ausübenden, der gerichtlichen und der militärischen Macht, und über die Verbindung
dieser verschiednen Theile der Staatsverfassung unter einander,
um noch einige Worte über die Geschicklichkeit welche die französischen Gesetzgeber in Ansehung der Finanz-Administration
bewiesen haben, hinzu zu fügen.

Aus ihren Operationen in diesem wichtigen Punct, leuchtet,
wo möglich noch weniger politische Klugheit hervor, als aus allen
übrigen. Der große Endzweck und das Hauptgeschäft zu welchem
die Stände berufen wurden, war die Verbesserung des Abgaben-
Systems und die Festsetzung eines immer zureichenden und doch
nie drückenden Staats-Einkommens. Die Erwartungen die
ganz Europa hierüber von den versammelten Ständen hegte, waren groß. Die Beschlüsse die man über diese wichtige Angelegenheit zu fassen hatte, mußten entscheiden, ob Frankreich stehen,
oder fallen sollte: hier war der Probierstein, an welchem die
Geschicklichkeit und der Patriotismus dieser Versammlung am
sichersten geprüft werden konnte. Die Einkünfte des Staats sind
der Staat. Jeder Erhaltungs- jeder Verbesserungs-Plan ist von
den Einkünften abhängig. Die Würde eines Geschäfts wird allemal durch den Grad und den Charakter der Tugend bestimmt,
welche man darin äußern kan. Da alle große Geistes-Eigen-
schaften, um in der öffentlichen Sphäre zu glänzen, fast möchte

schaftlich zu Werke zu gehen. Eine Einrichtung, wodurch
zwar einigermaßen für die äußre Sicherheit, aber nicht im
geringsten für die innre Ruhe und Festigkeit des Staats gesorgt war, und welche sogar die bürgerlichen Fehden auf gewisse Weise legitimirte. A. d. U.

ich sagen, um wahrhaft zu existiren, nichts dringender erfordern, als Kraft, so ist die Finanz-Verwaltung, die letzte Quelle alles Vermögens im Staat, das wahre Feld aller lebendigen Thätigkeit in dem Regierungs-Geschäft. Der Geist des wahren Staatsmanns, der immer auf das Große und Erhabne geht, auf große Zwecke gerichtet, und mit großen Angelegenheiten beschäftiget ist, muß freyen und ausgedehnten Spielraum haben, und kan in beschränkten, kleinlichen, dürftigen Lagen nicht gedeihen. Vermöge des Staats-Einkommens kan der politische Körper in seiner wahren Stärke und Schönheit auftreten; gerade so viel hochstrebende Thätigkeit wird er jederzeit darzulegen im Stande seyn, als ihm die Größe seiner wohlgeordneten Einkünfte verstattet. Denn hieraus ziehen nicht allein Großmuth und Freygebigkeit, und Wohlthun und Standhaftigkeit, und voraussehende Weisheit und das, was alle gute Künste schützt und belebt, ihre Nahrung; sondern auch Enthaltsamkeit und Selbstverläugnung und Arbeitsamkeit und Wachsamkeit und Sparsamkeit, und was nur sonst den Menschen über die Neigungen erhebt, ist nirgends so in seinem Element, als in der Gründung und Vertheilung des öffentlichen Reichthums. Nicht ohne Ursach steht daher die spekulative und praktische Finanz-Wissenschaft, die so viel andre Zweige menschlicher Erkenntniß zu ihrer Vollkommenheit gebraucht, selbst bey den weisesten Menschen in hoher Achtung. Wie diese Wissenschaft mit ihrem Gegenstande zugleich gestiegen ist, so ist auch in der Regel der Wohlstand und die Ausbildung der Nationen zugleich mit dem Staats-Einkommen gewachsen, und beyde werden fortfahren zu wachsen und zu blühen, so lange zwischen dem Antheil des National-Vermögens, der die Thätigkeit des Einzelnen belebt, und dem, welcher dem gemeinschaftlichen Wirken des Staats gewidmet ist, ein gerechtes Verhältniß und eine genaue Verbindung bleibt. Ein großes Einkommen, und die großen Verlegenheiten die damit zuweilen verknüpft sind, führen oft am leichtsten zu richtigen und glücklichen Finanz-Operationen und selbst zu Verbesserungen der Staatsverfassung, so daß, blos von dieser Seite betrachtet, bey verhältnißmäßig-gleichem Staats-

Reichthum größre Abgaben zu einer Zeit weniger drückend seyn
können, als kleinere zu einer andern — Die französische National-Versammlung fand hier, wie in ihren andern Verhältnissen, manches abzuschaffen, manches zu verändern, aber auch
vieles was beybehalten und weislich benutzt werden konnte. Obgleich ihr ungemeßner Stolz die strengste Critik gegen sie rechtfer-
tigt, so wollen wir sie doch in ihrer Finanz Verwaltung nicht nach
Mustern einer idealischen Vollkommenheit, sondern nach den ganz
gemeinen Regeln, von deren Beobachtung man einen gewöhnlichen Finanzminister nicht lossprechen kan, beurtheilen.

Das Geschäft eines Finanz-Administrators ist: dem Staat
ein reichliches Einkommen zu sichern: die Abgaben mit Gleichförmigkeit und Weisheit unter die Bürger zu vertheilen: die öffentlichen Ausgaben ökonomisch anzuordnen, und wenn ihn die
Umstände zwingen, Kredit zu suchen, diesen Kredit durch Redlichkeit und Offenheit und Klarheit in seiner Geschäftsührung,
durch Genauigkeit in seinen Rechnungen und durch die Sicherheit
seiner Hypotheken, zu erhalten und zu verdienen.

Was haben die welche Frankreich und Frankreichs Finanzen
regieren, gethan, um alle diese Pflichten zu erfüllen? *) —
Sie haben trotz aller ihrer hochtönenden Versprechungen den
Bürger nicht reicher, den Staat ärmer als zuvor, gemacht. Sie
haben die Einnahme, sey es nun durch die Fehlerhaftigkeit
ihrer neuen staatswirthschaftlichen Systeme, sey es durch die
Sorglosigkeit mit der sie bey Bestimmung dieses wichtigen Gegenstandes zu Werke gingen, sey es durch die gänzliche Vertil-

---

*) Die Antwort auf diese Frage konnte zu der Zeit da Burke
sein Buch herausgab, so absolut und vollständig noch nicht ertheilt werden, als es leider, jetzt geschehen kan. Ich habe
mir daher die Freyheit genommen, statt einer im Original ent-
haltnen kurzen Bemerkung über die Verminderung der Einnahme, die nachfolgende Uebersicht einzuschalten. A. d. U.

gung aller öffentlichen Gewalt, ohne die jeder Finanz-Plan und jedes Abgaben-System eine Chimäre ist — um mehr als die Hälfte ihres vorigen Ertrages vermindert. Sie haben die Ausgaben ins Unendliche vermehrt, die, welche Rechnung von ihnen forderten, verspottet, und mitten unter unaufhörlichen Prahlereyen von Sparsamkeit, Gemeingeist und Reduktionen, der Nation mit frecher Stirn Summen, womit dreyßigjährige Kriege bestritten werden konnten, als Revolutionskosten angerechnet. — Sie haben den Unterschied zwischen Einnahme und Ausgabe dies fürchterliche Defizit, welches das Signal zu einer neuen Ordnung der Dinge gegeben hatte, und — die jetzige erzeugte — nach den vortheilhaftesten Angaben ihrer eignen Ausschüsse und Rechenmeister achtmal, in der That wohl zwanzigmal vergrößert; sie haben von der National-Schuld, zu deren allmähligen Tilgung sie Mittel erfinden sollten, nicht einen Thaler bezahlt; sie haben eine neue, ungeheure und unübersehbare Schuld in den Entschädigungen für Tausende von Aemtern und Stellen die sie muthwilliger Weise aufhoben, über das Land gebracht: sie haben den Gewinn aus der größten und furchtbarsten aller Confiscationen, deren die Geschichte Meldung thut, einen Gewinn, der den alltäglichsten König und den schlechtsten Finanzminister sofort in den Stand gesetzt hätte, Frankreich vom Untergange zu retten, nicht zu einer einzigen heilsamen Operation für den Wohlstand des Reichs, für die Verminderung der öffentlichen Schuld, oder auch nur für die Befestigung des öffentlichen Kredits angewandt: sie sind dem Bankerutt, dem sie auszuweichen vorgaben, entgegen gerannt; und nachdem sie durch zahllose Frevelthaten, die sie anstifteten oder begünstigten, Industrie, Gewerbe und Handel von einem Ende des Königreichs zum andern vertilgt hatten, haben sie durch ein aufgezwungenes Papiergeld das, was Handel, Gewerbe und Industrie von neuem und allein wieder beleben konnte, bis auf die letzte Spur aus ihrem Lande verjagt.

Wenn dies die Werke, dies die Kennzeichen großer Geschicklichkeit sind, so hat sich freylich Geschicklichkeit in der Finanzver-

waltung noch nie in einem blendendern Glanze, und begleitet
von treflicherm Erfolge gezeigt. Keine alltägliche Thorheit, keine
gewöhnliche Unfähigkeit, oder Nachläßigkeit, nein! keine Treu-
losigkeit, keine Verschwendung, keine Büberey der Staatsdiener
in den gemeinen Bedeutungen dieser Worte, kaum der härtste
feindliche Angriff, davon wir uns in der jetzigen Verfassung der
Welt eine Vorstellung machen können, hätte in so kurzer
Zeit einen so schreckhaften Umsturz der Finanzen und mit ihnen
der Macht eines großen Königreichs zu Wege bringen können —
Cedo, qui vestram rempublicam tantam amisistis tam cito?*)—

So bald die National-Versammlung zu werden begann, er-
huben die Sophisten und Deklamatoren ihr Geschrey über das
alte Abgabensystem, und über die Verderblichkeit der meisten einzelnen Taxen, vorzüglich über das Salzmonopol. Sie behaup-
teten mit eben so viel Richtigkeit als Unklugheit, daß es unpoli-
tisch, drückend und partheyisch wäre. Sie begnügten sich nicht,
von dieser Darstellung in Reden, die sich auf einen Verbes-
serungsplan bezogen, Gebrauch zu machen, sie trugen sie in einer
förmlichen Resolution, in einer feyerlichen, gleichsam gerichtlich-
abgefaßten Sentenz wider diese Auflage vor, und schickten diese
Sentenz in alle Provinzen ihres Reichs. Zu der nehmlichen Zeit,
da sie dies thaten, verordneten sie mit allem möglichen Nachdruck,
daß diese unpolitische, drückende und partheyische Taxe so lange
bezahlt werden sollte, bis sie eine andre gefunden haben würden,
die sie ersetzte. Der Erfolg war unvermeidlich. Die National-
Versammlung, beschäftiget mit der Deklaration und Uebertretung
der Rechte des Menschen, und mit ihren Anordnungen zum Behuf einer allgemeinen Verwirrung hatte weder Zeit, noch Fähigkeit,

*) Eine Frage aus einem alten Schauspiel des Nävius. Die
   Antwort lautete:
   Proventabant oratores novi, stulti, adolescentuli —
   A. d. U.

keit, noch Ansehen gemung, irgend einen Plan in Gang zu bringen, der den Staat auf eine zuverläßige Weise für den Ausfall
jener Taxe gedeckt hätte. Die Provinzen, welche vom Salzmonopol von jeher frey gewesen, wovon aber manche mit andern,
vielleicht nicht weniger drückenden Abgaben belegt waren, fühlten
nicht die geringste Neigung, sich einer neuen Last zu unterwerfen,
die lediglich den Zweck hatte — die übrigen von der Salztaxe
zu befreyen. Die Unterthanen in den Salzprovinzen verlohren
bald die Lust, eine Abgabe zu entrichten, welche von demselben
Tribunal, daß die Bezahlung derselben verordnet hatte, aufs
feyerlichste verdammt worden war. Sie glaubten sich eben so gut
auf Zerstöhren und Abschaffen zu verstehen, als die National-
Versammlung. Sie befreyten sich also, indem sie die ganze Bürde
auf einmal von sich warfen. Durch dieses Beyspiel aufgemuntert
setzte jeder Distrikt und jeder Theil eines Distrikts seine eigne Gefühle zum Richter über seine eigne Beschwerden, seine Einsichten
zum Arzt für seine Krankheiten ein, und verfuhr mit allen Taxen
nach eignem Willen und Wohlgefallen.

Anstatt bey der Anordnung der neuen Abgaben nach strengen
und durchdachten Principien einer weisen Gleichheit vorzuschrei-
ten, führte die National-Versammlung gleich Anfangs eine neue
Ungleichheit der allerdrückendsten Gattung ein, indem sie einzelnen
Distrikten, und sogar einzelnen Menschen überließ, zu entscheiden, wieviel von den alten Abgaben sie tragen oder verweigern
wollten. Dadurch wurde also gerade auf die Theile des Königs-
reichs welche sich am gehorsamsten, am ruhigsten, am eifrigsten
für das allgemeine Beste bezeigten, die ganze Last der Staatsbe-
dürfnisse gewälzt. Nichts ist doch am Ende grausamer und ungerechter, als eine schwache Regierung. Um die Ausfälle in den
alten Einkünften zu decken, und tausend immer steigenden Forderungen der augenblicklichen Noth zu begegnen — was blieb einem
Staat, worin es keine öffentliche Gewalt mehr gab, zu thun
übrig? — Die National-Versammlung bot den Patriotismus
aller Bürger zu einem freywilligen Beytrage des vierten Theils

F

ihrer Einnahme auf, deren Ertrag jeder Steuernde auf Ehre und
Gewiſſen angeben ſollte.   Sie erhielten durch dieſen Kunſtgriff
etwas mehr, als man nach vernünftiger Wahrſcheinlichkeit vermuthen konnte, aber immer viel weniger als ſie nöthig, und unendlich viel weniger als ſie thörigter Weiſe gehofft hatten.   Ein
vernünftiger Mann konnte ſich nie einen großen Vortheil von dieſer unter dem Namen einer patriotiſchen Steuer verlarv-
ten, unvernünftigen Taxe verſprechen, die zugleich ohnmächtig,
unfruchtbar und ungleichförmig ſeyn mußte, unter welcher ſich
Schwelgerey, Geiz und Selbſtſucht meiſterhaft verſtecken konnten, um auf Induſtrie, Edelmuth und Vaterlandsliebe die allei-
nige Bürde zu werfen.   Auch hatte ſie nicht lange gewährt, als
ſie die Maske abnahmen, und (mit gleich ſchlechtem Erfolg freylich) Mittel hervorſuchten, die milde Beyſteuer mit offner Gewalt einzutreiben.

Dieſe patriotiſche Milde, die Misgeburt einer ſchwachen und
kränkelnden Politik, ſollte durch ein andres Kunſtſtück, ihren
ächten Zwillingsbruder, aus gleicher Ohnmacht entſproſſen, un-
terſtützt werden.   Die patriotiſchen Geſchenke ſollten das
ergänzen, was die patriotiſche Steuer nicht aufbringen würde.
Durch dieſes neue Beutelſchneiderprojekt entriſſen ſie dem Geber
eine Menge von Dingen, die für ihn großen Werth hatten, und
für den Empfänger gar keinen haben konnten; ſie richteten verſchiedne Gewerbe zu Grunde, ſie raubten der Krone ihren Schmuck,
der Kirche ihre Gefäße, dem Volk ſeine unſchuldigſten Zierrathen.
Die Erfindung dieſer jugendlichen Freyheitsprätendenten war in
der That nichts anders, als ſklaviſche Nachahmung eines der
armſeeligſten Nothbehelfe des eisgrauen Deſpotismus.   Sie nahmen eine alte, ungeſtalte Staatsperücke aus der beſtaubten Trö-
delkammer Ludwig des XIV. um die frühzeitige Kahlheit der
National-Verſammlung damit zu bedecken.   Sie brachten dieſe
altmodiſche, abgetragne Narrheit hier wieder zum Vorſchein,
nachdem ſie der Herzog von St. Simon in ſeinen Memoiren
für jeden denkenden Menſchen, der nicht ohnehin von ihrer Unzu-

länglichkeit und Verderblichkeit überzeugt gewesen wäre, lehrreich
genung zur Schau gestellt hatte. Ein ähnlicher Versuch wurde
noch zu meiner Zeit von Ludwig XV. gemacht, aber er gelang
einmal so wenig als das andre. Die Bedrängnisse, welche kostbare Kriege hervorgebracht hatten, konnten dergleichen verzweifelte Projekte einigermaßen entschuldigen. Die Entschlüsse der
äußersten Noth sind selten weise. Hier aber war der Zeitpunkt
zu Wahl und Ueberlegung. Es war in einem tiefen Frieden,
der seit fünf Jahren gedauert hatte, und allem Anschein nach
noch viel länger dauern mußte, da man zu diesem verzwei-
ten Spielwerk seine Zuflucht nahm. Die National-Versammlung hätte bey dem geringsten Nachdenken einsehen sollen, daß,
blos was sie an Ruf und äußrer Würde verlohr, wenn sie in
ihrer ernsthaften Lage die Hälfte ihrer Journale mit diesen
Kinderpuppen und Kinderklappern unmündiger Finanzplane an-
füllte, nimmermehr durch den armseeligen und vergänglichen
Gewinn, den sie im besten Fall davon erwarten durfte, gut
gemacht werden konnte. Es will sich durchaus nicht denken lassen, daß die welche sich in solche Projekte einließen,
nur eine deutliche Vorstellung von ihrer Lage, und den ent-
ferntsten Begriff von ihren Pflichten hatten. Uebrigens ist
es klar, daß weder die patriotische Steuer, noch die patriotischen Geschenke, wieviel Kraft auch in diesen Erfindungen
liegen mochte, je wieder benutzt werden können. Die Hülfs-
quellen schlechter Regierungen sind immer gar bald erschöpft.
Ihre ganze Finanzwissenschaft besteht darin, daß sie den Anschein einer großen Wassermenge für eine Stunde erkünsteln,
indem sie alle lebendige Quellen und Adern zerstöhren, die den
Vorrath für Jahre bereiten sollten *).

F 2

*) Alles, was hier nur Gegenstand allgemeiner Betrachtungen
ist, findet man mit großer Vollständigkeit und Gründlichkeit in
Hrn. Calonnes neustem Werk ausgeführt und mit Rechnungen belegt. Jeder nüchterne Beobachter muß erschrecken,

Der Zustand ihrer öffentlichen Caffen sinkt von einem Tage zum andern in baaren Geldbeständen, und schwillt immer mehr und mehr in eingebildeten Reichthümern an. Wenn man ihren Finanziers vorhält, daß es jetzt in Frankreich fast keine andre Münze giebt, als Papier, und ein Papier, daß der Repräsentant des Mangels, nicht des Ueberflusses, das Geschöpf der Allgewalt, nicht des Kredits ist: so möchten sie sich selbst, oder doch die Welt gern überreden, daß der blühende Zustand von England, lediglich von seinen Bankpapieren herrühre, da doch umgekehrt und sichtbar diese Bankpapiere ihren ganzen Werth der blühenden Situation unsers Handels, der Festigkeit unsers Kredits und der Entfernung jeder Idee von Gewalt bey ihrer ganzen Circulation zu verdanken haben. Sie vergessen, daß in England kein Schilling irgend eines Papiergeldes anders als freywillig angenommen wird, daß der ganze Betrag der Banknoten auf baarem Gelde ruht, welches ursprünglich in der Bank niedergelegt worden ist, und daß sie nach Belieben in jedem Augenblick und ohne den geringsten Verlust in Geld verwandelt werden können. Unser Papier hat einen Werth in den Augen des Kaufmanns, weil es dem Gesetzgeber nie einfiel ihm einen vorzuschreiben. Es ist mächtig auf der Börse, weil es in Westminsterhall ohnmächtig ist. Der Gläubiger, der 20 Schilling zu fordern hat, kan alles Papier der englischen Bank in Zahlung ausschlagen.

wenn er mit diesem Werk in der Hand eine Uebersicht der unerhörten Verwüstung anstellt, welche jene unweisen Gesetzgeber in den französischen Finanzen angerichtet haben. Jeder unbefangne Richter muß eingestehen, daß eine ernsthafte und schreckendere Warnung gegen unsinnigen Neuerungsgeist, als jetzt auf Kosten des unglücklichen Frankreichs an alle Völker ergeht, nirgend in der Weltgeschichte zu finden ist. A. d. V.

Und welch einen Zusatz zu dieser Warnung liefern nun noch die fernern Schicksale der Finanzen, so wie aller übrigen Theile des zerrütteten Staats, nach der Erscheinung des Calonnischen Werks! A. d. U.

Es ist nicht schwer, zu zeigen, daß unser Papiervermögen statt das baare Geld zu vermindern, vielmehr die Fähigkeit hat, es zu vermehren, daß es den Eingang und den Ausgang und den Umlauf desselben befördert; daß es ein Symbol des Wohlstandes nicht ein Kennzeichen des Verfalls ist. Niemals ist in unserm Lande Mangel des baaren Geldes, oder Ueberfluß des Papiers ein Gegenstand der Klage gewesen.

Die Mittel, welche diese National-Versammlung ergriffen hat, um den Kredit des Staats zu heben, machen eine der merkwürdigsten Seiten ihrer glänzenden Regierung aus. Der Kredit der vorigen Administration war allerdings nicht der beßte, indessen konnte sie doch zu allen Zeiten auf eine oder die andre Bedingung von den meisten europäischen Staaten, welche einen Geldüberfluß hatten, Kapitalien erhalten. Es war natürlich zu vermuthen, daß die Einführung einer freyen Staatsverfassung den Kredit des Landes mächtig heben würde: und das wäre auch ohne Zweifel geschehen, wenn man eine freye Staatsverfassung eingeführt hätte. — Ist es aber jetzt der Fall gewesen? Hat Holland, Hamburg, die Schweiz, Genua, England die geringste Lust geäußert, diesem angeblich freyen Staat seine Kapitalien anzuvertrauen? Wie konnten sich diese Nationen, die die Grundsätze des Handels und der Oekonomie kennen, in irgend ein Geldgeschäft mit einem Staat einlassen, welcher die Natur der Dinge umzukehren sucht, in welchem der Schuldner seinem Gläubiger die Art, wie er ihn befriedigen will, auf der Spitze des Bayonnets vorschreibt, welcher seine Papiere mit andern Papieren auslöset, auf seine Dürftigkeit seine Rettungsplane baut, und seine Zinsen mit seinen Lumpen bezahlt?

Diese verblendeten Philosophen haben sich durch ihr schwärmerisches Vertrauen auf die Allmacht der Kirchenbeute hinreißen lassen, alle weitre Sorge über den Zustand der Finanzen bey Seite zu setzen, gerade so wie Dummköpfe, die der Traum vom Stein der Weisen berauscht, unter der weit

verzeihlichern Täuschung einer hermetischen Kunst, alle vernünftige Mittel, ihren Zustand zu verbessern, vernachläßigen. Nach
der Meynung dieser politischen Finanzverwalter, ist die Universalmedizin, die sie aus Kirchenmumie bereiten, hinlänglich, alle Krankheiten des Staats zu heilen. Von den Wun-
dern der Frömmigkeit mögen sie nicht sonderlich überzeugt seyn;
aber desto fester glauben sie an die Wunder die Kirchenraub wirken kan. Findet sich irgend eine Schuld deren Abzahlung sie
drückt — Gebt Assignate aus. Sollen Entschädigungen angewiesen, oder Alimente ausgemittelt werden für die, welche sie
aus ihren Aemtern vertrieben, oder von ihrem Gewerbe verjagten
— Assignate. Soll eine Flotte ausgerüstet werden — Assignate — Wenn 400 Millionen dieser Assignate die Bedürfnisse des Staats gerade so lassen, wie sie sie fanden, was ist zu
thun? — macht, sagt der eine, noch 800 Millionen; macht,
sagt der andre, noch 2000 Millionen Assignate — Der einzige Umstand, wodurch sich die verschiednen Sekten ihrer Finanz-
gelehrten von einander unterscheiden, ist die größre oder geringre
Anzahl von Assignaten, die man der Nation aufbürden wird.
In der allgemeinen Lehre der Assignate vereinigen sie sich alle.
Selbst diejenigen, welchen ihr gesunder Verstand und ihre Han-
delskenntnisse die triftigsten Gründe gegen das Blendwerk darbieten, endigen ihre Raisonnements damit, daß sie Assignate vor-
schlagen. Es ist fast, als müßten sie deshalb von Assignaten
sprechen, weil man keine andre Sprache mehr bey ihnen ver-
stünde. Alle Erfahrung ist unnütz; alle Proben von der Nichtigkeit des Unternehmens sind nicht im Stande, sie muthlos zu machen. Gelten die alten Assignate so viel als nichts auf dem
Markt, was ist das Hülfsmittel! — Macht neue Assignate—
Mais, si maladia opiniatria non vult se garire, quid illi
facere? assignare — postea assignare, ensuita assignare — Das Wort ist um eine Kleinigkeit geändert: das Latein
der neuen Doktoren mag besser seyn, als das in der alten Komö-
die, aber ihre Weisheit und die Mannichfaltigkeit ihrer Mittel
ist dieselbe. Sie haben in ihrem Gesange gerade so viel Töne als

der Kukuk, obgleich ihre Stimme, weit entfernt von der Lieb-
lichkeit dieses Vorbothen des Sommers und der Fülle, ganz so rauh
und Unglückverkündend ist, als das Gekrächze des Raben.

Wenn einmal das abentheuerliche Projekt, die Einkünfte des
Staats zu zertrümmern, um sie mit den Materialien geplünder-
ter Besitzungen wieder aufzubauen, Eingang gefunden hatte, wenn
sich ein frommer Prälat (einen Vater der Kirche wird man
ihn im Voraus schon nennen) [*] durch seinen Eifer für das
allgemeine Beste hinreißen ließ, seinen eignen Stand zu Grunde
zu richten, um die Stelle eines Generalcontrolleurs der Confiscation und Oberadministrators des Kirchenraubes zu übernehmen, so
kam es ihm und seinen Gehülfen zu, sich ihrer Aemter würdig zu
zeigen. Da es einmal beschlossen war, dem Fiskus eine große Masse
von Landeigenthum zuzuschlagen, so war es wenigstens ihre Pflicht
diese neuen Besitzungen mit Klugheit zu verwalten, und, wenn sie
zur Verstärkung des Kredits dienen sollten, die Maßregeln zu ergreifen, die diesen Endzweck begünstigten.

Ein allgemein-umlaufendes Kreditpapier auf eine Landbank
zu gründen, ist ein Unternehmen, das bisher immer mit den
größten Schwierigkeiten verknüpft schien. Gewöhnlich endigte
der Versuch in Bankerutt. Da indessen die National-Versammlung dreisten Schritts von der Verachtung der moralischen Principien zur Verachtung der ökonomischen übergegangen war, so war
das Geringste was man erwarten durfte, daß sie das ihrige thun
würde, um die Schwierigkeiten zu heben und die Gefahr des
Bankerutts zu vermindern. Die Sache von der besten Seite
anzusehen, befand sie sich in der Lage eines Mannes, der beträchtliche Landgüter besitzt, die er zur Bezahlung einer Schuld, oder

F 4

*) Ein Ausdruck, dessen sich La Bruyere von Bossuet be-
diente. — Es ist hier wieder vom Bischof von Autun die
Rede. A. d. U.

zur Bestreitung gewisser Bedürfnisse zu veräußern wünscht. Weil er nicht im Stande ist, sie sofort zu verkaufen, sucht er sie zu verpfänden. Was würde nun ein Mann von redlichen Absichten und gemeinem guten Menschenverstande unter solchen Umständen thun? Würde er nicht erstlich den vollen Werth seiner Güter aus, zumitteln suchen, dann die Kosten der Bewirthschaftung und die beständigen und periodischen Gaben und Lasten, die darauf ruhen, in Abzug bringen, so den reinen Ueberschuß, und eben dadurch den genauen Werth dessen, was er verpfänden will, berechnen? Wenn dieser reine Ueberschuß, (das einzige was er mit Sicher, heit anweisen kan) klar ausgemittelt, und zuverläßigen Verwal, tern überliefert wäre, alsdann würde er seine Bedingungen be, kannt machen, alsdann würde er entweder dem Gläubiger anbie, ten, seine Forderung auf diesen neuen Fonds eintragen zu lassen, oder er würde sich nach Leihern umsehen, die gegen eine Anwei, sung (Assignat) auf einen Theil dieses Fonds Geld zur Befriedi, gung seiner Bedürfnisse hergäben.

Dies hieße vernünftig und methodisch, wie es redlichen Ge, schäftsmännnern ziemt, und nach den einzig-richtigen Grundsätzen des öffentlichen und Privatkredits, die sich denken lassen, verfah, ren. Wäre die National-Versammlung so zu Werke gegangen, so hätte jeder Interessent doch wenigstens bestimmt gewußt, was er kaufte; und der einzige Skrupel, der ihm dann noch übrig bleiben konnte, war die Furcht vor einem Tage des Strafge, richts, der die ungerechte Beute (vielleicht mit harten Zinsen) aus den frevelhaften Klauen aller der Elenden wieder fordern möchte, die sich entschließen konnten, auf diesem schändlichen Markt die Güter ihrer unschuldigen Mitbürger zu erkaufen.

Ist jemals eine solche regelmäßige Schätzung der confiscirten Güter, ist nur eine Schätzung überhaupt vorgenommen wor, den? *) — Die National-Versammlung erklärte am 14. April

---

*) Vorgenommen ist sie zwar, aber freylich viel zu spät, um irgend einen vernünftigen Zweck zu erreichen. Die Resultate,

1791, daß künftig die Summen für die Unterhaltung des Got-
tesdienstes, die Besoldung der Priester, die Unterstützung der
Armen, und alle andre Ausgaben dieser Art, die bisher von der
Geistlichkeit bestritten worden waren, auf die allgemeine Rechnung
den Staatsausgaben gebracht werden sollten, damit die zur Dis,
position der Nation eingezognen Güter ohne allen weitern Abzug
den großen und dringenden Bedürfnissen des Landes gewidmet
werden könnten — In diesem Beschluß erkennen sie also die
Nothwendigkeit, die confiscirten Güter frey von allem Abzug dem
Käufer darzubieten. Aber haben sie einen einzigen Schritt gethan, den Werth derselben überhaupt auszumitteln? Wie sie
ihre Verbindlichkeiten zu erfüllen gedenken, indem sie Grundstücke
„frey von allem Abzug" als Hypothek anweisen, ohne je bestimmt zu haben, was diese Grundstücke mit oder ohne Abzug
gelten, das mögen ihre Bewundrer in England erklären. Unterdessen häufen sie Millionen auf Millionen von Assignaten, ohne
ein andres Fundament als diese Grundstücke, die die Einbildungs,
kraft vergrößern oder verkleinern kan, je nachdem Hoffnung oder
Furcht, und tausend andre Umstände des Augenblicks auf sie
wirkten?

Zuletzt haben sie denn freylich rein heraus geredet, und den
ganzen Umfang ihrer Büberey ans Tageslicht gebracht.   Ihr

F 5

die magern Resultate derselben (denn sie fiel um mehr denn die
Hälfte geringer aus, als die Revolutionsstifter gehofft hatten)
wurden zu einer Zeit vorgetragen, wo sich Niemand mehr
darum bekümmerte, wo es entschieden war, daß Fabriziren
der Assignate gar nicht bis auf die Erreichung des wahren
Werths der confiscirten Ländereyen; sondern so weit, als es
die Geduld und Verblendung des Volks aushalten würde, zu
treiben, wo man gar nicht mehr an Finanzplane, sondern
blos an elende Palliatifmittel sich von einem Tage zum andern
fortzuhelfen dachte; und wo es mit Frankreich dahin gekommen war, daß man die Zerrüttung der Finanzen unter die
kleinern Uebel rechnen mußte.   A. d. U.

eignes Geständniß hat endlich gezeigt, was die Gläubiger des Staats von den confiscirten Gütern für Sicherheit, was das Land von ihrer Besitznehmung für Erleichterung zu erwarten hat. Die Berichte ihrer eignen Ausschüsse haben jetzt gelehrt, daß die Ausgabe, die sie durch die Erhaltung aller geistlichen Institute dem Staat aufgebürdet haben, den wahrscheinlichen Ertrag der geistlichen Güter um mehrere Millionen übersteigt, ohne die sehr beträchtlichen Schulden zu rechnen, womit bereits die Geistlich= keit diese Güter beladen hatte — Dies ist nun also die Rechen= kunst des Betruges! Dies ist die Finanzwissenschaft der Philo= sophen! Dies ist das Resultat aller der unseeligen Täuschungen, wodurch man ein unglückliches Volk zu Aufruhr, Mord, und Kirchenraub aufgerufen und zu raschen und eifrigen Arbeitern an dem Ruin ihres Vaterlandes gemacht hat. Noch nie hat sich ein Staat durch Confiscation und Beraubung seiner Bürger wahr= haft bereichert. Dieser neue Versuch hat das Schicksal aller sei= ner Vorgänger gehabt. Jedes redliche Herz, jeder wahre Freund der Freyheit und Menschheit muß mitten unter allen diesen Calamitäten doch eine geheime Beruhigung fühlen, durch ein so furchtbares Beyspiel aufs neue feyerlich bestätigt zu sehen: daß Ungerechtigkeit nur selten wahre Politik, und Plünderung auch nicht einmahl der Weg zum Reichthum ist.

Es war vom ersten Augenblick an sichtbar, was das Schick= sal dieses neuen Papiergeldes seyn würde, und seyn mußte. Un= mittelbar nach seiner ersten Erscheinung verlohr es fünf Procent. (Es ist bekannt, bis zu welcher schrecklichen Höhe dieser Verlust weiterhin gestiegen ist). Gleichwohl war die National Versamm= lung gezwungen, wenn sie den Credit ihrer eignen Mißgeburt nicht ganz wollte fallen lassen, Assignate statt baaren Geldes an= zunehmen. In demselben Augenblick aber, da sie mit ungeheu= ren Kosten *) dies Papier in Gold und Silber umsetzte, fuhren

---

*) Auf der Rechnung von den Staatsausgaben des Jahres 1791 prangen nicht weniger als 18 Millionen (so viel gestand

ihre unverſchämten Redner fort, in ſinnloſen Deklamationen zu
behaupten, daß es zwiſchen baarem Gelde und ihren Aſſignaten
keinen reellen Unterſchied gäbe. Dies war einer der neuen Glau‐
bensartikel, welche die philoſophiſche Synode, mit einem derben
Bannfluch verſehen, in die Welt ſchickte. Credat, wem es
beliebt; ſicherlich nicht-Iudaeus apella!

Ein edler Zorn ſteigt in den Gemüthern der Volksführer
auf, wenn ſie hören, daß man ſich erkühnt, die magiſche Laterne
in dem Schattenſpiel ihrer Finanzen mit den betrüglichen Pro‐
jekten eines Law zu vergleichen. Sie können es nicht ertragen,
den Sand des Miſſiſippi gegen den feſten Felſen der Kirche, wor‐
auf ihr Syſtem gegründet iſt, in eine Parallele geſtellt zu ſehen.
Aber ehe ſie dieſe Empfindlichkeit laut werden laſſen, mögen ſie
doch erſt nachweiſen, daß ihren Aſſignaten auch nur ein einziger
Morgen Landes zum Grunde liegt, der nicht ſchon vorher zu an‐
dern Ausgaben beſtimmt war. Im Gegentheil, es iſt eine wahre
Beleidigung für jenen großen Originalbetrug, daß man ihn mit
ihrer armſeligen Nachahmung vergleicht. Es iſt nicht wahr, daß
Law ſeine ganze Spekulation auf den Miſſiſipphandel gebaut
hatte: er nahm den Oſtindiſchen, er nahm den Afrikaniſchen
Handel, er nahm die Pacht von allen durch Pächter verwalteten
Einkünften Frankreichs zu Hülfe. Es iſt ausgemacht, daß dies
alles zuſammen genommen das Gebäude nicht tragen konnte, wel‐
ches der Enthuſiasmus des Publikums, nicht er, darauf geſetzt
hatte. Nichts deſto weniger waren dieſe Täuſchungen, verglei‐
chungsweiſe Träume von einer edeln Gattung. Sie gingen von
der Idee einer ungeheuren Zunahme des Franzöſiſchen Handels
aus, und hatten die Realiſirung dieſer Idee zum Zweck. Sie
öffneten dieſem Handel die weiten Regionen beyder Hemisphären.

man ein!) Koſten für die Auswechſelung der Aſſignate gegen
baar Geld, das zur Beſtreitung gewiſſer Bedürfniſſe unent‐
behrlich war. Eine ſolche Rubrik hat ſich gewiß noch nie
auf dem Ausgabe-Etat eines Staats gefunden. A. d. U.

Sie legten es nicht darauf an, Frankreich mit seinem eignen Mark zu füttern. Eine große und schwärmerische Einbildungskraft fand in diesem unermeßlichen Handelsverkehr einen Gegenstand, der sie fesselte. Es lag etwas in dem Projekt, was das Auge eines Adlers blenden konnte. Es war nicht wie das jetzige, zur Lock- speise für einen Maulwurf bestimmt, der sich in seinen mütterli- chen Erdklumpen einwühlt und vergräbt. Die Menschen waren damals noch nicht ganz unter dem Einfluß einer falschen und ent- nervenden Philosophie zu Zwergen eingeschrumpft, und zu elen- den Sklaven jedes plumpen und gemeinen Betruges herabgesun- ken. Vor allem andern aber ist es bemerkenswerth, daß die Häupter des Law schen Systems, indem sie die Hoffnungen der Menschen täuschten, doch ihrer Freyheit nicht spotteten. In ih- rem Betruge war nicht die geringste Mischung von Gewalt. Die- ser Zusatz war ausdrücklich unsern Zeiten aufbewahrt, damit das schwache Flämmchen von Vernunft, was durch die dicke Finster- niß dieses erleuchteten Jahrhunderts brechen möchte, sofort er- stickt werden konnte.

Ich bemerke eben, daß ich noch nichts über ein Finanzpro- jekt gesagt habe, welches der Geschicklichkeit seiner Erfinder zum nicht geringen Ruhm gereicht, und mit großem Pomp in die National-Versammlung eingeführt worden ist. Dieses Projekt, über dessen Gemeinnützigkeit und Eleganz man sich nicht müde reden konnte, soll dem umlaufenden Papiergelde eine neue und sehr sichre Basis verschaffen. Es ist der Plan, aus den Glocken der aufgehobnen Kirchen Münze zu schlagen! — Dies ist ihre alchymistische Weisheit! — Es giebt Narrheiten, die den Tadel muthlos machen, die weit über die Lächerlichkeit hinaus sind, und keine andre Empfindung mehr wecken — als Ekel. Deshalb will ich auch kein Wort weiter hinzufügen.

Es ist eben so wenig der Mühe werth, über ihre Geld- und Wechseloperationen, über ihre vielfältigen Ränke und Kunstgriffe, den bösen Tag hinaus zu schieben, über das Zahlenspiel zwischen der Schatzkammer und der Discontocasse, und über alle die alten und abgetragnen kaufmännischen Schwindel zu sprechen, die man jetzt zu Maximen der Staatsverwaltung erhoben hat. Die Einkünfte werden nicht mit sich scherzen lassen. Das Gewäsch über die Menschenrechte wird nicht für einen Schiffszwieback, nicht für ein Pfund Schießpulver in Zahlung angenommen werden. Hier müssen die Metaphysiker von der Wolkenhöhe ihrer Spekulationen herunter steigen, und sorgfältig nach Beyspielen handeln. Aber was für Beyspiele wählen sie? Die Beyspiele der Bankeruttiers. Was ihnen indessen auch widerfahren mag, sie mögen geschlagen, beschämt und beschimpft seyn, ihre Kräfte, ihre Erfindungen, ihre Hirngespinste selbst mögen sie verlassen — ihre Zuversicht hält aus. Wenn sie schlechterdings alle Ansprüche auf Geschicklichkeit aufgeben müssen, so fangen sie an, mit ihrem Wohlwollen zu prahlen. Nachdem das ganze Staatseinkommen in ihren Händen zerronnen ist, sind sie frech genung, die Erleichterung zu rühmen, die sie dem Volk verschafft hätten. Sie haben sie ihm wahrlich nicht verschafft. Wenn das je ihre Absicht war, warum erließen sie denn die Verordnung, daß die verhaßten Toxen noch bezahlt werden sollten? Das Volk erleichterte sich selbst ohne ihre Verordnungen, und ihren Verordnungen zum Trotz.

Was hilft indessen alles Untersuchen und Streiten, wem das Verdienst dieser trügerischen Erleichterung zuzuschreiben ist. Die Hauptfrage bleibt immer die: ist dem Volke dadurch die geringste wahre Wohlthat widerfahren? — Herr Bailly, einer der großen Advokaten und Verwalter des Papiergeldes giebt uns eine Idee von der eigentlichen Natur und Beschaffenheit dieser Wohlthat. Die Rede, die er in der National-Versammlung über diesen Gegenstand hielt, war eigentlich eine hochtönende und ausstudirte Lobrede auf die Einwohner von Paris, worin er den Muth und die Standhaftigkeit rühmte, mit der sie Noth und Elend ertragen hatten! Ein gar herrliches Gemählde öffentlicher Glückseeligkeit! Wie! Muth und Standhaftigkeit um Wohl-

thaten auszuhalten, und Erleichterung zu erdulden? Wenn man
diese Rede des gelehrten Maire ansieht, so sollte man schwören,
die Pariser hätten seit zwölf Monathen unter dem Drangsale
einer fürchterlichen Belagerung geschmachtet, wie damals, als
Heinrich IV alle Zufuhr abgeschnitten hatte, und Sully
mit seinem Geschütz auf die Stadtthore donnerte — und doch haben sie keinen andern Feind gehabt, als ihre eigne Leichtgläubig-
keit und Verkehrtheit, ihre eigne Albernheit und Tollheit. Aber
Herr Bailly wird eher im Stande seyn, das ewige Eis seiner
atlantischen Regionen aufzuthauen *), als seiner unglücklichen
Hauptstadt ihre verlohrne Centralwärme wieder zu schaffen, so
lange die kalte, dürre, versteinernde Hand einer falschen, un-
menschlichen Philosophie darauf liegt **).

Das Volk zu überreden, daß man ihm Erleichterung verschaffe, indem man ihm alle seine Nahrungsquellen verstopft, ist
ein unverschämter und grausamer Betrug. Staatsmänner, die
mit solchen Erleichterungen prahlen, müßten immer vorher mit
großer Anstrengung und Unpartheylichkeit über das Problem
nachgedacht haben, ob es vortheilhafter ist, daß das Volk viel
bezahle, und verhältnißmäßig viel einnehme, oder daß es wenig

---

*) Bailly war bekanntlich als Astronom und spekulativer Kopf
    berühmt, lange ehe ihn sein Schicksal und eine verblendete Ei-
    telkeit auf die gefahrvolle Stelle schleuderten, die er 2 Jahre
    lang mit wenig Beyfall und unter vielfachen Qualen verwaltet
    hat — Eins der merkwürdigsten Produkte aus seiner schrift-
    stellerischen Periode sind die in einem meisterhaften Styl ge-
    schriebnen mit Scharfsinn und Gelehrsamkeit reichlich ausge-
    statteten — Lettres sur l'origine des Sciences,
    et l'Atlantide de Platon. Auf dieses Werk zielt die
    Anspielung im Text. A. d. U.

**) Beym Anfang der Revolution besaß die Pariser-Commüne
    eine Million Livres an Capitalien; im Jahr 1791 hatte sie
    schon 40 Millionen Schulden. A. d. U.

erwerbe, und dagegen von allen Abgaben befreyt sey? — Ich,
meines Theils, würde allmahl für das erste entscheiden. Er,
fahrung, und die besten Autoritäten sind auf meiner Seite. Zwi,
schen den Erwerbsmitteln des Bürgers, und den Forderungen,
die der Staat an ihn zu machen hat, stets ein richtiges Gleichge,
wicht zu erhalten — das ist ein Hauptstück der Geschicklichkeit
eines wahren Staatsmanns. Die Erwerbsmittel gehen in jeder
Rücksicht den Abgaben voran, und müssen früher als diese gesi,
chert werden. Ordnung ist das Fundament aller guten Dinge.
Wenn allgemeiner Wohlstand einkehren und Dauer haben soll, so
muß das Volk, ohne zum Sklaven zu werden, folgsam und ge,
lehrig seyn. Die Obrigkeiten müssen geehrt, die Gesetze gefürch,
tet werden. Die Anlagen einer natürlichen Subordination müs,
sen nicht aus den Herzen derer, welche gehorchen sollen, mit der
Wurzel gerissen seyn. Der gemeine Mann muß Respekt vor jedem
Eigenthum haben, woran er keinen Antheil hoffen kann. Er
muß arbeiten, um zu erlangen, was durch Arbeit zu erlangen
ist; und, wenn er dann, wie es gewöhnlich geschieht, findet,
daß der Erfolg seinen Bemühungen nicht hinreichend entspricht,
so muß man ihn lehren, daß es eine höhere Glückseeligkeit giebt,
als, Güter besitzen, und eine höhere Gerechtigkeit, als die, wel,
che in den dunkeln Labyrinthen dieses Lebens zu walten scheint.
Wer ihn um diesen Trost bringt, der lähmt seine Indüstrie, der
versetzt aller Fähigkeit zu erwerben, und aller Fähigkeit zu erhal,
ten, eine tödtliche Wunde. Wer das thut, der ist der wahre Un,
terdrücker, der unbarmherzigste Feind des Armen und Elenden.
Er raubt ihm sein letztes Besitzstück, während daß er das Eigen,
thum des Reichern und alle Früchte glücklicher Indüstrie, durch
seine verruchten Spekulationen, dem immer bereiten Angriff des
Müssiggängers, des Verunglückten, und des Verzweifelten aus,
setzt.

Finanziers von Profession sind gar zu geneigt, in der Staats,
Administration nichts als Banken, und Cassen, und Creditwe,
sen, und Leibrenten, und Tontinen, und alles, was zur kleinen

Waare in ihrem Handel gehört, zu sehen. In einer ruhigen
und wohlthätigen Verfassung sind alle diese Dinge von Wichtigkeit, und die Geschicklichkeit, die sich bey ihrer Verwaltung zeigen kan, ist keinesweges zu verwerfen. Sie sind gut, aber nur
dann gut, wenn sie auf jene wohlthätige Verfassung gebaut sind,
und die Zwecke derselben befördern. Wenn sich hingegen Menschen träumen lassen, daß alle diese armseligen Erfindungen die
Uebel, welche den Umsturz der öffentlichen Ordnung, und die
Ausrottung aller Principien des Eigenthums begleiten, wieder
gut zu machen im Stande sind, so werden sie in dem Ruin ihres
Vaterlandes ein trauriges und bleibendes Denkmahl der Wirkungen unüberlegter Politik, und aufgeblasner, kurzsichtiger, klein-
geistiger Klugheit hinterlassen.

Wenn die unzählbaren Fehler, die jeden Haupttheil des neuen
Werks entstellen, die entschiedne Unfähigkeit der Volksführer anklagen wollen, so tritt der „allversöhnende Name“ der F r e y h e i t
auf, um sie zu bedecken. Allerdings sehe ich jetzt bey einigen
Menschen in Frankreich große Freyheit, bey vielen aber und bey
den meisten eine drückende und erniedrigende Sklaverey. Doch
was ist Freyheit ohne Weisheit und Tugend? Das größte aller
möglichen Uebel; nichts weiter als Thorheit, Laster und Wahnsinn ohne Aufseher und ohne Zügel. Die, welche wissen, was
tugendhafte Freyheit heißt, können es nicht ertragen, daß ein
unwürdiger Mund, wenn er einige hochtönende Worte stammeln
gelernt hat, sie entehre. Ich bin kein Verächter großer und
schwärmerischer Freyheitsideen. Sie erwärmen das Herz, sie
entfesseln und erweitern das Gemüth; sie beleben den Muth in
der Stunde des Kampfs. So alt ich bin, lese ich noch mit Vergnügen die entzückenden Tiraden im L u c a n und C o r n e i l l e.
Ich bin auch kein erklärter Feind der kleinen Kunstgriffe und
Spielwerke, wodurch man Popularität gewinnt. Sie erleichtern
oft den Gang der wichtigsten Angelegenheiten; sie erhalten den
Nationalcharakter; sie verbreiten augenblickliche Heiterkeit über
die ernste Stirn einer moralischen Freyheit. Jeder Staatsmann

muß

muß den Grazien opfern, und Gefälligkeit mit Vernunft verbinden. Aber bey einem Unternehmen, wie das jetzige in Frankreich, kommen alle diese kleinen Hülfskünste gar nicht in Betrachtung. Hier muß nichts als der erhabenste Ernst herrschen. Eine
Staatsverfassung erschaffen, erfordert freylich keine große
Geschicklichkeit. Weiset der Macht ihre Stelle an; lehrt Gehorsam; und das Werk ist vollbracht. Freyheit geben ist noch
sehr viel leichter. Da bedarf es gar keiner Führung: es ist blos
nöthig, den Zügel schießen zu lassen. Aber eine freye Staatsverfassung hervorbringen, das heißt die streitenden Elemente
der Freyheit und der Beschränkung in ein festes und daurendes
Ganzes zusammen zu schmelzen, das ist ein Geschäft, was langes und tiefes Nachdenken, was einen scharfsichtigen, vielumfas-
senden und ordnenden Geist erfordert. Diese Eigenschaften ver-
misse ich in denen, welche in der National-Versammlung den
Ton angeben. Vielleicht mangeln sie ihnen nicht in einem so auffallenden Grade, als es äußerlich den Anschein hat. Ich bin
sehr geneigt, das zu glauben. Sollten sie wirklich aus Unwissenheit und Schwachheit sündigen, so würde man ihnen nicht das
gemeine Maß des alltäglichen Menschenverstandes zugestehen
können. Aber wenn die Anführer ihren Ruhm darin suchen, einander auf der großen Volksauction an Popularität zu überbieten,
dann können freylich ihre Talente bey der Organisation einer vernünftigen Staatsverfassung von keinem Nutzen seyn. Statt
Gesetzgeber zu bleiben, werden sie Schmeichler, statt das Volk
zu leiten, seine Werkzeuge werden *). Gelingt es einem unter
ihnen, einen gemäßigten, und mit Weisheit entworfnen und li-
mitirten Freyheitsplan zum Vorschein zu bringen, so wird er auf
der Stelle von seinen Mitwerbern überboten werden, die etwas
glänzenders, und dem Volk gefälligers anstichen können. Man
wird seine Treue, seinen Eifer für die gute Sache verdächtig machen. Mäßigung wird man als die Tugend der Feigherzigen,

---

*) Wie buchstäblich ist die folgende Weissagung eingetroffen!

A. d. H.

Nüchternheit als die Klugheit der Verräther brandmarken. In
der betrüglichen Hoffnung, seinen Credit, und mit ihm das einzige Mittel einer wohlthätigen Wirksamkeit unter bessern Umständen, zu retten, wird der unglückliche Volksführer sich gezwungen
sehen, Grundsätze zu befördern, und Anmaßungen zu begünstigen, die zeitig genung alle die vernünftigen Zwecke, die vielleicht
der Endpunkt seiner Bestrebungen waren, auf immer vernichten
werden.

Bin ich aber so parteyisch, daß ich in allem, was die uner-
müdlichen Arbeiten dieser Versammlung hervorgebracht haben,
nichts finden sollte, das Beyfall verdiente? — Nein! ich läugne
nicht, daß neben einer unendlichen Menge gewaltsamer und un-
vernünftiger Beschlüsse, auch einige gute Anordnungen gemacht
worden sind. Die, welche alles zerstören, müssen nothwendig
manches Schädliche wegschaffen. Die, welche alles von
neuem aufbauen, haben die Wahrscheinlichkeit für sich, daß sie etwas Wohlthätiges ans Licht bringen werden. Um das zu
rechtfertigen, was sie, vermöge einer usurpirten Gewalt, gethan,
um die Verbrechen zu entschuldigen, durch welche sie sich zu dieser
Gewalt heraufgeschwungen haben, müßte man strenge beweisen
können, daß das Gute, welches sie thaten, nicht zu erreichen
war, ohne es in einer so furchtbaren Revolution zu suchen. Nimmermehr wird dies zu beweisen seyn, weil jede ihrer neuen Einrichtungen, die von unzweydeutiger Güte sind, entweder in der
freywilligen Erklärung des Königs, als er die Stände berief,
oder in den Instruktionen der Deputirten schon vorgeschrieben
stand. Einige alte Gebräuche sind aus rechtmäßigen Gründen
abgeschafft worden; sie waren aber von solcher Beschaffenheit,
daß sie nie der Glückseligkeit und dem Flor eines Staats hinder-
lich seyn konnten, wenn man sie auch, so wie sie waren, in alle
Ewigkeit beybehalten hätte. Die Vortheile, die die National-
Versammlung schaffte, waren unbedeutend: ihre Irrthümer waren wesentlich.

Mag es indessen damit beschaffen seyn, wie es will, mein
vorzüglichster Wunsch ist, daß meine Landsleute, anstatt bey ihren

Nachtbarn Modelle zur Verbesserung der brittischen Constitution zu suchen, ihnen lieber diese Constitution als ein Muster zur Nachahmung vorstellen möchten. In ihr besitzen sie ein unschätzbares Kleinod. Wenn sie hie und da Ursachen zur Besorgniß, Ursachen zur Beschwerde haben, so liegen sie nicht in ihrer Constitution, sondern in ihnen. Der Constitution haben wir die glückliche Lage, worin wir uns befinden, zu verdanken; aber dem Ganzen der Constitution, nicht einem einzelnen Theil derselben: wir haben sie eben so gut dem, was wir bey unsern Revisionen und Reformen stehen ließen, als dem, was wir änderten, oder hinzufügten, zu verdanken. Wenn sich unsre Nation begnügt, das, was sie besitzt, gegen alle Anfälle zu vertheidigen, so wird sie hinreichende Beschäftigung für wahren Patriotismus und wahren Freyheitsgeist finden. Ich erkläre mich deshalb nicht gegen alle Veränderungen! aber ich wünschte zu erhalten, selbst da noch, wo ich zu ändern genöthigt wäre. Ich möchte nur dann zu meinen Arzneyen schreiten, wenn große Uebel mich aufforderten. Ich möchte die Ausbesserung so genau als es nur möglich wäre, im Styl des alten Gebäudes vornehmen. Eine überlegte Langsamkeit, eine immerwache Vorsicht, eine Schüchternheit aus Grundsätzen, nicht aus Temperament — das waren die herrschenden Eigenschaften unsrer Väter, die sie in ihren kühnsten und entscheidendsten Schritten nicht verließen. Da das Licht, welches die französischen Staatsverbesserer in so reichem Maße zu besitzen glauben, sie nicht erleuchtete, so war ein lebhaftes Gefühl der Unwissenheit und Beschränktheit des Menschen ihr beständiger Begleiter. Er, der ihren Kräften Schranken setzte, belohnte sie dafür, daß sie in allem, was sie thaten, dieser Schranken eingedenk waren. Laßt uns Nachahmer ihrer Weisheit seyn, wenn wir die Erbschaft, die uns diese Weisheit bereitete, erhalten und verdienen wollen. Laßt uns hinzusetzen, was uns ersprießlich dünkt, aber laßt uns vor allen Dingen bewahren, was wir von ihnen empfingen. — So halten wir uns unbeweglich an den festen Boden der brittischen Constitution, Bewundrer allenfalls, aber niemals Gefährten bey den verzweifelten Flügen der tollkühnen Luftschiffer von Frankreich.

Ich habe Ihnen meine Gedanken mit Freymüthigkeit eröfnet. Ich bilde mir nicht ein, Ihr Urtheil nach dem meinigen umzustimmen. Ich verlange es nicht einmahl für den Augenblick. Sie sind jung. Sie können das Schicksal Ihres Vaterlandes nicht aufhalten: Sie müssen dem Strom der Begebenheiten folgen. Vielleicht kömmt eine Zeit, wo Ihnen meine Bemerkungen nützlich werden, sollte es auch erst dann seyn, wenn Frankreich zu einer festern und weisern Verfassung gediehen seyn wird. In der jetzigen kann es unmöglich bleiben: aber ehe es an das Ende seiner Unruhen gelangt, wird es noch, wie einer unsrer Dichter sagt, „durch zahllose Gestalten unversuchter Existenz" wandern müssen, und auf jeder Stufe seiner Wanderung in Feuer und Blut gereinigt und wiedergebohren werden.

Ich kan zur Empfehlung meiner Ideen nichts weiter anführen, als lange Beobachtung und große Unpartheylichkeit. Es sind die Ideen eines Menschen, der nie ein Werkzeug der Macht, nie ein Schmeichler der Hoheit war, und der nicht gern in seinen letzten Schritten den Charakter seines ganzen Lebenslaufs verläugnen möchte. Es sind die Ideen eines Menschen, dessen ganze bürgerliche Thätigkeit kaum etwas anders gewesen ist, als ein Kampf für die Freyheit andrer, in dessen Brust kein heftiger, und kein daurender Zorn gelodert hat, als wenn er Tyranney unter irgend einer Form zu erblicken glaubte, der von seinem Antheil an den Bemühungen redlicher Männer, den mächtigen Unterdrücker zu stürzen *), die Stunden abriß, welche er den französischen Angelegenheiten widmete, seinem gewöhnlichen Beruf getreu, selbst, indem er ihn zu verlassen schien; eines Menschen, der Ehrenstellen, Würden und Einkünfte nur mäßig begehrt, und nicht im geringsten erwartet, der den Ruhm nicht verachtet, und die Verläumdung nicht fürchtet, der Streitigkeiten scheut, aber gern ein Urtheil wagt, der ernstlich wünscht, in allem was er unternimmt, Zusammenhang und Consequenz zu bewahren, der aber nur in der Mannichfaltigkeit der Mittel die Einheit des Endzwecks gesichert sieht, und der, wenn das Schiff, worin er seegelt, in Gefahr geräth, auf einer Seite überladen zu werden, die geringe Masse seiner Gründe gern auf die andre trägt — um das kostbare Gleichgewicht zu erhalten.

*) Der Hastingsche Proceß.   A. d. U.

Schema des Inhalts.

Eine Darstellung der Hauptpunkte, welche die Burkische Schrift abhandelt, halte ich, eines Theils, um eine allgemeine Uebersicht des ungebundnen, willführlichen, und oft regellosen Ideenganges, der darin herrscht, andern Theils um das Aufsuchen einzelner Gegenstände in einem durchaus nicht abgetheilten, und rhapsodistisch-fortlaufenden Buche zu erleichtern, für nothwendig. In dieser Rücksicht habe ich das folgende Schema mit Beysetzung der Seitenzahlen der Uebersetzung entworfen.

Erster Theil.

G 3

(Das erste dieser vier Hauptstücke ist nur zu Stande
gekommen. S. Th. II S. 4.)

Zweyter Theil.

Dieser Tafel des Inhalts füge ich ein Verzeichniß der aus-
führlichern Anmerkungen bey, mit welchen ich die Burkesche
Schrift begleitet habe:

Im Ersten Theil.

Im Zweyten Theil.

Politische Abhandlungen.

I.

Ueber politische Freyheit und das Verhältniß derselben zur Regierung.

Wo der Silberton — Freyheit, erklingt, horcht jedes menschliche Ohr auf, und jedes Herz wird rege. Ihre Stimme ist die Stimme der Natur. Auf tausend Seiten eingeengt, von tausend künstlichen Bedürfnissen danieder gezogen, von tausend despotischen Verhältnissen tyrannisirt, sehnt sich der civilisirte Mensch mitten unter seinen verfeinerten Genüssen, mitten unter den Schätzen, die Jahrtausende für ihn zusammenhäuften, in mehr als einer melancholischen Stunde nach der dürftigen Einfalt eines unabhängigen Daseyns zurück. Das Leben, welches er führt, dünkt ihn oft nichts anders, als ein endloser und bitterer Kampf um eine beschwerliche Existenz, und — frey seyn allein, wahrhaft existiren. Dunkler oder entwickelter melden sich diese Gefühle in jedes Sterblichen Brust. Der Bürger war Mensch, ehe er Bürger war. Es gab Freyheit ehe es Staaten gab.

Wenn sich Nationen trotz aller Bande, womit die bürgerliche Gesellschaft sie umschließt, im Besitz dieses Zaubergutes fühlen oder wähnen, sehen sie mit verachtendem Stolz auf andre herab, wo sie die Freyheit nicht zu erblicken glauben. Das Bewußtseyn dieses Besitzes begeistert sie oft zu Entschlüssen, und stärkt sie in Unternehmungen, die weit über ihre Kräfte hinaus zu reichen schienen. Sie schwellen zu einem Enthusiasmus hinan, der Wunder schafft, weil er nichts für Wunder hält. Mit klei-

nen Schaaren treiben sie die furchtbarsten Armeen vor sich her,
treten ins Feld gegen die Macht und den Reichthum halber Welt-
theile, und tragen Siege davon, die sie selbst nicht begreifen.
Sie streiten mit der Natur wie sie mit Menschen streiten. Sie
entreißen die Sitze, die sie sich ausersahen, bald den Sandbän-
ken des Meers, welche sie in blühende Städte, bald Wildnissen
und Morästen, welche sie in Paradiese verwandeln. Vom Arme
ihrer Gottheit gelenkt, von der Begierde ein erhabnes Opfer auf
ihren Altar zu bringen, aufgeregt, von der Sehnsucht nach
Größe verfolgt, ziehen sie aus, um fern von ihrer Heymath Thaten zu verrichten, welche die nüchterne Menschenkraft umsonst
versuchen würde. Sie träumen sich oft zu Herrn der Welt, und
sie werden es zuweilen.

Wenn tief verderbte Völker die Schwärmerey der Freyheit
ergreift, oder wenn herrschsüchtige Bösewichter sie zum Stichblatt
riesenhafter Bubenstücke gebrauchen, dann wird sie eine der schrecklichsten Krankheiten, welche das menschliche Geschlecht in seiner civilisirten Gestalt heimsuchen. Thronen sinken vor ihrem
schmetternden Rufen: die Bande welche den Bürger an den Bürger knüpften, fallen wie versengte Faden herab: der ganze wohlthätige Bau der gesellschaftlichen Verbindung stürzt zusammen.
Die reichsten und glücklichsten Länder werden eine Beute
der Verwüstung; der Mensch flieht vor seines Gleichen wie
vor den Thieren des Waldes; der Bruder zittert vor dem
Mordschwerdt des Bruders; der Vater schmachtet in Kerkern in
Ketten, die ihm seine Söhne anlegten. Menschlichkeit wird eine
Chimäre, unerbittlichste Rache die heiligste aller Pflichten. Der
Geist der Nation wird verdunkelt, ihr Charakter von Grund aus
verfälscht. Aus den kostbarsten Früchten gesellschaftlicher Cultur
werden die zerstöhrendsten Gifte bereitet. Alle bürgerliche Künste
müssen sich unter die Instrumente des Verderbens anwerben

laſſen. Die Wiſſenſchaften werden feile und nichtswürdige Ver-
führerinnen. Philoſophie läßt ſich zur heilloſen Sophiſterey her-
abwürdigen. Geſchichte verwandelt ſich in ein Magazin mörde-
riſcher Waffen für raſende Faktionen. Beredſamkeit ſinkt in das
Complott, das Büberey mit Wahnſinn ſchloß, herunter; ſie,
die das Organ der Vernunft und die Gehülfin der Tugend ſeyn-
ſollte, wird das Sprachrohr wilder Leidenſchaften, und die be-
ſtochne Dienerin der verworfenſten Laſter. — Wenn das Uebel
eine Zeitlang gehauſet hat, findet ſich eine ſchauerhafte Ge-
fühlloſigkeit, das Symptom der letzten, verzweifelten Noth
ein: Millionen von Menſchen laufen dem Abgrunde, der
ſie zu verſchlingen droht, mit offnen Armen entgegen. Sie
hohnlächeln bey dem tiefſten Elend ihrer Brüder, und ſie frohlocken über ihr eignes. Der Fanatismus der Freyheit erſtickt
jede andre Empfindung in ihrer verödeten Bruſt: er läßt ſie Armuth und Schmach, und Hunger und Todesangſt, und ſelbſt
die niedrigſte Sklaverey ohne Ungeduld, ohne Murren, oft
ohne einen Seufzer ertragen.

Es iſt eine alte Bemerkung, daß der große Haufen des Men-
ſchengeſchlechts durch Zeichen und Bilder, und Namen und dunkle
Vorſtellungen regiert wird. Freyheit, jene Freyheit, die die
Mutter ſolcher ungeheuren Bewegungen, ſo mancher ſchwärmeriſchen Heldenthat, ſo manches empörenden Verbrechens iſt, gehört unter dieſe dunkle Vorſtellungen. Es iſt von äußerſter Wichtigkeit, daß man ſie beleuchte und entwickle, daß man das Wahre
was in ihr iſt von der Täuſchung, das heilſame was ſie enthalten
kan von dem verderblichen ſondre. Es iſt die höchſte und drin-
gendſte Nothwendigkeit, es iſt die unnachlaßlichſte Pflicht für
jeden denkenden Menſchen, zu einer Zeit, wo die ſchrecklichſten
Erdbeben die politiſche Welt erſchüttern, zu einer Zeit, wo die
entgegengeſetzten Meynungen über das Weſen und den Werth

der Freyheit, faſt durch ganz Europa hindurch, hier ruhiger und
dort tobender, hier im Keim und dort im gräulichſten Ausbruch
die eine Hälfte der Menſchheit zum Kampf mit der andern geführt
haben — ſich von ſeinen eignen Ideen die ſtrengſte Rechenſchaft
abzulegen, und ehe er es wagt, in dieſer großen Debatte, die ſo
viel Köpfe beſchäftigt, an die ein ſo vielfaches Intereſſe geknüpft
iſt, und auf deren Ausgang eine ganze beunruhigte Welt harrt,
ſeine ſchwache Stimme zu erheben, die Fundamentalbegriffe alles
politiſchen Raiſonnements mit hohem Ernſt zu prüfen, und mit
aller Anſtrengung, deren er fähig iſt, aufs Reine zu bringen.

Abſolute Freyheit iſt nur im Stande der Natur anzutreffen. Hier, wo der Menſch keinen Richter erkennt, als ſich
ſelbſt, wo kein Vertrag ihn bindet, keine äußre Macht mit einem
Recht ihm zu gebieten bekleidet iſt, wo er allein genießt, allein
leidet, allein handelt, ſeine Zwecke allein verfolgt, ſeine Gefahren allein beſteht, hier giebt es keine andre Schranken ſeiner
Freyheit, als die, welche ihm innerlich das moraliſche Geſetz,
äußerlich die Gränzen ſeiner phyſiſchen Kräfte ſetzen. Keines
andern Wille kan ihm rechtmäßige Feſſeln anlegen. Er iſt unum-
ſchränkter Herr und König über das, was er ſich zuzueignen, über
das was er zu ſchaffen und hervorzubringen vermochte. Wenn
er ſich vor der blinden Macht gerettet hat, wenn er über den
Angriff hinweg iſt, giebt es nichts auf Erden mehr, was ſeine
Unabhängigkeit antaſten könnte.

Wäre ſchrankenloſe Freyheit das einzige, oder auch
nur das ſchlechthin erſte Gut des Menſchen, ſo mußte es ſein
vornehmſter Wunſch, ſein höchſtes Beſtreben ſeyn — dieſen
Zuſtand zu verewigen. War das ſein Ziel, war das ſeine
Beſtimmung? — Jedes Gemüth empört ſich bey einer ſolchen
Frage. Ewige Kindheit wäre erträglicher als ewige Wildheit.
Der freye Naturmenſch iſt der gebundenſte aller Sklaven. Dafür,

daß er unter seines Gleichen keinen Herrn erkennt, tyrannisirt
ihn die thierische,, und die leblose Schöpfung. Dafür, daß keiner das Recht hat, ihm zu gebieten, muß er in jedem Augenblick
vor der Gewalt des Stärkern zittern, der sich ihm naht. Dabey hat er keinen wahren Genuß seiner nackenden Freyheit. Er
kan allein nichts erwerben, allein nichts erfinden, allein nichts
ausführen. Eben darum weil seine Freyheit alles in sich schließt,
gewährt sie ihm nichts. Seine Instinkte, seine Bedürfnisse, seine
Neigungen und seine Vernunft treiben ihn mit vereinter Allmacht
— diesen Zustand zu verlassen.

Sobald der Mensch in eine gesellschaftliche Verbindung tritt,
hat es mit der absoluten Freyheit ein Ende. Die zahllosen Vortheile einer solchen Verbindung können ihm keinesweges umsonst
zuströmen: er muß sie erkaufen. Er muß einen Theil seiner natürlichen Freyheit hingeben, um mit dem Ueberrest für seine Glückseeligkeit, für seine Bildung, für seine äußre und innre Vollkommenheit zu wuchern. Er muß sich zu diesem Opfer entschließen,
damit er selbst die Existenz seiner Freyheit vor der Gefahr, ein leerer Titel, ein Schall, und ein Nichts zu werden sichre. Von diesem Augenblick an ist er nur so frey, als er es seyn darf, wenn
die Verbindung fortdauern soll, nur so frey, als der Vertrag,
der freye Vertrag, den er mit seinen Brüdern schloß, ihm frey
zu seyn erlaubt.

Bürgerliche Freyheit in der weitsten Bedeutung des
Worts, ist nichts anders als natürliche Freyheit nach Abzug desjenigen Theils derselben ohne dessen Aufopferung eine gesellschaftliche Verbindung nicht bestehen kan — Gesellschaftliche Verbindung aber existirt nirgends
als ein Abstractum. Wo sie sich findet, da sind auch die Umstände,
die Bedingungen, die Einschränkungen gegeben, unter welchen sie
auf dieser oder jener Stelle, in diesem oder jenen Abschnitt der

Zeitfolge exiſtiren kan. Mit Rückſicht auf den Inbegriff aller dieſer Beſtimmungen nennt man bürgerliche Geſellſchaft einen Staat. Die Freyheit des Einzelnen im Staat iſt politi‑ ſche Freyheit. Politiſche Freyheit iſt näher beſtimmte bür‑ gerliche Freyheit. Politiſche Freyheit iſt alſo natürli‑ che Freyheit, nach Abzug desjenigen Theils der‑ ſelben, ohne deſſen Hingebung ein Staat nicht beſteht.

Der erſte Anblick dieſer einfachen Definition verräth die weſentliche Uebereinſtimmung und den weſentlichen Unterſchied zwiſchen natürlicher und politiſcher Freyheit. Politiſche Frey‑ heit iſt keine beſondre Gattung, keine eigne Claſſe der Frey‑ heit. Sie iſt natürliche Freyheit ſelbſt, ſo wie ſie unter gewiſ‑ ſen Bedingungen exiſtiren muß. Eben das aber, was dieſe Be‑ dingungen ausdrückt führt in das Charakteriſtiſche der politi ſchen Freyheit. Bey ihr iſt immer von Maß, von Größe, von Proportion die Rede. Es gilt ein Mehr oder Weniger. Man kan ſie nie richtig und rein beſtimmen, oder auch nur gedenken, ohne auf etwas Andres Rückſicht zu nehmen. Mit einem Worte: Politiſche Freyheit iſt kein abſoluter, ſondern ein Verhältnißbegriff.

Es iſt in der That erſtaunenswürdig, was für Uebel lo‑ giſche Irrthümer, wenn ſie ſich in eine praktiſche Unendlichkeit aus‑ dehnten, über die Welt gebracht haben. Wenn die, welche für die Freyheit Blut in Strömen vergoſſen, und oft alle Fundamente der geſellſchaftlichen Verbindung aufwühlten, ſich aus dem Wirrwar und Nebel unbeſtimmter Begriffe, nur ein einziges Mal emporgeſchwungen, wenn ſie es über ſich vermocht hätten ernſthaft zu fragen: Was iſt denn dieſe Freyheit, die auf ſo furchtbaren Wegen ihre Herrſchaft gründen ſoll? — Wie viel Elend wäre der Menſchheit, wieviel Calamitäten wären den blühendsten Staaten erlassen werden! Politische Freyheit ward von jeher in den Meynungen des Volks und in den Systemen seiner kurzsichtigen oder betrügerischen Lehrer wie eine eigne Grund- kraft, wie ein besondres und geheimnißvolles politisches Urprincip wie eine wahre qualitas occulta behandelt. Eben dadurch aber ward ihr Einfluß auf das Gemüth, wie der Einfluß jeder dun- keln, unbegränzten, mystischen Vorstellung, so mächtig, und wo die Umstände es wollten, so furchtbar. Eben darum wurde sie das Feldgeschrey in jedem Pöbeltumult, und das Losungs- wort jedes ruhmbürstigen Rebellen. Alle, welche sich einbildeten, daß sie der Freyheit huldigten, wenn sie Staaten umstürzten, und große Menschenmassen in Elend und Jammer begruben, waren mehr oder weniger ohne es sich selbst bewußt zu seyn, von dem unsinnigen Projekt begeistert, die Freyheit des Naturstandes in die bürgerliche Gesellschaft zu verpflanzen. Blos, weil sie dem Ungeheuer, das sie auf den Thron setzen wollten, nie scharf ins Angesicht gesehen hatten, beugten sie ihr Knie vor ihm; blos weil sie das Götzenbild, dem alle Götter der Erde weichen sollten, nicht kannten, schlachteten sie ihm Millionen zum Opfer hin.

Sobald man sich von der verderblichen Verwechselung der Be- griffe von u n b e s c h r ä n k t e r, und p o l i t i s c h-b e s c h r ä n k t e r Freyheit, dem letzten Grunde aller Verwirrung, welche die Idee der Freyheit in der menschlichen Gesellschaft erzeugte — losge- macht, sobald man sich deutlich und bestimmt gesagt hat, was man verlangt, wenn man! F r e y h e i t i m S t a a t begehrt — so entwickeln sich ganz leicht und natürlich aus einer richtigen Er- klärung der Grundbegriffe folgende Grundsätze.

1. Politische Freyheit ist kein absolutes, sondern ein relatives Gut.

Da politische Freyheit nichts mehr als zweckmäßig-be- schränkte natürliche Freyheit ist, so kömmt bey der Schätzung derſelben alles auf die Beſchaffenheit der Zwecke, und auf die daraus fließenden Modifikationen und Grade der Beſchränkung an. Bürgerliche Geſellſchaft, Staatsverbindung, iſt ein vielſeitiger, unendlich complicirter Gegenſtand. Zu beſtimmen, wie viel jedes einzelne Mitglied von ſeiner Freyheit fahren laſſen muß, wenn die Abſichten dieſer Verbindung vollſtändig erreicht, der Vortheil aller geſichert, und das Ganze nicht ein formloſes Aggregat, ſondern ein wohl, organiſirtes Syſtem ſeyn ſoll — iſt eine Aufgabe, die mehr als gewöhnliche Talente und Einſichten erfordert. F r e y h e i t verleihen, heißt der blinden Natur ihren Lauf laſſen: aber das Meiſterſtück m e n ſ c h l i c h e r Weisheit iſt — eine gute R e g i e r u n g zu erſchaffen.

Alle die, welche mit der Unbefangenheit der nüchternen Vernunſt über die fundamentellen Principien der Staatsverfaſſungen ſprechen, kommen darin überein, daß es bey der Bildung eines Staats zwey Hauptmomente giebt, wovon Eins die Freyheit, das andre der Inbegriff aller geſellſchaftlichen Zwecke iſt. Die vortreflichſte Staatsverfaſſung würde unſtreitig die ſeyn, worin dieſe beyden Beſtandtheile aufs allervollkommenſte amalgamirt wären: die ſchlechtſte, die, worin einer allein dominirte, wenn anders ein ſolcher Zuſtand noch den Namen einer Staatsverfaſſung verdienen könnte.

So weit iſt alles einig. Wenn es nun aber darauf ankömmt, die Priorität unter dieſen beyden Momenten feſtzuſetzen, zu entſcheiden, welches der Maßſtab für das andre ſeyn, welches regieren und welches ſich unterwerfen ſoll, dann trennen ſich die denkenden Köpfe, und gehen auf zwey dem Anſcheln nach ganz entgegengeſetzten Wegen fort. Die vernünftigen Vertheidiger der Freyheit (denn von blindem Enthuſiaſmus iſt hier nicht weiter die Rede) drücken das Grundprincip aller Staatsverfaſſungen ſo aus: Staaten müſſen dergeſtalt organiſirt ſeyn, daß die natürliche

Freyheit so wenig als möglich beschränkt werde. Sie machen also Freyheit zum vornehmsten unter den beyden Elementen. Die vernünftigen Vertheidiger der Regierung (was Schmeichelen oder Eigennutz sagt, ist hier von keinem Belang) geben dem Grundsatz folgende Wendung: Es muß nur so viel von der natürlichen Freyheit übrig bleiben, als die Erreichung aller Zwecke des Staats zuläßt. Sie setzen also die Regierung in den ersten Rang ein.

Bey näherer Ansicht ist diese ganze Differenz nur scheinbar. Die aufgeklärten Verehrer des Freyheitsprincips wollen nicht, daß dieser oder jener im Staat die höchste Freyheit besitze: alle sollen frey seyn. Wenn aber die Freyheit aller bestehen soll, muß jeder Einzelne so weit beschränkt werden, daß es eine Regierung geben kan. Die Grundmaxime der vernünftigen Freyheit ist auch die Grundmaxime der vernünftigen Regierung.

Auf der andern Seite ist der Inbegriff aller gesellschaftlichen Zwecke aus wahren und vielleicht aus den höchsten Gesichtspunkten angesehen, nichts weiter als die höchste Ausdehnung allgemeiner und individueller Freyheit. Es giebt für ein vernünftiges Wesen durchaus keine Lage, worin es in der vollkommensten und edelsten Bedeutung dieses Worts freyer wäre, als eine weise und glückliche Staatsverfassung. Das wohlverstandne Grundprincip des Regierungssystems ist nichts anders als die Maxime des Freyheitssystems in ihrer herrlichsten Gestalt.

Wenn also kein politisches System denkbar ist, in welchem nicht Freyheit mit Einschränkung die Grundlage wäre, wie kan in einem Staat Freyheit allein und abgesondert betrachtet, ein Gut seyn? — Die Vollkommenheit der natürlichen Freyheit liegt in ihrer Unbegränzheit, die Vollkommenheit der bürgerlichen liegt in ihren Schranken. Wo und wie diese Schranken gesetzt sind, das ist es, was alle Schätzung der poli-

tischen Freyheit bestimmen, was alles Urtheil über Staatsverbin-
dungen leiten muß. Wenn politische Freyheit eine solche Limitation der natürlichen Freyheit enthält, als zur Aufrechthaltung
des gesellschaftlichen Ganzen und zur Erreichung seiner gesammten
Zwecke schlechterdings nöthig ist, so wird sie ein Gut seyn. Sie
wird ein Uebel werden, wenn jene Limitation, in der ihre wahre
Essenz liegt, unzureichend ist, wenn sie den Gang der Staatsoperationen erschwert, oder gar unmöglich macht.

Politische Freyheit kan nicht nur ein Uebel, sondern zuweilen
auch das größte aller Uebel seyn. Wenn das Misverhältniß zwischen den Zwecken des Staats und den Schranken der natürlichen
Freyheit groß, wenn dem einzelnen Bürger nichts verhaßter ist,
als gehorchen, wenn jeder die Gränzen seiner Handlungen selbst
bezeichnen will, oder wenn gar — frey seyn, nichts anders mehr
heißt als die Freyheit andrer willkührlich unterdrücken: dann ist
das, was Verblindung oder List als das höchste der Güter aus-
rief, der Quell und die Grundlage der schrecklichsten Calamitäten.
Wenn politische Freyheit dieses unnatürliche und furchtbare Uebergewicht erlangt hat, dann wird die Zerstöhrung der Staaten und
die Rückkehr des Standes der Natur beynahe eine wünschens-
werthe Begebenheit. Die belebende und erhaltende Kraft der
bürgerlichen Verbindung ist dahin, und wo diese verlohren ist,
stellt die Gesellschaft nichts weiter dar, als einen zusammenge-
drängten Haufen feindseeliger Wesen, die, in ein gemeinschaftli-
ches Elend geschmiedet, an den vervielfältigten Mitteln einer wechselseitigen Berührung nur vervielfältigte Instrumente einer wechselseitigen Zerstöhrung besitzen. Die Kriege des isolirten Naturmenschen sind leichte und vorüberziehende Scharmützel: der un-
aufgehaltne Kampf des gesellschaftlichen Naturmenschen
mit den Tausenden seiner Nachbarn, würde früh oder spät in
einer Vertilgung seiner Gattung endigen.

So wie es in dem kunstreichen Ganzen, welches wir einen Staat nennen, einen Exceß der Freyheit geben kan, so kan es allerdings auch einen Exceß der Regierung geben. Die Einschränkung des individuellen Willens kan weiter gehen, als es die Erreichung der gesellschaftlichen Zwecke fordert; es kan Staatsverfassungen geben, welche die natürliche Freyheit unterdrücken, indem sie ihr überflüßige Schranken setzen, und es gab deren eine Menge in allen Perioden der Geschichte. Es ist aber ein Umstand von Wichtigkeit, daß man von den Excessen der Regierung in der Regel leichter zu dem gerechten Maß zurückkehren kan, als von den Excessen der Freyheit. Es hat vielleicht nie eine Staatsverfassung gegeben, an der schlechterdings nichts gut und tauglich gewesen wäre. Die Fehler einer Regierung sind die Fehler eines Kunstwerks; mehr oder weniger sind sie der Verbesserung fähig, ohne daß das Ganze auseinander genommen werden dürfte. Dagegen ist es die wahre Tendenz aller übertriebnen Freyheitsplane — jedes politische Gebäude dem Erdboden gleich zu machen. Ein Staat wird, sobald der Exceß des Freyheitssystems eintritt, tabula rasa — alles muß von neuem geschaffen werden. Eine alte Ordnung der Dinge aber durch Ausfeilung und Reform zur höchsten Trefflichkeit bringen, deren menschliche Einrichtungen fähig sind, ist ein Werk für Menschen: eine neue Ordnung aus dem Chaos der Anarchie — dem Zustande in welchen alle zügellose Freyheit führt — hervorgehen zu lassen, scheint die Kräfte höherer Wesen zu erfordern.

Es ist kein Wunder, daß die allgemeine Stimme der Menschheit, denen, welche Freyheitsprojekte entwerfen, Freyheit verkündigen, und für Freyheit kämpfen, triumphirender und belohnender zujauchzt, als denen, welche die weisesten und wohlthätigsten Regierungsplane ersannen oder durchsetzten. Jenes ist ein

leichtes und glänzendes Geschäft, dieses ist ein mühsames und un-
scheinbares Amt. Freyheit zu verfechten, dazu gehört im höchsten Fall nur Muth, und oft nicht einmal Muth, weil die
Menschheit dem, der diese Bahn betritt, auf halbem Wege entgegen kömmt. Der Mensch haßt alle Arten von Fesseln, sogar
die, welche er sich selbst anlegt. Die Vernunft erkennt ihre
Nothwendigkeit: das Gefühl sträubt sich dagegen. Daher ist
dem großen Haufen jeder der von Entfesselung spricht, ohne
weitre Untersuchung angenehm. Hiezu kömmt, daß — Freyheit schaffen, gemeinhin nichts anders heißt, als — abschaffen, niederreißen, vernichten: eine Aufgabe, welcher der all-
täglichste Verstand Genüge leistet, und die ungeübteste Hand
gewachsen ist. Bey Arbeiten, wie diese sind, kostet es nichts
als einen raschen Entschluß um augenblicklicher und glorreicher
Lorbeern gewiß zu seyn. Alles was die tiefste Einsicht und die
geprüfteste Geschicklichkeit in der Bildung oder Regierung eines
Staats leisten kan, ist immer nur Saat für künftige Erndten.
Kein Auge wird davon geblendet, weil es langsam und allmählig reift. Es erfordert oft eine Reihe von Jahren, um eine
einzige Frucht der weisesten Veranstaltungen, welche das vereinigte Nachdenken der geübtesten Staatsmänner ans Licht brachte,
zu pflücken: dagegen eine blinde Schwärmerey in wenig Mi-
nuten ein König absetzen, und in einer Stunde alle Thronen
von Europa zum Untergange verdammen kan. — So wie die
Operationen der Regierung langsamer sind, so sind sie auch
ohne Ausnahme weniger beliebt, als die Wagstücke der Frey-
heitsapostel. Eine sonderbare aber nicht unerklärliche Verkehrtheit, die dem Menschen zu allen Zeiten eigen war, und zu allen Zeiten eigen bleiben wird, macht, daß er jeden neuen Plan
der mildesten und wohlthätigsten Regierung, mit Mißtrauen,
Unzufriedenheit und Widerstreben empfängt, während daß un-

geſtüme Demagogen, wenn nur die Fahne der Freyheit vor ihnen weht, in Triumphsaufzügen über die Leichname der Bürger und durch Provinzen einher ſchreiten können, die ihre heilloſen Unternehmungen in Einöden verwandelten.

Wer Freyheit für ein abſolutes Gut hält, der muß, wenn er nicht in einen empörenden Synkretismus verfallen will, bürgerliche Verfaſſung für ein abſolutes Uebel halten. Alsdann bleibt ihm, um praktiſch consequent zu verfahren, nichts übrig, als ſein höchſtes Gut da, wo es zu finden iſt, zu ſuchen, — in unbewohnten Weltgegenden, die menſchliche Cultur, und menſchliche Bande nicht erreichten. Die Freyheit des Naturſtandes den goldnen Ketten des civiliſirten vorziehen, könnte die Grille eines groß ‑ geſinnten Sonderlings ſeyn; aber die Freyheit des Naturſtandes wünſchen, predigen und befördern, ohne doch die Vortheile des geſellſchaftlichen Lebens fahren laſſen zu wollen — iſt das Hirngeſpinſt eines Thoren, oder das Gaukelſpiel eines verſchmitzten Betrügers.

2. Politiſche Freyheit kan nicht in jeder Staatsverfaſſung dieſelbe ſeyn.

Politiſche Freyheit gehört, um mit dem Mathematiker zu reden, unter die unbeſtändigen Größen. Sie beſteht aus zwey Elementen, wovon eins das andre einſchränkt: Da nun in dem einſchränkenden eine unendliche Verſchiedenheit Statt finden kan, ſo muß das eingeſchränkte einer gleichen Verſchiedenheit unterworfen ſeyn.

Es iſt gegen die Natur des Menſchen und der Dinge, daß es nur zwey Staaten in der Welt geben ſollte, in welchen der Inbegriff aller geſellſchaftlichen Zwecke derſelbe wäre. Körperliche und geiſtige Beſchaffenheit der Nationen, der Bo‑

den, welchen sie bewohnen, die Luft, welche sie umgiebt, ihre
Stelle auf der Oberfläche der Erde, der Grad ihrer Cultur,
ihre Vorzüge und Fehler, ihre Laster und Tugenden, und ein
zahlloses Heer von Umständen, die oft tief verborgen liegen,
oft nur einem geschärften Auge sichtbar sind, bestimmen einer
jeden Staatsgesellschaft ihre eigenthümliche Form, ihre Gesetze,
ihre Maximen, ihren Gang und ihre Operationen. So wie
alles dieses wechselt, muß auch der Theil der absoluten Freyheit, welchen die Gesellschaft als ihre erste Abgabe verlangt,
größer oder kleiner werden. Das Complement dieses Theils
zur absoluten Freyheit, ist die politische Freyheit. Politische
Freyheit wird also durch alle die Umstände bestimmt, welche
den Staatsverfassungen ihre Grundzüge und ihren Charakter
anweisen. Wenn die Weisheit in Person die Staaten anordnete, so könnte sie, sie müßte denn zugleich mit dem Willen
alle Unterschiede zwischen den Menschen und zwischen den Nationen aufzuheben, und mit der Allmacht, diesen Willen auszuführen begabt seyn, nie dem einen Staat dasselbe Maß von politischer Freyheit geben, das sie dem andern verlieh.

Den Grad der Freyheit festzusetzen, der unter diesen oder
jenen Umständen in einem Staat vorhanden seyn soll, ist ein
Problem, dessen richtige Auflösung mit nicht gemeinen Schwierigkeiten verknüpft ist. Die Entscheidung nach Extremen ist
leicht. Regierungen, die sich selbst und das Regieren zum höchsten Zweck machen, werden die natürliche Freyheit nie genung
einschränken können. Enthusiasten, die nichts sehen, und nichts
wollen, als Freyheit, werden die Regierung nie genung entkräften können. Aber nach keiner von beyden Maximen wird
je eine vortrefliche Staatsverfassung aufsteigen. Um zu dieser
zu gelangen, müßte man erst über die Natur der menschlichen
Freyheit, und über die allgemeinen Zwecke der menschlichen

Gesellschaft, dann über die besondre Beschaffenheit der Zwecke einer gegebnen Gesellschaft, über den Charakter der Menschen, die sie ausmachen, endlich über die schicklichsten Mittel, die Freyheit dieser Menschen mit den eigenthümlichen Absichten ihrer Verbindung, dauerhaft zu vereinigen, tief und anhaltend nachgedacht haben. Aber alles Nachdenken des Augenblicks bleibt mangelhaft, wo die Hälfte der Prämissen nur durch lange Beobachtung geliefert werden kan. Also hinter allem diesem Nachdenken noch Zeit und Erfahrung! Weiche Bedingungen! welche Forderungen an den, der sich zum Baumeister eines neuen Staats geschickt glaubt! welche Forderungen in einer Periode, wo die wohlthätigen und verderblichen Wirkungen ausgebreiteter Cultur, eine so unübersehliche Verwicklung, eine so unermeßliche Mannichfaltigkeit, eine so unendlich complizirte Wechselwirkung in alle gesellschaftlichen Verhältnisse gebracht haben, in einer Periode, wo der einzelne Mensch ein Räthsel, der enge Kreis, in welchem er sich bewegt, eine keine Welt geworden ist; wo die Regierung dieser kleinen Welt, oft mehr Geschicklichkeit und Muth, mehr Feinheit und Talent erfordert, als die Regierung ganzer Republiken in den Zeiten der ersten Rohheit und Einfalt!

Gleichwohl befindet sich nicht der allein, welcher zum Gesetzgeber einer neu zu errichtenden Staatsverfassung berufen ist, sondern jeder, der in schon vorhandnen Staaten über Mangel an Freyheit klagt, und mit Planen, die Freyheit zu vermehren, umgeht, wenn er gewissenhaft verfahren will, in der unvermeidlichen Nothwendigkeit, alle diese Schwierigkeiten zu bekämpfen, und die ganze Reihe dieser ernsthaften Vorbereitungen zu durchlaufen, oder — Versuche zu machen. Politische Versuche an großen Menschenmassen aber sind ohne Ausnahme moralische Bubenstücke. Wer die Menschheit zu ehren weiß, spielt nicht mit Generationen.

Es ist das gewöhnliche Kunststück aller schwärmerischen Freyheitsbeförderer, daß sie bey Nationen, die sie erleuchten und beglücken wollen, durch enthusiastische Schilderungen anderer, welche im Besitz eines hohen Grades politischer Freyheit sind, zuerst ein geheimes Verlangen, dann eine quälende Scham, aus dieser eine brennende Nacheiferung und endlich eine zügellose Wuth hervorbringen. So wenig aber, als es einem vernünftigen Manne von gewöhnlicher oder gar schwacher Gesundheit einfallen wird, unverdauliche Speisen, welche die riesenhaften Leibesconstitutionen einiger seltnen Günstlinge der Natur ertragen können, bloß aus dem albernen Grunde, „weil er doch auch ein Mensch ist" zu sich zu nehmen: eben so wenig wird sich ein einsichtsvoller und redlicher Staatsmann dem unsinnigen Projekt ergeben, den Grad von Freyheit, den er in irgend einem benachbarten, oder gar in irgend einem weit entfernten, oder längst-verblühten Staat bemerkt, auf den seinigen, ohne weiter zu erforschen, ob die Umstände, worin sich dieser befindet, die Nachbildung zulassen, blos „weil doch seine Nation auch eine Nation ist" zu pfropfen.

Wenig politische Irrthümer haben tiefre Wurzeln geschlagen, und schädlichere Folgen gehabt, als die träumerische Eintheilung der Staaten in freye und nicht freye. Wer sich jemals die Mühe gegeben hat, über das wesentliche in dem Begriff der politischen Freyheit nachzudenken, der muß vollkommen überzeugt seyn, daß in einem gewissen Sinn des Worts jeder Staat, in einem andern kein einziger frey ist. Man kan es sich nicht tief genung einprägen, daß politische Freyheit

schlech-

schlechterdings Maß, Verhältnisse und Proportionen in sich schließt.
Ein gewisser Grad von Freyheit findet sich in jeder Staatsverfassung: der höchste Grad in keiner.

Der Irrthum, worauf diese unzuläßige, und in mehr als
einer praktischen Rücksicht, gefährliche Unterscheidung der Staaten beruht, ist von altem Ursprung. Was ihn zuerst im neuern Europa veranlaßt zu haben scheint, ist das Studium der
Schriftsteller des Alterthums. In diesen Schriftstellern sind
gewöhnlich Republik und Freyheit gleichbedeutende Worte. Wo
sie die republikanischen Formen nicht fanden, da erkannten sie
keine politische Freyheit. Da die Alten von dem, was wir
gemischte Staatsverfassungen nennen, nur sehr unvollkommne
Begriffe und durchaus keine Modelle hatten, da es bey ihnen
zwischen Republik und uneingeschränkter Monarchie kein drit-
tes gab; so waren sie einigermaßen gerechtfertigt, wenn sie die
Staaten nach jener einseitigen Maxime beurtheilten. Hezu
kam, daß die Bürger dieser alten Republiken aus mancherley
Ursachen, die eben so sehr im Charakter der Einzelnen als in
den Eigenheiten der Regierungsform lagen, sehr fest an ihren
Verfassungen klebten, und ihr Vaterland mit jugendlicher Wärme liebten. Sie sahen also eine Revolution im Staat schon
an und für sich, als das größte aller Uebel an; und weil eine
solche Revolution bey ihnen gewöhnlich die Monarchie herbey-
führte, so sprachen sie von dieser nie anders, als von dem
gänzlichen Untergange aller Freyheit, und nannten das Knechtschaft, was oft die letzte und wohlthätigste Zuflucht einer abgetragnen, verderbten und zerrißnen Republik war. So be-
jammerten Redner und Dichter zu Rom den Verlust einer
Freyheit, die Jahrhunderte lang nichts als Bürgerkriege, Pro-
scriptionen, Unsicherheit aller Besitzungen, und beständige Dik-
tatur hervorgebracht hatte.

3

Unterdessen hat das Beyspiel und der Sprachgebrauch der ältern Schriftsteller den Ton unter den neuern angegeben. Das, was offenbar nur ein Unterschied im Grade war, hat man für einen Unterschied in der Gattung gehalten. So heißen Republiken noch immer ausschließend Freystaaten. So nennt man Großbrittannien ohne alle Einschränkung ein freyes Land, und glaubt es durch diese Benennung in eine abgesonderte Classe versetzt, und aus aller Aehnlichkeit mit andern Staaten herausgehoben. Nichts desto weniger muß jeder Einwohner dieses freyen Landes, theils Gesetzen, und oft sehr strengen Gesetzen, theils denen, welche die Gesetze ausführen und die Staatsgeschäfte nach diesen Gesetzen verwalten, unbegränzten Gehorsam leisten. Wer gehorchen muß, ist nicht frey, wenigstens nie in dem Sinn frey, in welchem es die französischen Sophisten unsrer Tage begehren: aber er kan freyer als ein andrer, und was das wichtigste ist, glücklicher seyn. Das Problem, politische Freyheit zweckmäßig zu begränzen, mag in England besser aufgelöset seyn, als in irgend einem andern europäischen Staat. Deshalb ist Englands Staatsverfassung der Gegenstand einer gerechten Bewunderung, und eines heilsamen Studiums für alle, die mit großen Regierungsplanen beschäftiget sind, nie aber ein Muster einer unbedingten Nachahmung. Wer eine brittische Constitution in seinem Vaterlande wünscht, der muß erst strenge geprüft haben, ob sein Vaterland zu einer brittischen Constitution reif ist, und ob es Menschen genung in sich faßt, die der Führung einer solchen Constitution gewachsen sind.

So wie in keinem Lande der Welt die Chimäre einer vollkommnen Freyheit mit Leben begabt werden kan, so findet sich auch nirgends das Gespenst einer vollkommnen Sklaverey realisirt. Die fürchterlichste Tyrannenmacht, die je auf Erden vorhanden war, der Despotismus der orientalischen Reiche selbst, konnte nie die unbezwingliche Freyheit des Menschen vertilgen: er konnte es nicht einmahl begehren, ohne sich nach seinem eignen Untergange zu sehnen. Man darf es kaum wagen, wenn man über Staatsverfassungen raisonnirt, der türkischen zu erwähnen: indessen leben Millionen von Menschen unter dem türkischen Scepter im Wohlstande, sogar im Ueberfluß: in der allervollkommensten Sklaverey aber ist kein Schatten von Glückseeligkeit, kein Schatten von Wohlfahrt denkbar.

Wenn man den Unterthanen aller orientalischen Regenten die Frage vorlegte: ob sie ihre abscheulichen Regierungen gegen den gänzlichen Mangel alles Regierung vertauschen möchten, so ist kein Zweifel, daß sie sie verneinend beantworten würden. Die Menschen, die in diesen tyrannischen Staaten gebohren sind, genießen doch verschiedne beträchtliche Wohlthaten bür= gerlicher Verbindung. Der Besitz des Eigenthums ist in ho= hem Grade gesichert. Es herrscht eine strenge, oft barbarisch= verwaltete, aber eben dadurch furchtbare und schützende Gerech= tigkeit unter ihnen. Sie können, durch das Ansehen ihrer Für= sten gedeckt, in den entferntesten Ländern Handel treiben, und sind gegen alle Angriffe fremder Nationen auf die Früchte ih= rer Industrie oder gar auf ihre Existenz hinlänglich geschützt. Alle diese Vortheile verschwinden, wenn die Freyheit der Na= tur bey ihnen einkehrt, und nichts tritt in ihre Stelle. Jetzt thront eine große Hyäne über ihnen, die hie und da ihr Opfer aussucht und verschlingt, aber von dem, der unangetastet bleibt, alle kleinern Raubthiere abwehrt. Wären alle Bande gelöset, so würde sich jeder Sklave in einen Bassen verwandeln, statt eines Tyrannen Millionen von Tyrannen entstehen, und eine allgemeine Verwüstung dem alten und neuen Elend ein bald= ges Ende machen.

J 2

Die auffallende Menge schlechter und despotischer Staatsverfassungen, die den größten Theil des Erdbodens beherrschen
und entstellen, ist eine Erscheinung, die die höchste Aufmerksamkeit verdient. Statt aller seichten und unnützen Deklamationen gegen die Tyrannen, sollte sie uns zu einem ernsten
Nachdenken über das Wesen und den Ursprung der Tyrannei einladen. Der große Haufe der Menschen glaubt, wenn
er irgendwo eine Unterdrückung wahrnimmt, alles gethan zu
haben, wenn er gegen den Unterdrücker zu Felde zieht, ohne
zu überlegen, ob nicht dem Unterdrückten ein besserer Dienst
geleistet würde, wenn man in ihm selbst den letzten Grund des
Leidens, welches ihn traf, aufsuchte, um ihn dadurch, daß
man ihn über seine Kräfte und über seine Lage belehrte, vor
künftiger, vielleicht vor immerwährender Unterdrückung zu bewahren.

Die Haupturfach der Entstehung und der Dauer schlechter Staatsverfassungen ist — die Unfähigkeit der Bürger, bessre
zu erfinden. Uebermacht im Regenten ist allemahl Folge der
Ohnmacht im Unterthan, aber nur selten einer physischen, fast
immer einer intellektuellen Ohnmacht. Wer kan bezweifeln,
daß eine einzige Provinz des türkischen Gebiets, wenn sie sich
zu einer allgemeinen und standhaften Empörung entschlösse, das
Serail und alles was es enthält zertrümmern, und allen Versuchen eines Sultans, sie von neuem zu unterjochen, auf immer zuvorkommen könnte? Was ist es denn, das eine solche
Empörung unmöglich macht? — „Die Macht der Waffen, der
Soldaten, der Untertyrannen in dieser Provinz", heißt es —
Aber, was hält denn diese Rotte, daß die Millionen, die sie
zu Boden drückt, sich nicht plötzlich erheben, ihre Macht und
ihre Existenz mit einem Schlage vernichten, und die kleinern
Tyrannen zum Fußschemel gebrauchen, um an das Haupt des

größern hinauf zu klettern? — Was bewegt sie, diese traurige Ordnung der Dinge, wenn ein solcher Zustand eine
Ordnung heißen kan, noch für eine einzige Stunde Gnade
finden zu lassen? — Nichts anders, als die Furcht vor etwas
schlimmern. Ihre jetzige Regierung niederwerfen, wäre ihnen ein leichtes: aber eine andre und eine beßre errichten, eine
Aufgabe, die weit über ihre Kräfte geht. Laßt das Volk in
allen Provinzen der Türkey zusammen berufen, laßt jede dieser
Provinzen Deputirte zu einem allgemeinen Congreß wählen, laßt
diesen Congreß sich versammeln, um eine neue Constitution zu
machen! — Was würde der Erfolg seyn? — Diese türkische
National-Versammlung möchte aus 742 oder aus 7042 Mitgliedern bestehen, sie möchte nach Classen oder nach Köpfen berathschlagen, sie möchte sich auf einer der glücklichen Inseln des Ar-
chipels, in der großen Moschee von Constantinopel, oder in der
Reitbahn ihres abgesetzten Sultans versammeln — nie wird
es einem Vernünftigen einfallen, ein solches Kunstwerk als selbst
die allermittelmäßigste Staatsverfassung für ein großes Reich ist,
aus ihren Händen zu erwarten. Freyheit genug würde unter ihren
Tritten hervorsprießen, aber keine andre als die Freyheit einer
allgemeinen Anarchie.

So wie ein hoher Grad von politischer Sklaverey die Folge
und das Kennzeichen eines tiefen Verfalls der Nationen ist, so
ist ein hoher Grad von wahrer politischer Freyheit die Frucht ihrer männlichen Reife, und die Begleiterin intellektueller aber nie
einseitiger Vollkommenheit. Stärke des Charakters und Erleuch-
tung des Kopfs müssen sich vereinigen, wenn politische Freyheit
in großem Maße vorhanden seyn soll, ohne eine Nation zu Grunde zu richten. Allerdings sind gute Staatsverfassungen auch wieder die Grundlage zu dieser Vollkommenheit, so wie schlechte auch
wieder die Quellen jenes Verfalls werden. Wenn man aber doch

J 3

in diesem beständigen Kreislauf der moralischen Ursachen und
Wirkungen ein schlechthin, erstes angeben soll, so muß der größern Kraft der Rang eingeräumt werden. Staatsverfassungen
enthalten nur eine der vielfältigen Ursachen, die den Nationen
ihre Stelle in der intellectuellen Schätzung anweisen. Das Product aller wirkenden Ursachen ist die jedesmahlige Situation
eines Volks. Wenn diese auf die Regierungsform wirkt, muß
sie als die überwiegende Kraft durchaus mächtiger wirken, als die
Regierungsform auf sie zurück zu wirken im Stande ist.

Alles, was die wahre, innre, harmonische Cultur des Menschen befördert, trägt also auch zur Vervollkommnung der Regierungssysteme bey; und was diese verbessert, erhöht die politische
Freyheit. Es ist eine leere Grille, daß man sich Freyheit und
Regierung in einem beständigen Kampf denkt. Sie sind nicht
allein einig, sie sind wirklich eins. Politische Freyheit ist
nichts weiter als Regierung in Bezug auf die absolute Freyheit
des Menschen, so wie Regierung nichts weiter ist, als absolute
Freyheit unter den gegebnen Bedingungen einer gesellschaftlichen
Verbindung. Was einander wahrhaft entgegen steht, das ist
natürliches Recht und natürliche Gewalt. Eine Vereinigung
zwischen diesen zu stiften, ist der eigentliche Zweck aller gesellschaftlichen Verbindung. Politische Freyheit und Regierung,
sind nur verschiedne Ausdrücke, um diese Vereinigung zu bezeichnen. Sie sind Begriffe, die einander wechselseitig ergänzen,
von denen einer so wenig ohne den andern gedacht werden kann,
als ein Thal ohne einen Berg, oder ein Berg ohne ein Thal. Es
giebt nur ein einziges Mittel, politische Freyheit wirksam einzuführen, und auf ein dauerhaftes Fundament zu setzen: man muß
eine gute Regierung erschaffen.

Ein wahrhaft-weiser Mann, den eine Nation, nachdem
sie ihn mit der größten politischen Macht bekleidet hätte, auffor-

derte, einen Plan zur Vermehrung ihrer politischen Freyheit zu entwerfen, würde sich nie zur Stelle entschließen, den Wunsch dieser Nation zu befriedigen. Er würde erst den Charakter, die Sitten, die Leidenschaften, den Grad der Cultur, die äußern Umstände, die Bedürfnisse, die bisherigen Schicksale des Volks, dessen neuer Gesetzgeber er werden soll, beobachten und studiren: er würde das, was ihm seine Untersuchungen angeben, mit dem Grade von Freyheit, den dies Volk bisher genossen hat, und mit dem, welchen es verlangt, zusammen halten, und vergleichen. Auf das Resultat dieser Operationen würde er seinen Entschluß bauen: fiele dies Resultat gegen die Wünsche der Nation aus, so würde er sich hüten, denen, die ihn zum Wohlthäter anriefen, zur Belohnung ihres Vertrauens unter einem süßschmeichelnden Nahmen das verderblichste aller Geschenke zu machen.

Selbst in dem Fall aber, daß ein Mann, der Weisheit und Macht in diesem Grade vereinigte, es nothwendig oder heilsam fände, in eine Staatsverfassung mehr Freyheit zu bringen, als sie vorher enthielt, würde er langsam und Schrittweise zu Werke gehen. Es giebt in allen menschlichen Angelegenheiten einen Punct der Reife. Diesen Punct durch allgemeine Merkmahle, durch logische Definitionen zu bestimmen und zu bezeichnen, ist unmöglich: es ist die Sache des geübten, vielleicht noch mehr des gebohrnen Staatsmanns, es ist das höchste Verdienst des wahren Genies, das Herannahen dieses Puncts, und seine Gegenwart zu fühlen. Wer der Natur vorgreifen will, wer Früchte zu sammeln gedenkt, ehe dieser Augenblick der Vollendung gekommen ist, wird nichts als Bitterkeit, Tod und Verderben erndten. So unsinnig es wäre, zu hoffen, daß in einem Moment aus den Sklaven des Groß-Sultans ein Volk von brittischer Aufklärung und brittischem Freysinn werden könnte, so ab-

geschmackt und tollkühn würde es seyn, die türkische Staatsverfassung auf einmahl in eine brittische verwandeln zu wollen. Mit
dem Reifen ihres Stoffs Schritt zu halten, ist das Charakteristische der Weisheit in allen großen politischen Unternehmungen.
Eben darum muß sie langsam gehen, weil Langsamkeit das Wesen und die Essenz alles Reifens ist. Man tadelt frühzeitige Plane viel zu wenig, wenn man sie blos unnütz schilt: gewöhnlich
sind sie etwas weit schlimmers. Sie stöhren die Frucht nicht
allein für den Augenblick: sie zerstöhren sie oft auf immer.
Unter den mannichfaltigen Ursachen, aus welchen die eingeschränktesten, bescheidensten und geräuschlosesten Reformen, wenn
sie nur zweckmäßig und zeitig sind, dem menschlichen Geschlecht
ohne Ausnahme wohlthätiger sind, als alle Totalrevolutionen,
ist dies unstreitig die vornehmste.

Es lassen sich, wenn man diesen Principien weiter nachgeht,
in der That Fälle denken, wo Einschränkungen der Freyheit unter
ihre Beförderungsmittel gehören. Freyheit im Staat bleibt nur
so lange ein Gut, als sie mit den Zwecken des Staats in gerech-
tem Verhältniß, im genauesten Einklang steht. Der Zweck aller
Zwecke, der wahre Endzweck aller Staatsverbindung ist der Grad
von Vollkommenheit und Bildung unter den Menschen, von welchem erhöhte politische Freyheit das schönste Produkt ist. Unzei-
tiges Emporbrausen und Excesse der Freyheit stöhren den Gang
zu diesem erwünschten Ziel und verspäten die Hoffnungen der
Menschheit. Wer sich solchen Excessen widersetzt, und folglich
nach dem Anschein des Moments der Freyheit entgegen wirkt,
meint es besser mit ihr, als der, welcher gelassen zusieht, oder
gar frohlockt, wenn sie unter ihren eignen Auswüchsen zu Grunde geht.

Richtige Begriffe von politischer Freyheit und eine aufge-
klärte Schätzung derselben werden einen vernünftigen Mann von

allen raschen und unüberlegten Urtheilen über den Werth oder Unwerth der Staatsverfassungen und von aller einseitigen und par-
theylichen Vergleichung der verschiednen Regierungsformen zurückhalten. Selten wird sich zwischen dem wirklich existirenden
Grade der Freyheit einer Nation, und dem, worauf sie nach ihren Anlagen und nach der Stufe der Vollkommenheit, die sie
erreicht hat, Ansprüche machen kan, eine große Disproportion
finden. Darum werden große Ungewitter in der politischen Welt
selten nöthig, und selten tauglich seyn, um die politische Freyheit
in ein gerechtes und heilsames Gleichgewicht mit der Wohlfahrt
des menschlichen Geschlechts zu bringen. Ein jedes gutes Gesetz
in einem Staat ist ein Schritt zu einer erhöhten Freyheit. Einer
Nation, die man frey nennt, kan man nur dadurch ähnlich werden, daß man sich nach und nach, das was ihre Freyheit mit
einer bürgerlichen Verfassung vereinbar, und auf diese Weise
wahrhaft-schätzbar, dauerhaft und beglückend macht, zueignet.
Aber fremden Staaten nichts abborgen zu wollen, als isolirte
Freyheit ist nicht das erleuchtete Verlangen eines denkenden
Mannes, sondern die ungestüme Begierde eines ausgelaßnen
Kindes.

*   *   *

Als die französische Revolution in ihrer Blüthe stand, mit
dem Glanz ihrer ersten Triumphe auch hellsehende Augen fesselte,
und mehr durch das, was sie versprach, als durch das, was sie
leistete, eine Menge von Anhängern und Freunden unter den
besten und weisesten Menschen gefunden hatte, da war es gleichsam ein Verbrechen der beleidigten Menschheit geworden, sich einer Regierung anzunehmen, wenn die Freyheit
ihr den Krieg drohte. Wer sich dieses Hochverraths schuldig
machte, ward ohne Gnade, mit den Ehrentiteln eines Fürsten-

J 5

Sklaven, eines Hofschmeichlers, eines Despotenfreundes, oder eines Aristokraten ausgestattet.

Diese Periode scheint vorüber gegangen zu seyn. Fortgesetztes Nachdenken auf einer Seite, der Lauf der Begebenheiten auf der andern haben die gefesselten Augen allmählig wieder geöfnet. Die gemeinsten Köpfe und die eingeschränktesten Schwärmer fangen an zu ahnden, daß das, was man so gern die Sache der Könige nennt, wohl in mehr als einem Verstande, die Sache der Völker seyn möchte; daß Freyheit ein Gut, aber Regierung, das heißt, menschlich-beschränkte und menschlich-temperirte Freyheit ein höheres ist; daß man besser dabey fährt, etwas Freyheit mit Ordnung, als viel Freyheit ohne Ordnung zu besitzen, und daß ein ruhiger Genuß und eine stille, langsame Verbesserung einer mittelmäßigen Staatsverfassung mehr wahren Vortheil gewährt, als alle unzeitige Versuche, die Republiken des Plato oder des Morus, des Harrington oder des Rousseau, zu errichten.

Seitdem der wilde Rausch, den die ersten großen Begebenheiten Frankreichs wirkten, verflogen ist, droht dem, der die gemäßigten Grundsätze vertheidigt, von Seiten der bessern Köpfe, die den Freyheits- und Revolutionssystemen, nach Absagung aller Gemeinschaft mit den falschen Propheten in Frankreich, noch zugethan sind, statt des Vorwurfs einer kriechenden Politik, der ihn bisher verfolgte, der Vorwurf des politischen Indifferentismus.

So wie religiöser Indifferentismus auf einer gänzlichen Geringschätzung aller Religion, und auf einer sträflichen Gleichgültigkeit gegen das, was die Stütze, der Trost und die letzte Zuflucht eines großen und ehrwürdigen Theils der Menschengattung ausmacht, beruhen kann, so kan politischer Indifferentismus aus entschiedner Verachtung der Menschen, oder aus ei-

nem gewissen praktischen Pyrrhonismus entspringen, der von
einem Uebermaß des Zweifels zuletzt zu einer gänzlichen Verzweiflung an den Wachsthum menschlicher Vollkommenheit und an der
Tauglichkeit jedes darauf gerichteten Plans und Unternehmens über-
geht. Wer große Menschenmassen und ihre Schicksale und ihre
Angelegenheiten keiner ernsthaften Betrachtung und keiner ernsthaften Anstrengung werth hält, oder wer sie so von Grund aus verderbt
glaubt, daß er alle Ideen zu wesentlichen Verbesserungen schlechtweg
für Hirngespinste erklärt, der lacht freylich über Revolutionen,
Revolutionsstifter und Revolutionsgegner. Ihn
dünkt es verlohrne Mühe, sich in Bewegung zu setzen, um einem
mit tödtlichen Geschwüren durchausbedeckten Körper — eine
Hitzblatter abzunehmen. Er erhebt die Maxime der Trägheit, zur
Grundmaxime seiner politischen Existenz.

Dem Indifferentismus der Geringschätzung,
der aus mancherley sehr begreiflichen Ursachen eine ansehnliche
Rolle in unserm Zeitalter spielt, steht ein Indifferentismus
der Vernunft gegen über. Diese achtungswürdige Stimmung des Gemüths entsteht in der Religion, aus langer Beobachtung und tiefer Kenntniß der letzten Gründe aller Verschiedenheit der Meynungen, aus strenger Absonderung des wesentlichen von dem zufälligen, und aus einer erleuchteten Schätzung
des wohlthätigen, und eben deshalb unvergänglichen Einflusses
religiöser Ideen, in welcher Gestalt sie sich auch zeigen. In der
Politik ist diese Disposition das Resultat eines anhaltenden, li-
beralen, partheylosen, vielseitigen Nachdenkens über das Wesen
und die Fundamente der bürgerlichen Verbindung, über die Natur der Freyheit und der Regierung, über den Charakter und
die Eigenheiten des Menschen in den verschiednen Staatsgesell-
schaften welche die alte und neue Geschichte uns aufstellt: sie ist
der Lohn einer unerbittlichen Verschlossenheit gegen alles, wodurch

Enthusiasmus oder Faktionsgeist den Philosophen wie den Pöbel
zu täuschen sucht, gegen die hochtönendsten Nahmen, gegen die
einladendsten Projekte, gegen den vereinten Schimmer aller politischen Blendwerke: sie ist die Folge einer festen Ueberzeugung,
daß Freyheit und Glückseeligkeit an keine Form ausschließend gebunden sind, und daß es (fast ohne Ausnahme) entweder der
Mühe nicht werth oder schlechterdings fruchtlos
seyn wird, auf dem Wege gefahrvoller Revolutionen den Uebergang von einer Form zu der andern versuchen, weil die erstrebte
Form von der besessnen entweder zu wenig, oder zu weit
entfernt ist.

So wie der Indifferentismus der Vernunft, in Sachen der Religion den religiösen Fanatismus bekämpft, so ist der Indifferentismus der Vernunft im Felde der Politik, der mächtige Antago-
nist des politischen Fanatismus. Diese fürchterliche Krankheit der Völker, die in den vergangnen Zeitaltern weniger bekannt
war, und in kleinern Kreisen wüthete, hat in den letztverflossnen Jahren auf den größten Schauplätzen der Welt, ihrer Zwillings-
schwester, der Religionsschwärmerey, den Alleinbesitz des höllischen
Ruhms, das menschliche Geschlecht ärger als Pest und Hunger und
die gefräßigsten Plagen der Natur heimgesucht zu haben, mit einem
Erfolg, wovon das jammervolle Schauspiel der Zerrüttung eines
blühenden Reichs nur allzulaut für jedes gefühlvolle Herz spricht,
entrissen. Sie hat für Bänder, und Mützen, und Fahnen, und
Kokarden, blinder, verzweifelter, unaufhaltsamer geraset, als
jene veraltete Schwachheit des menschlichen Geistes jemals für
Reliquien, Bilder und Amulete kämpfte. Sie hat, im eigentlichsten Sinn, den Sitz und den Mittelpunkt des intellektuellen
Lebens angegriffen, indem sie den Verstand selbst vergiftete, und
fieberhaften Leidenschaften, da wo ihre einzige und letzte Arzney
zu suchen war, eine üppige und verderbliche Nahrung bereitete.

Die schreckenvollſte Seite, die der Fanatismus jeder Art darbietet, iſt die Intoleranz. Religiöſe Intoleranz fängt an vom Erdboden zu verſchwinden, weil das, was der Bewegungs⸗ grund oder der Vorwand ihrer Verfolgungen war, ſein Inter⸗ eſſe von Tage zu Tage merklicher verliehrt. Politiſche Intole⸗ ranz iſt nicht weniger fürchterlich: ſie iſt jener getreue Nachah⸗ merin in allem was das Weſen oder die Symbole ihrer Ab⸗ ſcheulichkeit ausmacht. Sie hat ihre Inquiſitionen, ihre Pech⸗ fackeln, ihre Kerker, ihre Blutgerichte, ihre unmenſchlichen Triumphe, ihr ſcheußliches Frohlocken bey der Erlegung ihrer Opfer, ihre verrätheriſchen Methoden, und ſogar ihre Spra⸗ che copirt *). Die alte Intoleranz kündigte ſich als die Be⸗ ſchützerin der Religion an, die ſie ſo zu Ehren brachte, daß ein geheimer Schauer jedes menſchlich⸗fühlende Herz bey ihrem Namen ergriff. Die neue Intoleranz hält ſich für die Pfleg⸗ mutter der Freyheit, die ſie ſo gebildet hat, daß man bey ih⸗ rer Annäherung wie bey dem Einbruch eines barbariſchen Heers oder der Ankunft irgend einer erdrückenden Sklaverey zittern muß. Nichts hat die Realität und Würde der Religion in ein

---

*) Doch muß man einräumen, daß in dieſem letzten Punct das Original weit hinter der Kopie zurückbleibt. Der vereinte Wuſt der theologiſchen Controverſen, und der ganze ſchrecken⸗ volle Umfang der vollſtändigſten polemiſchen Bibliothek ent⸗ hält noch nicht die Hälfte aller der ſchneidenden Invec⸗ tiven, hölliſchen Verläumdungen, und blutigen Spötte⸗ reyen, welche die Reden und Journale der herrſchenden Parthey in Frankreich gegen jeden anders als ſie geſinn⸗ ten, das heißt unter andern, gegen jeden gemäßigten Men⸗ ſchen in Europa, vorzüglich aber gegen die ſogenannten Ty⸗ rannen der Welt ausgeſchüttet haben. Von einer ſolchen Wuth konnte auch nur die unglückliche Redſeeligkeit und Schreib⸗ ſeeligkeit dieſes Jahrhunderts ein Beyſpiel aufkommen laſſen.

so ehrenvolles und glänzendes Licht gestellt, als daß sie sich, trotz alles dessen, was ihre verblendeten oder heuchlerischen Freunde, ihr zu Ehren, gethan haben, noch unter einem ansehnlichen Theil des menschlichen Geschlechts in der ihr gebührenden Achtung behauptet. Es wird das größte aller Wunder seyn, die politische Freyheit wirken kan, wenn sie (wie ihre aufgeklärten und redlichen Freunde hoffen) nach der französischen Revolution noch ein Gegenstand menschlicher Verehrung bleibt.

Der Indifferentismus der Vernunft in Sachen der Religion ist ein beßrer Beförderer der Religiosität, als Kreuzzüge und Scheiterhaufen der Schwärmerey. Das Wesentliche dieses Indifferentismus ist nicht die Abwesenheit aller Neigungen, sondern das Gleichgewicht derselben. Der Fanatismus wirkt, wie alle unnatürliche und überspannte Empfindungen: sie erheben das Herz auf eine kurze Zeit, und erschlaffen es hernach auf immer. Wer es mit der Menschheit gut meint, und ihre Bedürfnisse kennt, verehrt das, was in religiösen Verfassungen eigentlich Religion ist, zu allen Zeiten, unter allen Umständen, und in allen Gestalten. Gewand ist Gewand: das liebste ist ihm das welches der Geist am leichtsten durchbricht. Aber jede Hülle unter der dieser Geist gepflegt wird, ist ein kostbares Instrument für den, der es zu gebrauchen versteht.

Auf gleiche Weise hängt der Indifferentismus der Vernunft in der Politik mit dem Patriotismus zusammen. Fanatische Anbeter der Freyheit sind nirgends gute Bürger. So lange sie Schranken sehen, sehnen sie sich nach Zerstöhrung. Sie haschen nach einer jeden Regierungsform, in welcher sie mehr Freyheit, als in der ihrigen ist, zu erblicken glauben. Sobald sie errungen haben, was sie wünschten, tritt irgend

ein höheres Modell auf, und das, was sie eroberten, wird
verachtet. Wenn endlich in der wirklichen Welt nichts mehr
zu finden ist, was ihren Wünschen Genüge thäte, so gehen sie
in die Welt der Chimären über, und sind bereit, den Frieden
und die Wohlfarth ihres Vaterlandes dem ersten lockenden
Hirngespinst aufzuopfern, das ihnen in einer Stunde des Rausches begegnete — Ein vernünftiger Mann, der die Dinge
nach ihrem Werth und die Hoffnungen nach den Kräften schätzt,
wird die Fehler der Staatsverfassung, in der er lebt, nicht
übertrieben verabscheuen, die Vorzüge fremder, oder gar ein-
gebildeter Staatsverfassungen nicht übermäßig erheben. Er
wird wie in dem Schicksal der Privatpersonen, so auch in dem
Schicksal der Staaten zwischen Glückseeligkeit und Ansprüchen
auf Glückseeligkeit ein gerechteres Gleichgewicht finden, als die
gewöhnlichen Klagelieder über Privatleiden und politische Uebel
vermuthen lassen. Er wird sein Vaterland, als die einzige
Sphäre in der er eigentlich w i r k e n kan, lieben, sich ein erreich-
bares Ziel, das immer noch ein erhabnes seyn darf, setzen, und auf
dieses Ziel hin in der festen Ueberzeugung arbeiten, daß jeder
Schritt, den er zur Bildung, zur Veredlung, zur Verbesserung seiner Mitbürger that, zugleich ein Schritt auf dem ein-
zig-möglichen Wege zur a l l g e m e i n e n F r e y h e i t des menschlichen Geschlechts war.

II.

Ueber die Moralität in den Staatsrevolutionen.

Unter allen Vorwürfen, die Burke durch seine Schrift auf
sich gezogen hat, ist keiner häufiger und mit größrer Härte
wiederholt worden, als der: „daß er das Recht der Nationen
ihre Staatsverfassungen abzuändern, geläugnet und verworfen
habe“. Die bittersten Angriffe seiner Gegner sind immer auf
diese Seite seines Werks gerichtet gewesen. Payne's Widerlegung hatte ursprünglich zur Absicht, diesen Haupt- und
Fundamental-Irrthum, wodurch nach seiner Meynung die gegenwärtige Generation Sklavin der verfloßnen Jahrhunderte ward,
von Grundaus zu vertilgen.

Es mußte einem jeden, der Burke's Grundsätze über diesen Punct verdammen wollte, einleuchten, daß tausend Aeuß-
serungen in seiner Schrift vorkommen, die mit diesen Grundsätzen (so wie sie die meisten seiner Widersacher erklärten)
schlechterdings nicht vereinbar sind. Wenn Burke die Befugniß, Hauptveränderungen in der Staatsverfassung vorzunehmen, einer Nation uneingeschränkt hätte absprechen wollen,
so konnte er die Revolution von 1688 nicht billigen, so konnte
er keine der Verbesserungen, durch welche die brittische Constitution nach und nach zu ihrer jetzigen Gestalt gediehen ist, gut
heißen, so konnte er nicht das französische Volk auf den Fall glücklich preisen, daß die neue Ordnung der Dinge, welche die
Versammlung der Stände eröfnet hatte, und welche (obgleich

ohne

ohne förmliche Revolution, die Staatsverfassung völlig umge,
schaffen hätte, zu Stande gekommen wäre. Alle diese anscheinen,
den Widersprüche bemerkten und faßten die Gegner, sie bedienten
sich ihrer, so plump oder so meisterhaft als es ihre Fähigkeiten er,
laubten; sie machten sie zu Waffen ihrer Logik und zu Waffen
ihres Spotts; alles schrie über die Inconsequenz, über die Ver,
kehrtheit, über den Wahnsinn eines Manns, der, wie es hieß,
das menschliche Geschlecht auf dem Punct, den es in diesem Au,
genblick erreicht hatte, fest halten wollte, nach dessen System den
Nationen, die Befugniß, Constitutionen zu schaffen und umzu,
bilden, bis hieher zugestanden haben, und nun auf einmal und
für immer entrissen seyn sollte.

Ehe man einen wahrhaft großen Mann solcher Verirrungen,
vor denen gemeine Köpfe erröthen müßten, beschuldiget, sollte
man doch reiflich erwägen, ob es keinen andern Ausweg giebt, die
scheinbare Inconsequenz in seinen Behauptungen aufzulösen. Es
ist eins der auffallendsten Uebel, welche die französische Revolution,
oder vielmehr die Stimmung der Gemüther, von der diese Revolu,
tion hervorgebracht und durchaus charakterisirt ward, erzeugt hat,
daß die Achtung vor großen Namen, wenn sie nicht auf den Fah,
nen beliebter Partheyen schimmern, allenthalben auszusterben be,
ginnt. Dies ist eins von den neuen Gleichheitsprincipien, womit
das wiedergebohrne Frankreich die anbetende und nachäffende Welt
seiner Bewunderer beschenkte. Die Beförderer dieses verderblichen
Geringschätzungssystems, nach dessen Lehren hohe Talente mit
Geistesarmseeligkeit vermengt werden, und jeder dreiste Volks,
schmierer das Genie vom ersten Range vor sein Tribunal zieht
und an seinen Pranger stellt, mögen zusehen, was der menschli,
chen Gesellschaft, was den Fortschritten des Geistes mit der Auf,
hebung dieser ehrwürdigsten aller Aristokratien gedient seyn
wird. So viel ist gewiß, daß die Maxime, in den Raisonne,

ments eines großen Mannes, nur dann, wenn alle andre Auslegung scheiterte, Ungereimtheit oder Widersprüche anzunehmen,
bisher von ersprießlichen Folgen war. Außer dem günstigen Einfluß dieser Maxime auf den Charakter, außer ihrem wohlthätigen
Zusammenhang mit Nüchternheit, Bescheidenheit und Langsamkeit im Urtheilen, hat sie den Weg zu mannichfaltigen und tiefsinnigen Untersuchungen gebahnt, um welche der Leichtsinn einer
absprechenden und verachtenden Critik die Wissenschaften unfehlbar gebracht haben würde. Sie ist für die theoretische Erforschung
der Wahrheit eben so heilsam gewesen, als für die praktische Ue-
bung der Weisheit. Die größten systematischen Entdeckungen der
neuern Zeiten gingen von dem Grübeln über dem Sinn dunkler,
räthselhafter, widersprechender Ideen in den erhabnen Geistes-
produkten der Alten aus.

In der Beurtheilung politischer Ideen und Systeme ist diese
Behutsamkeit noch weit nöthiger, als in irgend einer andern philosophischen Verhandlung. Politische Raisonnements sind aus einem Grunde, der in der Natur ihres Gegenstandes liegt, mehr
als andre, der Misdeutung unterworfen. Sie halten sich in Extremen auf, und kämpfen mit Extremen. Genau die Mittellinie
anzugeben, worauf sich menschliche Befugnisse und menschliche
Entschließungen verweilen müssen, um an keiner der zahlreichen
Klippen zu scheitern, die in dem weiten Ozean der gesellschaftlichen Verhältnisse versteckt sind, ist in der Ausführung
schwer, in der Theorie unmöglich. Der, welcher allgemeine
Principien über Streitpunkte der Politik vorträgt, kan daher selten einen gewissen Schein der Uebertreibung vermeiden. Indem
er den Vertheidiger einer überspannten Meynung angreift, scheint
er die entgegen stehende überspannte Meynung zu vertheidigen.
Indem er sich so nahe als möglich um den Mittelpunkt hält, glaubt
der, welcher sich in einem Punkt der Peripherie aufhält, ihn im
gegenüberliegenden zu erblicken.

In der Unterſuchung über die Moralität der Revoluti̯
onen, iſt die Mittelſtraße der Rechtmäßigkeit, wie allenthalben
im Gebiete der Politik ſchwer zu beſtimmen. Die Wahrheit
liegt zwiſchen zwey unbeſchränkten und übertriebnen Sätzen,
welche Schwärmerey oder Eigennutz den beyden ſtreitenden
Hauptpartheyen in der politiſchen Welt eingeben, mitten inne.
Der eine dieſer Sätze iſt:

Eine Nation hat das Recht, ihre Staatsver̯
faſſung ſo oft und ſo ganz zu verändern, als
es ihr beliebt.

Der andre lautet ſo:

Eine Nation hat gar kein Recht etwas in ihrer
Conſtitution zu ändern.

Wer das, was Burke über die Verſuche einiger Engli̯
ſchen Clubbs, die Conſtitution des Reichs umzuſchaffen, geur̯
theilt hat, nicht blos von Hörenſagen kennt, wer ihn aufmerk̯
ſam geleſen und durchdacht hat, der wird die Gerechtigkeit aller
derer, die ihn geradezu für einen Beſchützer und Vertheidiger
des letztern Satzes, und in dieſer Qualität für einen Freund
jeder Tyranney, für einen Lobredner jeder Unterdrückung erklärt
haben, zu würdigen wiſſen. Nirgends iſt ein Wort in ſeinem
Buche zu finden, was ihm auch nur den Verdacht einer ſol̯
chen Abſicht billiger Weiſe zuziehen konnte. Allenthalben iſt
von der Erlaubtheit, von der Nothwendigkeit, von der Vor̯
trefflichkeit zeitiger und überlegter Staats-Reformen die Re̯
de, die doch wohl nichts anders als Veränderungen der Con̯
ſtitution ſind. Wenn die Principien der Revolution von 1688
als der Leitſtern eines jeden, der Staaten reformiren will, ge̯
prieſen werden, ſo hat dies ſeinen Grund in der Ueberzeugung
von der ausnehmenden Güte und Brauchbarkeit dieſer Princi̯

pien, welche der erfahrne Staatsmann auf dem langen Wege
seiner Beobachtungen und Nachforschungen erworben hatte.
Wenn denen, welche nach Neuerungen in England trachten, ihre
Abweichung von jenen Principien zum Vorwurf gerechnet wird,
so geschieht dies nur darum, weil sich diese schwärmerischen Men-
schenfreunde so oft und so laut für Bewundrer der Englischen Revolution ausgegeben haben, und weil sie behaupten, daß ihre
Vorschläge zu chimärischen Verbesserungen, und am Ende gar
ihre Wünsche, die Proceduren der französischen Freyheitsstifter
nachzuahmen, ganz im Geiste dieser Revolution wären, und auf
demselben Fundament ruhten, auf welchem sie empor gestiegen ist.

Es findet sich überhaupt in Burke's Raisonnements keine
positive Bestimmung der Gränzen des Rechts einer Nation, ihre
Staatsverfassung zu verändern. Diese Bestimmung ist vielleicht
im Allgemeinen gar nicht zu erhalten. Wäre es möglich, eine
Formel dafür zu finden, so würde doch, da hier alles praktisch ist,
von dieser Formel nicht anders als mit tausendfältigen Restriktio-
nen, mit Rücksicht auf Umstände, auf Zeiten, auf Menschen
und Dinge, auf Bedürfnisse und auf Veranlassungen Gebrauch
zu machen seyn. In solchen verwickelten Problemen scheut die
Weisheit nichts so sehr, als eine einseitige und schneidende Auflösung. Wenn der entscheidende Augenblick da ist, werden Tugend und hohe Einsicht, ohne deren Vereinigung sich kein Sterblicher diesen furchtbaren Aufgaben nähern darf, das Recht und
seine Einschränkung anzugeben, berufen und im Stande seyn.

Die Widerlegung des Grundsatzes: daß Nationen
das Recht haben, ihre Staatsverfassung so oft
und so ganz als es ihnen beliebt, umzuschaffen,
war die einzige Absicht, die Burkes Raisonnement beseelte. Dieser Grundsatz ist seit dem Jahr 1789 durch alle Theile der Welt
feyerlich ausgerufen worden. Die französische Revolution ist

unter seinem Fittich aufgewachsen. Er ist dazu gemacht, andre Revolutionen ins Unendliche zu begünstigen, oder vielmehr statt aller festen Staatsverfassungen einen Wechsel von Revolutionen einzuführen, und die menschliche Gesellschaft in den Schauplatz eines seiner Natur nach nie beendigten Bürgerkrieges zu verwandeln. Die Stimme eines Patrioten, der sein Vaterland in Gefahr sah, eine der ersten Beuten dieser methodischen Zerstöhrungssucht zu werden, erhob sich gegen diesen Grundsatz, als gegen den Keim der schrecklichsten aller Staatskrankheiten, einer Anarchie ohne Hülfsmittel und ohne Hoffnung.

Man beurtheile also die Burkische Schrift aus einem höchst falschen Gesichtspunkt, wenn man ihren Verfasser für einen Vertheidiger der Unverletzlichkeit der Constitutionen im strengsten Sinne des Wortes hält. Er hat sich blos für einen Gegner der Wandelbarkeit der Staatsverfassungen in der höchsten Ausdehnung des Worts erklärt. Ohne zu entscheiden, wie weit Nationen in ihren Staatsreformen gehen sollen, hat er blos entschieden, wie weit sie nicht gehen dürfen. Um zu beurtheilen, in wie fern man ihm in seiner Theorie beystimmen will, kömmt es blos darauf an, in wie fern man den negativen Satz: Nationen haben nicht das Recht ihre Staatsverfassung so oft und so ganz als es ihnen beliebt, abzuändern — annehmen will. — Und dieser Satz ist in jeder Rücksicht einer nähern Prüfung werth.

Es wird als eine der stillschweigenden Bedingungen eines gesellschaftlichen Vereins angesehen, daß Jeder, der an einer solchen Verbindung Theil nimmt, sich anheischig machte, über den bestimmten Antheil seines ursprünglichen Rechts, den er ausdrücklich abtritt, auch noch, so oft der Fall der äußersten Noth, oder des entschiedensten allgemeinen Vortheils einkehrt, so viel als die Gesellschaft begehren wird, davon aufzuopfern.

K 3

Freylich würde ohne diese vernünftige Voraussetzung das bürgerliche Leben, selbst im Zustande des tiefsten Friedens und des blühendsten Wohlstandes, unabläßig das empörende Schauspiel der Ungerechtigkeit und der Unterdrückung darstellen. Die heilsamste Verordnung kränkt oft die Rechte einzelner Mitglieder eines Staats; die weiseste Anstalt zum unbezweifelten Flor einer überwiegenden Menge von Bürgern, wird vielleicht den Verfall einiger wenigen begründen. In dem allergerechtsten Kriege muß die Erhaltung des Ganzen mit dem Tode der kleinern Anzahl erkauft werden.

Wenn dies der Fall im gewöhnlichen Laufe der Dinge ist, was läßt sich bey allgemeinen Umkehrungen der Grundverfassung einer Staatsgesellschaft erwarten? Bey Revolutionen, die das ganze Fundament der alten Pflichten erschüttern, und neue Verbindlichkeiten einführen, die sich aus den bisherigen nur durch gesuchte Analogien und gezwungne Schlüsse ableiten lassen? Wer kan sich schmeicheln, daß unter solchen Begebenheiten das Verhältniß der Leidenden gegen die Gewinnenden unbedeutend seyn wird! Wer kan sich träumen lassen, daß man einen Staat umwandelt, wie man seinen Hausstand reformirt! Wer Revolutionen begehrt, muß auf Unzufriedenheit rechnen. Wenn es nicht die neuen Gesetze sind, was Einzelne zu Grunde richtet, so wird der Uebergang vom alten Zustande zum neuen die Sicherheit angreifen, die Besitzungen stöhren und schuldlose Bürger ins Elend stürzen. Könnte eine Revolution die vollkommenste Staatsverfassung herbey führen, deren die menschliche Gesellschaft empfänglich ist, so würde sie dennoch Unglückliche machen. Da aber auf eine schlechte Regierungsform nach der Natur der Dinge nicht unmittelbar eine vortrefliche folgen kan, da der Wechsel der Staatsverfassungen im günstigsten Fall der Tausch einer unvollkommnen, gegen eine we

niger unvollkommne, nur allzuoft einer schlechten gegen eine
schlechtre ist, so wird es außer der Claſſe derer, die selbst bey
reellen Verbeſſerungen leiden, immer eine ansehnliche Claſſe
solcher geben, denen die Fehler des neuen Syſtems Beschwerden, von denen sie vorhin nichts gewußt hatten, zuführten.

Da es keine Revolution ohne eine verletzte Parthey geben
kan, so läßt sich auch keine ohne eine widerſtrebende denken.
Sind die Menschen in dieser Parthey sanft, friedliebend und
gemäßigt, sind sie weder leidenschaftlich noch eigennützig genung,
um ihren Privatvortheil im Ruin des allgemeinen Wohls zu
suchen, sind sie von der herrschenden Parthey nicht übertrieben
zurückgesetzt oder über alle Hoffnung der Versöhnung hinaus
aufgebracht, so ist die Möglichkeit vorhanden, ihrem Widerstand auf dem Wege der Vergleiche ein Ziel zu setzen. Sind
die Leidenden in der Criſe einer Staatsrevolution, wild, un-
ruhig und hartnäckig, sind sie gegen den Vortheil des Ganzen,
wenn ihr eigner sie ruft, gleichgültig, sind sie gar von dem Gewinn des Staats nicht überzeugt oder doch unendlich weniger überzeugt, als von ihrem Verluſt, sind sie von der überlegnen Menge muthwillig beleidigt, durch die Form der Veränderungen vielleicht noch mehr als durch das wesentliche darin gekränkt — dann sind Verschwörungen, Gegenrevolutionsprojekte
und Bürgerkriege der unvermeidliche Erfolg. Das Regiment
des Rechts ist am Ende; und es giebt keinen andern Richter
über das Schicksal des Staats, als Gewalt.

Zwar ist in den schrecklichsten Perioden der franzöſiſchen
Revolution sehr häufig von einem gewiſſen Recht der Majorität des Volks, diese oder jene Staatsverfaſſung einzuführ-
ren, und von einer Pflicht der Minorität, sich solchen Be-
schlüſſen unbedingt zu unterwerfen, die Rede gewesen. Diese
scheinbare und verführeriſche Theorie war das sicherſte und

kräftigste Mittel, alles, was die herrschende Parthey unter-
nahm, mit dem Stempel der Rechtmäßigkeit zu zeichnen, und
den unterdrückten Theil der französischen Bürger mit dem Vorwurf der Rebellion zu brandmarken. Der erste Grundsatz dieser Theorie, „daß der Wille der größern Anzahl Gesetz seyn muß‟ hatte das Ansehen eines unbestreitbaren
Axioms, nach dessen Beweis man, ohne lächerlich zu werden,
nicht fragen durfte. Das Täuschende was darin liegt, gesellte
anfänglich den denkenden Kopf zum Schwätzer, den redlichen
Mann zum Betrüger in einmüthige Huldigung einer verräthe-
rischen Formel, aus der sich zeitig genung Folgerungen ent-
spannen, die die Grundfesten des ganzen gesellschaftlichen Systems erschüttern mußten.

Die Methode, in Angelegenheiten worüber viele zu sprechen haben, die Entscheidung auf den Entschluß der Mehrheit
ankommen zu lassen, ist von uralter Abkunft. Man bediente
sich ihrer von jeher, so wie der Entscheidung durchs Loos in
allen solchen Fällen, wo es mit großen Schwierigkeiten verknüpft
oder gar unmöglich war, auf einem andern Wege zur Beendigung einer Deliberation zu gelangen. Dies hat nach und
nach das Vorurtheil erzeugt, daß Stimmenmehrheit, das ge-
rechtste und das beste, endlich, daß es das einzig-gültige Mittel sey, gemeinschaftliche Beschlüsse zu fassen. Nichts ist un-
gegründeter. Viele Staaten haben zur Festsetzung der wichtigsten Angelegenheiten Unanimität, viele eine qualifizirte
(auf eine gewisse Anzahl von Stimmen eingeschränkte) Majorität, die von einer einfachen noch sehr verschieden ist, ge-
fordert. Daß Majoritäten nicht immer das Beste beschließen,
ist eine Bemerkung von gleichem Alter mit dem Gebrauch dieser Entscheidungsmethode. Montesquieu hat so wahr als
witzig gesagt: daß man fast durchgängig besser fahren würde,

wenn man die Meynungen der Minorität zu Gesetzen machte.
Es ist oft ein unvermeidliches Uebel, aber es bleibt immer ein
gefahrvoller Ausweg, über das Interesse einer großen Gesellschaft Stimmen zu zählen, anstatt sie zu wägen. In der
allmächtigsten Majorität der Zahl kan Leidenschaft und
Verblendung so gut ihren Thron aufgeschlagen haben, als in
der Opposition des kleinsten und verachtetsten Haufens. Eine
solche Majorität kan sehr oft, wie ein großer Mann mit unendlicher Feinheit bemerkt hat, von welcher Art auch die Gesellschaft sey, welche sie leitet, den Nahmen einer Faktion
verdienen.

Ohne indessen nach der Tauglichkeit dieses politischen
Hülfsmittels zu fragen, kömmt es hier nur auf die Allge-
meingültigkeit desselben an. Die Regel: „Was die Mehrheit beschließt, wird Gesetz,“ ist nichts weniger als eine
Vorschrift des Naturrechts. Sie hat nicht das geringste Kennzeichen innrer Nothwendigkeit und absoluter Verpflichtung an
sich. Sie ist nichts als eine willkührliche Anordnung, die nur
eine vorhergehende Sanktion bindend und heilig machen kan.
Soll bey irgend einer Deliberation, es sey einer einzelnen und
abgesonderten Versammlung, es sey eines ganzen vereinten Volks,
das was die Majorität beschließt für alle gebietend seyn, so
mußte Einstimmigkeit vorangehen, um dem Willen der Majorität eine Kraft, die er an und für sich nicht hatte, beyzulegen. Ohne diese Vorbereitung wird der Entschluß von Zehn-
tausend Individuen für den Willen eines einzigen so wenig
verbindend seyn, als der Beschluß von Zweyen. Nur der, welcher seinen Willen dazu gegeben hat, daß der Wille der
Majorität Gesetz seyn soll, ist dem Gesetz, das sie hervorbringt,
Gehorsam schuldig.

Dieser Charakter der Legalität fehlt der Majorität allemahl in den Stürmen einer Revolution. Unter solchen Umständen ist es nicht möglich, die Stimme jedes Einzelnen abzuhören; ließe es sich thun, so ist mit Gewißheit vorauszusehen, daß eine beträchtliche Anzahl das Entscheidungsrecht der Majorität verwerfen würde. Bey einfältigen und uncultivirten Völkern, in der Kindheit und Kleinheit der Gesellschaften, wo die Vortheile der Individuen gleichförmiger sind, wo das Interesse des einen mit dem Interesse des andern weniger streitet, wo der Mensch durch große Veränderungen in seiner Lage nur in wenig Punkten seiner Existenz berührt wird — da ist die Gefahr, der sich der kleine Haufe aussetzt, wenn er die Aussprüche des größern als Gesetz anerkennt, geringe. Ganz anders ist es im Zustande der ausgebildeten Gesellschaft, wo die Privatvortheile einander tausendfältig durchkreuzen, wo der Gewinn des einen der Ruin des andern ist, wo das, was Tausende zu Triumphen leitet, Tausende in Verzweiflung begräbt. Wenn die Grundbedingungen des Vertrages, der eine solche Gesellschaft zusammenhält, sinken, und dann die Stimmenmehrheit über Verhältnisse und Schicksale jedes einzelnen Bürgers in einem neu zu erschaffenden Staatssystem unumschränkt beschließen soll, so ist die Gefahr unermeßlich. Nimmermehr werden sich die, welche das leiseste Interesse an die alte Ordnung knüpft, den Aussprüchen eines Gesetzgebers unterwerfen, bey dem ihre abgesonderte Wohlfahrt weder Gehör noch Gnade findet, und der das kühne Gebäude einer vielleicht eingebildeten Glückseligkeit auf die Trümmern ihrer wirklichen setzen, vielleicht mit ihrem Blute befestigen wird.

Es ist sogar bis zur höchsten Evidenz beweisbar, daß in einem jeden großen Staat der eigentliche Wille der wahren Zahlmehrheit seiner Natur nach auf die Zerstöhrung des Ganzen gerichtet seyn muß. Die Anzahl derer die nichts besitzen, ist immer unendlich größer, als die Anzahl derer, die etwas besitzen. Löset die Staatsbande auf, und fragt den großen Haufen, welche Verfassung seinen Wünschen am angemessensten ist. Construirt seinen Willen nicht künstlich: hört ihn selbst, und hört ihn besonders wenn er durch die Ungewitter einer Revolution brauset. Das Fundament der neuen Ordnung wird nie ein andres, als das Ackergesetz seyn. Wenn es blos darauf ankömmt, zu wollen, wird jeder das wollen, was ihm für den Augenblick, vielleicht selbst für die Dauer das nützlichste ist. Diese wahre Volksmajorität wird zu dem begüterten Bürger sagen: „Wir erkennen deine alten Rechte: wir verehren dein Eigenthum: wir berauben dich nicht mit gewaffneter Hand: aber — die einzige Bedingung, unter welchen du ein Mitglied unsers neuen Staats seyn kannst, ist die, daß du deine Besitzungen mit uns theilst. Gefällt dir der Vorschlag nicht, so verbanne dich aus unsrer Mitte. Wir, vor deren Willen der deine sich beugen muß, wollen so und nicht anders mit dir verbunden seyn" — Läßt es sich denken, daß ein Einziger der verliehren kan, einer Majorität, von der diese Sprache zu vermuthen, und die nur durch Täuschungen, Ueberredung und List dahin zu bringen ist, eine sanftre zu führen, das Recht einräumen wird, über ihn und seine Verhältnisse ein souveränes Urtheil zu sprechen? —

Es bleibt also von dem Augenblick an, da mit den alten Grundpfeilern des Staats das ganze System der alten Pflichten gegen den Staat zusammenstürzt, nichts übrig, wodurch die Majorität jeden, der nicht aus Menschlichkeit oder Furcht zu ihrer Fahne schwören will, erobern könnte — als offner Krieg. Soll die Anarchie nicht verewigt werden, so muß die herrschende Parthey, wenn sie die leidende nicht befriedigen kan, sie zu zerstöhren suchen. Was auch die erste Veranlassung zu der großen Spaltung gewesen seyn, wer auch die Schuld davon zu tragen haben mag, die Majorität einer Nation kan oft, ohne ihren Untergang und den Untergang des Ganzen aufs Spiel zu setzen, von der einmal betretnen Bahn nicht wieder abweichen. Sie kan noch weniger zugeben, daß in ihrer Mitte eine Classe von Bürgern nach einem e i g n e n oder gar, nach k e i n e m Gesetz lebe.   Ihre Erhaltung, und das augenblickliche Wohl des Staats fordert also von ihr, daß sie ihrem Willen auf jede Gefahr und durch jedes erreichbare Mittel Eingang verschaffe. — Von der andern Seite kan man dem Unterdrückten durchaus nicht zumuthen, ohne die dringendste Noth unverschuldete Strafgerichte über sich ergehen zu lassen, eher als in der letzter Verzweiflung die Urkunde, wodurch sein Ruin beschlossen ward, zu unterzeichnen, und einer Verfassung beyzustimmen, die aus seinem Verderben emporwuchs. Die beleidigte Minorität wird sich wehren, so lange noch ein Schwerdt in ihrer Hand und der Schatten einer Hoffnung in ihrer Brust verbleibt; sie wird gleich ihren Unterdrückern ihre Sache für die Sache der Nation erklären: sie wird, wenn man ihr Stillschweigen auflegt, Gewalt nur so lange für bindend halten, als sie wirklich bindet, ihr gekränktes Recht in einem kochenden Herzen verschließen, und mit dem ersten Feuerfunken, den sie erhaschen kan, ihr unbarmherziges Vaterland in Brand stecken.

Ein Krieg wie dieser ist ein höchst auffallendes Phänomen, das auf gemeinen Wegen nicht erklärt werden kan.   Ein Kampf, der in seinem Ursprung auf beyden Seiten gerecht, der in seinem Fortgange auf beyden Seiten frevelhaft ist, gehört unter die Ungeheuer, deren Existenz nur eine ausserordentliche Abweichung von den Gesetzen moralischer Naturen begreiflich macht.   Sobald uns ein solches Phänomen begegnet, vermuthen wir, daß irgend eine weitgreifende Zerrüttung vorangegangen seyn muß, die alle Gesichtspuncte verkehrt, alle moralische Schätzung schwankend gemacht, und den Maßstab für

Recht und Unrecht zerbrochen hat. Ein solcher unnatürlicher Zustand, wo selbst dem Erleuchteten und Redlichen nur die Wahl zwischen Verbrechen und Verbrechen gelassen ist, muß allemahl die Folge einer vorhergehenden Hauptverderbniß in allen moralischen und gesellschaftlichen Verhältnissen, die Folge eines Ur-Verbrechens seyn.

Ein solches Ur-Verbrechen (nach der Strenge des moralischen Urtheils) und die Quelle jener seltsamen Convulsionen, ist der Entschluß, eine Total-Revolution zu stiften, der Entschluß, die Bande der bürgerlichen Gesellschaft zu zerreißen, eine durchaus neue Ordnung der Dinge zu schaffen, und zwischen diese und die alte Ordnung eine scheidende Kluft zu setzen. Da alle Pflichten des gesellschaftlichen Menschen an die Grundform der bürgerlichen Verbindung geknüpft sind, da seine Ideen von Recht und Unrecht, vom Erlaubten und Unerlaubten, vom Pflichtmäßigen und Strafbaren, ihre letzte Abgränzung und Bestimmung, ihre Festigkeit und gleichsam ihren Körper aus den Elementen dieser Verbindung erhalten, so ist eine gänzliche Auflösung derselben das Signal zu einer Hauptrevolution in der moralischen so gut als in der politischen Welt.

Der Contrakt, welcher einem jeden Staat zum Grunde liegt, ist seinen wesentlichen Eigenschaften nach, ein Contrakt von weitem Umfange, und von ausgebreiteter und mannichfaltiger Bestimmbarkeit. Jeder Pacisirende unterschreibt, indem er sich zu den Hauptbedingungen versteht, tausend darin verschloßne Nebenbedingungen und Unterbedingungen. Das Gesetz, welchem er gehorchen soll, ist oft, indem er ihm Gehorsam verspricht, noch nicht vorhanden, oder existirt in einer ganz andern Gestalt, als die kommenden Jahre ihm beylegen werden. In dem Augenblick, da er, es sey durch freye Wahl, es sey durch stillschweigenden Beytritt im Herausgehen aus der

Unmündigkeit, ein Mitglied des Staats wird, war vielleicht
manches erlaubt, was weiterhin Verbrechen wurde, manche
gleichgültige Handlung, was sich in der Folge in heilige Pflicht
verwandelte. Das Wesen dieses Contracts ist, daß der, welcher ihn annimmt, seinen Willen im Voraus dem allgemeinen
Willen, wie und woran sich dieser auch äußern mag, unter-
wirft.

Aber kein Vertrag auf Erden kan die unerhörte Clausel
enthalten, daß es einem Theil der contrahirenden Gesellschaft
frey stehen soll, ohne Beystimmung des andern die ganze Verbindung aufzuheben, und auf ihren Trümmern willkührliche
Plane zu einer neuen zu entwerfen. Könnte der einleuchtendste Vortheil, könnte das Ansehen und die Macht des brechen-
den Theils ein solches Verfahren rechtfertigen, so wäre Gewalt
und Recht, Pflicht und Nutzen unter einander geworfen, die
Sicherheit der Verträge wäre verlohren, und Eigennutz oder
Laune usurpirten den geheiligten Thron in dem moralischen Reiche freyer und vernünftiger Wesen.

Ich weiß sehr wohl, daß Staatsrevolutionen oft nichts
anders sind, als wilde und unaufhaltsame Stürme, bey denen
von Verdienst und Schuld, von Zurechnung und Moralität
nicht die Rede seyn kan. In dieser Beziehung ist die ganze
Untersuchung, womit wir uns hier beschäftigen, überflüssig und
sinnlos. Aber was einer moralischen Prüfung unterworfen
werden muß, das ist — das Vorhaben, eine Totalrevolution zu stiften. Daß ohne ein solches Vorhaben keine Revolution Dauer und Consistenz gewinnen kan, halte ich für einen
ausgemachten historischen Satz, ob es gleich auf den Grad der
Wahrheit dieses Satzes hier nicht im geringsten ankömmt. Die,
welche Revolutionen vertheidigen, müssen sie nothwendig
als das Werk menschlicher Willkühr ansehen. Die, welche da-

mit prahlen, daß sie Revolutionen hervorbrachten, müssen doch wohl glauben, daß man die Begebenheiten, worauf sie ihren Ruhm gründen, an einen moralischen Maßstab halten kan.

Sobald dieser seine Anwendung findet, kän weder die Größe und der Umfang der Handlung, noch die Beschaffenheit, die Menge und die Endzwecke der Handelnden Begünstigung sichern. Einen Societätscontract eigenmächtig brechen, ist nach den gemeinsten Begriffen ein unerlaubtes und sogar nichtiges Unternehmen *). Freylich sind die Maximen des gewöhnlichen Rechts, da wo Millionen freveln, ohnmächtig, und werden in der Anwendung auf große Volksmassen vielleicht lächerlich. Aber die einfachen Grundsätze der natürlichen Gerechtigkeit und der moralischen Güte, die diesen alten Theorien zum Fundament dienen, behalten ihre volle Gültigkeit, wenn auch eine Hyder mit tausend Köpfen der Angreifer, und ein Insekt der Beleidigte wäre. Wenn diese Grundsätze von Nationen überwältiget werden könnten, würden sie gar bald der Spott einzelner Menschen werden.

Nach der Strenge dieser Principien muß in jedem Fall, wo eine neue Organisation des politischen Körpers eintreten soll, jeder Theilnehmer an der alten damit, daß diese zerstöhrt werde, zufrieden seyn. Wenn während der Zeit, da das neue System gebildet wird, eine Zwischenverfassung, von welcher Art sie auch sey, Statt finden und Gültigkeit haben soll, muß jeder Bürger des Staats sie gebilligt haben. Wenn endlich die Bedingungen des neuen Contracts entworfen sind, muß Jeder überlegen können, und überlegen dürfen, in wie weit

---

*) Is qui renunciavit societati, a se quidem liberat socios suos, se autem ab illis non liberat — sagt das Römische Recht.

sie mit seinen Wünschen und mit seinen Zwecken harmoniren; und nur der, welcher am Ende dieser Ueberlegung förmlich oder stillschweigend beytritt, ist als ein Mitglied des neuen Staats, und als ein Unterthan seiner Gesetze anzusehen.

Umsonst würde man sich, in der Hoffnung, diesen beschwerlichen Präliminarien, deren erster Anblick eine rechtmäßige Totalrevolution in die Classe der unmöglichen Begebenheiten zu verbannen scheint, auszuweichen, hinter gewisse allgemeine Maximen verstecken, mit denen man im gewöhnlichen Laufe der Dinge den Widerstand der Einzelnen gegen Operationen von großer und anerkannter Vortreflichkeit vernichtet. „Das Wohl des Ganzen sey das höchste Gesetz" — ist eine sehr brauchbare und sehr ehrwürdige Vorschrift, wenn es darauf ankömmt, das mächtigste Privatinteresse vor der Stimme, die zur allgemeinen Glückseligkeit ruft, verstummen zu lassen. Aber diese Vorschrift verliehrt mit allen ihres Gleichen Sinn und Bedeutung, sobald es kein Ganzes mehr giebt. Eine Totalrevolution verwandelt einen Staat in eine Menge abgesonderter Sectionen, von denen die eine so wenig verbunden ist, ihren Vortheil (oder das, was sie für ihren Vortheil hält) der andern aufzuopfern, als ein Volk verpflichtet seyn kan, den Nutzen eines andern mit seinem Schaden zu erkaufen. In keinem System des Rechts läßt sich eine strenge Verpflichtung dieser Art zwischen freyen Wesen gedenken, wenn kein vorhergehender Vertrag sie hervorgebracht hat.

Es giebt daher für den, der eine Totalrevolution unternimmt oder begünstiget, nur zwey Wege, zu seinem Ziel zu gelangen. Er muß entweder die vorhin beschriebne Methode mit allen ihren unübersehlichen Schwierigkeiten annehmen, oder — Zwang gebrauchen, das ist, mit der Ungerechtigkeit haushalten. Vergebens sieht er sich nach andern Mitteln um.

Glück-

Glücklicherweise begegnet dieses quälende Dilemma demjenigen nicht leicht, der bey Planen, welche auf die Wohlfahrt ganzer Völker gerichtet sind, mit Langsamkeit, Bescheidenheit und Vorsicht zu Werke geht. Glücklicherweise sind Totalrevolutionen einer gesunden Politik eben so verdächtig und eben so anstößig, als einer gewissenhaften Moral. Die Schwierigkeiten eines Projekts werden nur dann schlechthin-unübersteiglich, wenn das Projekt selbst über die Gränzen praktischer Möglichkeit ausschweift. So lange man auf einen festen Grund baut, kan selbst ein gewisser Grad von Kühnheit noch mit glücklichem Erfolge gekrönt werden, und manches Wagestück, das man mit Zittern aufstellen sah, den Ruhm des Baumeisters verewigen. Aber wer Luft zur Unterlage macht, darf sich nicht erdreisten, ein Spinngewebe zu errichten. Dies ist der Grund, weshalb die wichtigsten Zwecke auf dem Wege der Reform weit eher erreicht werden, als die leichtesten auf dem Wege der Revolution. So lange nur etwas noch übrig bleibt, was den Menschen an seine alten Verbindungen, an seine alten Pflichten und an seine alten Rechte erinnert, so lange noch irgend eine Form ihn festhält, irgend eine Spur der bisherigen Regierung die lange Gewohnheit, selbst da, wo Gehorsam große Ueberwindung kostet, zu gehorchen, unterhält, so lange er noch mit irgend einem vernünftigen Anschein den Staat, der sein Opfer fordert, seinen Staat nennt, kan man ihn zu den größten Entsagungen aufrufen, ihn an die abschreckendsten Plane fesseln und zu Veränderungen geneigt machen, vor denen er im ersten Augenblicke zurückbebte. Aber, wenn kein Monument übrig bleibt, woran das betäubte Gemüth den alten Boden seines Vaterlandes erkennt, nichts was ihm die Unterwerfung erträglich und das Joch der überlegnen Menge leicht machen kan, wenn es zur ersten Regierungsmaxime erhoben wird, alles zu zerstöhren, wenn Schaaren von Bürgern

L

die ganze Summe ihrer schönsten Genüsse und ihrer schätzbarsten Prärogativen einem unbekannten Syſtem, an das keine Pflicht ſie bindet, an das keine Erfahrung ſie lockt, darbringen ſollen, wenn die Hand des politiſchen Künſtlers nicht Geſchicklichkeit genung beſitzt, um das neue in das Alte zu verweben, und einer beſſern Verfaſſung nicht anders Platz zu machen weiß, als daß ſie die minder gute, und mit ihr alles, worin Tauſende ihr Glück fanden, in den Abgrund ſchleudert — dann verſchwindet die Hoffnung, des Widerſtrebenden Herz zu gewinnen, des Schüchternen Beſorgniſſe, des Eigennützigen Unluſt zu überwinden. Das geheimnißvolle Räderwerk, welches jeden Arm im Staat, oft ohne daß er ſich des Antriebs bewußt war, für das Ganze bewegte, iſt zertrümmert: — Jahre der Verwirrung müſſen vorübergehen, ehe aus den zerfallnen Beſtandtheilen ſein kunſtvolles Leben wieder aufſteht.

Unter allen Revolutionen der neuern Geſchichte hat es eigentlich nur zwey gegeben, die man im ſtrengſten Sinn des Worts Totalrevolutionen nennen kan: die amerikaniſche und die franzöſiſche. Das Auszeichnende in beyden war, daß die, welche ſie dirigirten, den förmlichen Plan gefaßt hatten, durchaus neue Conſtitutionen zu bilden, daß ſie dieſen Plan ausdrücklich ankündigten, und daß ſie alle ihre Operationen in Uebereinſtimmung mit demſelben einleiteten und führten. Die meiſten der ältern Staatsrevolutionen gehörten in eine ganz verſchiedne Klaſſe. Sie waren das Werk einzelner hervorragenden Menſchen oder abgeſonderter Partheyen, denen es um Herrſchaft, nicht um Reformen zu thun war. In allen Revolutionen dieſer Art kam es bloß darauf an, wem der Gehorſam gebührte: nie ward die Natur des Gehorſams ſelbſt der Gegenſtand des Kampfs. Die neuen Machthaber traten, wenn ihre Entwürfe gelangen, unmittelbar an die Stelle der alten, und das Volk hätte, ohne

die Convulsionen, welche den Uebergang begleiteten, vielleicht
nicht einmahl gemerkt, daß es seinen Herrn verändert hatte.
Wenn einige unter den ältern Revolutionen mit wirklichen Umwandlungen der Verfassung, und systematischen Verbesserungen
verknüpft waren, so betrafen sie allemahl nur einzelne Punkte.
Von dieser Art war die Revolution in England im Jahr 1688,
welche blos einen der drey Grundpfeiler des politischen Gebäudes,
den Thron, affizirte, während daß sie die beyden andern, das
Oberhaus und das Unterhaus, und alles was sonst zum Fundament und zu den wesentlichen Theilen der Constitution gehörte,
unberührt und unverändert ließ.

Die Amerikanischen Freystaaten gaben der Welt das erste
praktische Beyspiel von einer Staatsverfassung, die von Grunde
auf, ohne sich um eine vorhergehende Regierungsform zu küm-
mern, aus theoretischen Ideen methodisch errichtet wurde. Es
war dies Beyspiel, was die französischen Gesetzgeber, worunter
sich viele befanden, die der Geburt der amerikanischen Republik
beygewohnt hatten, nachahmten, es waren die Maximen, unter
deren Schutz dieser neue Freystaat aufgewachsen war und blühte,
welche den politischen Wunderbau, womit sie schwanger gingen,
tragen sollten. Hier ist die eigentliche Quelle aller ihrer Irrthümer, aller ihrer Fehltritte, aller ihrer chimärischen Projekte
zu suchen. Was in Amerika mit sehr glücklichem Erfolge realisirt
war, glaubten sie eben deshalb in Frankreich realisiren zu können,
und sogar realisiren zu müssen. Sie bildeten sich ein, daß eine
Staatsverfassung, deren Vortrefflichkeit bloß darin lag, daß sie
der Natur des Volks und des Landes, dem man sie verlieh,
angemessen war, aus keiner andern Ursach prosperirte, als weil sie
mit der Natur des Menschen überhaupt zusammen stimmte.

Der verderbliche Einfluß, den dieser unglückliche Wahn auf
das Ganze der französischen Revolution und auf einige der we-

sentlichsten Theile in dem neuen französischen Staatssystem gehabt
hat, ist von verschiednen großen Beobachtern und Staatsmän-
nern geschildert, und noch neuerlich vom Herrn Necker mit un-
übertrefflichem Scharfsinn dargestellt worden *) — Ich will
hier nur untersuchen, in wiefern die individuelle Lage der amerikanischen Colonien, und die individuelle Lage Frankreichs den
Punkt der Moralität in ihren Revolutionen bestimmen mußte.

Was in dieser Rücksicht den Unterschied zwischen beyden
Staaten am vorzüglichsten charakterisirt, ist der Umstand: daß
Amerika der Einfachheit einer werdenden Gesellschaft so nahe,
und Frankreich von dieser Einfachheit so weit entfernt war, als
es sich im cultivirten Zustande der Nationen nur immer denken
läßt. Diese wichtige Verschiedenheit mußte unfehlbar folgende
beyde Wirkungen haben:

1) Die Errichtung einer durchaus neuen Constitution war
in Amerika, sobald man den äußern Widerstand überwunden
hatte, ein leichtes Werk: in Frankreich war sie, auch ohne
allen äußern, und sogar ohne allen innern Widerstand, ein un-
ermeßliches, vielleicht aller Menschenkraft incommensurables Unternehmen.

2) Die Gegner der neuen Ordnung der Dinge konnten in
Amerika schlechterdings nicht zahlreich seyn: in Frankreich mußten sie schlechterdings eine höchst ansehnliche Minorität ausmachen.

Beyde Eigenthümlichkeiten sind einer nähern Betrachtung
werth.

1) In welchem Verhältniß, in welchem Alter, auf welcher
Stufe der Bildung sich auch die bürgerliche Gesellschaft befinden
mag, es wird immer ein getheiltes Interesse unter ihren Mitgliedern geben. Gesetze und Gebräuche, die einer Classe der Bürger verhaßt und drückend sind, werden den andern vortheilhaft

*) Du Pouvoir Executif, Tom. II, c. 1—4.

und werth seyn. Eine Revolution, die diese Gesetze aufhebt, und diese Gebräuche vertilgt, wird, je nachdem der Gesichts-punkt wechselt, aus dem man sie betrachtet, für eine Wohlthat oder für eine Calamität gehalten werden. Dies wird allent-halben geschehen. Aber wie unendlich verschieden muß die Pro-portion zwischen den Unzufriednen und den Gewinnenden in einem einfachen und in einem verwickelten, in einem rohen und in einem verfeinerten, in einem armen und in einem reichen, in einem reinen und in einem verderbten, in einem isolirten und in einem vielfältig-connectirten Staat seyn.

Die Umstände, in welchen die amerikanischen Provinzen sich befanden, sprachen sie von allen großen innern Hindernissen bey der Aufführung einer neuen Constitution frey. In Amerika kam von allen den großen Problemen, welche einem gerechten und menschlichen Staatenverbesserer die Sorge für die, die unter seinen Operationen bluten, so mächtig ans Herz legt, kaum ein einziges in Betrachtung. In Amerika gab es keine privilegirten Stände, keinen übermäßigen Unterschied zwischen Armen und Reichen, keinen auffallenden Vorzug irgend einer Classe von Menschen in Absicht der Bildung und Verfeinerung, keine erbli-chen Aemter und Würden, keine unermeßliche Staatsschuld, kei-nen gränzenlosen Luxus, und — die Handelsverhältnisse ausge-nommen — beynahe gar keine Verbindung mit andern Ländern. Daher war es ein leichtes und ebnes Geschäft, die Zuneigung zu der alten Verfassung in allen Herzen zu überwinden, und das In-teresse aller Bürger an die neue zu knüpfen. Diese beneidenswer-the Simplicität in der amerikanischen Regierungsform war das natürliche, und gleichsam selbsterzeugte Product der Simpli-cität, welche im National-Charakter und in allen National-Verhältnissen herrschte: eine complicirte Staatsverfassung für ein solches Volk wäre offner Unsinn gewesen. Diese bewun-

L 3

derte Gleichheit der Menschen, welche tausend enthusiastische Lobredner als die glorreichste Frucht jener glücklichen
Constitution anbeten, war vielmehr der Saame, woraus sie
erwuchs. Der Gesetzgeber baute auf Gleichheit, aber er erschuf
sie nicht. In dem Augenblick, da die Dependenz von England
zerstöhrt war, flossen die amerikanischen Staaten von selbst in
eine freye und glückliche Republik zusammen.

Wie so ganz anders war die Lage von Frankreich, als es
einigen schwärmerischen Köpfen einfiel, aus dem Schlamm europäischer Verderbtheit im Mittelpunkte der alten Welt jenes
jugendliche Original eines isolirten Freystaats nachzubilden! Gesetzt auch, alle die Millionen, welche das französische Volk ausmachen, hätten sich, durch einen wundervollen und durch einen
anhaltenden Zauber getrieben, die gänzliche Umschaffung des
Staats, und die Ausrottung aller alten Justitute, Sitten und
Gebräuche gefallen lassen; gesetzt, ein seltner, heldenmüthiger
Patriotismus hätte jedem Einzelnen die schmerzhaftesten Opfer
leicht und süß gemacht; gesetzt — Niemand hätte der Einführung eines neuen Staatssystems in Frankreich widerstehen wollen, wenn man den zahlreichen Verliehrern ihre Existenz nur durch
irgend eine Stelle in der neuen Reichsverfassung, das heißt,
wenn man ihnen nur die Entschädigung gesichert hätte, ohne
welche jede Hauptveränderung in den Personalverhältnissen und
im Besitzstande einer Nation geradehin Straßenraub ist — welch
ein übermenschliches Werk blieb auch unter diesen unwahrschein-
lichen Voraussetzungen, eine von Grund aus neue Organisirung
des ganzen französischen Staats! Wie mußte der Freund der
Gerechtigkeit, der Mäßigung und des Friedens noch immer verzweifeln, wenn er an eine Ausgleichung solcher Unebenheiten, an
eine Versöhnung zwischen solchen Extremen, an eine dauerhafte
Beendigung solcher Kämpfe dachte, als die divergirenden Zwecke

und Vortheile der Bürger dieser in jedem Sinn des Worts ungeheuren Monarchie, auch selbst allen gewaltsamen Widerstand
bey Seite gesetzt, darbieten mußte? Wen, der nicht mit der
Gefühllosigkeit eines Revolutionsstifters von Profession gepanzert
ist, hätte nicht bey dem Gedanken an das Schicksal der Tausende, welche die Aufhebung der adlichen Privilegien, die Einzie-
hung der geistlichen Güter, die Abschaffung aller Parlamenter
und aller alten Dikasterien im Reich, und des zahlreichen Heers
aller mit den neuen Einrichtungen unverträglicher Rechte ins
Elend stürzen mußte, Muth, Hoffnung und Entschlossenheit verlassen?

2. Man müßte den Eigennutz, den Ehrgeitz, und andre
übermächtige Leidenschaften verkennen, wenn man sich einbilden
sollte, daß die auf einen Augenblick angenomme Bedingung
einer vollkommnen Eintracht bey irgend einer großen Staatsrevolution je mals wirklich erfüllt werden sollte. Widerstand ist
unvermeidlich. Je näher aber der Staat der Simplicität der
gesellschaftlichen Verhältnisse war, desto geringer wird dieser Widerstand seyn.

Als die Revolution in Amerika ausbrach, gab es nur eine
einzige Classe von Menschen, die bey einer veränderten Regierungsform nicht augenscheinlich gewann. Dies waren die Beamten der Großbrittannischen Krone, in so fern sie nicht an der
Revolution Antheil nehmen und ihre bisherigen Stellen mit andern, vielleicht eben so ansehnlichen und ehrenvollen in dem auf-
keimenden System vertauschen wollten. Alle übrigen Bewohner
dieser Provinzen, gewannen einleuchtend und von mehr als einer
Seite, wenn die Englische Regierung ein Ende nahm *). Ein

L 4

---

*) Wobey noch der wichtige Umstand in Betrachtung kömmt, daß
die, welche aus irgend einem Grunde der neuen Verfassung

Bürgerkrieg war in Amerika so wenig zu befürchten, als eine
Wasserfluth in den Plänen des innern Asiens. Nachdem der
neue Staat seine Rechnung mit seinen ehemaligen Regenten geschlossen hatte, war er in Friede und Einigkeit mit der ganzen
Welt.

Konnte es einem vernünftigen Menschen in den Sinn kommen, in Frankreich ein Gleiches zu erwarten? Konnte sich
ein einziger der französischen Volksführer dem thörigten Wahn ergeben, daß die, welche ihre Glückseeligkeit, und zum Theil den
Werth ihres Lebens in den Besitz gewisser Einkünfte, in den Genuß gewisser Distinktionen, Vorrechte und Privilegien gesetzt
hatten, alle ihre Lieblingsgüter wie eine Seifenblase zerplatzen
sehen würden, ohne aus ihrer Fassung zu gerathen? Daß die,
welche aus dem Sonnenschein der Größe in das öde Dunkel einer
hoffnungslosen Nichtigkeit sanken, zu ihrem Fall lachen, und
große Corporationen über ihren eignen Untergang Jubellieder an-
stimmen würden? War irgend eine Freyheitsschwärmerey mächtig, irgend ein Neuerungstaumel berauschend genug, um denen,
welche die Karten bey diesem gefahrvollen Spiel mischten, die
Augen über die Grundzüge der menschlichen Natur zu verschließen? — Nein! so weit konnte Irrthum und Verblendung nicht
leiten. Es war der unmoralische Entschluß durch Blut und Rui-
nen zu waden, wenn sonst ihr Zweck nicht erreicht werden konnte, es war die Wirkung der verderblichen Maxime, „daß die
Majorität eines Volks, sobald sie will, auch darf" — was

durchaus abgeneigt waren, eine anständige und sichre Zuflucht
im Mutterlande fanden, welches natürlicher Weise seine
Loyalisten nicht verstoßen konnte. Es stand also einem
jeden fren, entweder die neue Staatsverfassung zu ergreifen oder ungehindert und ungekränkt das Urbild der alten
in England wieder aufzusuchen.

die Anführer der französischen Revolution zu dieser strafbaren
Gleichgültigkeit gegen das Schicksal ihrer unterdrückten Mitbür,
ger, und zu dieser barbarischen Härte gegen die verfolgten Stäm,
de trieb, die in allem, was sie anordneten und zuließen, unver,
kennbar ist, die den Widerstand selbst da hervorrief, wo die na,
türlichen Dispositionen ihn erstickt hätten, und die, kräftiger noch
als alle Volksexcesse, Legionen verzweifelter Bürger in wüthende
Feinde verwandelte.

Die zerbrechliche Kette, wodurch die Häupter der regieren,
den Parthey, die, welche die neue Constitution unmöglich lie,
ben konnten, an das, was man Treue gegen diese Constitu,
tion nannte, selbst ehe sie noch vollständig existirte, zu schließen
versuchten, gab dem Widerstreben der gekränkten Bürger, ohne
ihm das geringste von seiner Wirksamkeit zu nehmen, nur noch
einen gehässigern, und eben deshalb furchtbarern Charakter. Es
wurden Schwüre auf Schwüre gehäuft, wodurch sich Jeder, der
ein dürftiges Auskommen, oft nur das nackende Leben retten
wollte, für den getreuen Unterthan eines Gesetzes, worin der
Unterdrückte unmöglich seinen Willen finden konnte, für den
redlichen Vasallen einer Nation, die ihn wie einen Kriegsge,
fangnen behandelte, erklären mußte. Durch diese von einer Seite
kindische von der andern frevelhafte Politik wurde Widerstand
in ein System gezwängt, und Meineid in ein leeres Compliment
verwandelt. Was man dem Staat versprochen hatte, sah man
wie jene hinfällige Zusagen an, welche die Angst des nahen To,
des dem wehrlosen Wanderer unter dem Messer des Mörders ab,
preßte.

Dieses unselige Spiel mit der Gewissenhaftigkeit und den
Pflichten des Menschen und Bürgers, ist eine der schrecklichsten
Seiten, welche Totalrevolutionen in großen Staaten, aus dem
Gesichtspunkt der Moralität betrachtet, darbieten. In einer

L 5

feſten Ordnung der Dinge, wenn ſie auch drückend und verwerflich iſt, weiß jeder, was ihm zuſteht, und- was ihm obliegt.
Das Geſetz verbindet die, welchen es ſchwer fällt, nicht minder
als die, welche es begünſtiget. Zu thun, was Recht iſt, kan
in einem ſolchen Zuſtande oft ſauer und kränkend werden, weil
der Wille der regierenden Macht mit den Neigungen, und, was
ſchlimmer iſt, mit der Vernunft deſſen, der gehorchen ſoll, häufig im Widerſpruch ſtehen muß: zu wiſſen, was die Pflicht
verlangt, iſt wenigſtens kein Räthſel. — Sobald aber alle
Bande zerriſſen ſind, alle Einheit verſchwindet, und die anzie-
hende Kraft, welche das Ganze zuſammenhielt, aus dem Mittelpunkt der kunſtreichen Maſchine verjagt wird, ſo fliegt jeder abgelöſete Beſtandtheil, nach der eigenthümlichen Richtung
ſeiner individuellen Tendenz in einer abgeſonderten Bahn fort.
Jede der feindſeeligen Partheyen, in welche der Staat gewalt-
ſam zerſchnitten iſt, und die ſich, erbitterter als feindſeelige Nationen, zum unnatürlichen und unverſöhnlichen Kampfe rüſten,
hat ihr eignes Maß und Gewicht, für Pflicht und Vergehung,
für Tugend und Frevel, für Patriotismus und Hochverrath.
Keine ſieht den Staat, und den Vortheil des Staats, und den
Willen des Staats, da, wo ihn die andre ſieht. Wenn dieſe
alle alte Geſetze und alle alten Pflichten vor den höhern Geboten
eines neuen Staatsſyſtems verſtummen heißt, ſo glaubt jene, daß
tauſend Eide ſie nicht verbinden können, das, was ihr Verbrechen von Anbeginn dünkte, aufrecht zu halten. Alle ſichre
Schätzung der menſchlichen Handlungen iſt geſtöhrt, alle Merk-
ſteine in der moraliſchen Welt ſind verrückt, die Gränzlinien des
Guten und des Böſen, des Edeln und des Verdammlichen, des
Strafbaren und Belohnungswürdigen laufen in einander, und
bilden ein Labyrinth, worin ſich der hellſte Kopf und das redlich-
ſte Herz verliehrt. In den Perioden ſolcher unglücklichen Spal-

tungen wird das Gemüth des ruhigsten Beobachters oft in un-
auflösliche Zweifel über den Werth oder Unwerth dessen, was im
gewöhnlichen Laufe sich gleichsam von selbst seine Stelle anwies,
verwickelt. Was in Zeiten der Ruhe unbedenklich Frevel geheis-
sen hätte, macht im Tumult dieser bürgerlichen Ungewitter auf
Schutz und Entschuldigung, oft auf Ruhm und Dankbarkeit An-
spruch, weil die gute Sache es erheischte und beseelte. Was
am heitern Himmel eines friedlichen Staats als Heldenthat ge-
glänzt hätte, nimmt in den trüben und umwölkten Stunden dieser politischen Stürme oft die Gestalt eines verabscheuungswür-
digen Verbrechens an, weil es einer verhaßten Macht diente, oder
einer beliebten schadete. Wenn der Maßstab für die Beurtheilung
der Handlungen im öffentlichen Verhältnisse einmahl schwankend geworden ist, so wird er zeitig genung auch im Privatleben verlohren gehen. Die Gewohnheit, das, was sonst ohne Ausnahme böse war, in ein zweydeutiges Licht gestellt, die fürchterliche
Gewohnheit, Untreue, Verrätherey, falsche Eide, Gewalttha-
ten und Grausamkeit unter den tausend Zungen und Federn in-
teressirter Faktionen in preiswürdige Trophäen verwandelt zu
sehen, macht den irre geführten Bürger gleichgültig gegen das,
was er sonst ohne Entsetzen nicht erblickt und ohne Schauer nicht
gedacht hatte. Die Sophisterey der Leidenschaften schließt einen
gefährlichen Bund mit dieser neuen Sophisterey der Grundsätze,
und die allgemeine Verwirrung, die aus der politischen Sphäre
in die sittliche überging, brütet einen Schwarm von Missethaten
aus, vor dem der kühnste Revolutionsstifter erschrickt.

Gäbe es auch nichts weiter, was die Führer des Volks in
solchen furchtbaren Crisen von ungestümen Schritten zurück halten sollte, als diese gewaltsame Zerrüttung im System der moralischen Begriffe, die eine nothwendige, schlechthin-unvermeidliche
Folge jeder Totalrevolution eines großen, und besonders eines

alten Staats ist, so hätte sich die Moralität vernehmlich genung über diese gewagten Unternehmungen erklärt. Einen solchen Zustand zu erschaffen, kan nie der Ruhm eines redlichen Mannes, eines aufgeklärten Freundes der Menschheit seyn: sein größtes Verdienst muß darin liegen, daß er ihm auszuweichen sucht. Es mag seine Kunst, es mag blinder Zufall, es mag ein unerwartetes Zusammentreffen günstiger Umstände seyn, was die Macht, einen Staat umzuformen, oder auch nur einen Antheil an dieser Macht in seine Hände liefert, nie wird er sie dazu anwenden, daß er alles niederreißt, was er vor sich findet. Die Natur läßt in ihren wundervollsten Metamorphosen die alte Hülle stehen, indeß die neue Zeit und Kräfte zu ihrer Vollendung gewinnt: ist diese erreicht, so sinkt das verdrängte Gewand, und nichts als ein leises Beben verkündigt durch den organischen Gliederbau, daß die sanfte Umwandlung vollbracht ist. Diesen Gang der Natur zu copiren, ist hohe Weisheit, und nur diese Weisheit läßt dauernden Wohlstand, Sicherheit, Eintracht und Harmonie erwarten: nur diese Weisheit erhält den moralischen Charakter, ohne den die größten Staatsoperationen so wenig als die geringfügigsten Privathandlungen einen vernünftigen und einen bleibenden Werth haben. Was von dieser Weisheit abweicht, verirrt sich in gefahrvolle Labyrinthe: was sie verachtet und mit Füßen tritt, muß in Schmach und Verderben enden, wenn auch ein augenblicklicher Schimmer die Stunde seiner Geburt umgaukelt hätte.

*   *

Das Resultat aus diesen Betrachtungen, die sich übrigens blos auf die Rechtmäßigkeit, gar noch nicht auf die Staatsklugheit der Revolutionen beziehen, fasse ich in folgende fünf Grundsätze zusammen.

1. Eine Total-Revolution ist nur in dem einzigen Fall ein vollkommen rechtmäßiges Unternehmen, wenn die ganze Nation, die sie trift, einmüthig und ohne den geringsten innern Widerspruch dafür stimmt.

2. Eine Total-Revolution, die ein Theil der Nation begehrt und ausführt, ist allemahl ein gewaltsamer Bruch des gesellschaftlichen Contrakts, und nach strengen Begriffen, wie groß oder wie klein auch der Theil der sie unternimmt seyn mag, eine unmoralische Operation.

3. Je größer der Staat, und je wahrscheinlicher es aus dieser Ursach, und aus der Erwägung andrer Umstände wird, daß die Anzahl der Verlierer in einem beträchtlichen Verhältniß gegen die Anzahl der Gewinner stehen wird, desto unmoralischer ist das Unternehmen.

4. Ein solches Unternehmen kan nur die äußerste Noth und die Unmöglichkeit, dieser Noth auf gelindern Wegen abzuhelfen, rechtfertigen. Beydes aber liegt dem, welcher eine Total-Revolution verlangt oder unterstützt, wenn er die Rechtmäßigkeit seines Unternehmens darthun will, zu beweisen ob. (Die nächste Folge dieses Satzes ist die: So weit als nur mit Particular-reformen auszureichen ist, muß man sich an diese Methode die Uebel des Staats zu heilen, gewissenhaft halten.)

5. Wenn es wirklich Fälle geben sollte, wo eine Total-Revolution die Wirkung eines freyen, überlegten, moralischen Entschlusses wäre, so bleibt es doch die heiligste Pflicht derer, welche sie dirigiren, den leidenden Theil der Bürger dergestalt zu behandeln, daß die Opfer, welche er bringen muß, schlechterdings die kleinsten in der jedesmahligen Lage der Sache möglichen werden.

Ich kan mich nicht enthalten, den letzten dieser Grundsätze mit einer Reflexion zu begleiten, die sich mir unablässig aufdringt wenn ich mich mit den französischen Angelegenheiten beschäftige. Die enthusiastischen Freunde der Revolution gehen durchaus nicht mehr von der Behauptung ab, daß **alles Unglück**, was Frankreich seit 4 Jahren betroffen hat, und **alles Blut**, was um die neue Constitution geflossen ist — der Verrätherey des **Hofes**, der Bosheit des **emigrirten Adels**, und den Kabalen der **abgesetzten Geistlichkeit zu Schulden** komme. Jeder vernünftige Mann weiß, was von der Behauptung zu halten ist, wenn sie in dieser unbeschränkten Allgemeinheit vorgetragen wird. Aber, auf einen Augenblick angenommen, sie habe ihre **volle Richtigkeit** — wer antwortet auf die Frage: was hat die Verrätherey des Hofes, was die Emigration, was die geheime Gegenwirkung der Geistlichen hervorgebracht? Wenn es nichts als wilder Partheygeist der privilegirten Stände, und wüthende Erbitterung der herabgewürdigten Königsfamilie war, was Frankreichs Eingeweide zerriß; wer hat diesen Partheygeist, wer diese Erbitterung geweckt? wer hat sie genährt? wer hat sie bis zur letzten Verzweiflung hinauf geschraubt? Daß die Unterdrückten jeder Art weiser, edler und patriotischer zu Werke gehen konnten, als sie es gethan haben, wird kein Vernünftiger läugnen: aber so lange bis eine bessere Apologie als alle bisher erschienenen das Betragen der **Revolutionsstifter** gegen den Hof, den Adel und die Geistlichkeit rechtfertigen wird, möchte es wohl schwer halten, ein unbefangnes Gemüth zu überzeugen, daß die, welche die gebrechliche Menschheit in den Leidenden auf eine Probe stellten, die nur erhabnere Weisheit und heroische Tugend bestehen konnte, und deren traurigen Ausgang jeder Menschenkenner zu berechnen vermochte, nicht die **ersten Urheber alles Uebels** waren.

III.

Ueber die Deklaration der Rechte.

Die Deklaration der Rechte, welche den Grundstein der neuen französischen Constitution ausmacht, ist eins der wichtigsten Documente für die Geschichte dieses Jahrhunderts. Sie würde es schon in wissenschaftlicher Rücksicht seyn, weil sie das Resultat der Meditationen und Berathschlagungen der denkenden Köpfe in einem der aufgeklärtsten Länder der Welt, über einen für die Menschheit unendlich interessanten Gegenstand darstellt: sie muß es noch mehr in politischer Rücksicht seyn, da die Verfassung eines großen Staats darauf angeblich gebaut ist, da eine neue Ordnung der Dinge mit ihr, und großentheils aus ihr entsprang, da dieses neue Evangelium der Zeit eine neue politische Religion, und eine fast allgemeine Revolution in den Köpfen an den entferntesten Enden von Europa hervorgebracht hat.

Daß der Mensch, indem er in die Welt tritt, Rechte mitbringt, von denen nichts als sein eigner freyer Wille ihn zu entkleiden, ihm auch nur den geringsten Bestandtheil zu entziehen vermag — bezweifelt heutiges Tages Niemand, der über den Menschen, das heißt, über das moralische Wesen, dem eigentlich dieser Nahme gebührt, flüchtig nachgedacht hat. Daß der Mensch, wenn er in Gesellschaft mit seines Gleichen tritt, nur darum einen Theil dieser ursprünglichen Rechte aufgiebt, damit der übrigbleibende Theil dauernd gesichert, und der Inbegriff aller seiner mannichfaltigen Zwecke befördert werde — das nimmt jeder an, der nur die gemeinsten Begriffe von dem Wesen der gesellschaftlichen Verbindung hat.

Zu entwickeln, wie und warum ohne die Idee des Rechts ein moralisches Wesen nicht denkbar ist: diese Idee in der reinen Abstraction des wahren Naturmenschen durch alle ihre Zweige und Adern zu verfolgen: die reine Aufstellung alles dessen, was ursprüngliches Menschenrecht zu heißen verdient, zu versuchen: dem Uebergang des Menschen aus einem ungeselligen Zustande (wenn es je einen solchen in der Wirklichkeit gab) zur ersten Verbindung, den unzähligen Stufen, die er von hier aus betrat, um zu dem Punkt der gesellschaftlichen Kultur zu gelangen, worauf wir ihn jetzt erblicken, nachzuspühren: zu erforschen, wie sich jene ursprünglichen Rechte auf diesem langen Wege tausendfältig modifizirten: darzuthun, was und wieviel davon durch alle gesellschaftliche Revolutionen hindurch stehen blieb: dies in dem dicken Nebel, womit Unwissenheit, eiserne Vorurtheile, lange Gewohnheit, Sorglosigkeit, List, Schwachheit und Gewalt, jene alten Grundpfeiler der moralischen Welt umhüllt haben, heraus zu finden und abzusondern — das sind Beschäftigungen die eines wahren Philosophen würdig sind, edle aber mühvolle Unternehmungen eines erleuchteten Weltbürgers, die ohne ernste und anhaltende Anstrengung nie gelingen, und mit eiserner Arbeit fehlschlagen werden, wo die Natur Tiefsinn und Scharfblick, und die größten Talente, die nur zu irgend einem spekulativen Geschäft erforderlich seyn können, versagte.

Wenn derjenige, welcher dazu berufen war, einen neuen Staat zu bilden, oder einem schon vorhandnen eine neue Form zu geben, Talente von diesem Range nicht besäße, oder sie doch — denn wie könnte er sie entbehren! — nicht von dieser Seite ausgebildet hätte, so müßte er die Resultate andrer denkenden

Köpfe

Köpfe zur Hand nehmen, und ihre Ideen in die seinigen verweben. Eine Gesellschaft gründen, ohne die ersten Elemente zu kennen, aus welchen alle gesellschaftliche Verbindung zusammengesetzt
ist, scheint ein gewagtes Unternehmen; die Rechte von Tausenden seiner Mitmenschen bestimmen, ohne zu wissen, was das Recht eines
Einzelnen ist, ohne zu wissen, wieviel man dem Menschen nehmen kan, und wieviel man ihm erhalten muß, wenn seine moralische Natur nicht verletzt werden soll, scheint eine Vermessenheit zu seyn, deren verderbliche Folgen nur günstige Zufälle, die
Stärke der natürlichen Anlagen im Menschen, die alle Fehler der
künstlichen Maschinen mit denen man sie umgiebt, ewig zu verbessern strebt, oder die Kraft eines großen Geistes aufheben
kan, der auch ein schlecht-organisirtes Ganzes zu beleben, in
Bewegung zu setzen, und zusammenzuhalten weiß *).

Wenn also die, welche an der Spitze der französischen Revolution standen, wirklich berufen waren ihrem Vaterlande eine
durchaus neue Constitution zu geben, wenn es in der
That ihr Amt war, einen neuen Staat von Grund aus zu
erbauen, so wird kein denkender Mensch sie tadeln, daß sie in
der Stille des Nachdenkens auf die Grundzüge aller Menschen-
verbindung zurückgingen, und die Principien des Rechts in
ihren entferntesten Keimen verfolgten. Als Philosophen wären sie dann richtig, und methodisch, als Staatsmänner
tiefsinnig und gewissenhaft verfahren.

*) Daß die ältern Gesetzgeber, wenn sie gleich, trotz irgend
   einen französischen Philosophen wußten, was Recht der Menschen war, sich mit tiefen Spekulationen über diesen Gegenstand nie befaßt haben, und auch nicht befassen konnten,
   ist einleuchtend. Nichts desto weniger dauerten und blühten
   die Staaten, die sie erschufen. Aber sie verstanden es, ihnen
   einen lebendigen Athem einzuhauchen. —

M

Aber diese Voraussetzung ist von allen Seiten betrachtet, falsch. Es muß hier als ausgemacht angesehen werden, was ohnehin jedem der über die französischen Angelegenheiten nachgedacht hat, längst erwiesen seyn wird, daß die französischen Gesetzgeber keinesweges einen solchen Beruf hatten. Sie hatten ihn nicht von ihren Committenten erhalten, sie fanden ihn nicht in einer unüberwindlichen Nothwendigkeit, sie fanden ihn in keiner Vorschrift gesetzgebender Weisheit, die ein solches Unternehmen nie mit ihrem Beyfall begleiten konnte. Frankreich mußte geheilt, aber darum nicht aufgelöset, und in die ersten Elemente einer Gesellschaft zersetzt werden.

Sobald wir von diesem Gesichtspunkt ausgehen, erscheint schon die Frage nach den Rechten des Menschen im Stande der Natur, oder im Zustände der werdenden Staatsverbindung in einem ganz andern Licht. Der, welcher dazu bestimmt ist, die Mängel in der Constitution einer schon vorhandnen Gesellschaft zu bessern, hat keine dringende Pflicht auf sich, nach den ersten Bedingungen aller Gesellschaft zu forschen: der, welcher berufen ward, einzelnen unterdrückten Classen seiner Mitbürger zum Genuß ihrer wohlbekannten nur durch Misbräuche gestöhrten Rechte zu helfen, untersucht ganz umsonst, welche Rechte dem Menschen vor der Gesellschaft, oder im Entstehen der Gesellschaft zukommen. Keinem einzigen der Bewohner Frankreichs war es wohl eingefallen, daß die, welche sich zu den größten praktischen Zwecken versammelt hatten, eine einzige Stunde ihrer unschätzbaren Zeit auf eine müßige Spekulation verwenden würden.

So angesehen, war also die bloße Idee, sich mit einer, auch nur ganz theoretischen Deklaration der Rechte zu beschäftigen, schon eine Abweichung von dem Pfade, auf dem die

National - Versammlung eigentlich wandeln sollte. Aber dies
ist noch lange nicht die nachtheiligste Seite der Sache.

Gesetzt, es wäre wirklich unumgänglich nöthig gewesen, die
mühsame und schwere Untersuchung anzustellen; gesetzt, Frankreich hätte sich in einem Zustand befunden, worin nur zwischen
einem gänzlichen, politischen Tode, und einer systematischen
Wiedergeburt die Wahl übrig war, und die National - Versammlung hätte sich ohne ihr Verschulden gezwungen gesehen, das Vaterland aus seinen Trümmern wieder aufzurichten, und, um mit Sicherheit zu Werke zu gehen, die untersten Fundamente aufzudecken
und sorgfältig zu prüfen: so bleibt es doch immer noch eine Frage von ganz andrer Art: ob es klug und heilsam war, die Resultate dieser Prüfung öffentlich aufzustellen, und ein Capitel aus
einer höchst abstrakten philosophischen Wissenschaft zur Einleitung
in eine Sammlung praktischer, nach menschlicher Willkühr be-
stimmter Gesetze zu machen.

Es scheint auf den ersten Anblick, daß es einen Umstand geben müßte, der auf die Entscheidung dieser Frage einen sehr wesentlichen Einfluß haben würde; und dies ist — der eigenthümliche Werth und die innre Beschaffenheit eines solchen spekulativen
Resultats. In einer Angelegenheit wie diese, scheint es von
unermeßlichem Gewicht zu seyn, ob die Deklaration der Rechte,
die man einer neuen Constitution vorsetzt, an und für sich richtig,
vollständig und zweckmäßig, oder ob sie falsch, unvollendet, und
schlecht - geordnet ist. Eine nähere Prüfung ergiebt freylich, daß
dieser Unterschied, obgleich immer höchst wesentlich, doch für
die Wirkung die beyde thun, weniger beträchtlich ist, als man erwarten möchte. Um indessen die Frage in ihrer möglichsten Reinheit zu behandeln, ist es rathsam, zuerst jenes vorauszusetzen, und
zu untersuchen: ob es vortheilhaft sey, eine Deklaration der

Rechte der kein Merkmahl innrer Vollkommenheit
fehlt, an die Spitze einer Constitution zu stellen.

Wem die Schicksale ganzer Generationen anvertraut sind,
der muß sich von jedem Schritt auf seiner ernsthaften Bahn
strenge Rechenschaft ablegen, und darf nicht einen einzigen
wagen, ohne den Vortheil den er im Auge hat, mit un-
erbittlicher Strenge gegen die Uebel und Gefahren abgewogen
zu haben, die seinen, wie jeden andern menschlichen Entschluß
begleiten werden. Was kan nun der Nutzen, was kan der
Schaden seyn, den die Deklaration der Rechte (in ihrer größten Vollkommenheit) stiften wird?

Die wichtigste Bestimmung einer solchen Deklaration oder
vielmehr die einzige, die sie vernünftiger Weise haben kan, ist
die, daß sie zu einer beständigen Richtschnur diene, um dem
Machthabenden sowohl als dem Gehorchenden im Staat die
Gränzen seiner gesellschaftlichen Befugnisse auf einer und seiner
Obliegenheiten auf der andern Seite, anzuweisen.

Es ist sofort klar, daß für den Machthabenden, er sey
Gesetzgeber oder Regent, eine Deklaration der Rechte, in sofern man sie als erstes constitutionelles Gesetz aufstellt, ein vollkommen überflüßiger Apparat seyn wird. Sieht er sich durch
irgend eine Collision, die ihn verlegen macht, durch irgend eine
Ungewißheit, in der er schwebt, durch irgend einen Zweifel,
der ihn beängstigt, gezwungen, auf jene einfachen und abstrakten Grundsätze zurückzugehen, so wird er in ganz andern Archiven, als in den Archiven seines Staats suchen und finden,
was ihn aufklären oder beruhigen kan. Er wird die Bücher
der Weisen, die Systeme der Lehrer, die Stimme der Jahrhunderte befragen. Er wird am häufigsten sich selbst, seine
moralische Natur, die Aussprüche des ewigen Gesetzgebers, der
das, was des Menschen Recht seyn sollte, auf unvergängliche

Tafeln in aller Herzen schrieb, zu Rathe ziehen: er wird hier nur selten irren, wenn er nicht irren will. Es ist nicht der Mangel an Kenntniß der Menschenrechte, was allenthalben in der Welt der Ungerechtigkeit und der Unterdrückung Thronen errichtete: es ist nicht Unwissenheit in den Vorschriften geheiligter Pflichten, was Tausende von Tyrannen aufzog; — mit ganz andern und viel unüberwindlichern Feinden, als diese sind, hat das menschliche Geschlecht zu allen Zeiten gekämpft. Es gehört wenig dazu, den Menschen jedes Standes über seine einfachsten Pflichten zu belehren: unendlich viel, seine Leidenschaften und seinen Eigennutz unter das Gebot dieser Pflichten zu beugen. Ein Gesetzgeber, der nur der Stimme seines Gewissens treu bleibt, wird (gar oft noch ein ungeschickter) nicht leicht ein ungerechter Gesetzgeber seyn: aber ein Staat, der seine Deklaration der Rechte auf jeden Scheideweg stellt, wird sich dadurch nicht vor einem einzigen tyrannischen Regenten sichern.

Eben so wenig als eine Deklaration der Rechte zur Leitung des Machthabenden unentbehrlich ist, eben so wenig dient sie zu irgend einem wahren Vortheil des Gehorchenden.

Wesentlichen Schutz hat er nicht von ihr zu erwarten. Sind die Gesetze eines Staats gerecht und weise, sind sie so daß sie eine Vergleichung mit den Grundgesetzen der moralischen Welt nicht scheuen dürfen, so ist es ganz überflüßig, dem Unterthan einen andern Leitstern, und ein andres Palladium anzuweisen, als diese Gesetze. Dann wird er einer Deklaration der allgemeinen Rechte nicht bedürfen: der Codex nach welchem er regiert wird, ist nichts als eine Auslegung dieser Rechte unter Bedingungen der Existenz der Gesellschaft, davon er ein Glied ausmacht. Der wahre Stand der Natur, der geulgen menschlichen Natur, dauert für ihn noch in jedem Zugenblick fort. — Sind die Gesetze eines Staats ungerecht und drückend, treten sie die sittliche Ordnung, die Grundmarimen des Rechts, die heiligsten Ansprüche des Menschen mit Füßen — was wird dem Unterthan die vollkommenstenste Deklaration der Rechte helfen? Zwischen ihr und seinen Gesetzen ist eine unendliche Kluft, die nichts ausfüllen kan, als — Rebellion. Wird er sich dieses grausamen Mittels bedienen? Und wenn er es thut, wird die Deklaration der Rechte die Gefahren, denen er sich aussetzt, mindern? wird sie ihm auch nur die geringste Bürgschaft leisten, daß der Zustand, der die Convulsionen seines Staats endigt, besser als der vorhergehende, und dauerhaft besser seyn wird?

Der Vortheil also, den der Staat, in welcher Rücksicht, es sey, selbst von der vollkommensten Deklaration der Rechte ziehen kan, ist immer nur unsicher und zweydeutig. Bey guten Gesetzen und unter vortreflichen Regenten wird man sie vergessen; man wird sich ihrer erinnern, wenn die Zeiten politischer Drangsale eintreten, man wird sie anrufen, wenn das Uebel weit über die Heilkraft eines philosophischen Symbols hinaus gewachsen ist; man wird immer nur dann Hülfe bey ihr suchen, wenn keine Hülfe von ihr zu erwarten steht.

Immerhin möchte der Constitution eines Staats dies schmeichelnde Purpurgewand umgeworfen, immerhin dies glänzende Portal am Eingange des wohlgeordneten Baus einer gesellschaftlichen Verfassung aufgerichtet werden, wenn nur der müssige Genuß seiner Schönheit vor den reellen Gefahren sichern könnte, die damit unzertrennlich verknüpft sind. Die Grundsätze in einer Deklaration der Rechte mögen so klar und einfältig vorgetragen werden, als es immer möglich ist; sie bleiben abstrakte Grundsätze, und der große Haufe der Menschen faßt sie nicht. So lange sie sich in Büchern und Theorien

aufhalten, ist dies ein höchst unbedeutendes Uebel: das Bedürfniß, sie aufzusuchen, meldet sich nur im denkenden und gebildeten Kopf: bey dem gemeinen Mann vertritt das Gefühl
und vertritt meisterhaft die Stelle jeder Spekulation. Aber,
wenn man diese Lehren dem Volk vorträgt, wenn man sie ihm
in ihrer reinen Abgezogenheit, von dem Zusaz menschlicher Verhältnisse mit denen sie sich im gesellschaftlichen Leben vermischen,
abgeschieden darstellt, wenn man sie in politische Glaubensar-
tikel verwandelt, wenn man die Geseze nur unter ihrer Sanktion auftreten läßt, und den Bürger auf sie als auf ein höheres Gesez unaufhörlich zurückweiset: dann giebt man sich ganz
andern Gefahren Preis. Der, welcher in den wahren Sinn
dieser abstrakten Grundsätze nicht zu dringen weis, legt ihnen
einen falschen unter. Das, was jeder als sein Eigenthum ansieht, und was ihm als sein heiligstes Eigenthum angepriesen
wird, sucht nun jeder auf seine Weise zu benutzen. Der Phi-
losoph formt Systeme, der Pöbel schmiedet Mordgewehre daraus. Es kan kein schrecklicher Schwerdt in den Händen eines
ungebildeten Menschen geben, als ein allgemeines Princip. Die
Fruchtbarkeit eines solchen Princips, das für den denkenden
und Weisen eine Quelle von Seegen ist, macht es, wenn sich
der große Haufen seiner bemeistert hat, zu einem allesverzehren-
den Gifte. Ein Staat, der Deklarationen der Rechte, als
Regierungswerkzeuge gebraucht, waffnet jeden seiner
Unterthanen gegen sich selbst. Er steckt eine Fahne auf, um
die sich beym Ausbruch der kleinsten Unruh, sofort alles versammeln wird, was nach Veränderung und Umsturz dürstet.
Da der gerechteste Richterspruch einen der streitenden Theile kränkt,
so wird der, welcher unterliegen soll, sich für den Unterdrückten halten, und sein ursprüngliches Recht des Widerstandes gegen Unterdrückung anrufen: Da die billigste Ab-

M 4

gabe den Habsüchtigen schmerzt, die leichtste den Armen drückt, so wird es nur der Aufmunterung eines Pöbelredners bedürfen, und ganze Provinzen werden den Grundsatz: daß der Staat nicht für den Regenten da sey — bey jeder Aufforderung dem Staat zu dienen, verletzt glauben; wenn man von dem Bürger Gehorsam gegen das Gesetz verlangt, wird er seine Freyheit, wenn man ihn vom Eigenthum seines reichern Nachbars zurückhält, die Gleichheit der Rechte angetastet sehen. Mit einem einzigen Artikel einer misverstandnen Deklaration der Rechte in der Hand, wird es einer Rotte von Räubern ein leichtes werden, Aufruhr, Verwirrung, Mord und Verderben in die schönsten Nahmen von Freyheit, Recht, Menschenwürde und Aufrechthaltung der Gesetze gehüllt, über ein blühendes Land zu verbreiten.

Diese Gefahr erscheint in einer noch furchtbarern Gestalt, wenn man erwägt, daß nach der Natur der Sache jedes Individuum im Staat keinen andern gültigen Ausleger einer solchen Deklaration anerkennen wird, als sich selbst. Denn wer anders soll die Vergleichung zwischen einem positiven Gesetz und jenen allgemeinen Principien anstellen? wer soll entscheiden, ob das, was der Regent vorschreibt, fordert, ausführt, den geheiligten Rechten des Menschen die jene Deklaration verkündigt, nicht zuwider ist? Etwa der Regent selbst? — Dann wäre eine Deklaration der Rechte ein Possenspiel; keine Unterdrückung, keine Gewalt, keine Tyranney könnte so heillos seyn, daß nicht alltägliche Schlauigkeit sie mit dem Buchstaben eines solchen Grundgesetzes zu versöhnen wissen würde. Etwa eine besondre Commission, der man die Obhut über jenes Heiligthum anvertraute? — Dann gäbe es eine Macht im Staat, vor der jede andre Macht dahin schwinden, und ein Tribunal, vor dessen Allmacht die Gesetze, und zeitig genung die Deklaration, die es schützen sollte,

selbst verstummen müßte. Wenn dieses Tribunal sich mit der gesetzgebenden und regierenden Macht alliirte, wäre Freyheit und
Gerechtigkeit ohne Rettung verlohren; wenn es mit dem Volk
gemeinschaftliche Sache machte, wäre die Regierung umgestürzt.
Zwischen Tyranney und Anarchie bliebe kaum noch ein Mittel
übrig.

Soll also die Deklaration der Rechte nicht ein leerer Nahme
seyn, so giebt es keinen andern Wächter über dieselbe, als den
einzelnen Bürger, für den sie geschrieben ist. Bey jedem neuen
Gesetz bricht folglich ein offner Krieg zwischen dem Gesetzgeber, der
das simple Recht modifiziren muß, und dem Unterthan aus, der sich
zum Richter über diese Modifikation nach Anleitung der ihm anver-
trauten Maximen aufwirft. Ist das Urtheil dieses Richters von
keinem Einfluß, so ist die Deklaration der Rechte unnütz: ist es
von Wichtigkeit, so giebt sie dem Wiederstrebenden die Pechfackel
in die Hand, womit er sein Vaterland in Flammen setzt. Sobald sie aufhört ein Unding zu seyn, wird sie ein Ungeheuer. Einer Staatsverfassung eine solche Mitgift verleihen, heißt, sie
zum Untergange ausstatten. Diesen gefahrvollen Baum der Erkenntniß in seinen Garten bringen, heißt, seine schönsten Pflanzen und seine lieblichsten Früchte der Zerstöhrung weihen.

Es giebt überhaupt (dessen, was in unsern Tagen für die in
tausend Rücksichten so heilsame Publizität der Regierungsverhand-
lungen gesagt worden ist, unbeschadet,) kaum eine schädlichere
Krankheit im Staat, als die Neigung oder vielmehr der Kützel
des Bürgers, und besonders des Bürgers aus den untersten Volksclassen, das was die oberste Macht beschließt, zum ewigen Gegenstande seiner Untersuchung, seiner Critik und seines Tadels zu
machen. Menschliche Weisheit muß ihr äußerstes thun, um ein
gutes Gesetz hervorzubringen: keine Prüfung kan tief genung,
keine Ueberlegung lang und reif genung, keine Debatte vielseitig

M 5

genung feyn, wenn es darauf ankömmt, das Schickfal von Nationen zu entscheiden: der Gesetzgeber, der die Größe seines Geschäfts einsieht, weiß von raschen Entschließungen nichts: gern
möchte er bey jedem seiner Schritte die Stimme aller, die nachdenken und urtheilen können, zusammenfordern, und selbst die
Geister abgeschiedner Weisheit citiren. — Aber sobald das Gesetz
vorhanden ist, giebt es auch nur Eins, was Noth ist, nur Eins,
was die Wohlfahrt des Staats, selbst wenn der Wille des Gesetzgebers von zweydeutiger Güte wäre, dringend verlangt —
Gehorsam. Unter einer starken Regierung, die ihren Beschlüssen
Eingang und Nachdruck verschaffen kan, wirken in der That die
mittelmäßigsten Gesetze besser als die besten unter einem schwachen
Regiment. Wo der Pöbel vernünftelt, ist es um Ruhe und Sicherheit nur allzubald geschehen. Nichts ist aber, was einen unruhigen Raisonnirgeist so mächtig einführen, was ihn gleichsam
einem ganzen Volke so gewaltsam einimpfen könnte, als das Unternehmen ihm eine Reihe abstrakter Formeln in die Hand zu geben,
deren Uebereinstimmung mit den weisesten und gerechtesten Gesetzen dem gemeinen Verstande sehr oft entgehen muß, und in verwickelten Fällen nur durch angestrengtes Nachdenken, wozu er selten geneigt, und noch seltner geschickt ist, entdeckt wird.

Dies sind die gefährlichen Seiten einer Deklaration der
Rechte, wenn sie auch, wie bisher angenommen worden ist,
die vollkommenste in ihrer Art wäre. Es wird sich bald zeigen, ob Gründe und Erfahrung diese Voraussetzung rechtfertigen. Vorläufig ist die Möglichkeit einer fehlerhaften
Deklaration in Vernunft und Beobachtung wohl hinreichend
gegründet, um die Frage aufzuwerfen: was diese an der Spitze
einer Deklaration für Wirkungen nach sich ziehen muß?

Da den rohen und undenkenden Menschen die falsche Anwendung eines wahren Grundsatzes zu den gefahrvollsten Irr-

thümern, und zu den furchtbarsten Vergehungen führen kan, was ist zu erwarten, wenn man Grundsätze die an sich fehler-haft sind, der Diskretion der Menge anvertraut? — Der Ak-tus des Gehorchens ist immer ein Aktus der Furcht: auch un-ter den besten Gesetzen und in den glücklichsten Staaten schlum-mert im Busen jedes Einzelnen ein geheimer und unverkenn-barer Hang, sich Unabhängigkeit, selbst von dem sanftesten Joche zu verschaffen. Bey dem großen Haufen wird dieser Hang, zuweilen ohne alle Schuld der Regierung, oft durch unbedeu-tende Fehltritte derselben zügellos und fürchterlich. Auch ohne allen Beystand von außen her, kleidet die natürliche Sophiste-rey des menschlichen Herzens diesen Hang in tausend unschul-dige Gestalten ein. Bald ist es die gerechte Furcht vor Un-terdrückung und Gewaltthätigkeit, bald die natürliche Neigung, das Seinige im weitsten Umfange des Worts zu schützen, bald gar die edle Begierde, die Rechte gekränkter Brüder zu ver-theidigen, oder das beleidigte Vaterland zu rächen, was jenem rastlosen Freyheitsgeist seinen Nahmen leihen muß. Was wird nun geschehen, wenn der Gesetzgeber selbst ihn nährt und pflegt? wenn sich in eine Sammlung geheiligter Maximen, die man dem Bürger, als sein kostbarstes Besitzstück, als eine Schutz-wehr gegen jeden Angriff auf seine Rechte darbietet, auch nur eine einzige verliehrt, wodurch unrichtige Begriffe von mensch-lichen Rechten und Pflichten, von der gesellschaftlichen Verbin-dung, von den Verhältnissen des Einzelnen gegen den Staat, von der Natur und dem Zweck der Gesetze erzeugt oder be-günstigt werden? Was wird die Folge seyn, wenn die Ideen von Freyheit und Gleichheit, von Recht und Macht, in einer feyerlichen Urkunde, die man einer großen Nation übergiebt, unrichtig, unverständlich, oder zweydeutig vorgetragen sind? Entweder die Gesetze müssen sich gefallen lassen, mit den Fehlern ihrer verunglückten Prämissen Schritt zu halten, oder die Unterthanen werden jeden Augenblick, wo man ihre Lieblings, grillen, ihre geheiligten Lieblingsgrillen, und wäre es zu ihrem eignen Vortheil zu bekämpfen versucht, das Gesetz und die ge, setzgebende Macht zertrümmern.

Die Gefahren einer fehlerhaften Deklaration sind, aus diesem Gesichtspunct betrachtet, wahrhaft unermeßlich. Der kleinste Rechnungsfehler zieht da, wo man mit solchen Grö, ßen, wie Menschenmassen, und Staatskräfte sind, zu thun hat, ungeheure und furchtbare Resultate nach sich. Die geringste Unrichtigkeit in einem abstrakten Satz dehnt sich, sobald man ihm Einfluß in menschliche Handlungen und Schicksale, und in wichtige Staatsoperationen giebt, in einen Irrthum von un, endlichem Umfange aus. In einem solchen politischen Cate, chismus ist keine Wortfügung, keine Wendung, kein einzelner Ausdruck gleichgültig; die Präcision, welche die Sprache der Gesetze fordert, ist noch nichts in Vergleichung mit der, die in diesem allgewaltigen Gesetz aller Gesetze herrschen muß. Eine einzige unrichtige Benennung kan bürgerliche Kriege anzünden: ein unglücklichgewähltes Wort kan Thronen umstürzen; ein fal, sches Unterscheidungszeichen kan Anlaß zum Ruin eines Landes geben.

Was diese Gefahren noch schrecklicher macht, ist der Um, stand, daß jeder Fehler in einer Deklaration der Rechte, mit einer unabsehlichen Dauer oder vielmehr mit einer scheinbaren Ewigkeit seiner verderblichen Wirkungen droht, weil die Idee einer solchen Deklaration alle Veränderung, mithin auch alle Verbesserung ausschlägt. Gesetze sind immer nur der Ausspruch eines menschlichen, das heißt, eines vorübergehenden und wech, selnden Willens. Staatsverfassungen sind Anordnungen mensch, licher Weisheit auf menschliche Zwecke gerichtet: aber jene Grund,

sätze der allgemeinen Rechte sind nicht mehr die Erfindungen
des Menschen: sie sollen die Grundzüge einer moralischen Natur, die Gesetze einer erhabnern Welt bezeichnen, die ein höherer Wille vorgezeichnet, und eine höhere Kraft eingeführt
hat. Gesetze können aufgehoben, Staatsverfassungen können
umgeschaffen werden: aber eine Deklaration der Rechte anta-
sten, verbessern oder gar abschaffen wollen, ist ein Vorhaben,
das in sich selbst widersprechend, das dem gemeinsten Verstande empörend seyn muß. Es ist eine der vorzüglichsten Ursachen, weshalb der jetzige Zustand von Frankreich einer radica-
len Heilung sobald noch nicht fähig seyn wird, daß der verirrte Bürger dieses Reichs vor jedem Versuch, ihm die 17 Artikel zu nehmen, die den Eingang seiner neuen Constitution
ausmachen, im Innersten seiner Seele zurückbebt, und sich
eher von allen Gütern des Lebens, als von dem unschätzbaren
Kleinod trennt, wodurch er seine Freyheit und die Würde seiner Existenz gesichert glaubt.

Die Aussicht auf Gefahren von solcher Größe hätte wohl
den philosophischen Gesetzgeber, ehe er sich entschloß, seiner Nation ein Geschenk dieser Art zu überliefern, schüchtern und bedenklich machen sollen. Wenigstens verdiente es doch die strengste Untersuchung, wie groß die Wahrscheinlichkeit war, zu einer
an sich vollkommnen, mithin zu einer mit der k l e i n s t e n Gefahr verknüpften Deklaration zu gelangen. Entweder ist diese
Frage nie ernsthaft aufgeworfen worden, oder die stolze Vermessenheit, und der verderbliche Eigendünkel, diese tödlichsten
Feinde Frankreichs, die sich vom Anfang der Revolution an
einiger der besten, und aller leitenden Köpfe bemeistert hatten,
haben sie geradehin, vielleicht ohne zu ahnden, was hier auf
dem Spiele stand, zum Vortheil jugendlicher Versuche und
schülerhafter Ausarbeitungen entschieden, deren sich ein philoso-

phisches Lehrbuch schämen würde, und die seit drey Jahren
der Leitstern eines schaffenden Gesetzgebers, und das allgemeine
Feldgeschrey einer großen und aufgeklärten Nation gewesen
sind.

Wer mit philosophischen Untersuchungen, wäre es auch nur
auf historische Weise bekannt ist, der muß gelernt haben, mit
welchen Schwierigkeiten die Deduktion der reinen Begriffe
von Recht, und der ersten Grundsätze, worauf die gesellschaftliche Verbindung beruht, verknüpft ist. Wenig Gegenstände
der Spekulation sind in allen verschiednen Perioden der Cultur
der Wissenschaften mit solchem Eifer und mit solcher Anstrengung behandelt worden, als diese. Ihr hoher Rang im Gebiet unsrer intellectuellen Natur, ihre ausnehmende Wichtigkeit
in den größten Verhältnissen unsrer bürgerlichen Existenz hat
tausend denkende Köpfe bald auf einem, bald auf dem andern
Wege zu ihnen geleitet. Gleichwohl haben die vereinten Bemühungen so vieler tüchtigen Arbeiter den harten Felsen, der
die letzten Aufschlüsse über einige der schwersten Fragen enthält,
nach dem Urtheil der bewährtesten Werkmeister noch nicht bis
auf den Kern gesprengt. Wer sich den Versuchen älterer Philosophen, Rechtslehrer und Publizisten auch nur genähert, wer
die mühsamen Nachforschungen der Grotius, und Puffen-
dorff, und Cumberland, und der größten unter ihren
Vorgängern und Nachfolgern nur eines Blicks gewürdiget hat,
der mag beurtheilen, ob es ein leichtes Geschäft, und die Arbeit einiger flüchtigen Tage war, die allgemeinen Principien
des natürlichen, und die Grundlagen des gesellschaftlichen Rechts
zu entwickeln und darzustellen. In Deutschland, wo die Philosophie der neuesten Zeit Anleitung zu mächtigen Schritten
auf dieser Bahn gegeben hat, sind noch nicht zwey Philosophen
über eine allgemein-gültige Definition des Wortes Recht mit

einander einig, und wie weit ist noch von hier zu einer befriedigen Anwendung des abstrakten Begriffs auf jedes, auch nur
ganz allgemeine Verhältniß, in welchem sich Menschen befinden können, zu einer reinen Scheidung der Attribute des vor-
gesellschaftlichen und des gesellschaftlichen Standes, zu einer vollständigen Aufzählung aller ursprünglichen Befugnisse des Menschen — zu einer Tafel der Menschenrechte! *)

Der gränzenlose, so ganz charakteristische Leichtsinn der
französischen Nation, die einzige Erklärung, die es für tausend
sonst unerklärbare Erscheinungen der letztern Jahre giebt, flößte
ihr den schwärmerischen Glauben ein, daß sie das, woran
die Weisesten aller Nationen gescheitert waren, in den Meditationen einer Nacht, oder wohl gar in den lärmenden Discussionen einer Versammlung von mehr als tausend Menschen
finden würde. Die schöpferische Kraft des 14ten July, welche den feigen Pöbel von Paris in eine Heldenschaar verwan-

---

*) Daß man in andern Ländern, und namentlich in England
und Frankreich viele der wichtigsten Begriffe aus der allgemeinen Rechtswissenschaft noch nicht einmahl so weit aufs
Reine gebracht hat, als es in Deutschland geschehen ist,
davon kan man sich überzeugen, wenn man die Reden und
Schriften der besten Köpfe in beyden Ländern zur Hand nimmt,
wo man über den Mangel an festen Prinzipien, und sogar an
Bestimmtheit und gehöriger Entwicklung der einfachsten Begriffe oft in Erstaunen geräth. Wie schwankend die Idee von
einem ursprünglichen Recht, z. B. in dem viel-umfassenden
Geist eines Burke seyn muß, darüber wird die ziemlich
dunkle und zuweilen räthselhafte Stelle Seite 86 - 96 der
Uebers. hinlänglich belehren. Wer mit den neusten politischen Schriftstellern in Frankreich bekannt ist, wird mir sicherlich Beyfall geben, wenn ich behaupte, daß Sieyes, Mirabeau, Mounier, und Clermont-Tonnere nicht
viel beßre Führer auf diesem Wege sind. —

belt hatte, bließ gleich darauf jedem rüſtigen Schulknaben den
Geiſt eines Philoſophen ein. Was Locke und Rouſſeau
nicht zu entſcheiden gewagt hatten, war urplötzlich keinem Bro-
ſchürenſchreiber und keinem Journaliſten von ehegeſtern, mehr
verborgen. Entwürfe zu Deklarationen der Rechte regneten
von allen Seiten her auf das Volk. Nichts war leichter, einfacher, und begreiflicher, als eine ſolche Deklaration. Man er-
ſtaunte über die Verfinſterung der verfloſſenen Jahrhunderte,
denen eine Reihe ſo einleuchtender Wahrheiten entgangen war.
Nur eine ſchmähliche Tyrannei hatte dies blendende Licht vor
der Nation verhüllen können.

Die National-Verſammlung überließ ſich der Richtung
der Ideen, die unter dem Volk herrſchten, mit mehr als kindli-
ſcher Bereitwilligkeit. Auch hier kam es blos darauf an, welchen Entwurf man wählen ſollte. Ob es auch überall einen
guten geben mochte, und ob es rathſam war, blos unter hundert mangelhaften den am wenigſten mangelhaften zu wählen,
dieſe unendlich wichtige Präliminarfrage kam kaum in Erwägung. Man muß dem richtigen Verſtande einiger wenigen Deputirten die Gerechtigkeit widerfahren laſſen, daß ſie ſich dem
Strohme widerſetzt haben *). Selbſt Mirabeau, ſo wenig
frey er von ſchwärmeriſchen Ideen war, fühlte die Unſchicklich-
keit des Unternehmens, und ahndete die Gefahr. Er ſchlug vor,
über die Deklaration der Rechte zuletzt, und nachdem erſt
die

---

*) Es gab wirklich verſchiedne gute Köpfe, die gegen die ganze
   Idee der Deklaration der Rechte proteſtirten. Zwey der
   ausgezeichnetſten, deren Reden die Nachwelt nicht ohne Ver-
   wunderung, (daß ſie ſo gar nichts wirken konnten) leſen wird,
   waren, der vortreffliche Biſchof von Langres, und Herr
   von Landine.

die ganze Constitution vollendet seyn würde, zu deliberiren. Aber seine Stimme gieng, so wie die Stimme eines jeden, der von Langsamkeit, Ueberlegung und Reise sprach, in dem allgemeinen Tumult einer nach Umsturz und Neuheit begierigen Menge verlohren.

Es ist zum Erstaunen seltsam, daß nicht einmahl das wahrhaft abgeschmackte und lächerliche in der Art, wie man die Deklaration zur Welt brachte, der Majorität der gesetzgebenden Versammlung die Augen über ihr Unternehmen öffnete. Man muß nie eine Vorstellung von einer Deklaration der Rechte gehabt haben, oder man muß aufs innigste von der beynahe theatralischen Thorheit einer Versammlung durchdrungen seyn, die die Rechte des Menschen zum Gegenstande einer Berathschlagung von so und so viel Stunden macht, die über einzelne Sätze einer Urkunde der Natur — Stimmen sammelt, durch Aufstehen und Niedersitzen entscheidet, um eine königliche Sanktion verlegen ist, — und es von dem Willen, oder gar von den Launen und Leidenschaften einiger Individuen abhängen läßt, was man in Zukunft unter — Recht, Gleichheit, Freyheit und Eigenthum verstehen soll. So aber, und nicht anders, ist die Grundfeste der französischen Constitution entstanden. Die ganze Deliberation über diesen wichtigen Gegenstand, war, wie die meisten der nachfolgenden, ein Kampf zwischen zwey Partheyen, von denen die eine — Freyheit lieber als Ordnung, und das Neue, so weit man darin kommen konnte, die andre — Ordnung noch lieber als Freyheit, und das Alte, so weit es zu retten war, begehrte. Das Resultat dieses Kampfes waren immer — Aufopferungen von beyden Seiten, augenblickliche Friedenstraktaten, Vergleichsartikel und wechselseitige Bedingungen, und alle die Mittelwege zwischen ausschweifenden Forderungen, die ermüdete Streiter so gern betreten, und die in allen Processen, wo die Entscheidung

N

ganz oder zum Theil auf menschliche Willkühr ankömmt, natürlich, und wünschenswürdig sind.   Aber wer kan in solchen Resultaten den Charakter ewiger und fester, keinem Zweifel, keinem
Angriffe, und also auch keinem menschlichen Vertrage unterworf-
ner Grundsätze, den einzigen Charakter einer wahren Deklaration der Rechte erkennen? —

Wenn man so, (gleichsam v o n   v o r n   h e r), die Unmöglichkeit auf dem Wege, den die National-Versammlung betrat,
zu einer brauchbaren Deklaration der Rechte zu gelangen, einge-
sehen hat, so bleibt nun, um die Ueberzeugung von der innern
Unvollkommenheit ihres Werks zu vollenden, nichts weiter übrig,
als dieses Werk selbst zur Hand zu nehmen, und einen critischen Blick auf seine einzelnen Bestandtheile zu werfen.

Diese berühmte Deklaration der Rechte beginnt mit folgendem Eingange: ·

„Nachdem die Repräsentanten des französischen Volks,
in eine National-Versammlung vereiniget, erwogen haben,
daß die Unkenntniß, die Vergessenheit, oder die Verachtung
der Rechte des Menschen, die einzigen Ursachen der
allgemeinen Staats-Uebel und der Verderbtheit der Regierungen sind: so haben sie beschlossen, in einer feyerlichen
Deklaration, die natürlichen, unverliehrbaren, und geheiligten Rechte des Menschen aufzustellen, damit diese Deklaration, den Gliedern des gesellschaftlichen Ganzen stets
gegenwärtig, allen und jedem seine Rechte und Pflichten
unaufhörlich vor Augen halte; damit die Beschlüsse der gesetzgebenden, so wie der ausübenden Macht, da man sie
in j e d e m A u g e n b l i c k mit dem Endzweck aller Staats-
Verbindung vergleichen kan, desto heiliger beobachtet wer=
den; damit die Ansprüche der Bürger, da sie von nun an
a u f   e i n f a c h e n   u n d   u n b e s t r i t t n e n   G r u n d s ä t z e n

beruhen werden, mit der Aufrechthaltung der Staatsver=
faffung und mit dem Wohl des Ganzen in beständiger Ein=
tracht bleiben.

In Gefolge dieses Beschlusses erkennt, und erklärt da=
her die National=Verfammlung in Gegenwart, und unter
dem Schutz des höchsten Wesens folgendes als die Rechte
des Menschen und des Bürgers. 2c. 2c.

Es ließe sich vieles über den allgemeinen Ton dieser Einlei=
tung fagen. Der Contrast zwischen ihren glänzenden, mit so voll=
endeter Zuversicht vorgetragnen Verheißungen, und den folgen=
den 17 Sätzen ist indessen so auffallend, daß er so leicht keinem
Auge entgehen wird.

Unter den einzelnen Flecken, welche die Critik (und hier
ist der Ort, wo die strengste noch nicht strenge genung ist)
rügen könnte, scheinen mir folgende zu den wesentlichsten zu ge=
hören:

1) Der Eingang redet an einer Stelle von Rechten, und
Pflichten. Wer ein Recht ausspricht, spricht freylich allemahl
eine Pflicht aus, die diesem Recht gegen=über steht. Für den
Philosophen ist eine Deklaration der Rechte auch eine Deklara=
tion der Pflichten. Aber der, welcher den gemeinen Mann mit
seinen ursprünglichen Rechten bekannt macht, muß ihn auch, wenn
er nicht ein Volksschmeichler und ein Lehrer der Zerstöhrung seyn
will, über seine ursprünglichen Pflichten aufklären. Davon weiß
diese Deklaration nichts. Die Pflichten machen ein müßiges Or=
nament in diesem prunkvollen Eingange aus. Wenn weiterhin
von Pflichten die Rede ist, so sind es nur die Pflichten der Re=
gierenden, nicht die Pflichten derer, deren Rechte aufgezählt
werden. Dieser empörende Widerspruch zwischen dem Eingange
der Deklaration und ihrem Inhalte, die Gleichgültigkeit, mit

der man die Idee der Pflicht, die in einem Volkscatechismus
doch eben so wichtig und eben so heilig seyn sollte, als die Idee
des Rechts, behandelt hat, ist ein Hauptmoment in der Masse
der zerstöhrenden Kräfte gewesen, die Frankreich verwüstet haben.
Die Deklaration mußte, wenn sie nicht augenscheinlich auf Ruin
gerichtet seyn, und wenn sie überall exist.ren sollte, eine Deklaration der Rechte und Pflichten heißen und seyn *).

2) Es ist eine an und für sich lächerliche, an ihrer hiesigen
Stelle aber gefährliche, treulose und strafbare Behauptung:

> „daß die Unkenntniß, die Vergessenheit oder die Verachtung
> der Rechte des Menschen die einzigen Ursachen der
> allgemeinen Staatsübel, und der Verderbtheit der Regie-
> rungen wären —"

Es giebt überhaupt nichts, was den Menschen vom Wege wahrer
Moralität, und einer heilsamen Selbstprüfung, Selbstschätzung,
und Selbstbesserung wirksamer abführen könnte, als die Bemühung,
ihm die Quellen seiner Uebel, soviel als es möglich ist, außer ihm
zu zeigen. Die natürliche Geneigtheit des Herzens, bey widrigen
Begebenheiten die Schuld von seinen eignen Entschlüssen, Handlungen oder Unterlaßungen abzuwälzen, und die Trägheit des
Menschen, wenn es darauf ankömmt, seinen Zustand durch den
Gebrauch eigner Kraft zu bessern, werden durch Darstellungen
dieser Art so trefflich begünstiget, daß zehn Sittenlehrer mit ihren
Vorschriften, das Gehör nicht finden und den bleibenden Eindruck
nicht machen, die sich ein einziger Schmeichler der menschlichen
Verkehrtheit und Schwachheit mit einer einseitigen Deklamation
über das unverschuldete menschliche Elend zu versprechen hat.

---

*) Mehrere Deputirte thaten auch zu wiederholten Mahlen die-
sen Vorschlag. Er ward aber mit einer großen Stimmenmehrheit verworfen.

Vorzüglich groß aber ist der Hang des Menschen, und besonders des ungebildetern, alles Unglück, das ihn betrifft, der gesellschaftlichen Verbindung überhaupt, und der Regierung seines Staats insbesondre zuzuschreiben. Wenn man auf die Reden und Klagen der Einwohner in großen Städten Acht hat, so bemerkt man, daß es kaum ein Privatleiden, kaum eine häusliche Plage, kaum eine Folge der unverkennbarsten Thorheiten und Vergehungen giebt, die nicht mittelbar oder unmittelbar die Landesverfassung, der Regent oder seine Diener hervorgebracht haben sollen. Wenn nur der Staat gebessert werden könnte, meynen alle, so wäre auf einmahl jedes Leiden weggezaubert. Was viel leichter zu bessern ist, und was weit dringender gebessert werden muß, wird aus der Acht gelassen. Die Politik verdrängt mit ihren dunkeln und schwärmerischen Projekten die sichersten Vorschriften der Privatklugheit und die hellsten Gebote der Moral.

Es ist vom ersten Augenblick der französischen Revolution an, sonnenklar gewesen, daß die Anführer darauf ausgingen, sich dieser gefährlichen Tendenz des menschlichen Herzens zu bemächtigen, und die berüchtigte Sentenz, die diese weltberühmte Vorrede enthüllt, ist der erste Beweis des allenthalben sichtbaren Hanges zu einer niedrigen Volksschmeicheley, der die Gesetzgeber in und außer ihrem Heiligthum gleich den Tausenden ihrer Brüder und Gehülfen beseelte, welche ihr Vaterland mit jener Sündfluth verworfner Schriften überschwemmten. Um sich den Weg zu unerhörten Unternehmungen zu bahnen, um dem Haß gegen die alte Regierung Dauer und ewige Nahrung zu geben, um die Nation durch die Verzweiflung an allem, was sie besaß, zur Bereitwilligkeit, alles anzunehmen, was man ihr darreichen wollte, zu leiten — war nichts dringender, aber auch nichts zweckmäßiger, als gleich im Eingange zur neuen Constitu-

tion, wie ein zweifelfreyes, keiner Beweise bedürftiges Axiom
aufzustellen: daß die bisherige Vergessenheit und Verachtung der
Menschenrechte, alles Uebel, was das Reich drückte, hervorgebracht hätte.

Blos von dieser Seite mochte es nöthig seyn, einen Blick auf
jene seltsame Behauptung zu werfen. Ihre Seichtigkeit und
Albernheit philosophisch zu zergliedern, wäre ein eben so leichtes
als überflüssiges Geschäft. Daß die Vergessenheit und die Verachtung der Menschenrechte eine der Ursachen der öffentlichen
Calamitäten seyn kan, wird niemand bezweifeln; sie aber für die
einzige auszugeben, ist eine so lächerliche Chimäre, oder eine
so schamlose Lüge, daß es nicht der Mühe lohnt, ein einziges
Wort darüber zu verliehren.

3) Der Ausdruck:

„damit die Beschlüsse der gesetzgebenden so wie der ausübenden
„Macht, da man sie in jedem Augenblick mit dem End-
„zweck aller Staatsverbindung vergleichen kan, desto heiliger
„beobachtet werden,‟

ist noch weit gefährlicher, als der so eben getadelte, weil er noch viel
praktischer ist. Jener trug doch blos das Resultat einer eingebildeten Beobachtung vor, deren Bekanntmachung praktische
Folgen genung, und gewiß keine heilsame Folgen gehabt hat.
Dieser enthält eine indirekte Vorschrift, eine allgemeine
Staatsmaxime, die man jedem Bürger zum beliebigen Gebrauch
überliefert, mit der jeder Bürger zur Beurtheilung, zur Abän-
derung, zum Umsturz der Gesetze seines Vaterlandes auftreten,
und unaufhaltsam fortschreiten kan.

Im allgemeinen gilt gegen diesen Ausdruck alles, was vorhin gegen den Entschluß, eine Deklaration der Rechte der Con-
stitutionsakte vorzusetzen, überhaupt gesagt worden ist. Nichts
zeigt deutlicher, wie wenig man die Gefahren, die mit diesem

Entschluß verknüpft waren, in Frankreich gefühlt oder geachtet
hat, als diese unerhörte Clausel, die sie tausendfältig ver,
größert. Nicht zufrieden, das Instrument zur Zerstöhrung
ihres eignen (nur so eben begonnenen) Werks geschmiedet zu ha,
ben, ermuntern diese unbegreiflichen Gesetzgeber noch die, für
welche sie arbeiten, dies Instrument keinen Augenblick
ruhen zu lassen. Alles, was die gesetzgebende Macht beschließen,
alles was die ausübende wirken wird, soll in jedem Augenblick,
mit einer Reihe abstrakter, unbestimmter, halbwahrer, jeder
Auslegung fähiger Prinzipien verglichen werden, vor denen kein
Gesetz und kein Beschluß, wenn die Gewalt ihnen übel will,
Gnade finden, mit denen die heilloseste Verordnung und die aus,
schweifendste Tyrannei, wenn die Gewalt sie begünstigt, ihren
Frieden machen, und bestehen kan. — Statt einer unverletzli,
chen Gesetztafel wird ein leerer Rähmen aufgehängt, in welchen
Leidenschaft, und Eigennutz, und Herrschsucht, und Frechheit
und Meuterey einpassen können, was für ihre Zwecke am brauch,
barsten ist.

Lebhafte Köpfe, die die Bahn der Weisheit einmahl verlas,
sen haben, wandeln mit Riesenschritten auf den Pfaden der Thor,
heit. Ohne zu erwägen, daß der Künstler in jedem Fach die fein,
sten Triebe und Federn seines Kunstwerks mit planvoller Emsig,
keit verbirgt, hat diese gesetzgebende Versammlung, das, was sie
selbst für das Hauptrad in ihrer Maschine erklärte, nicht nur je,
dem Auge blos gestellt, sondern auch jedes Idioten und jedes
Frevlers Hand feyerlich aufgefordert, in jedem Augenblick
daran zu mustern, und damit zu spielen. Woran die alte Ver,
fassung sich so eben zu Tode blutete, das sollte das Lebensprincip
in einer neuen werden.

N 4

Wenn man einen Versuch machen wollte, die Anarchie in ein System zu bringen, so müßte der erste Grundsatz in diesem System kein andrer seyn, als der:

> „Jedes Gesetz, und jeder Beschluß der Regierung muß in jedem Augenblick (gleichviel von wem und von wie vielen) mit einer Reihe metaphysischer Formeln, welche man Grundsätze der Staatsverfassung nennen wird, verglichen werden können.

Die zweyte Regel in diesem widernatürlichen System würde dann füglich folgende Maxime des Einganges hergeben:

> 4) „Die Ansprüche der Bürger sollen nicht mehr auf positivem „Recht und bestimmten Gesetzen, sondern auf den eben ge- „dachten einfachen und abstrakten Formeln beruhen.

Was man auf diese einfachen und allgemeinen Formeln für An- sprüche bauen, und von gewissen Seiten ohne sonderliche Incon- sequenz bauen kan, davon stellt Frankreich seit 3 Jahren die Bey- spiele dar. Es wäre überflüssig, dieser Clausel weiter nachzu- gehen.

Auf diesen Eingang folgen nun die Rechte des Menschen selbst:

Erster Artikel.

Die Menschen werden frey und gleich an Rechten ge- bohren, und bleiben frey und gleich an Rechten: die gesell- schaftlichen Unterschiede müssen durchaus auf den allgemei- nen Nutzen gegründet seyn.

Diese erste Grundmaxime, der Eckstein des ganzen Gebäu- des, enthält fast so viel Unrichtigkeiten, als Worte. Es ist nichts darin, was die Prüfung aushielte, als der Umstand, daß die

Menſchen frey gebohren werden. Eine leere, unnütze, in der Verbindung, worin ſie hier auftritt, jeder Misdeutung ausge-
ſetzte Verſicherung, weil die Menſchen in dem Sinn des Worts, in welchem ſie frey gebohren werden, ſchlechterdings nicht frey bleiben können.

Der Satz: die Menſchen bleiben frey, iſt darum ein höchſt unphiloſophlicher und in ſeiner Unbegränztheit ganz
unbrauchbarer Satz, weil er bejaht und verneint werden muß, je nachdem die Definition des Begriffs, Freyheit, welchen zu
definiren man ſich hier ſorgfältig gehütet hat, ausfällt. Daß der Menſch ſeine eigne Freyheit einſchränken, daß er einen Theil derſelben veräußern kan, iſt keinem Zweifel unterworfen.

Es iſt noch eine Frage unter den Rechtslehrern (und die Strenge der Prinzipien neigt ſich hier vielleicht zu einer Entſchei-
dung gegen die Freyheit) in wie weit ein Vertrag, wodurch ein Individuum ſeine ganze Freyheit verkauft, d. i. ſich zum
Sklaven ergiebt, gültig, und für den Käufer rechtsbegründend ſey? Wie günſtig aber auch die Antwort auf dieſe Frage lauten
mag, wird ſie doch immer Reſultate geben, die mit dem Satz: die Menſchen bleiben frey, ſonderbar contraſtiren müſſen.

Der Ausſpruch: die Menſchen werden gleich an Rechten gebohren — iſt in jeder Rückſicht, und ohne alle
Einſchränkung falſch. Man mag den Termin, in welchem der Menſch zum Genuß ſeiner Rechte gelangt, das heißt, in welchem
man ihn als ein Mitglied der moraliſchen Welt, und der geſell-
ſchaftlichen Verbindung zu betrachten anfängt, ſetzen, wohin man will, in den Augenblick der Geburt, in den Augenblick des
erſten deutlichen Bewußtſeyns, in die Periode der Mannbarkeit, der Großjährigkeit, oder in welche andre frühere oder ſpätere Periode es ſey: der Satz: die Menſchen werden mit glei-
chen Rechten gebohren, bleibt immer gleich ſinnlos. Der,

welcher von seinen Eltern ein ansehnliches Grundstück ererbt, kan
unmöglich dem, der das leere innre Vermögen, etwas zu erwerben, in die Welt bringt, an Rechten gleich seyn.   Denn, wenn
die berühmte Maxime, (wie es einigen Vertheidigern der Deklaration beygefallen ist) nur das bedeuten sollte, daß das Recht des
einen, wenn gleich von zehnmahl kleinerem Umfange als das
Recht des andern, doch von gleicher Heiligkeit, oder: daß
ein Recht als solches, nicht mehr Recht wäre als ein andres
Recht — so ließe sich nichts dürftigers, und nichts überflüssigers
denken, als dieser Satz, der mit großem Pomp das bekannte
Axiom ausdrückte, daß A = A ist.

Noch falscher und grundloser, wo möglich, ist der Zusatz,
daß die Menschen an Rechten gleich bleiben.   Jeder
der etwas hervorbringt, oder erwirbt, erschafft sich ein neues
Recht, und vermehrt die Summe der Rechte, die er bisher besessen hatte.   Man begreift nicht, wie dergleichen Behauptungen, wogegen doch Vernunft und Erfahrung sich so gewaltsam
erheben, Ansehen und Kredit bey einer Versammlung denkender
Männer, und in einem der aufgeklärtsten Länder der Erde gewinnen konnten.

Der Nachtrag zu diesem ersten Fundamentalprincip:
Die gesellschaftlichen Unterschiede müssen durch-
• aus auf das allgemeine Beste gegründet seyn,
reißt das ganze Luftgebäude, was auf den ersten Zellen empor
steigen sollte, nieder.   Wenn das allgemeine Beste die natürliche
Gleichheit einschränken und modifiziren soll, so wird es darauf ankommen, wer in jedem einzelnen Fall bestimmt, was das allgemeine Beste ist.   Da dies nichts weniger als ein Problem des
Naturrechts, oder irgend einer abstrakten Disciplin überhaupt,
sondern eine Frage aus einer sehr zusammengesetzten, verwickelten, auf tausendfältigen Erfahrungen beruhenden praktischen

Wiſſenſchaft iſt, die man Politik im eigentlichſten Sinne nennt: ſo findet ſich das einfache, unverletzbare, geheiligte Recht, wovon das Princip ſprach, höchſt unerwartet und höchſt unnatürlich mit einem ganz heterogenen Beſtandtheil vermählt, der es beſchränken, und umformen, und entkräften, und zuletzt zerſtöhren kan, je nachdem der Richter über das, was der allgemeine Vortheil heißt, es dieſem Vortheil, oder ſeinem eignen zuträglich glauben wird.

Uebrigens iſt dieſer gefährliche Nachtrag auch wieder in ſich vollkommen falſch oder äußerſt armſeelig. Wenn mit den Unterſcheidungen, von welchen er handelt, blos die willführlichen, von der Geſellſchaft ſelbſt einzuführenden, oder zu beſtätigenden gemeynt ſind, ſo iſt er leer und nicht des Ausſprechens werth. Daß die Geſellſchaft nicht einzelne Mitglieder um ſo n ſt begünſtigen, daß bey den Diſtinctionen, die ſie gefliſſentlich einführt, allemahl ihr Vortheil, (wenigſtens ein augenblicklicher, vielleicht um deſto dringenderer Vortheil) zum Grunde liegen wird, verſteht ſich von ſelbſt. Sollen aber, wie es die Abfaſſung der Formel offenbar mit ſich bringt, alle Unterſchiede in der Geſellſchaft ohne Ausnahme verſtanden werden, ſo iſt ſie völlig unrichtig. Diejenigen Unterſcheidungen, die ſich von ſelbſt einführen, die, welche der Reichthum, die Verbindungen der Einzelnen, die eigne körperliche oder geiſtige Kraft im Menſchen, oder irgend ein andres der tauſendfachen Merkmahle, wodurch die Natur allen abgeſchmackten Gleichheitsprätenſionen zum Trotz die wahrhafte Ungleichheit der Menſchen bekundet, herbey ziehen, ſind gewiß nicht unmittelbar auf den allgemeinen Vortheil gegründet, dem ſie oft nicht wenig widerſtreiten, mit dem der weiſe Geſetzgeber ſie nur zu einigen ſucht, ſo gut er kan. Sichrer würde man gehen, wenn man den Satz geradezu umkehrte. Die Geſellſchaft hat zum Zweck, den Menſchen bey den Vorzügen (Ungleichheiten, Unterſcheidungen) die er ſich außer ihr oder in ihr erwirbt, auf alle Weiſe zu ſchützen. Man kan alſo weit eher ſagen: Der Zweck und Vortheil des Gan-zen iſt auf die Ungleichheit der Einzelnen, als die Ungleichheit der Einzelnen iſt auf den Vortheil des Ganzen gegründet. —

Zweyter Artikel.

Der Endzweck aller Staats-Verbindung iſt die Erhal-tung der natürlichen und unverliehrbaren Rechte des Men-ſchen. Dieſe Rechte ſind: Freyheit, Eigenthum, Sicherheit, und die Befugniß, ſich der Unterdrückung zu widerſetzen.

Der zweyte Abſchnitt dieſes Artikels iſt von großer Wich-tigkeit, und würde allein die Stelle einer wahren Deklaration der Rechte vertreten, wenn die Aufzählung der einzelnen Rech-te, die er enthält, richtig und vollſtändig wäre.

Dieſe Aufzählung iſt aber in jeder Rückſicht fehlerhaft. Sie mußte ſogar fehlerhaft ſeyn, weil ſie nach keinem Prin-cip entſtanden, blos rapſodiſtiſch entworfen, und auf gut Glück gewagt iſt. Sie iſt ſo wenig unter Leitung eines Princips vorgenommen, daß in dieſem ganzen Syſtem der Rechte nirgends eine Erklärung des Worts Recht gegeben, oder auch nur verſucht wird. Nirgends iſt eine Regel zu finden wor-an man die Tafel der Rechte prüfen, wonach man beurtheilen könnte, ob ſie zu viel oder zu wenig enthält. Wer an dieſe Unterſuchung gehen will, muß ſie nach ſeinem eignen Syſtem, nach ſeinen eignen Grundſätzen anſtellen. Dieſem Fundament der ganzen Geſetzgebung fehlt es ſelbſt an einem Fundament. Man mag aber die urſprünglichen Rechte ableiten aus welchem Princip es auch ſey, man mag für das Wort Recht zum Grunde legen, welche Definition man will, die Aufzählung des Artikels wird immer verworfen werden müſſen. Auf der ei-nen Seite begreift ſie zu wenig. Es giebt mehrere urſprüngli-

che Rechte, die gar nicht benannt sind. So ist das ursprüngliche Recht, Verträge zu schließen, und deren Erfüllung zu fordern, ein Recht, das durchaus aller Gesellschaft noch voran
gehen muß, weil ohne dasselbe der erste gesellschaftliche Vertrag,
mithin die Gesellschaft selbst nicht entstehen konnte, gar nicht
darin erwähnt. Auf der andern Seite lassen sich gegen die
wirklich aufgeführten Rechte verschiedne erhebliche Erinnerungen
machen.

1.) Es läßt sich nichts unphilosophischers denken, als **F r e y -
h e i t** ohne die geringste Bestimmung unter den Rechten des
Menschen auftreten zu lassen. Freyheit im höhern Sinn ist
der letzte Grund und die einzige Quelle aller Rechte. Wenn aber
Freyheit als besondres Recht des Menschen behandelt wird, so
kan nichts anders darunter zu verstehen seyn, als das Recht
des Einzelnen die Freyheit in seiner Person zu erhalten und
zu schützen. Dieses abstrakte Recht ist von dem so vielfältig
bestimmten, welches **p o l i t i s c h e   F r e y h e i t** heißt, gewaltig
unterschieden. Solche Distinktionen muß man in dem philoso-
phisch-politischen Traume nirgends suchen.

2.) **E i g e n t h u m** ist ein wahres ursprüngliches Recht, dessen Aufrechthaltung einer der großen Hauptzwecke der gesellschaftlichen Verbindung ist. Daß man auch dieses Recht durchgängig ohne nähere Erklärung, ohne die geringste Definition
ließ — dieser logische Staatsfehler hat ein Heer von Uebeln
über einzelne Menschen, große Stände, und zuletzt über ganz
Frankreich gebracht.

3.) **S i c h e r h e i t** kan nie ein Recht genannt werden. Sicherheit ist ein Zweck und ein großer Zweck des Staatsvereins;
sie ist die Verheißung des reellen Genusses, welche
die Gesellschaft zu dem ohne sie leeren Titel, **d e s   R e c h t s,**

und zwar eines jeden Rechts hinzufügt. Sie ist die Bürgschaft für ein Recht, aber nicht selbst ein Recht.

4.) Das Recht, der Unterdrückung zu widerste-
hen, ist ein wahres ursprüngliches Naturrecht, ohne welches
jedes andre Recht im außergesellschaftlichen Zustande ein bloßer
Nahme seyn würde. Hätte man es als ein solches in der Deklaration der Rechte aufgeführt, so wäre nichts dagegen zu erinnern. Aber die Verknüpfung dieses Rechts, so wie der übrigen, mit dem ersten Absatz des Artikels giebt einen andern Gesichtspunkt der Beurtheilung an.

Das Recht, der Unterdrückung zu widerstehen, als ein
gesellschaftliches Recht, als ein solches, welches die Gesellschaft verbürgte, und zu dessen Aufrechthaltung sie errichtet
wäre, zu behandeln, ist ein unverzeihlicher Irrthum in der
Theorie, nicht zu gedenken, daß es in der Ausführung der
Tod aller Regierung seyn muß. Gerade, um Selbstvertheidi-
gung zu hindern, um den gefährlichen Kämpfen zwischen Recht
und Recht, die im Stande der Natur fast unausbleiblich in ein
Handgemenge zwischen Gewalt und Gewalt übergehen, ein
Ende zu machen, um wahre und dauerhafte Sicherheit zu gewähren, hat die Gesellschaft jedem Einzelnen den sauren Beruf sich gegen Angriffe auf seine Rechte zu schützen, ein für allemahl abgenommen. Kömmt das Individuum hier oder dort in
den Fall, das Naturrecht der Nothwehr üben zu müssen,
so ist dies blos ein Zeichen von der Eingeschränktheit des Wir-
kungskreises gesellschaftlicher Macht. So weit die Arme der
Gesellschaft reichen, hat sie sich feyerlich erklärt, das Recht des
Widerstandes gegen Gewalt für den Einzelnen zu verwalten.
Sie könnte es ihm also, ohne sich zu widersprechen, nur da
verbürgen, wo sie selbst nicht mehr wirken, nur da, wo sie
nichts mehr verbürgen kan.

Man sieht deutlich genung, daß unter diesem Recht des Widerstandes nichts anders verstanden werden sollte, als das Recht der
Bürger einer drückenden Staatsverfassung selbst zu widerstehn, oder mit andern Worten: das Recht der Gesellschaft,
sich selbst, wenn die Bedingungen unter welchen sie existirt dem
größten Theil ihrer Mitglieder nicht mehr gefallen, aufzuheben,
um sich neu zu organisiren. Hätte man dieses zweydeutigen und
gefahrvollen Rechts, das ohnedies aus den nachher vorgetragnen Ideen von Volkssouveränität am schicklichsten abzuleiten
war, in dieser Deklaration erwähnen wollen, so war es am
besten, es frey und dreist, klar und bestimmt zu thun. Dadurch aber, daß man sich hinter den allgemeinen Ausdruck:
Recht des Widerstandes, versteckte, brachte man einen unzusammenhängenden und unsinnigen Artikel mehr in das System,
und öfnete einen neuen Schlund, worin persönliche Freyheit,
Eigenthum und alle andre Rechte der Einzelnen, und alle Prärogativen des Staats, und der Gehorsam gegen die Geseze,
und der letzte Ueberrest von Ordnung im Reiche, unter dem
schnöden Vorwand einer geheiligten Nothwendigkeit, oder
wohl gar unter dem frevelhaften Deckmantel einer ehrwürdigen Pflicht begraben wurden.

Dritter Artikel.

Das Prinzip aller Souverainität liegt seinem Wesen
nach in der Nation: keine Gesellschaft kein Einzelner kan
irgend eine Macht ausüben, die ihm nicht ausdrücklich von
ihr verliehen ist.

Der erste Satz ist in seiner Allgemeinheit betrachtet, vollkommen wahr. Aber, so wie das Princip der Freyheit im
Einzelnen limitirt werden muß, wenn es eine Gesellschaft geben soll, so muß das Princip der Souveränität in der Gesell-

schaft limitirt werden, wenn diese Gesellschaft einen Staat
formiren soll. In dem Sinn des Worts, in welche meine
Gesellschaft souverän ist, die so eben zusammentritt, um einen
Staat zu bilden, kan keine Gesellschaft souverän seyn und
bleiben, sobald und so lange noch ein Staat existirt.

Von dieser äußerst wichtigen Distinktion erwähnt die Deklaration, die sich doch im Eingange eine Deklaration der Rechte des Menschen und des Bürgers nennt, kein Wort;
wahrscheinlich, weil die, welche sie entwarfen, ihrer nicht zu
bedürfen glaubten.

Der zweyte Satz ist gerabehin falsch. Außer der durch
den ausdrücklichen Willen einer Nation verliehnen, kan es doch
auch eine durch stillschweigende Genehmhaltung berechtigte und
geheiligte Macht eines Einzelnen oder Mehrerer im Staate geben. Jene schneidende Behauptung war, wie alles übrige, nur
auf Zeit und Umstände berechnet: sie sollte nur aller Macht,
die damals noch vorhanden war, das Todesurtheil sprechen,
und die Allmacht der neuen Gesetzgeber gründen.

Vierter Artikel.

Die Freyheit besteht in dem Vermögen alles zu thun,
was dem andern nicht schädlich ist: mithin hat die Ausübung der natürlichen Rechte jedes Menschen keine andre
Schranken als die, welche den andern Mitgliedern der Gesellschaft den Genuß der nehmlichen Rechte sichern. Diese
Schranken können nur durch das Gesetz bestimmt werden.

Dieser Artikel besteht aus drey Gliedern.

Das erste ist eine ganz richtige Definition der moralischen
Freyheit im Stande der Natur.

Das

Das zweyte ist eine richtige Folgerung aus dieser Definition, in sofern sie sich strenge an den Naturstand hält, welches das Beywort „natürliches“ auch noch mit hinlänglicher Präcision angiebt.

Das dritte ist ein fremdartiger Zusatz; und seine genaue Verbindung mit dem zweyten, macht dieses und den ganzen Artikel falsch, schielend, unverständlich, verworren und sinnlos. In der ganzen Deklaration der Rechte sind die sehr kenntlichen Stufen, auf welchen der Mensch vom einsamen Wilden zum geselligen Bürger hinaufklimmmt, der außer-gesellschaftliche Zustand, der Zustand der werdenden, der Zustand der vollendeten, der Zustand der geordneten Gesellschaft, nirgends bemerkt und nirgends geschieden. Alles schwimmt daher in einem Chaos roher und regelloser Begriffe.

Wenn die Schranken, von denen hier die Rede ist, Schranken der natürlichen Rechte seyn sollen, so ist der letzte Satz unnütz und falsch. Wenn es Schranken der gesellschaftlichen Rechte seyn sollen, so ist der zweyte unzulänglich und hinkend. Unter dem Wort: Gesetz, wird hier nach Zusammenhang und Sprachgebrauch das gesellschaftliche positive Gesetz verstanden. Soll nun in dem Satz: Die Ausübung der natürlichen Rechte eines Jeden, hat keine andre Schranken, als die, welche den andern den Genuß der nehmlichen Rechte sichern — wirklich von Rechten im Stande der Natur die Rede seyn, wie die Absicht klar genung an den Tag gelegt wird, so ist es widersinnig, zu behaupten, diese Schranken bestimme allein das positive Gesetz. Weit entfernt, sie allein zu bestimmen, bestimmt es sie vielmehr gar nicht. Ein ganz andres Gesetz weiset diese Schranken an. Der letzte Satz ist also falsch. Soll unter der Ausübung, trotz aller dann herrschenden Fehlerhaftigkeit des Ausdrucks, die Ausübung

O

der Rechte in der Gesellschaft verstanden seyn: so ist zwar der letzte Satz vollkommen richtig. Dann darf aber der vorhergehende nicht sagen: „diese Ausübung habe keine andre Schranken als die Sicherheit aller Mitglieder der Gesellschaft, gleiche Rechte zu genießen" — denn die Gesellschaft, und ihr Organ, das Gesetz, können in menschlichen Handlungen, ohne daß darin der geringste Widerspruch läge, noch andre Schranken bestimmen, als diese. In diesem Fall ist also das zweyte Glied des Artikels unzureichend und falsch.

Fünfter Artikel.

Das Gesetz darf keine andre Handlungen verbieten, als solche, die der Gesellschaft nachtheilig sind: was durch das Gesetz nicht verboten ist, kan auch nicht gehindert, und Niemand kan gezwungen werden, zu thun, was es nicht gebietet.

Gegen die Dispositionen dieses Artikels ist im Ganzen nichts zu erinnern. Nur so viel ist ausgemacht, daß eine gute Definition, eine höchst genaue Bestimmung aller wahren Merkmahle des Gesetzes nützlicher ist, als alle allgemeine Vorschriften, welche angeben, was das Gesetz enthalten, und was es nicht enthalten soll. Wenn das Gesetz der richtige Ausdruck des überlegten und vernunftmäßigen Willens einer Nation ist, sind diese Vorschriften überflüßig. Wenn das nicht ist, sind sie vollkommen fruchtlos.

Sechster Artikel.

Das Gesetz ist der Ausdruck des allgemeinen Willens: alle Bürger haben das Recht, persönlich, oder durch ihre Repräsentanten zu seiner Entstehung beyzutragen: Das Gesetz muß für alle gleich seyn, es mag schützen oder strafen da alle Bürger in seinen Augen gleich sind, so haben sie auch alle gleiche Ansprüche auf alle Würden, Stellen und öffentliche Aemter zu denen sie die Fähigkeit besitzen, ohne allen weitern Unterschied, als den, der von ihren Tugenden und ihren Talenten herrührt.

Dieser Artikel enthält wieder vier ganz verschiedne Sätze.

1.) **Das Gesetz ist der Ausdruck des allgemeinen Willens** — In der Kindheit der Politik begnügte man sich mit dieser Definition. Weitres Nachdenken und aufmerksame Beobachtungen über den Gang der menschlichen Angelegenheiten, haben die, welche sich mit diesen Untersuchungen beschäftigten, belehrt, daß eine viel genauere Bestimmung nöthig ist. So wie es ein Wollen des Einzelnen giebt, das eigentlich sein Wille nicht ist, das Wollen seiner Leidenschaften, nicht der Wille seiner Vernunft, so giebt es auch Neigungen des Augenblicks, leidenschaftliche Aufwallungen in einer Gesellschaft, die nichts weniger als ihr wahrer und bleibender Wille sind. Staaten haben ihren Rausch, wie Menschen. Was sie im Augenblick dieses Rausches begehren, als ihren Willen verehren, heißt ihren Willen geflissentlich verkennen. Das erste Erforderniß, um den w a h r e n W i l l e n einer Nation zu vernehmen, ist die Kunst, sie darum zu befragen. Dies ist eins der wichtigsten Probleme in der Politik. Eine so schwankende und unvollständige Definition eines Gesetzes, als die hier gegebne, kan dieses Problem nimmermehr auflösen.

2.) **A l l e B ü r g e r h a b e n d a s R e c h t , p e r s ö n l i c h , o d e r d u r c h i h r e R e p r ä s e n t a n t e n z u r E n t s t e h u n g d e s G e s e t z e s b e y z u t r a g e n** — Das Recht, zu Entstehung des Gesetzes das ihrige beyzutragen, haben freylich ursprünglich alle Bürger: so wie aber der Satz hier vorgetragen ist, sollte man glauben, dies Recht könnten sie nur, entweder persönlich, oder durch Repräsentanten ausüben, und auf einem andern Wege könnte kein gültiges Gesetz entstehen. Dies ist aber offenbar falsch. Es wäre ungereimt, zu behaupten, daß eine Nation nicht berechtiget seyn sollte, ausdrücklich oder stillschweigend das Amt, die Gesetze zu machen, einigen wenigen Bürgern zu übertragen, und daß ein so entstandnes Gesetz nicht ein eben so gültiges und vollkommnes Gesetz seyn würde, als das, welches in einer Volks-versammlung, oder in einem Senat von Repräsentanten gegeben wird. Mannichfaltige Gründe können eine Nation bewegen, ei-nen Entschluß dieser Art zu fassen. Sogar in einem demokrati-schen Staat können die Aermern zu der Einsicht gelangen, daß es das Interesse des Ganzen, so wie am Ende ihr eignes erfordert, nur den Begüterten eine Stimme bey der Entstehung des Gesetzes anzuvertrauen. Unter andern Umständen kan ein ganzes Volk die Einführung des Repräsentationssystems mit seinem Vortheil, mit seiner Ausbildung, mit seiner Situation streitend, und die End-zwecke aller Gesetzgebung gesicherter finden, wenn es das Recht, Gesetze zu machen, in die Hände eines Einzelnen legt. Wer wird Gesetzen, die in dieser Form erscheinen, den Charakter wahrer Gesetze absprechen? Frankreich selbst hätte, wenn jene einseitige De-finition gelten sollte, kein einziges Gesetz, das als solches Achtung verdiente. Wenn es ein Grundsatz des ewigen Rechts war, daß alle Bürger entweder persönlich oder durch Deputirte zum Gesetz beytragen sollen, so mußte die National-Versammlung nicht (in schändlicher Inconsequenz gegen diesen, und alle ihre übrigen all-gemeinen Grundsätze) den Unterschied zwischen aktiven und nicht aktiven Bürgern einführen.

Die Bestimmung der Form, in welcher das Gesetz gebildet werden soll, war also auf jeden Fall voreilig und einseitig. Der allgemeine Wille ist freylich der Hauptcharakter des Gesetzes: aber um zu erfahren, was alle wollen, ist es durchaus nicht nöthig, daß Jeder rede. Es sind nicht die Neigungen, es ist die Vernunft und Weisheit aller, was sich im Gesetz concentriren soll; und wer Vernunft und Weisheit hören will, wird sie schwerlich im Geschrey eines Haufens suchen.

3.) Das Gesetz muß für alle gleich seyn, es mag schützen oder strafen —

Um über diese Maxime ein Urtheil zu fällen, müßte man erst bestimmt wissen, in welchem Sinn das Wort gleich hier genommen wird. Soll es im strengsten Verstande gelten, so möchte wohl noch viel zu erinnern seyn. Die, welche über die Grundsätze des Criminalrechts Untersuchungen anstellten, haben viel darüber gestritten, ob die Gleichheit der Strafen absolut oder relativ seyn, das ist, ob die Strafen mit Rücksicht auf die Ungleichheit der Personen, oder ohne diese Rücksicht festgesetzt werden sollen. Es ist bekannt, daß die, welche gegen die absolute Gleichheit sind, sie deßhalb verwerfen, weil sie finden, daß sie unter einem betrüglichen Nahmen zu einer höchst drückenden Ungleichheit und wahren Ungerechtigkeit führt, indem eine und dieselbe Strafe einen Fürsten unendlich härter treffen muß, als einen Tagelöhner — Auf jeden Fall gab es hier viel zu überlegen — Aber alle diese Weitläuftigkeiten der alten pedantischen Rechtswissenschaft, diese kindische Sorgsamkeit gothischer Jahrhunderte tritt die neue Weisheit dieser Deklaration in einer einzigen Zeile unter ihre Füße —

4) Da alle Bürger in den Augen des Gesetzes gleich sind, so haben sie auch alle gleiche Ansprüche auf alle Würden ꝛc. ꝛc. ohne weitern Unterschied als den, welchen ihre Talente und Tugenden bestimmen.

Es ist hier nicht der Ort über das Princip selbst zu urtheilen, welches bekanntlich einer der großen Angeln ist, um welche sich die neue Staatsverfassung drehen soll. Aber der Zusammenhang,

O 3

in welchem es hier auftritt, ist aller Aufmerksamkeit werth; es war nicht leicht möglich, ihm eine schlechtere Stelle anzuweisen.

Der Vordersatz: Alle Bürger sind in den Augen des Gesetzes gleich, ist ein höchst unbestimmter Satz, der nur dann irgend eine Bedeutung haben kan, wenn er von einem schon vorhandnen Gesetze zu verstehen ist, und so viel heißen soll, als: Ein vorhandnes Gesetz ist für alle Bürger gleich-verbindend. Auf jede andre Weise erklärt ist der Satz falsch und ganz sinnlos. Das Gesetz kan die Ungleichheiten aller Art, die es unter den Bürgern vorfindet, nicht aufheben. Es ist sogar die höchste Pflicht des Gesetzgebers, auf diese Ungleichheiten in dem Augenblick, da er sein Gesetz entwirft, die strengste Rücksicht zu nehmen.

Sobald dies ist, findet sich aber zwischen jenem Vordersatz und dem Nachsatz: Jeder Bürger hat gleiche Ansprüche auf alle Stellen und Würden im Staat, nichts, was einer logischen Folge ähnlich sähe, weil sich nicht die allergeringste Identität zwischen Gleichheit in den Augen eines Gesetzes und Gleichheit in Ansehung der Ansprüche auf Stellen zeigt. Es ist, als ob man schließen wollte: da alle Menschen in den Augen des Todes gleich sind, müssen sie alle an einer gleichen Krankheit sterben.

Die Nichtigkeit des Raisonnements hätte denen, welche diese Maxime sanktionirten, wäre nicht vorsetzliche Verblendung im Spiel gewesen, sogleich einleuchten müssen, wenn sie nur einen aufmerksamen Blick auf den von ihnen selbst genehmigten Zusatz „ohne weitern Unterschied, als den der Talente und Tugenden“ geworfen hätten. Auch diese Ungleichheit unter den Menschen hat doch das Gesetz nicht hervorgebracht. Aber anerkennen soll es diese Ungleichheit, unbeschadet der Maxime, daß jeder Bürger in seinen Augen gleich ist. Warum soll es gegen jede andre Un-

gleichheit blind und taub seyn? Es giebt allerdings keine wichti-
gere Unterschiede unter den Menschen, als die, welche von ihren
Tugenden und von ihren Geistesvorzügen herrühren. Die
Rangordnung, die diese einführen, ist über jede andre erhaben, wie der Geist über den Staub. Aber dadurch, daß
sie die höchste ist, wird doch nicht sofort jede andre Distinktion
in der Gesellschaft als unnütz und verwerflich gebrandmarkt.
Wenn Reichthum und Geburt auch bey weitem nicht alles sind,
so wäre es doch ungereimt, sie deshalb ohne weitres Bedenken
für nichts zu erklären. Gesetzt, ein Staat fände es seiner höchsten Convenienz gemäß, außer jenen beyden Cardinalpunkten der
Talente und Verdienste, auch diese untergeordneten Distinctionen,
indem er den Bürgern ihre Stellen anweiset, in Anschlag zu
bringen: gesetzt, eine Nation fände ihre Wohlfahrt, ihre Freyheit, ihre Erhaltung dabey interessirt, daß gewisse Aemter mit
dem erblichen Besitz großer Ländereyen, oder mit der Abstam-
mung von gewissen Familien ausschließend verknüpft seyn sollen —
wird denn eine solche Einrichtung, wenn sie sonst die Kennzeichen
der Legalität hat, schlechterdings ungültig seyn? werden deshalb
die Bürger in den Augen des vorhandnen Gesetzes weniger gleich
bleiben? wird deshalb Tugend und Talent in einem solchen Staat
nicht weiter geachtet werden? —

Es ist nur allzu sichtbar, was diese Maxime hieher geschleu-
dert hat. Man konnte nicht früh genung dazu kommen, alle Unterschiede aus der menschlichen Gesellschaft zu vertilgen, alles, was
sein Haupt über die glatte Fläche einer chimärischen Gleichheit
erheben wollte, danieder zu schlagen. Rachgier und Raubsucht,
und Neid und Zerstöhrungsdrang, und politische Schwärmerey,
und die Eitelkeit, welche die Vorzüge andrer haßt, eben so klein,
und noch verderblicher, als die, welche sich ihrer eignen unmäßig
freut, mußten ihre glücklich-erhaschte Beute fest halten; und

damit sich in den Text der Constitution nichts verliehren möchte, was ihren Zwecken zuwider war, suchten sie einen Aktus leiden= schaftlicher Willkühr der Welt als eine Grundbestimmung aller ge= sellschaftlichen Verbindung vorzuspiegeln, flochten das Princip ihrer gewaltthätigsten Operation in die Deklaration der Rechte ein, und hiengen es, da es in dieser Deklaration doch nie eine passende Stelle finden konnte, der ersten der besten Formel an, die nur das vieldeutige Wort, G l e i c h h e i t, enthält.

Wenn man überhaupt die Glieder, aus welchen dieser 6te Artikel bestehe, unter ihre gehörige Titel bringen soll, so zeigt sich darin.

1) Eine unzureichende Definition eines Gesetzes.

2) 3) Zwey falsche Qualifikationen desselben.

4) Eine Behauptung, die weder ein allgemeines P r i n c i p, noch auch nur eine allgemeine politische M a x i m e heißen kan.

Und dies ist ein Artikel aus einer D e k l a r a t i o n d e r R e c h t e!

Siebenter Artikel.

Niemand kan anders, als in dem vom Gesetz bestimm= ten Fällen, und unter den darin vorgeschriebnen Formen angeklagt, in Verhaft genommen, oder darin behalten werden: die, welche willkührliche Befehle auswirken, aus= fertigen oder vollziehen, müssen gestraft werden: aber je= der Bürger, der in Kraft des Gesetzes aufgefordert, oder ergriffen wird, muß augenblicklich gehorchen, und macht sich strafbar, wenn er sich widersetzt.

Man verliehrt sich immer mehr und mehr von der Bahn und von dem Begriff einer Deklaration der Rechte.

Das e r s t e Glied in diesem Artikel ist nichts als ein leichter Folgesatz aus dem Grundsatze der persönlichen Freyheit.

Das zwe y t e ist eine an sich recht gute und löbliche, aber blos auf dem Willen des Gesetzgebers beruhende Verordnung, die auch einzig durch diesen Willen näher bestimmt werden kan, und offenbar einen Titel im Criminalgesetzbuch ausmachen muß.

Das dritte ist kein Recht, sondern eine Pflicht, die hier eine einsame, müßige und unbedeutende Rolle spielt. Es ist die Sache des Staats, seinen Gesetzen solche Kraft zu geben, daß man ihnen nicht widerstehen könne: sich darauf zu stützen, daß der Bürger es nicht wollen wird, weil er es nicht soll, heißt, eine Festung auf Meeressand bauen.

Achter Artikel.

Das Gesetz muß keine andre, als schlechthin= und ein= leuchtend=nothwendige Strafen einführen, und Niemand muß bestraft werden können, es sey denn nach einem vor dem Verbrechen gegebnen und promulgirten, und überdies auf seine Handlung vorschriftsmäßig=angewandten Gesetz.

Gegen diese Vorschriften ist an und für sich nichts zu er= innern; sie sind weise und gut, in sofern sie den Gesetzgeber und den Regenten leiten. Sie einer Deklaration der Rechte einverleiben, ist gegen eine strenge Absonderung der Begriffe: eine Deklaration, worin sie sich befinden, öffentlich aufstellen, höchst gefährlich. Der, welcher die Gesetze jeden Augenblick mit einer solchen Deklaration vergleicht, also gerade der, wel= cher ihnen gehorchen soll, wird dadurch Richter über das, was schlechthin=nothwendige, oder was willkührliche Strafe genannt werden soll. Gilt sein Ausspruch, so giebt es keine Regierung mehr; gilt sein Ausspruch nichts, so ist die Maxime eine leere Sentenz, und die Tyranney spottet eines vergänglichen Papiers.

O 5

Neunter Artikel.

Jeder Mensch wird so lange für unschuldig gehalten, bis seine Vergehung erwiesen ist; wenn es nöthig ist, sich seiner zu bemächtigen, so muß jede Strenge, die nicht schlechterdings für nothwendig erkannt wird, durch das Gesetz verhindert werden.

Dieser Artikel gehört wieder lediglich in das Criminalgesetzbuch. Als Grundmaxime in einer Deklaration der Rechte wird er wenig fruchten, gelegentlich aber jede Gewaltthätigkeit begünstigen. Denn wer erklärt im Augenblick der Anwendung was die unbestimmten Redensarten „wo es nöthig ist“, „schlechthin nothwendige Strenge“ u. s. f. eigentlich bedeuten sollen? —

Zehnter Artikel.

Niemand muß seiner Meynungen halber, selbst in sofern sie die Religion betreffen, beunruhiget werden, wenn nur die Aeußerung dieser Meynungen, die öffentliche Ordnung, welche das Gesetz einführt, nicht stöhrt.

Die Nichtigkeit und Leere dieser berüchtigten Formel hat man gefühlt, da man sie niederschrieb. Die, welche keine Religion wollten, und die, welche keine andre, als die alte ertragen mochten, vereinigten sich zuletzt in diesem sinnlosen Friedensartikel *).

Das Recht der Denkfreyheit im weitern Sinn, ist aus zwey Momenten zusammengesetzt: aus dem Recht, Meynungen zu haben, und aus dem Recht, sie andern mitzutheilen. Das erste dieser Momente ist über alle Arten der Ge-

---

*) Der auch, sobald er erschien, der Gegenstand öffentlicher Spöttereyen wurde. S. die beißende Ironie die Mirabeau im Courier de Provence Nr. 39. darüber ausgießt.

Gesetze, wie sie auch Nahmen haben mögen, erhaben, und es ist bis zur Ermüdung wiederholt, daß nichts lächerlicher seyn kan, als die Verheißung eines Gesetzes, jedem seine Meynung zu lassen, da Niemand im Stande ist, eine bloße Meynung anzutasten.

Das Recht, seine Meynungen andern mitzutheilen, ist im außergesellschaftlichen Zustande so unbegränzt, als das Recht, Meynungen zu haben. In der Gesellschaft muß es, gleich allen andern Rechten, so modifizirt werden, daß es mit den Bedingungen des gesellschaftlichen Vereins verträglich bleibt. Da nun diese Bedingungen jeder Gesellschaft eigenthümlich, und bey jeder verschieden sind, so läßt sich im allgemeinen nichts über dieses Recht festsetzen, sondern seine Bestimmung ist ein Gegenstand positiver Gesetzgebung.

Der Paragraph der Deklaration der Rechte, der von der Denkfreyheit handelt, trägt das Recht und die Einschränkung vor. Aber das Recht stellt er in seiner dürftigsten Gestalt auf, weil er blos von Meynungen redet, die Einschränkung zugleich in ihrer nichtigsten, und in ihrer gefährlichsten, weil sie in der Allgemeinheit ihrer Ausdrücke, je nachdem die Auslegung seyn wird, nichts und alles enthält. Was ist die öffentliche Ordnung? Was heißt, die öffentliche Ordnung stöhren? Wie stöhrt man sie durch den Vortrag seiner Meynungen? Ehe diese Fragen beantwortet sind, ist die allgemeine Bedingung der Denkfreyheit ein sinnleerer Schall. Für diese Fragen giebt es aber so viele Antworten, als es gute und schlechte Regierungsprincipien giebt. Von der spanischen Inquisition bis zu den Pariser Broschürenschreibern ist kein Gewissenszwang auf einer, kein wilder Frevel auf der andern Seite zu erdenken, der nicht mit dieser unbestimmten Regel auf irgend eine Weise zu versöhnen wäre.

Der Zusatz: „selbst in so fern sie die Religion betreffen" vermehrt noch das fehlerhafte und anstößige in dieser
Maxime. Es ist nicht abzusehen, warum da, wo das Wissen
so schwer ist, das Meynen strafbarer als sonst, und da, wo
Vortrag und Belehrung so ganz eigentlich an ihrer Stelle sind,
Vortrag und Belehrung engern Schranken, als anderswo unterworfen seyn soll.

Eilfter Artikel.

Die freye Mittheilung der Gedanken und Meynungen
ist eins der kostbarsten Rechte des Menschen; jeder Bürger
kan daher frey reden, schreiben, und drucken, wenn er nur
für den Misbrauch dieser Freyheit, in den vom Gesetz vorgeschriebnen Fällen verantwortlich bleibt.

Dieser Artikel ist nichts als eine unnütze Amplifikation des
vorigen. Ein gutes Gesetz über die Preßfreyheit, ist eine
Sache von ganz anderm Gewicht, aber auch von ganz andrer
Schwierigkeit, als die Aufstellung solcher wahrhaft algebraischen
Formeln, die eine Gesellschaft durch unbekannte Größen
regieren möchten.

Zwölfter Artikel.

Die Sicherheit der Rechte des Menschen und des Bürgers erfordert eine öffentliche Macht — Diese Macht ist
daher zum Besten aller, nicht zum besondern Vortheil derer, welchen sie anvertraut wird, eingesetzt.

Der erste Satz dieses Artikels entfernt sich so sehr von dem
Plan einer Deklaration der Rechte, daß man kaum begreifen
kan, wie er sich hier einfinden konnte. Daß die Gesellschaft eines
Werkzeuges bedarf, um ihre Beschlüsse auszuführen, ist ein einfacher

Grundſatz der allgemeinen Oekonomie, worin nichts von einem Recht enthalten iſt. Führte man ihn, wie es höchſt wahrſcheinlich der Fall war, nur darum auf, um den folgenden hinzu zu fügen, ſo konnte man die Verſündigung gegen den Begriff einer Deklaration der Rechte erſparen, weil dieſer Satz an ſich ſo klar iſt, daß es nicht der Mühe lohnte ihn auszuſprechen.

Dreyzehnter Artikel.

Zur Unterhaltung der öffentlichen Macht, und zu Beſtreitung der Koſten der Staatsverwaltung, ſind allgemeine Abgaben erforderlich: dieſe müſſen unter alle Bürger nach Verhältniß ihres Vermögens gleichförmig vertheilt ſeyn.

Die Critik des vorigen Artikels trift in ihrer ganzen Stärke auch den gegenwärtigen.

Vierzehnter Artikel.

Alle Bürger haben das Recht, entweder ſelbſt oder durch ihre Repräſentanten die Nothwendigkeit der öffentlichen Abgaben zu unterſuchen, ihre Beyſtimmung zu Einführung derſelben zu geben, über die Anwendung derſelben zu wachen, den Umfang, die Gegenſtände, die Einhebung, und die Dauer derſelben zu beſtimmen.

Bey dieſem Artikel findet eben das Statt, was oben bey Nummer 2. des 6ten geſagt worden iſt. Immerhin mag die hier vorgeſchriebne Art, die Abgaben zu beſtimmen, eine ſehr vortheilhafte ſeyn: es bleibt darum doch voreilig und falſch, ſie als die einzig-gültige vorzuſtellen, und als ſolche in einer Deklaration der Rechte des Menſchen zu heiligen, weil es mit allen nur denkbaren Rechtsgrundſätzen eben ſo vereinbar iſt, wenn eine Nation ausdrücklich oder ſtillſchweigend einige ihrer Bürger oder ei-

nen einzigen, mit der Vollmacht, das Abgabenſyſtem anzuordnen, verſieht.

Funfzehnter Artikel.

Die Geſellſchaft hat das Recht, von jedem Verwalter
ihrer Angelegenheiten über ſeine Verwaltung Rechenſchaft
zu fordern.

Das Prinzip iſt in ſeiner Allgemeinheit unumſtößlich wahr.
Aber die Folgen, die man in Frankreich daraus gezogen hat, ſind
faſt alle falſch und verderblich geweſen.

Es giebt mannichfaltige Arten, von dieſem Recht Gebrauch
zu machen. Eine Nation kan eine beſondre Claſſe von Beamten
ernennen, deren einziges Geſchäft darin beſteht, über die Verwaltung der übrigen zu wachen. Eine Nation kan ihre Regierungsform ſo organiſiren, daß ohne Unterlaß ein Theil der Machthabenden dem andern das Gleichgewicht hält, mithin ein Theil
dem andern gleichſam eine beſtändige Rechenſchaft ablegt, die das
Ganze vor allen Eingriffen einzelner Theile, und vor allen Miß-
bräuchen in der Verwaltung einzelner Geſchäfte ſicher ſtellt. Eine
Nation kan, der Allgemeinheit des Prinzips unbeſchadet, ihrem
Recht, die Regierenden zur Rechenſchaft zu fordern, ausdrücklich
oder ſtillſchweigend entſagen, wenn ſie die Gefahren, die damit
allemahl verknüpft ſind, ſcheut, wenn die Verwaltung ihrer Angelegenheiten im Ganzen — und welche Oberaufſicht wird einzelne Fehler verhindern! — mit dem Stempel der Vortreflichkeit
gezeichnet iſt, wenn Ruhe und Sicherheit und wachſender Wohlſtand für die Grundſätze und für die Operationen ihrer Regierung
ein ehrenvolles und befriedigendes Zeugniß ablegen. —

Die ſchlechteſte von allen Methoden Rechenſchaft von den
Staatsbeamten zu fordern, iſt unſtreitig die, wenn eine ganze

Nation aufsteht, um sie zu richten. Dies ist aber gerade die einzige, welche die Verfasser der Deklaration im Sinne hatten.

Sechzehnter Artikel.

Jede Gesellschaft, in welcher die Rechte der Mitglieder nicht gehörig gesichert sind, noch die Vertheilung der öffentlichen Macht sorgfältig bestimmt ist, hat keine Constitution.

Bey diesem Satz ist dreyerley zu bemerken:

1) Er ist zu allgemein ausgedrückt, weil es gegen den Sprachgebrauch, so wie gegen die Präcision der Begriffe streitet, zu sagen, ein Staat, in welchem die öffentliche Macht nicht unter mehrere vertheilt ist, habe keine Constitution.

2) Er gehört nicht in die Deklaration der Rechte, wie er denn auch hier außer aller Verbindung und außer allem Zusammenhange steht. Er ist ein Grundsatz der Politik.

3) Er ist das strengste Verdammungsurtheil, was jemals ein Gesetzgeber über sich selbst und sein Werk ausgesprochen hat. Man vergleiche die französische Constitution mit diesem Satze.

Siebzehnter Artikel.

Da das Eigenthum ein unverletzliches und ein geheiligtes Recht ist, so kan Niemand des seinigen beraubt werden, wenn es nicht ein gesetzmäßig=erwiesnes Bedürfniß des Staats fordert, und wenn ihm nicht eine billige und vorher zu bestimmende Schadloshaltung widerfährt.

Ein leerer und fruchtloser Anhang! Wäre der Begriff des Eigenthums gleich Anfangs mit strenger Genauigkeit festgesetzt worden, so wäre dieser ganze Artikel überflüssig. Da es aber an der Definition dieses Begriffes hier, wie oben, fehlt, so sagt er schlechterdings nichts.

Hier endigt diese berühmte Tafel der Menschenrechte, der eine große Nation ihre politische Wiedergeburt, und ihre politische Sicherheit für alle künftige Perioden ihrer Existenz zu danken haben sollte. Was ist sie, nach den Regeln der Logik beurtheilt? Ein buntes Gemisch ungleichartiger Partikeln, worin allgemeine Grundsätze, Staatsmaximen, willführliche Anordnungen, Definitionen, Sentenzen und spezielle Vorschriften aufs seltsamste durch einander gestreut und oft in einander verflochten sind, worin grundfalsche Behauptungen neben schwankenden und zweydeutigen stehen; worin nicht der Schatten eines philosophischen Zusammenhanges zu finden ist, ohne Leitfaden, ohne Ordnung, ohne Einheit, ohne Präcision in Sinn und Ausdruck, ein Werk des Augenblicks, einer schwärmerischen Laune, einer flüchtigen Debatte, und — was das schlimmste ist — aufgebrachter Leidenschaften, die mit der Maske der Menschenliebe, und Vaterlandsliebe, und aller Bürgertugenden geziert, in dem allgemeinen Getümmel ihre glänzende Rolle spielten.

Man erschrickt über die Fortschritte, welche Anarchie und Pöbelgewalt in einem Zeitraum von zwey Jahren gemacht haben mußten, wenn man bedenkt, daß nichts als niedrige Furcht vor dem Volke die constituirende Versammlung bewegen konnte, dieses übel gerathne Probestück, von dessen Untauglichkeit sie das flüchtigste Nachdenken überzeugt hatte, damals, als sie die Constitution für vollendet erklärte, beyzubehalten. Wenn die Scham, den Eingang zu ihrem Werk mit dieser Misgeburt einer seichten Philosophie und einer kindischen Politik zu besudeln, sie nicht zurück hielt, so hätte doch das Gedächtniß aller der Gräuel, die mit den Hieroglyphen dieser Deklaration in den Händen der Räuber, auf den Fahnen der Rebellen, und auf den Piken der Mörder von einem Ende ihres geplagten

Landes

Landes zum andern verübt worden waren, sie mächtig auffordern sollen, der ohnehin-trunknen Menge, wenigstens diesen
berauschenden Gifttrank auf jede Gefahr aus den Händen zu
reißen.

Es gehört nicht zu dem Endzweck dieser Untersuchung,
aber es ist der Mühe werth, zu bemerken, wie die Constitution diese geheiligte Urkunde fast in jedem Punkt übertreten,
und oft geradezu ins Angesicht geschlagen hat. Dies that die
Constitution. Wenn nun gar von dem, was außer der Constitution und wider die Constitution geschah, die Rede ist, so
wird wohl jeder Unbefangne eingestehen, daß die Rechte des
Menschen, was man auch darunter verstehen mag, kaum noch
in irgend einer Periode der Geschichte, so heillos, so frevelhaft, und in so großen Massen gekränkt worden sind, als es
seit drey Jahren in einem Lande, welches diese Rechte neuge-
bohren und beseeligt haben sollen, geschehen ist.

Das System der französischen Menschenrechte vereinigt alle
Fehler in sich, die die Grundlage einer Staatsverfassung, und
besonders einer systematischen Staatsverfassung nur immer entstellen können. Es ist unrichtig in sich: es ist unanwendbar:
es zerstöhrt seine eignen Zwecke. Auch der wärmste Verehrer
des heiligsten Gutes der Menschheit, auch der zärtlichste Freund
des Rechts, kan sich bey der Carrikatur, die die französischen
Gesetzgeber unter dem Titel einer Deklaration der Rechte entworfen haben, des Lächelns nicht erwehren; und jeder, der es
gut mit der Menschengattung meynt, und weiß, auf welchen
Wegen ihr wahres Heil zu suchen ist, muß eine heimliche Freu-
de fühlen, wenn Burke seine furchtbare Geissel über diese
falschen Menschenrechte schwingt. —

IV.

Versuch einer Widerlegung der Apologie des Herrn Makintosh.

Aus dem zahlreichen und vielfarbigtem Heer englischer Apolo-
gien für die französische Revolution, welche das Burkische Werk
veranlaßte, ragt die Schrift des Herrn Makintosh *) in maje-
stätischer Gestalt hervor. Dieses meisterhafte Produkt weckt
und erfrischt den Geist, der durch die trunknen Diatri-
ben eines Paine, durch die ängstlichen Compilationen eines
Christie, durch die einseitigen Wiederholungen eines Priest-
ley abgespannt und ermüdet war. Man erkennt darin einen
Mann, der seinen Gegenstand umfaßt und durchdrungen hat,
in dessen politischem System Einheit, Harmonie, Ordnung und
Vollendung herrscht, der Argumenten, die, von gewöhnlichen
Köpfen bearbeitet, kaum die Aufmerksamkeit mehr reitzen, durch
Größe und Originalität der Behandlung einen unerwarteten
Glanz zu verleihen weiß; bey dem die Liebe zur Freyheit den
Geist durch den Charakter ergriffen zu haben scheint; dem der
Sieg allenthalben wichtiger ist, als der Ruhm des Sieges,
und den man, gerade wie seinen großen Gegner, selbst indem
er fehlt, verehren, und, wenn er auch unterliegt, noch bewun-
dern muß.

Da dieser Schriftsteller, der an Ideenreichthum, so wie
an Macht des Ausdrucks jedem der bisher erschienenen Ver-

*) Der ausführliche Titel dieser Schrift findet sich in dem nach-
her folgenden critischen Verzeichniß.

fechter des Freyheitssystems überlegen ist, sich seiner Stärke bewußt war, so hat er dürftige Hülfsmittel und gemeine Waffen verachtet. Die Schrift des Herrn Makintosh gehört unter die wenigen, worin Burke (einige einzelne in der Hitze des Streits verzeihliche Ausdrücke abgerechnet) mit der Achtung behandelt wird, die man ausserordentlichen Seelenkräften und Talenten vom höchsten Range, auch wenn man sie fehlerhaft angewendet glaubt, schuldig ist. Daher findet sich hier keine kleinliche und zänkische Critik über einzelne Worte, Wendungen und Bilder, keine untreue Auslegung oder boshafte Consequenzenmacherey, keine gehässigen Ausfälle auf Lauterkeit der Gesinnungen und Moralität der Zwecke. Es ist kaum möglich, daß in einer Streitschrift voll Eifer und Wärme weniger Personalität herrsche als in dieser: das Herz des Schriftstellers glühte nur für seine Sache.

Da die Grundsätze der revolutionistischen Theorie nirgends so kraftvoll und so imponirend vorgetragen sind, wie in diesem Buche, so ist es vielleicht ein kühnes Unternehmen auf diese Grundsätze gerade hier, das heißt, in ihrer vortheilhaftesten Position, und in ihrer festesten Schanze einen Angriff zu wagen. Aber der Sieg, der zu erfechten ist, muß dafür auch entscheidender und peremtorischer als jeder andre seyn. Wenn diese Grundsätze, da wo sie in ihrer größten Stärke erscheinen, nachgeben, so sind sie überall nicht haltbar. Deshalb wird der Versuch, einen Makintosh zu widerlegen (den größern Ruhm, der dabey zu erwerben ist, noch ganz bey Seite gesetzt) in jedem Fall belohnender seyn, als der Kampf mit ganzen Cohorten französischer und brittischer Revolutionshelden: was man ihm abgewinnt, gewinnt man dem System selbst ab: wo man im Stande ist, ihn zu überwinden, hat man Tausende mit ihm und in ihm besiegt.

Dies ist der Grund, weßhalb ich mich entschlossen habe, verschiedne Bemerkungen über einzelne wesentliche Prinzipien und Hauptbegebenheiten der französischen Revolution, die ich der Burkischen Schrift abgesondert beyfügen wollte, in eine kurze critische Uebersicht der Makintoshschen Apologie zusammen zu ziehen. Eigne Ideen müssen durchaus einen höhern Grad von Festigkeit und Consistenz erlangen, wenn man sie mit fremden Ideen von Ansehen und Erheblichkeit ringen, als, wenn man sie auf einem isolirten Wege fortlaufen läßt, wo sie oft, sobald nur innrer Zusammenhang darin liegt, siegreich erscheinen, ohne des Sieges würdig oder gewiß zu seyn.

*　　*　　*

Die Schrift des Herrn Makintosh ist in fünf Abschnitte von folgendem Inhalt getheilt:

1. Von der Nothwendigkeit einer Revolution in Frankreich überhaupt, und den damit verknüpften Vortheilen.

2. Von den Bestandtheilen und dem Charakter der National-Versammlung.

3. Von den Volks-Excessen, welche die Revolution begleiteten.

4. Betrachtungen über die neue Constitution von Frankreich.

5. Rechtfertigung der Englischen Bewunderer der französischen Revolution und Constitution.

Der Verfasser eröfnet den ersten dieser Abschnitte mit einer historischen Entwicklung der Ursachen der Revolution. Der Gang seiner Ideen ist in kurzem folgender:

„Man muß, wenn man von der französischen Revolution spricht, drey Bedeutungen, die dieses Wort haben kan, sorgfältig von einander unterscheiden, weil es wirklich drey

ganz verschiedne Revolutionen in Frankreich gegeben hat. Die
erste war — die Zusammenkunft der Stände des Reichs am 5ten,
May 1789; die zweyte — die Vereinigung dieser Stände in eine
einzige Versammlung, welche die Begebenheiten vom 23sten Juny
hervorbrachten; die dritte — der Entschluß dieser Versammlung, eine neue Constitution zu machen, eine Revolution, die
nicht eher vollendet seyn kan, als wenn die National-Versammlung ihre Arbeiten geschlossen haben wird. Alle diese Revolutionen waren die Wirkung allgemein-verbreiteter, über menschliche Willkühr erhabner Ursachen, nicht einzelner Verschwörungen, oder abgesonderter Plane."

„Die Schicksale, die Frankreich seit 100 Jahren betrafen,
bereiteten diese Revolutionen vor. Die glänzende und verderbliche Regierung Ludwig des XIV legte den Grund zu einer
ungeheuren Schuldenlast, die unter seinen Nachfolgern zur
schreckhaftesten Höhe stieg, und zuletzt, weil gewöhnliche Mittel
nicht mehr ausreichen wollten, die Idee, die längst vergessnen
Stände zusammen zu rufen, erweckte."

„Die Umstände, unter welchen die Wahlen zu dieser Versammlung vor sich gingen, verriethen von einem Ende Frankreichs zum andern den Geist einer Nation, die ihrer Ketten
müde war. Entweder der Eindruck, den diese Umstände auf
den Hof machten, oder, Neckers patriotische Vorstellungen,
oder beydes vereint, brachte den Einwendungen der Parlamenter, den Protestationen der Notabeln zum Troß, den
merkwürdigen Entschluß hervor, dem Bürgerstande eine doppelte Repräsentation zu bewilligen."

„Unter diesen Auspicien, und vorbereitet durch eine enor-
me Masse politischer Schriften, worin ein warmer Freyheitsgeist athmete, wurde die allgemeine Versammlung am 5ten
May 1789 eröfnet. — Die Streitigkeiten, die gleich nach

dieser Eröfnung über die Methode des Deliberirens und Stim,
mengebens (nach Ständen oder nach Köpfen) entstanden,
endigten mit dem Siege des dritten Standes, der sich
allein als National,Versammlung ankündigte. Der
Hof widersetzte sich diesem kühnen Schritt, da es zu spät war.
Die Königliche Sitzung vom 23ten Juny, die Entfernung des
Herrn Necker und seiner Mitminister, die Zusammenziehung
der Truppen gegen Paris und Versailles gaben der Versamm,
lung von Stunde zu Stunde mehr Consistenz, determinirten
die Majorität der Repräsentanten der beyden privilegirten Stän,
de, sich ihr zu incorporiren, und verursachten die Empörung
von Paris, der bald nachher der allgemeine Aufstand des Kö,
nigreichs folgte."

„Diese Begebenheiten stürzten die monarchische Regierung
in Frankreich, und erhoben die National,Versammlung zu ei,
nem wirklichen National,Convent. Ihre eingeschränkten
Mandate waren jetzt durch die Lage der Sachen umgestaltet
und erweitert. Das Schicksal des Reichs war in ihren Hän,
den: sie bedurfte bey allem, was sie beschloß, keiner andern
Vollmacht, als des allgemeinen Beyfalls der Nation, der sie
wirklich auf jedem ihrer Schritte begleitet hat."

Dies ist der kurze Inhalt einer in den Hauptmomenten
ganz richtigen historischen Darstellung, die aber den Zweck, dem
sie gewidmet war, meines Erachtens, nicht erreicht. Dieser
Zweck ist kein andrer als die Ausführung des folgenden Satzes:

„Die Revolution in Frankreich war nichts weiter, als das
natürliche, unvermeidliche, und selbst,ge,
wirkte Resultat der vorhergehenden Schicksale und der
gegenwärtigen Situation seiner Bewohner."

Daß eine Begebenheit, wie die französische Revolution, nicht
das Werk einiger Individuen oder einer geringfügigen Cabale

seyn konnte, darüber ist jetzt nur Eine Stimme in der Welt. Allerdings war sie, wie alle große Erscheinungen im physischen und moralischen Lauf der Dinge das Geschöpf mächtiger, unwiderstehlicher, fernherwirkender Kräfte. So wenig als ein menschlicher Wille sie herbeyführen konnte, so wenig war ein menschlicher Wille im Stande, sie in dem Augenblick, da ihr furchtbares Daseyn begann, ins Nichts zurück zu treiben.

Aber eine Revolution ist doch nur das Aufhören einer alten Ordnung und der Uebergang zu einer neuen. Was ihren Werth oder Unwerth entscheidend bestimmt, ist nicht das, was sie begleitet, sondern das, was auf sie folgt. Die Beschaffenheit des Zustandes, welchen sie herbey führt, ist der einzige Maßstab zu ihrer Schätzung. — Dieser Zustand ist das Produkt menschlicher Entschlüsse und menschlicher Plane, bey denen nach Verdienst und Schuld, nach Güte der Zwecke und Tauglichkeit der Mittel, nach Weisheit in der Erfindung, und nach Geschicklichkeit in der Ausführung gefragt werden kan. Revolutionen, wie die französische, sind Stürme in der politischen Welt, die wir von eiserner Nothwendigkeit und blinden Schicksalen herleiten, weil dies die Ausdrücke sind, womit wir den Inbegriff aller geheimen für uns unerforschlichen Ursachen und Triebfedern großer Bewegungen und mächtiger Umwandlungen bezeichnen. Aber was aus diesen Stürmen hervorgeht, ist Menschenbau, und Menschenwerk, das Werk derer, welche das Fahrzeug lenken, und die Wetter des Himmels beschwören sollen, welche das Geschick ins Chaos schleuderte, damit sie die Schöpfer einer neuen Welt würden.

Sobald man sich nicht in diesen Gesichtspunkt stellt, ist alles leeres Geschwätz, was man über Begebenheiten, wie diese, die man an und für sich, ihrer überschwenglichen Größe halber, wie Revolutionen der Natur ansehen und beurtheilen muß, sagen

P 4

kan. Nur aus diesem Gesichtspunkt findet eine moralische Würdigung Statt. Nur in so fern die Frage gilt: was haben Menschen daben gethan? — ist es der Mühe werth, daß Menschen sich anhaltend damit beschäftigen.

Um diese Frage gründlich zu erörtern, ist es allerdings sehr heilsam, das complicirte Ganze einer vielseitigen Hauptbegebenheit, wie Makintosh gethan hat, in seine natürlichsten und kenntlichsten Abtheilungen aufzulösen, hervorstechende Punkte in dem reissenden Strohme einer Revolutionsperiode als Epochen auszusondern, bey jeder dieser Epochen zu verweilen, und bey jeder besonders (so viel als es einem Zuschauer des wundervollen Drama's vergönnt ist) Lob und Tadel über die handelnden Personen auszusprechen.

Ich nehme mit Makintosh in dem ersten Zeitpunkt der französischen Staatsveränderung drey Hauptrevolutionen an, ob ich gleich aus Gründen, über die ich mich in der Folge erklären werde, derjenigen, welche er die dritte nennt, eine andre substituiren muß.

Die erste Hauptrevolution ist die, welche in dem allgemeinen Anerkennen der Nothwendigkeit einer Zusammenberufung der Stände, und einer Veränderung in verschiednen wesentlichen Punkten der Staatsverfassung bestand. Das Resultat derselben war die wirkliche Zusammenkunft der ständischen Repräsentanten am 5ten May 1789.

Diese Revolution war in jeder Rücksicht, und (so weit menschliche Beurtheilung reicht) ohne Einschränkung eine der wohlthätigsten, welche die Annalen der Welt aufzuweisen haben. Die Früchte dieser Revolution wären Verbesserungen in der Regierungsform von so einleuchtender Wichtigkeit, und Verbesserungen in der Staatsadministration von so unbezweifelter und wesentlicher Güte gewesen, daß man sich des Erstaunens nicht ermehren kan, wenn man sie von den Vertheidigern der spätern Revolutionen, als unbedeutende Reformen oder als nichtswürdige Blendwerke dargestellt sieht. Die vorzüglichsten dieser Verbesserungen, so wie sie die übereinstimmenden Instruktionen für die Deputirten aller Stände angegeben, und die Beschlüsse des Conseils, und die Erklärungen der Königlichen Minister bey der Eröfnung der Deliberationen vorläufig bestätiget hatten, waren folgende:

1) Die Festsetzung einer periodischen Wiederkehr der Versammlung der Stände.

2) Die ausschliessende Bevollmächtigung derselben zur Regulirung des Abgabensystems und Legitimirung aller neuen Auflagen.

3) Die Aufhebung alles Unterschiedes der Stände in Rücksicht auf Abgaben sowohl als auf Beförderung zu allen bürgerlichen und militärischen Stellen im Reich.

4) Die Errichtung der Provinzialstände und Provinzialadministrationen.

5) Die Bewilligung einer allgemeinen Religionstoleranz.

6) Die Einführung einer gesetzlichen Preßfreyheit.

7) Die Abschaffung der Lettres de cachet.

8) Eine allgemeine Reform der Civil- und Criminal-Justiz.

Die Umstände, welche die Zusammenberufung der Stände und mit ihr diese wohlthätige Revolution hervorbrachten, waren, auf einer Seite: das dringende Bedürfniß der Regierung, Hülfsmittel gegen die Unordnung in den Finanzen zu finden, eine Folge unweiser und verderblicher Administrationen und unermeßlicher Verschwendungen, welche seit 2 Jahrhunderten die unheilbaren und erblichen Krankheiten des französischen Throns gewesen waren; auf der andern Seite das unwiderstehliche Verlangen des

P 5

Bürgers, für die Uebel, welche den Staat drückten, Radicalcuren eröfnet, und die Staatsverwaltung in einem andern Sinn als bisher, in eine öffentliche Angelegenheit verwandelt zu sehen; ein Verlangen, welches sich in den entferntesten Winkeln des Reichs wie in Paris, Lyon und Marseilles offenbart hatte, und welches von dem Augenblick, da zuerst das Wort „Stände-Versammlung" erscholl, gleichsam das politische Lebensprincip der ganzen Nation geworden war.

Wenn wir das, was Menschen in dieser ersten Revolution thaten, das heißt, was sie mit Vorsatz, Plan und Ueberlegung begannen, und vollführten, vor den Richterstuhl einer gesunden Politik und eines aufgeklärten Patriotismus ziehen, so wird schwerlich etwas anders als Beyfall und Bewunderung der Ausspruch seyn. Was man auch in spätern Zeiten über das Betragen des Königs, während dieser ersten Revolution, und über die geheimen und offnen Triebfedern dieses Betragens gesagt, in welches zweydeutige oder in welches entehrende Licht man auch seine ersten und wichtigsten Schritte gestellt haben mag, die unbestechliche Geschichte wird diesen Nebel der Verläumdung und Undankbarkeit zerstreuen. Die Absichten, die dieser unglückliche Monarch bey der Berufung der Stände hatte, waren gut und edel. Immerhin soll Noth diesen Entschluß erzeugt haben: Noth schließt Tugend nicht aus, und kan nie den redlichen Mann auf eine Linie mit dem Bösewicht setzen. Wenn man auch alle einzelnen Verbesserungsplane, und die Menge wohlgemeinter Reformen, womit dieser König die ersten Jahre seiner Herrschaft bezeichnete, wenn man auch den ganzen Charakter seiner Regierung, von dem Charakter der beyden vorhergehenden so auffallend und wesentlich verschieden, vergessen wollte: so würde schon der einzige Umstand ein günstiges Zeugniß für die Lauterkeit seiner Gesinnungen ablegen, daß er sich bis zu der letzten fürchterlichen

Krise, wo stolze und verblendete Rathgeber seine Schwachheit im
Gedränge einer unermeßlichen Gefahr überrumpelten, eines Ministers bediente, dessen Redlichkeit selbst die, welche seinem Geist
nicht huldigen wollen, unangetastet lassen müssen. Wenig Sterbliche haben den ewigen Erfahrungssatz: daß die Größe der Talente,
und die Erhabenheit des Charakters gegen die Strafe, die auf Uebertretung der Regeln der Weltklugheit gesetzt ist, nicht schützen können,
in einem so glänzenden und so schreckenden Beyspiel bestätiget als
dieser Minister. Necker war, wenn irgend einem einzelnen Menschen dieser Nahme gegeben werden darf, der Schöpfer der ersten
Revolution in Frankreich: Da er die Convocation der Stände
zu einer der Bedingungen, unter welchen er im Jahr 1788 ins
Ministerium eintrat, gemacht, da er im Königlichen Conseil vom
27sten Dezember desselben Jahres die doppelte Repräsentation
des dritten Standes durchgesetzt hatte, so mußte man ihn mit
vollem Recht für den Vater eines neuen Systems ansehen, worauf Frankreich seine herrlichsten Erwartungen gegründet hatte.
Aber dies hoffnungsvolle Kind schlug ihn und das Vaterland zu
Boden — weil er die Kunst, es zu erziehen, nicht verstand.
Necker sah das augenblickliche Gute: er sah die kommenden
Uebel nicht. Daß er die Wahlen der Deputirten in einem so bedenklichen Zeitpunkte der Direction veralteter Formen, das heißt,
einer blinden Willkühr überließ, daß er weder für eine geschickte,
der Zeit und den Umständen angemessene Organisation des Wahl-
geschäfts sorgte, noch sich den geringsten Einfluß auf das Wahlgeschäft, oder auf die Dispositionen der Gewählten (ein Einfluß,
der mit Redlichkeit und Tugend sehr wohl verträglich gewesen
wäre) verschaffte, daß er bey den ersten Auftritten des großen
Schauspiels, das er hervorgerufen hatte, einen müßigen Zuschauer abgab, und die Maschine, die seiner Hände Werk war,
nicht zu regieren verstand, — das ist es, was Frankreich ihm

vorwerfen kan. Aber sein brennender Eifer für das allgemeine
Wohl, die Größe und Treflichkeit seiner Zwecke, und die Offenheit und Reinheit seiner Mittel werden die Unsterblichkeit, der er
entgegen geht, zu seinem Ruhme weihen, und kommende Zeitalter mit Fehlern aussöhnen, neben denen so große Eigenschaften
und so seltne Tugenden glänzten.

Wenn die Absicht und das Betragen des H o f e s in dieser
ersten Revolution Beyfall verdient, so verdient ihn das, was
die N a t i o n that, nicht minder. Die Unruhen, die in einigen
Provinzen bey Gelegenheit der Wahlen ausbrachen, waren
leicht und vorübergehend. Der Geist einer heitern und vernünftigen Freyheitsliebe beseelte Frankreich von einem Ende
zum andern. Wenn auch die Wahlen nicht allenthalben glücklich ausfielen, so waren doch die Principien, welche die Wählenden leiteten, großentheils untadelhaft, und die Vorschriften, welche die Gewählten erhielten, fast ohne Ausnahme vortreflich *). Man erstaunt, wenn man einen Blick auf die

---

*) Herr von Calonne hat in seinem merkwürdigen Buche:
  D e l ' E t a t d e l a F r a n c e p r é s e n t e t à v e n i r,
  mit ausnehmender Sorgfalt und erstaunlichem Fleiße einen
  Auszug aus a l l e n I n s t r u k t i o n e n (cahiers) der Deputirten zur Ständeversammlung gemacht, und die Punkte zusam-
  mengestellt, worin entweder alle, oder die meisten mit einander übereinkommen. S. 378. f. Wenn gleich diese seine Arbeit, in Rücksicht auf den Zweck, zu welchem er sie unternom-
  men hatte (um sie nehmlich bey einer von der Nation vorzu-
  nehmenten Revision alles dessen, was von der constituirenden
  National-Versammlung abgeändert und eingeführt war, zum
  Grunde zu legen) ganz fruchtlos gewesen ist, so ist sie doch
  für den, welcher den Geist der Instruktionen, und die Wünsche, Hoffnungen und Dispositionen des französischen Volks
  im Anfang der Revolution kennen lernen und beobachten will,
  höchst brauchbar und Dankes werth.

Maſſe von Weisheit und Patriotiſmus wirft, die in dieſen
Vorſchriften verſchloſſen lag. Man erſchrickt, wenn man ſich
vorſtellt, wozu Frankreich berufen, auf dem Wege des Friedens,
der Eintracht und der Glückſeeligkeit berufen war. „Ueber die
Einführung einer freyen Verfaſſung war nur eine einzige
Stimme im Lande: der unumſchränkte Despotiſmus hatte allenthalben ſein Ende erreicht: er gab freywillig und ohne einen Klagelaut ſeinen Geiſt auf“.

So war es mit dieſer erſten großen Veränderung beſchaf-
fen, die übrigens keine Total-Revolution heißen kan,
wenn ihr gleich der Titel einer Total-Reform gebührt.
Sie war keine Total-Revolution, weil die neue Ordnung der
Dinge an die alte geknüpft, oder vielmehr in ſie verwebt war,
weil die oberſte Macht im Staat nicht um ein Haar breit von
der bisherigen Stelle rückte, weil jeder Beſchluß, den die gewählten Repräſentanten faſſen ſollten, der Sanktion des Erb-
repräſentanten, deſſen Willen die Verſammlung ihre Exiſtenz
verdankte, unterworfen blieb.

Die zweyte Haupt-Revolution in Frankreich war
die Vereinigung der Repräſentanten aus den drey
Ständen in eine Verſammlung. Die eigentliche Vollendung dieſer Revolution war nicht, wie Makintoſh angiebt,
die unglückliche Seſſion des Königes am 23ten Juny, ſondern
der am 15ten Juny gefaßte Entſchluß der Repräſentanten des
Bürgerſtandes, den Nahmen und Charakter einer National-
Verſammlung anzunehmen, welcher bald nachher den Ueber-
tritt der Deputirten aus den beyden andern Ständen, und die
völlige Vereinigung nach ſich zog.

Dieſe Revolution war ſchon von einer viel zweifelhaftern
Güte, als die vorhergehende. Sie gab den erſten Wink zu einer
gänzlichen Aufhebung alles reellen Unterſchiedes der Hauptclaſſen

im Staat. Sie drohte mit einer gefahrvollen Uebermacht der einzigen gesetzgebenden Versammlung über alle Grundformen und Grundverfassungen des Reichs. Sie drohte mit einseitigen, raschen, unüberlegten und unreifen, vielleicht despotischen Gesetzen, die allemahl zu befürchten sind, wo ein ungetheilter und unbeschränkter Wille Gesetzgeber ist.

Die vornehmsten Umstände, welche diese Revolution erzeugten, waren auf einer Seite das Uebergewicht der Repräsentanten des dritten Standes, der natürliche Effekt ihrer größern Anzahl, und ihres planmäßigern Verfahrens, vor allem aber die allgemeine Stimmung der Nation, durch Rede und Schrift unablässig erhitzt, und jedem Schritt der Repräsentanten, der auf Vermehrung des Volkseinflusses Bezug hatte, enthusiastisch zugethan: auf der andern Seite der Widerstand der Deputirten des Adels und der Geistlichkeit, von dem man mit höchster Wahrheit sagen kan, daß er blos stark genung war, den Gegner zu reitzen, aber viel zu schwach, ihn zu überwinden.

Wenn von eigentlicher Responsabilität der Menschen bey dieser zweyten Revolution die Rede ist, so zeigt sich der Hof (unter dem ich hier immer noch den König und seine Minister verstehe, weil die Operationen der übrigen Hauptpersonen bis hieher noch durchaus nichts gefruchtet hatten) bis auf die Tage die den 23ten Juny vorbereiteten, mit Versöhnungsprojekten und Vereinigungsplanen beschäftiget, an den Spaltungen, die dem Königreich die schrecklichsten Convulsionen ankündigten, unschuldig, und in dem Entschluß dem allgemeinen Wohl große und auffallende Opfer zu bringen, so ernst und bestimmt als zuvor. Schwerer wird es, über das Betragen der versammelten Stände einen gerechten Ausspruch zu thun. Wahre Vaterlandsliebe, und entschiedner Vorsatz, das Wohl

des Ganzen zum alleinigen Augenmerk zu behalten, hätten
wahrscheinlich dem dritten Stande die getrennte, den andern beyden die vereinte Deliberation erträglicher gemacht. Leidenschaftliche Beharrlichkeit und Ehrgeiz, der hier Gelegenheit
fand sich mit den schönsten Titeln auszuschmücken, waren gewiß auf allen Seiten die mächtigsten Triebfedern, in dem gefährlichen Wettstreit. Was edles und verdienstliches darin liegen mochte, ist unter alle Partheyen vertheilt. Der Repräsentant des Bürgerstandes konnte von der Gegenwirkung der beyden andern, Widerstand in den heilsamsten Operationen zu Beförderung der National-Wohlfahrt besorgen: und die Repräsentanten der privilegirten Stände sahen in der Vernichtung
ihrer abgesonderten Existenz das Sinnbild und den Vorläufer
der Vernichtung der beyden alten Corporationen, die sie in der
allgemeinen Versammlung vertreten sollten, selbst; eine Begebenheit, bey der sie die National-Wohlfahrt (mit gutem Fug
und Recht) aufs wesentlichste compromittirt glaubten.

Der scheinbare Ausgang dieser Spaltungen, welche mit
der Geburt einer einzigen National-Versammlung endeten, war
ein Ereigniß, dem man an und für sich keinen entscheidenden
Werth oder Unwerth beylegen konnte, weil alles erst von dem
Gange und von den Beschlüssen dieser Versammlung abhängen
mußte. Auch war diese zweyte Revolution so wenig eine Total-Revolution als die erste, ob sie gleich eine Hauptveränderung in der Staatsverfassung vorzubereiten schien. Noch blieb
das Fundament, worauf diese wichtige Neuerungen gestellt werden sollten, dasselbe. Selbst in den Augenblicken, da man sich
weigerte, den König als Schiedsrichter über die Streitigkeiten
der Stände anzuerkennen, fiel es keinem ein, die Rechtmäßigkeit seiner Regierung anzugreifen, oder seiner Gewalt im
Staat andre Schranken setzen zu wollen, als er selbst ihr schon

gesetzt hatte. Die executive Macht blieb ganz und unangetastet in seinen Händen, und Niemand ahndete, daß der Umsturz des französischen Throns vor der Thür war.

Die dritte Revolution setzt Makintosh in den Entschluß der National-Versammlung, eine neue Constitution zu errichten, und sieht diese Revolution mit der Vollendung der Constitution erst für geschlossen an.

Diese Zusammenstellung scheint mir fehlerhaft. Eines Theils kan die Arbeit an einer neuen Constitution nur sehr uneigentlich eine Revolution heißen; und andern Theils war der Entschluß der National-Versammlung, diese neue Constitution hervorzubringen, Wirkung und Folge einer andern fremdartigen Hauptbegebenheit, mit der er aufs genaueste zusammenhing, und ohne die er vielleicht nie gefaßt, und gewiß nie ausgeführt worden wäre.

Die Hauptbegebenheit, welche ich meyne, ist die Rebellion der Stadt Paris in der Mitte des Monaths July. Makintosh selbst hält die Eroberung der Bastille, den entscheidenden Streich in dieser großen Volksempörung, für einen Vorfall von solcher Wichtigkeit, daß er das Stillschweigen, welches Burke darüber beobachtet hat, im höchsten Grade tadelhaft und beynahe verrätherisch findet. Es ist daher in jeder Rücksicht schicklicher und der Sache angemeßner, den Aufstand zu Paris, der das Signal zum allgemeinen Aufstand der Provinzen gab, als die dritte Haupt-Revolution zu betrachten.

Vorbereitet wurde dieses fürchterliche politische Ungewitter durch eine Menge höchst merkwürdiger Veränderungen, welche die Lage und die Erwartungen Frankreichs seit einigen Monathen in der Denkungsart und sogar im Charakter der französischen Nation gewirkt und entwickelt hatten, durch ein unübersehbares

ſehbares Heer von politiſchen Schriften, die dieſe Veränderungen beförderten, bearbeiteten und benutzten, und durch alles,
was ſich ſeit der erſten Zuſammenkunft der Stände bis auf ihre
Vereinigung in Verſailles zugetragen hatte. Daß es ausbrach,
war die Folge der unglücklichen Schritte des Hofes, der, um
den erſten Fehler, wozu ihn die fürchterliche Criſe hingeriſſen
hatte, zu bedecken, Fehler auf Fehler häufte, und mit eigner
Hand einen Abgrund öfnete, der ihn verſchlingen ſollte. Der
immer ſteigende Sturm übertäubte die ſchwache Stimme des
ſchüchternen Finanzminiſters: der erſte heftige Stoß warf ſeinen ohnedies wankenden Kredit über den Haufen. Der gäng-
ſtete und mitleidswürdige König überließ ſich der Führung un-
beſonnener, aufgebrachter, von Hochmuth und Verzweiflung
getriebner, mit Blindheit geſchlagner Rathgeber, unter deren
ungeſchickten, kraftleeren und vergifteten Händen, jedes Ret-
tungsmittel ein Werkzeug des Verderbens ward. Die frucht-
loſe und eben deshalb ſeiner Macht tödliche Erſcheinung des
Monarchen in der National-Verſammlung am 23ten Juny,
die Verabſchiedung Neckers und ſeiner Kollegen, die Ernennung
verhaßter Perſonen zu Nachfolgern im Miniſterium, die Befehle zum Marſch der Armee gegen Paris und Verſailles —
alle dieſe Maßregeln verriethen zu gleicher Zeit Feindſeeligkeit
und Ohnmacht, ſtellten den Hof in das gehäßige Licht eines
Widerſachers der allgemeinen Wohlfahrt, und gaben das letzte
Signal zu der Revolution, die in dem Augenblick, da Neckers
Abreiſe bekannt wurde, in Paris ausbrach.

Dieſe letzte der drey Haupt-Revolutionen — der Stolz
und die Glorie des Pariſer Pöbels, und derer, die ihn bewundern — verdient in keiner vernünftigen Rückſicht den Nahmen
einer wohlthätigen Revolution. Sie zerſtöhrte alle Früchte der
erſten Revolution: ſie gab der zweyten gerade die Rich-

Q

tung, vor welcher die einsichtsvollen Gegner derselben gezittert
hatten: sie war die Eröfnung einer langen Reihe blutiger und
verabscheuungswürdiger Scenen, die der Geschichte des achtzehnten Jahrhunderts einen unauslöschlichen Schandfleck ange-
heftet haben.

Es ist kaum zu begreifen, wie ein Mann von so geläuter-
ten Begriffen und einem sonst so reinen und edlen Freybeits-
schwunge, als Makintosh, in die Acclamationen bübischer
Sycophanten und verächtlicher Volksschreiber einstimmen, und
diese Revolution „eine tugendhafte Insurrection"
nennen, wie er von ihr sagen konnte, daß sie, als ein Produkt des Heroismus und edler Moralität — nicht entschuldiget,
sondern bewundert und gepriesen werden müßte, und daß sie
ein Gegenstand der Anbetung für die späteste Nachwelt bleiben
würde. — Es läßt sich überhaupt nicht denken, was ein vernünftiger Mann unter einer tugendhaften Rebellion versteht. Wenn man auch den allergünstigsten Fall für die Entstehung
einer Rebellion annimmt, wenn man sich eine Nation vorstellt,
die der schlechthin-höchste Grad einer grausamen, unmenschli-
chen und hoffnungslosen Unterdrückung aufs vollkommenste be-
rechtigt, ihre Hülfe bey gewaltsamen Unternehmungen zu suchen,
so ist doch nie abzusehen, was der Ausbruch einer verzweifel-
chen Verzweiflung mit einer Heldenthat der Tugend
gemein hat. In der letzten dringenden Noth, wo alle andre
Zuflucht abgeschnitten ist, zu einer Empörung seine Zuflucht zu
nehmen, mag allenfalls eine erlaubte Abweichung von den
Grundgesetzen der bürgerlichen Gesellschaft seyn, aber es ist
schamlose Verwirrung aller Begriffe, die heiligste der
Pflichten darein zu setzen. Ob die Rebellion des französischen Volks eine erlaubte
Rebellion war — ist eine von den müßigen und sophistischen

Fragen, für die es so viel Auflösungen als Gesichtspunkte giebt, aus denen man sie ansehen kan. Wenn die Maxime, deren sich manche in Ansehung der ganzen französischen Revolution (die nur allzu oft mit dieser Volksrebellion vermengt wird) bedient haben — große Begebenheiten in der moralischen Welt, wie Naturerscheinungen zu behandeln, irgendwo anwendbar ist, so muß es da seyn, wo große Menschenmassen eine gemeinschaftliche Bewegung ergreift. Der, welcher die Bewegung hervorbringt, und der, welcher sie benutzt, kan allerdings vor das Tribunal einer moralischen Zurechnung gezogen werden: die Tausende, welche sich ihr überlassen, schwimmen auf einem reißenden Strohme fort, ohne zu wissen wohin er führen wird, oft ohne zu ahnden, woher er sich ergoß — Bemerkenswerther ist es aber, daß der Pariser-Insurrection, die man in keinem vernünftigen Sinn des Worts eine tugendhafte nennen kan, auch nicht einmal der Preis einer glorreichen gebührt. Wahrer Muth wird nur in reellen Gefahren geprüft: und wo gab es reelle Gefahren für eine halbe Million enthusiastischer, verzweifelter, bewaffneter Bürger, die Ein Geist zu beseelen, Ein Arm zu regieren schien? Der Anmarsch der Armeen gegen Paris war nichts als blinder Lärm; der Hof hatte diese Maßregel viel zu spät ergriffen und viel zu fehlerhaft eingeleitet. Diese Armee konnte nicht mehr furchtbar seyn, und es ward sehr bald sichtbar, daß sie es nicht wollte. Die Eroberung der Bastille, diese Wunderthat, welche die Freunde der Revolution als eine der glänzendsten Epochen in den Annalen der Völker verehren, war der Sieg einer frey wirkenden, überlegnen, ungeheuren Volksmenge über einen geringen und eingeschloßnen Soldatentrupp. Die Frage: ob der Gouverneur der Bastille mehr Widerstand leisten konnte, als er wirklich geleistet hat, ist darum unnüz, weil der höchste denkbare Widerstand, den Triumph der Pariser um einige Stunden,

vielleicht um einige Tage verzögert, aber nie gänzlich hintertrieben
hätte.

Mit einem Wort: das, was die Pariser am 14ten July
thaten, würde jedes große Volk, das so weit gekommen wäre,
daß es nichts weiter fühlte und nichts weiter kennte, als seine eigne Macht, mit völlig gleichem Erfolge ausüben. Es ist menschliche Kunst, nicht menschliche Gewalt, was die bewundernswürdi-
ge Maschine eines Staats im Gang erhält. Zertrümmert ein
Hauptrad, und alles fällt auseinander. Es waren die unverzeih-
lichen Fehler der Regierung in einer Periode, wo nicht der kleinste
Fehler ungestraft bleiben konnte, es war der Wahnsinn des Hofes, nicht der Heldenmuth, am wenigsten aber die Tugend des
Volks, was die Rebellion vom 14ten July erzeugte. Damit die
wilden Rosse den Wagen in unwegsame Gründe schleudern, oder
auf schwindlichte Gipfel fortreißen, ist nichts weiter nöthig, als
— daß der Lenker die Zügel fahren lasse.

Was indessen auch an diesem berühmten Aufstand verdienstliches seyn mochte, so viel scheint mir ausgemacht zu seyn, daß die
Revolution, die er bewirkte, an und für sich immer noch k e i n e
Total-Revolution war. Mitten im fürchterlichsten Tumult
jener entsetzlichen Tage wurde der Nahme des Königs noch mit
Ehrfurcht und Liebe genannt. Der Gehorsam des Volks war für
einen Augenblick unterbrochen, aber nicht für immer aufgekün-
digt. Die Macht des Staats concentrirte sich in eben diesem
schreckenvollen Augenblick in den Händen der National-Versammlung. Alles kam darauf an, wie diese das Volk leiten wollte.
Etwas mußte verheißen, etwas mußte gewährt, etwas mußte geopfert werden: aber was es seyn, und wieviel es seyn sollte, hing
gänzlich von dieser allgemein-respectirten Versammlung ab. Freylich standen Anarchie, Republik, Föderation und Monarchie, oder
die Anlagen zu jedem, während der Crise auf dem Spiel, aber

es war der National-Versammlung vorbehalten, Seegen oder Ruin zu werfen. Ich spreche mit den besten Autoritären, wenn ich behaupte, daß das französische Volk, als die ersten großen Convulsionen ausbrachen, die Fehler der alten Regierungsform, aber nicht die alte Regierungsform selbst haßte, daß es Erleichterung aber nicht Umsturz verlangte. Sicher kam es keinem Bastillenstürmer in den Sinn, daß es nach drey Jahren in Frankreich keine Parlamenter, keine Geistlichkeit, keinen Adel und keinen König mehr geben sollte.

Was eigentlich die Total-Revolution in Frankreich entschied und ausmachte, war — die Verbindung der zweyten Haupt-Revolution mit der dritten; das Bündniß, welches die National-Versammlung mit der Pöbelgewalt schloß. Ohne die Rebellion des Volks hätte die Vereinigung der Stände nie die gänzliche Umkehrung des Staats herbeygeführt; ohne diese Vereinigung wäre der Aufruhr ein vorüberrauschendes Ungewitter gewesen. Daß die vereinte Versammlung die Empörung des Volks mit ihrem Beytritt, und mit ihrer feyerlichen Sanktion beehrte: daß sie diese Begebenheit zur Grundlage ihrer Operationen machte, und sich in jenen verderblichen Tauschhandel einließ, wo der Pöbel seine Arme zur Zerstöhrung gab, und der Gesetzgeber ihm die Principien der Zerstöhrung in falschen und verführerischen Begriffen von Volksrecht und Volkssouveränität verlieh: daß sie den Thron, den die Rebellion erschüttert hatte, umwarf; daß sie der Anarchie, die mit dieser Rebellion unzertrennlich verbunden war, systematische Dauer verschaffte, daß sie sich ihrer absichtlich bediente um eine neue Staatsverfassung einzuführen, und Schritt für Schritt jede Spur der alten zu vertilgen — das war es, was das Schicksal der Nation unwiderruflich bestimmte; das war es, was die Total-Revolution hervorbrachte.

Immerhin mag jede der drey Haupt-Revolutionen, die wir jetzt überschaut haben, einzeln betrachtet, aus der Natur der Dinge entsprossen, und von einer unbezwinglichen Noth-wendigkeit, wie die Vertheidiger derselben so gern darthun möch-ten, erzeugt seyn: das, wodurch sie ein Ganzes wurden und eine Total-Revolution bildeten, war Absicht, Ueberlegung unabhängiger Wille. Die Umstände, welche die großen Bege-benheiten vorbereiteten, und die großen Begebenheiten selbst lie-ferten nur den Stoff zu einer Total-Revolution: die National-Versammlung schuf sie aus diesem Stoffe. Es stand bey ihr, ob sie verbessern oder umstürzen wollte: sie wählte das letztre. Sie allein ist verantwortlich für die Folgen dieses gewagten Staatsexperiments.

Die Frage: War die französische Revolution ein weises oder ein thörigtes Unternehmen? — hat also nur in sofern einen vernünftigen Sinn, als sie mit der folgenden zusammenfällt: Handelte die National-Versammlung weise oder tadelhaft, daß sie statt einer partiellen Reform der alten Verfassung (die nach allen Vorfällen im Anfange der Revolution noch vollkom-men möglich blieb, und durch diese Vorfälle sogar ansehnlich erleichtert ward) die Errichtung einer von Grund aus neu-en beschloß? —

Diese Frage hat nun Makintosh sehr ausführlich abge-handelt. Ehe er indessen zu ihrer Erörterung schreitet, erklärt er sich noch kurz über die Befugniß der National-Versamm-lung zu einem Unternehmen, das sich so weit über das Ziel ihrer ursprünglichen Vollmacht erhob — Ich stimme ihm völ-lig darin bey, daß alles Disputiren über die Rechtmäßigkeit ihrer Beschlüsse (im gewöhnlichen Sinn des Worts) *) unnütz und

*) In welchem man die National-Versammlung nur als Organ der Majorität des Volks ansieht, und nur nach Rechtfer-

eitel ist. Die Majorität der Nation erklärte sich vernehmlich genung für diese Beschlüsse. Allerdings hätte ein Blick auf ihre ersten Instruktionen die Repräsentanten als sie zu ihren dreisten Neuerungen schritten, bedachtsam und schüchtern machen sollen. Aus diesen Instruktionen sprach der vernünftige Wille der Nation: was um sie her tobte, war der leidenschaftliche. Aber die Gültigkeit dessen, was sie beschlossen, mußten sie bloß von der stillschweigenden Genehmhaltung, oder von den formlosen Aeußerungen eines allgemeinen Beyfalls erwarten. Ihre wahre Legitimation war jetzt — die Weisheit ihrer Gesetze. Wenn ihre Erfindungen vortreflich gewesen wären, hätte man ihnen die Ahnenprobe sehr gern erlassen.

Makintosh eröfnet sein Urtheil über den Werth ihrer Operationen, mit der sonderbaren Behauptung: daß die allgemeine Frage: ob und in wie fern gänzliche Umkehrungen und Erneuerungen zuträglicher seyn als Verbesserungen — gar keine Untersuchung verdiene. Er sagt, sie gehöre unter die abgedroschnen Gemeinplätze, welche schon Lord Bacon als Spielwerke, woran sich der logische und rednerische Scharfsinn üben sollte, aufgeführt hatte *). — Gleichwohl entscheidet er diese Frage, und ent-

Q 4

tigung ihrer Beschlüsse gegen diese Majorität frägt — In einem höhern Sinn heißt Rechtmäßigkeit der Revolutionsprincipien: die Befugniß der Majorität selbst, eine Revolution zu machen — Die Untersuchung dieser Befugniß ist in der zweyten Abhandlung vorgenommen worden.

*) Allerdings prangt der Titel: Innovatio in dem Antithesenregister, welches Lord Bacon als eine Vorraths-kammer für die, welche in einigen allgemein-interessanten Materien das Pro und das Contra mit einem Blick über-

scheidet sie geradezu gegen sich selbst, und gegen die Sache, welche er vertheidigt. Er sagt: „Niemand wird die Extreme auf
beyden Seiten verfechten“ — dieser Ausspruch ist die Stimme
der Vernunft, aber auch das ausdrücklichste Verdammungsurtheil
der französischen Gesetzgeber. Nie ist das Extrem, das eigentliche letzte Extrem des Neuerungssystems mit solcher blinden Partheylichkeit theoretisch behauptet, nie in der Ausführung bis zu
einer so unnatürlichen Weite ausgespannt worden, als es von dieser souveränen Volksversammlung geschah.

Die nähere Prüfung der Frage: War die bürgerliche Verfassung Frankreichs einer Verbesserung fähig, oder mußte sie ganz
und gar zerstöhrt werden? — nimmt Makintosh in einem
Raisonnement über die Nothwendigkeit der Abschaffung aller pri-
villegirten Stände und großen Corporationen des Reichs vor.

seben wollen, aufgestellt hat. G. De Augmentis Scien-
tiarum L. VI. c. 3. — Wenn aber alle die Materien, die
dieses Register ausmachen, abgelebte, keiner weitern Erörterung würdige Gemeinplätze seyn sollten, so müßte man über
mehrere der wichtigsten moralischen und pragmatischen Sätze
nicht mehr disputiren. Auch ist diese Antithetik des Bacon fast durchgängig nur eine scheinbare Antinomie, in
welcher sich der Widerspruch (wie in der Antinomie gewisser
cosmologischen Vernunftideen im System der critischen Philosophie) dadurch auflöset, daß unter den gehörigen Restrictio-
nen Satz und Gegensatz wahr ist. So ist es mit den Maximen, welche Neuerung empfehlen, und denen, welche sie
verdammen. Zwischen dem Grundsatz: (Pro) Quum per se
res mutentur in deterius, si consilio in melius non mutentur,
quis finis erit mali! — und den Grundsätzen: (Contra) Quae
usu obtinuere, si non bona, at saltem apta inter se sunt; —
und: Quis novator tempus imitari potest, quod novationes
ita insinuat, ut sensus fallant — läßt sich gar wohl eine Vereinigung stiften; und eben auf dem Wege dieser Vereinigung
kömmt man zwischen den Extremen glücklich hindurch.

Die Methode ist vollkommen gründlich und richtig. Die Aufhe=
bung dieser alten Grunddistinctionen ist das wahrhaft=charakteri=
stische in der ganzen Staatsumkehrung. So lange diese noch sub=
sistirten, konnte man die neue Organisation immer noch mehr oder
weniger ;als eine große Reform ansehen: im Augenblicke, da sie
verschwanden, ward Frankreich ein neuer Staat.

Es ist hier nicht der Ort, alles was zum Vortheil großer
Corporationen überhaupt gesagt werden kan, und vielfältig ge=
sagt worden ist, zu widerholen. Die wichtigste der allgemeinen
Vorerinnerungen bey dieser Untersuchung bleibt immer die, daß
die Frage: Ist es gut, große Corporationen zu schaffen? —
mit der Frage: Ist es gut, sie zu zerstöhren? — nicht auf
gleiche Weise und nach gleichen Principien behandelt werden muß.
Von dem Fehler der Verwechselung dieser beyden sehr verschiednen
Gesichtspunkte ist auch Makintosh nicht frey. Er eifert gegen
den Unsinn, der die natürlichen, und unvermeidlichen Ungleich=
heiten unter den Menschen noch mit einer geflissentlich=erdachten
vermehren will. Dieser Tadel aber kan in seinem ganzen Umfang
nur den treffen, der aus zerstreuten Elementen eine Republik zu
bauen hätte, und diese mit aristokratischen Bestandtheilen versähe.
Ob er auch diesen mit Recht trift, ist in unsern Zeiten, wo
nichts durchaus neues in der politischen Welt entsteht, eine blos
spekulative Untersuchung, und kan eher unter die rhetorischen
Spielwerke gerechnet werden, als jene in so mancher Rücksicht
wichtige und praktische Frage über den Werth allgemeiner Regene=
rationen. Der Fall, worin sich ein Gesetzgeber unsrer Tage be=
findet, ist ein ganz andrer. Corporationen und privilegirte Claf=
sen existiren nun einmahl, und ihre plötzliche Aufhebung kan nicht
ohne totale Zerrüttung der Staaten, und ohne eine gänzliche Um=
wandlung des politischen Charakters der Nation vorgenommen
werden. Es müssen also Gründe von erster Wichtigkeit vorhanden

seyn, wenn zu dieser Aufhebung geschritten werden soll. Nur Idioten und Schüler in der Politik werden eine Corporation deshalb abschaffen, weil sie eine Corporation ist. So lange solche Institute nicht unheilbar verderbt sind, verlangt Staatsklugheit so gut als Gerechtigkeit ihre Erhaltung. Sie müssen durchaus unbrauchbar und durchaus verwerflich seyn, ehe man es wagen darf, ihre Existenz anzutasten.

Die Hauptfrage in der Beurtheilung des Verfahrens der französischen Staatskünstler, ist also nun die geworden: Waren die alten Corporationen im Königreich (Adel, Geistlichkeit, und Parlamenter) so beschaffen, daß man sie schlechterdings zerstöhren mußte? — Diese hat Makintosh zuerst aus einem allgemeinen Grunde, und dann aus Gründen, die jedes dieser Institute besonders angehen, bejahend beantwortet.

Der allgemeine Grund den er gegen sie aufführt, ist der: „sie waren alle vom Geist der alten despotischen Verfassung durchdrungen, und konnten daher nicht Bestandtheile eines freyen Staats bleiben" — Wenn dieser Grund entscheidend ist, so mußte man, consequent zu verfahren, Frankreich erst in eine Wüste verwandeln, um es nachher mit einer der Freyheit würdigen Menschenrace wieder zu bevölkern. Das, was hier der Geist der despotischen Verfassung heißt, hatte die Individuen so gut als die Innungen durchzogen. Wenn privilegirte Stände Instrumente des Despotismus werden können, so ist auch nichts so geschickt, Bollwerke gegen denselben abzugeben. Die Geschichte von Frankreich lehrt, wie häufig und wie kraftvoll sich jede der drey Hauptcorporationen der Uebermacht des Throns widersetzt hat. Es läßt sich kein einziger vernünftiger Regierungsplan für ein Land von Frankreichs Größe und Beschaffenheit denken, den die Existenz der privilegirten Stände nicht weit eher befördert als gehindert hätte. Dies wird sich deutlicher ergeben, wenn wir mit dem Vertheidiger ihrer Vernichtung, jeden einzeln in Erwägung ziehen.

I. Der Adel ist unter den drey Corporationen, durch deren Aufhebung die National-Versammlung Europa in Erstaunen gesetzt hat, die wichtigste. Keiner von den gewaltsamen Schritten, wodurch diese enthusiastische Gesetzgebergesellschaft ihr eignes Werk untergrub, hat dem neuen Staat solche tiefe und brennende Erbitterungen, solche wüthende und gefährliche Feindseeligkeiten entgegen gethürmt, als das Todesurtheil, welches sie über den Adel aussprach. Dies Dekret allein hat mehr als die Hälfte der Emigrationen verursacht, in denen, nach dem System der heftigsten Demokraten der erste und letzte Grund aller Uebel lag, die Frankreich seit drey Jahren zerrissen haben. War es durchaus nöthig, diese Uebel zu veranlassen? Mußte die Vernichtung des französischen Adels um jeden Preis zu Stande gebracht werden?

Makintosh sagt, um die National-Versammlung zu rechtfertigen und die unglücklichen Mitglieder jener verfolgten Classe als Schlachtopfer ihrer eignen Thorheit darzustellen, „das Dekret, welches den Adel aufhob, habe nichts als einen leeren Titel abgeschafft, der durch drey vorhergehende Beschlüsse schon von aller Realität entblößt, und dessen Untergang mithin kaum eines Seufzers werth gewesen wäre" — Diese Art zu argumentiren ist doch in der That höchst seltsam, und auffallend ungerecht. Wie? darum weil ich einem Eigenthümer sein Grundstück erst verwüstete, ehe ich es ihm raubte, soll die Klage über dessen Verlust eine unbillige Klage seyn? weil ich das Haus, das ich in Flammen setzte, erst rein ausgeplündert hatte, soll es nicht der Mühe werth seyn, über die Zerstörung desselben zu weinen?

Laßt uns einen Blick auf diese drey Beschlüsse werfen, die, nach Makintosh die gänzliche Abschaffung des Adels vorbereiteten und den Stachel dieser Verfügung abgestumpft hatten! — Der erste war, die Vereinigung der ständischen Deputirten in einer ungetheilten Versammlung; der zweyte die Aufhebung der Lehns- und Herrenrechte; der dritte das (im Dezember des Jahres 1789 erfolgte) Dekret, welches festsetzt, daß die Wahlversammlungen ohne alle Rücksicht auf Verschiedenheit der Stände formirt werden sollten. — Die erste dieser drey Veränderungen ist schon umständlich beurtheilt worden. Sie war von der Aufhebung des Adels, welchen Sinn man auch diesem Ausdruck beylegen mag, noch himmelweit entfernt. Die zweyte und dritte griffen seine politische Existenz schon merklicher an, aber sie vernichteten sie noch nicht. In der merkwürdigen Nacht vom 4ten August 1789, wo das Lehnssystem in Frankreich zu Grunde ging, war der Adel ein Gegenstand allgemeiner Bewunderung, und Niemand ahndete was der Lohn eines Enthusiasmus seyn würde, von dem die Geschichte der Staaten noch kaum ein Beyspiel aufzustellen hatte. Es ist traurig, einen Mann von Geist und Charakter in das Geschrey der Volksschwätzer einstimmen zu hören, die das ganze Verdienst des Adels bey allen Opfern, welche er dem öffentlichen Wohl in der ganzen ersten Hälfte des Jahres 1789 gebracht hatte, mit der elenden Ausflucht, daß die Furcht vor größerm Verlust diese Opfer abgepreßt habe, niederschlagen wollen. Es waren nicht allein „nichtswürdige Geldprivilegien" wie Makintosh sagt, es waren einige der glänzendsten Zweige seiner politischen Prärogativen, es waren seine Vorrechte bey Besetzung der wichtigsten Civil- und Militärstellen, was der Adel zu einer Zeit, wo die Idee einer Total-Revolution in Frankreich nur noch ein Fiebertraum seyn konnte, freywillig und beynahe einmüthig, aus aufgeklärtem Patriotismus, aus Achtung für den

gebildetern Geist des Zeitalters und der Nation, ohne Straucheln und ohne Murren feyerlich aufgegeben hatte.

Mit welchem Recht kan es also dem Adel zur Last fallen,
daß seine Verdienste um den Staat (denn freywillige Entsagungen sind immer Verdienste) die Werkzeuge seines eignen
Verderbens werden mußten? — „Der Adel war in einen nichtsbedeutenden Titel ausgeartet, als man ihn abschaffte". —
Schlimm genung, daß man ihn in nichts bess:rs zu verwandeln gewußt hatte. Der Adel hätte ein sehr wesentliches Stück
in dem neuen Staatssystem werden können, und werden müssen, er gab den schicklichsten Stoff und die brauchbarsten Elemente zur Ausführung einer Lücke her, die denkende und erfahrne Staatsmänner nie ohne geheimen Schauer und höchst-
gerechte Besorgniß in der Constitution, die für das französische
Reich entworfen war, erblicken konnten.

Wenn eine repräsentative Verfassung in einem weitläuftigen Reich Statt finden soll, so ist die Theilung der gesetzgebenden Macht in mehrere abgesonderte Zweige ein unnachläßlicher
Grundartikel. Ein repräsentativer Staat mit Einer gesetzgebenden Versammlung ist eine politische Misgeburt. Ein bleibender Senat, und ein wechselndes Repräsentantenhaus sind
die beyden Pfeiler, auf welchen eine jede solche Verfassung,
wenn sie Festigkeit und Dauer haben soll, ruhen muß. So
wollen es, nicht willkührliche Vorschriften einer furchtsamen
und nachäffenden Staatskunst, sondern die unveränderlichen Gesetze des Gleichgewichts in der moralischen Welt, die man nimmer ungestraft übertritt. Das politische System eines Landes
wie Frankreich, auf Einen dieser Pfeiler setzen, war ein muth-
williges Wagestück, dem unfehlbar der Ruin des Werks und
die Schande des Baumeisters folgen mußte.

Wäre die gesetzgebende Macht im französischen Staat nach jener einzig-zweckmäßigen Form organisirt worden, was hätte, wenn es keine privilegirten Stände mehr gab, den Theil dieser Macht, welchen wir uns unter dem allgemeinen Titel: Senat denken, und welcher dem Oberhause in der brittischen Constitution entsprechen mußte, liefern sollen? Es wäre nichts übrig geblieben, als ihn aus eben den Volksclassen zusammen zu setzen, die die Repräsentanten-Kammer bildeten. Eine solche Einrichtung aber zerstöhrte den ganzen Zweck des weisen Theilungssystems. Zwey Versammlungen, die aus gleichen Elementen bestanden, hätten einander nie ein reelles Gegengewicht gehalten. Ein Geist, Eine Denkungsart, Ein Interesse hätte sie beseelt, Ein Gesichtspunkt sie geleitet, Eine Art von Ansehen sie unterstützt. Sie wären nicht zwey deliberirende Corps, sondern blos zwey Abtheilungen eines einzigen gewesen. — So bald ein Adel existirte, war die Maschine vollkommen. Er hätte ausschließend das Oberhaus der Gesetzgebung formirt. Wie er es formirt hätte, ist für diesen Augenblick noch gleichgültig. Mit ihm hätte die neue Constitution auf einem doppelten Fundament geruht, auf Achtung für das Alte, und Zuneigung zu dem Neuen. Er hätte sie vor der unaufhaltsamen Vergänglichkeit, der sie schon in der Stunde ihrer Geburt gewidmet zu seyn schien, wenn etwas sie davor schützen konnte, geschützt.

So wie die gesetzgebende Macht eines großen repräsentativen Staats ohne Erbadel nicht füglich bestehen kan *), so

---

*) Das Beyspiel von Amerika, womit sich die Lobredner des neuen Systems unabläßig brüsten, ist in diesem Punkt so wenig als in allen andern Punkten auf Frankreich anwendbar. Nur die einzelnen amerikanischen Provinzen (auf die ihrer Kleinheit und Simplicität halber die Grundvorschrif-

läßt sich auch die Regierung eines solchen Staats ohne einen
Unterschied der Stände und gewisse Familiendistinktionen sehr
schwer gedenken. Persönliches Talent, und persönliches Verdienst, wird allemahl in den Augen des Denkenden und des Weisen das höchste seyn: aber den Glanz, der einzig und allein die
Menge fesseln kan, wird es nie in dem Grade verleihen, als hohe
Abkunft und angebohrner Rang. Der große Häuse der Menschen wird durch nichts, als Nahmen regiert: der innere Werth
wirkt höchstens dann nur auf ihn, wenn er ihn auf einer erhabnen Stelle sieht: er achtet den, welcher sich aus der Niedrigkeit
emporschwang (wie sich ein witziger französischer Schriftsteller ausdrückt) nicht darum, weil er ein großer Mann ist, sondern
weil er die Geschicklichkeit besaß, ein großer Herr zu werden.
Es ist ganz gegen die Natur des menschlichen Gemüths; daß der
gemeine und ungebildete Bürger einem Machthabenden, der noch
vor kurzem seines Gleichen war, und den vielleicht bloß seine Wahl
zu etwas Höhern machte, eben den Gehorsam leisten sollte, welchen
ein andrer, den er von jeher über sich gesehen hat, leicht und un-
gezwungen erhält. Nun ist aber in einem großen Staat nichts

ten für große Reiche nicht anwendbar sind) können im eigentlichen Verstande, repräsentative Staaten heißen:
Das Ganze ist eine föderative Republik, mithin von
einem ungetheilten repräsentativen Staat wesentlich unterschieden. Was hier eine National-Versammlung ist, ist dort ein Congreß. — Merkwürdig
bleibt es indessen immer, daß die Erfinder der amerikanischen Constitution, wenn sie gleich durch die Natur und
Eigenthümlichkeit ihrer Verfassung von der Beobachtung mancher in einem großen Repräsentationssystem unnachläßlichen
Vorschriften befreyt waren, die Fundamentalregel — die gesetzgebende Versammlung in zwey Kammern zu
theilen, nicht übertreten zu dürfen glaubten.

wichtiger, als daß die Regierung mit hinlänglicher Kraft versehen, und Jeder, der öffentliche Macht verwaltet, mit Ehr-
furchtgebietendem, und wo es die Noth erfordert, mit schrecken-
dem Ansehen bekleidet sey.

Eine Monarchie ohne Adel ist ein wahres Unding *).
Ein König, der über eine Nation, in der jedes Individuum dem
andern gleich ist, herrschen soll, wird in kurzer Zeit eine Null,
oder der furchtbarste aller Despoten werden. Wo sich bisher Könige ohne privilegirte Stände zeigten, da waren es
orientalische Tyrannen. Der erste König, den man über die öde
Pläne einer republikanischen Gleichheit erhob, sank von dem Augenblick an, da man seinem Thron die Stufen, die ihn bisher
empor getragen hatten, entzog, zum Sklaven herab.

Es war bey allen diesen Umständen schon der größte politische Fehler, den eine constituirende Versammlung begehen konnte,
daß sie aus dem Adel einen leeren Nahmen werden ließ. Angenommen indessen, (obgleich im geringsten nicht eingeräumt)
daß überwiegende Gründe sie zu den Schritten determinirt hätten,

*) Alle hier angestellten Betrachtungen gehen überhaupt nur auf
   die von der constituirenden National-Versammlung dekretirte
   monarchische Staats-Verfassung — Vom 10ten
   August 1792 ging nach einer neuen Hauptrevolution eine neue
   Ordnung der Dinge in Frankreich an, die wieder nach ganz
   andern Prämissen beurtheilt werden muß, als die vorhergehende, nur dann aber erst vollständig beurtheilt werden kan,
   wenn sie eine Form erhalten haben wird, an der es ihr
   bis jetzt noch fehlt — Vorläufig werden wohl alle diejenigen,
   welche sich nicht durch Worte täuschen und durch den Schimmer eines Augenblicks irre machen lassen, darin einig seyn,
   daß die Entstehung dieser neuen Ordnung in jedem Betracht
   der härteste aller Vorwürfe ist, welche die Constitution von
   1789, treffen können.

ten, die diese Verwandlung bewirkten — warum verfolgte sie diesen unschuldigen Nahmen noch? Warum raubte sie einer ansehnlichen Claſſe von Bürgern, welcher die Revolution schon mehr als einen ungeheuren Tribut abgefordert hatte, ihr letztes Kleinod? Warum wüthete ſie gegen einen von nun an nichtsbedeutenden Titel, als ob der Untergang des Staats darin keimte? Warum mußten die, welche den ernſthaftern Verluſt verſchmerzt hatten, dadurch, daß man ihnen den letzten Zehrpfennig der Eitelkeit entriß, in Verzweiflung geſtürzt werden?

Auf alle dieſe Fragen giebt Makintoſh im Nahmen der franzöſiſchen Geſetzgeber zur Antwort: „Es war nothwendig, um einen demokratiſchen Charakter zu formiren, demokratiſche Geſinnungen in alle Gemüther zu hauchen, und die Principien der allgemeinen Gleichheit, welche die Deklaration der Rechte gelehrt hatte, in Ausübung zu bringen.“

Meines Erachtens konnte es nicht leicht eine unglücklicher gewählte Vertheidigung geben als dieſe — Wenn die Aufhebung des Adels einen demokratiſchen Geiſt in Frankreich begünſtigte, ſo konnte in einem Staat, der nach dem gemeinſchaftlichen und erklärtem Wunſch und Willen aller ſeiner Bürger, der nach den Anlagen ſeiner neuen Conſtitution ſo gut als nach ſeiner bisherigen Regierungsform, und nach allen ſeinen phyſiſchen, geographiſchen, moraliſchen und politiſchen Eigenthümlichkeiten, ein monarchiſcher Staat ſeyn und bleiben ſollte, nie eine ungereimtere, nie eine ſchädlichere Operation erdacht werden. Frankreich war beſtimmt, eine freye Monarchie zu werden: in einer ſolchen Staatsverfaſſung aber iſt allgemeine politiſche Gleichheit die abgeſchmackteſte aller Chimären. Den Charakter zu dieſer Gleichheit formiren, mithin die Sehnſucht nach dieſer Gleichheit im Herzen der Bürger nähren, mag höchſtens da geſunde Politik ſeyn, wo man alle Schwierigkeiten überwunden,

R

und alle Probleme gelöset glaubt, wenn man eine Deklaration
der Rechte erfunden hat.

II. Ueber die Aufhebung der Geistlichkeit in der
Qualität eines privilegirten Standes werde ich nur
einige kurze Bemerkungen machen, weil Burke alles was diesen Gegenstand angeht, sehr ausführlich, und für manchen seiner Leser gewiß schon zu ausführlich behandelt hat.

1. Die Theorie, nach welcher der Geistlichkeit der wahre
Besitz ihrer Ländereyen nicht zustand, gränzt so nahe an Sophisterey, (und an eine der gefährlichsten Sophistereyen, die, welche
das Eigenthum unsicher macht,) daß es fast eben so bedenklich ist,
dagegen als dafür zu streiten.   Gesetzt aber auch, sie müßte in
ihrer vollen Stärke gelten, so bewiese sie nichts, als das R e c h t
der Nation, diese Ländereyen einzuziehen: die Frage nach der
S t a a t s k l u g h e i t in dem Unternehmen ist eine ganz abgesonderte Frage.

2. Ob gleich der große Umfang der Besitzungen der Geistlichkeit ein unläugbares Uebel ist, so kan es deshalb doch nicht
für ausgemacht gut erklärt werden, diesem Stande a l l e seine
Besitzungen zu rauben.   Das stärkste, was Burke über diesen
Punkt gesagt hat, ist von Makintosh nicht widerlegt worden.
Dem tiefsinnigen Raisonnement über den Gebrauch, den ein großer Staatsmann von der in den geistlichen Instituten verborgnen
Kraft hätte machen können *), hat Makintosh eine einzige,
aber sehr scheinbare Einwendung entgegen gesetzt.   Er sagt, diese
Institute wären in unsern Zeiten nichts mehr als todte Leichna-
me und ausgebrannte Schlacken, aus denen längst alle wahre
Kraft, die sie sonst besaßen, verflogen wäre. — Wenn gleich in
dieser Bemerkung große Wahrheit liegt, so kan sie doch die Wahr-

*) S. S. 248. 1ter Theil.

heit der Burkischen Idee nicht verdrängen. Wenn auch die geistlichen Corporationen das nicht mehr waren, was sie „im mit-
täglichen Glanze der finstern Jahrhunderte" gewesen sind, so waren sie doch immer noch viel. Die große Anzahl von Menschen,
die sie unter Eine Regel und zu Einem Endzweck verbunden hatten, und die große Masse eiserner Besitzungen, die sich in ihren
Händen befand, machte sie immer noch zu einem sehr mächtigen
Werkzeuge in einer geschickten Hand. Für mönchische Zwecke
mochten sie kraftlos geworden seyn; sie für politische brauchbar zu machen, das war es, was Burke von einem großen
Staatsmann verlangte.

3. Was eigentlich in dem ganzen Verfahren der National-
Versammlung in Ansehung der Geistlichkeit unbefangne Gemüther
am meisten empörte, war die Härte gegen die Personen.
Konnte Sorge für den öffentlichen Credit und für die Verbesserung der geistlichen Sitten — der große Vorwand bey dieser
grausamen Verfolgung — alle die Schritte rechtfertigen, wodurch
man die eid-weigernden Priester von der Armuth zur
Schmach, von der Schmach zur letzten Verzweiflung trieb, dem
Staat einen neuen Schwarm erbitterter Feinde schuf, und das
Volk zur Barbarey, zur Intoleranz, und zur Verachtung alles
dessen, was bisher ihm heilig gewesen war, erzog? —

4. Es ist wenigstens einer strengern Prüfung, als man gewöhnlich mit den Raisonnements über diese Materie verknüpft
findet, werth: ob der Einfluß, den die Aufhebung der geistlichen
Corporationen auf die Religion selbst gehabt, heilsam oder
verderblich war? — Obgleich Makintosh diese Hauptfrage
nicht ausdrücklich berührte, so verrathen doch seine Aeußerungen
über den geistlichen Stand und die kirchliche Verfassung überhaupt
deutlich genug, welchem System er anhängt. Staatsreligion,
Kirche, geistliche Macht — sind Worte, die im Ohr eines Frey-

heitsvertheidigers, wie Tyrannei und Ketten klingen. In einer
Weltordnung, wo jeder sein eigner Herr ist, mag immerhin auch
jeder sein eigner Gott seyn; und die Prophezeyhung der Men-
schenfreunde: „daß es im 19ten Jahrhundert keine Kirchenherr-
schaft mehr geben wird" kan, wenn es sonst mit den Fortschritten der Freyheit und Gleichheit nach Wünschen geht, eher, als
wir, in der Nacht des Aberglaubens begrabne Fürstensklaven, es
vermuthen, aufs glorreichste erfüllt werden.

Wenn ich über diesen vielseitigen und wichtigen Gegenstand
ein Urtheil wagen sollte, so würde ich auch hier, wie in allen ähn-
lichen Angelegenheiten, zwischen Nichterschaffen und Zerstöhren einen wesentlichen Unterschied machen. Es giebt tausend Umstände in der Kirchenverfassung aller in Europa herrschenden Religionssysteme, die ein vernünftiger Mann, der die Religion in die Herzen pflanzen möchte, nimmermehr einführen würde: aber ob man diese Dinge, ob man den ganzen Inbegriff dessen, was nur zur äußern Schale der Religion gehört,
abschaffen, und wohl gar (wie die französischen Reformatoren gethan haben, und noch zu thun Willens sind) plötzlich abschaffen könne, ohne der Religion selbst, in den Gemüthern derer wenigstens, für die sie am wichtigsten ist, einen tödtlichen Stoß
beyzubringen, das ist eine ganz andre, und wirklich keine unbedeutende Betrachtung.

III. Das, was Makintosh die Aristokratie des
Richterlichen Standes nennt, konnte unter seiner alten
Gestalt, in einer wohl-geordneten Staatsverfassung durchaus
nicht bestehen. Das widersinnige Recht, die Regierung zu con-
trolliren, welches sich die Parlamenter angemaßt hatten,
mußte ihnen genommen werden. Als registrirende Parlamenter mußte man sie abschaffen: aber als oberste Gerichtshöfe
konnte man sie beybehalten, und sollte es in verschiednen

sehr wichtigen Rücksichten thun. Ich will zur Unterstützung dieses Satzes nur ein einziges Argument anführen, wovon ich in Burke's Schrift einen flüchtigen Wink gefunden habe, das mir aber seiner Stärke und Gründlichkeit halber Aufmerksamkeit zu verdienen scheint.

Wenn eine alte Regierungsform völlig umgestürzt worden ist, so sind alle die, welche zur Administration der Geschäfte in der neuen befördert werden, in edlern oder unedlern Sinn des Worts Creaturen der neuentstandnen Macht. In tausend Verhältnissen des Staats mag dies ein ganz unwesentlicher Umstand seyn: wenn die Räder sich nur bewegen, ist es beynahe gleichgültig, wer sie umdreht. Aber die Verwaltung der öffentlichen Gerechtigkeit ist ein Amt, wobey es auf persönliches Ansehen, persönlichen Credit, und persönlichen Charakter fast eben so sehr, als auf reelle Fähigkeiten ankömmt. In einer neuen Staatsverfassung giebt es unzählig-viele Umstände, welche die Besitzungen unsicher, die Befugnisse zweydeutig, die festesten Verträge schwankend, die Gränzen der Rechte streitig machen. Nichts kan in einer solchen Lage den reellen und den eingebildeten Gefahren so trostreich die Spitze bieten, nichts die Zuversicht des Bürgers zu der Gerechtigkeit des neuen Staats so mächtig heben, als wenn er den Richter gleichsam außerhalb der Sphäre seiner Besorgnisse sieht. Die Grundsätze des Rechts wechseln nicht wie die Regierungsformen: Freyheit wird durch keine richterliche Sentenz erdrückt. Dem Staat konnten also die alten Gerichtshöfe nie fürchterlich werden: dem Einzelnen wären sie eine wohlthätige Schutzwehr gewesen. Sie hätten, nachdem alle andre Bande zwischen der vorigen Verfassung und der jetzigen zerrissen waren, den moralischen Credit des neuen Systems, mit dem respectabelsten Damm gegen willkührliche Herrschaft im alten verknüpft, und einem schüchternen Gemüth, das in dem Ozean so vieler gefahrvollen Neuerungen zu Grunde ging, gleichsam noch ein letztes Signal aus seiner verlaßnen Heimath gegeben.

Auf die Revision der einzelnen Hauptveränderungen läßt Makintosh einige allgemeinere, und wie er sie selbst nennt, „kühnere“ Ideen über die Nothwendigkeit und Weisheit einer Totalrevolution in Frankreich folgen. Der Gang derselben ist kürzlich dieser: „Wenn einmahl Gelegenheit zu einer Totalrevolution vorhanden ist, wäre es widersinnig und strafbar, sie vorübergehen zu lassen. In Perioden der Ruhe ist nie eine wesentliche Reform in irgend einem Punkt der Staatsverfassungen zu Stande gekommen. Der Augenblick zu einer gänzlichen Umschaffung war in Frankreich da. Man mußte ihn benutzen. Es stand freylich bey der National-Versammlung, gelindere Verbesserungen auf sanftern Wegen vorzunehmen. Aber wer auf einmahl eine vollkommne Verfassung erreichen kan, der handelt thörigt, wenn er sich mit einer weniger vollkommnen begnügt.“

In der edeln und kraftvollen Sprache eines philosophischen Freyheitsschwärmers haben diese Ideen etwas berauschendes für den Enthusiasmus, und etwas niederschlagendes für die kalte Vernunft. In gewöhnlichen Vortrag aufgelöset, sind sie schwach und dürftig.

1) Wenn auch eine vollkommne Staatsverfassung unter die erreichbaren Dinge gehört:, so bringt es doch die Natur der Sache mit sich, daß man sie nie in einem Revolutionssturm erreichen würde.

2) Die Behauptung, daß in Perioden der Ruhe noch nie eine wichtige Staatsreform zu Stande gekommen sey, ist nicht bloß eine „kühne“ sondern in der That eine allzukühne Behauptung gerade in dem Augenblick, wo das Andenken an eine große und weitverbreitete Staatsreform, deren Realisation nichts als eine Volksrevolution verhinderte, noch so frisch und lebhaft

ist. Wer kan es wagen, den Plan, zu dessen Ausführung die Stände des französischen Reichs berufen waren, eine unwichtige Reform zu nennen?

3) Der, welcher in dem Zeitpunkt einer politischen Crise das höchste zu erklimmen sucht, mag weise und verdienstvoll handeln: aber alles kömmt darauf an, was man sich von diesem höchsten für einen Begriff gebildet hat. Das höchste in der praktischen Politik ist immer noch eine unvollkommne Staatsverfassung. Die National-Versammlung ist von Anfang an in den seltsamen Irrthum verfallen, daß sie in ihren politischen Rechnungen alle alte Constitutionen wie Null, und das Ziel ihrer Wünsche, wie ein Maximum behandelte. Der Enthusiasmus des Neuen würde durchgängig um die Hälfte vermindert werden, wenn man sich bloß die Mühe gäbe, es mit dem alten zu vergleichen.

Den ernsthaften Vorwurf, „im Lande der Ideen gewandert und die Erfahrung verachtet zu haben" sucht Makintosh durch eine sehr sinnreiche Distinction von der National-Versammlung abzuwälzen. Er sagt: „Erfahrung kan in einem jeden menschlichen Geschäft auf zweyerley Weise benutzt werden: entweder in so fern sie Modelle, oder in so fern sie Principien liefert. Die National-Versammlung verachtete sie in der ersten Rücksicht, und bediente sich ihrer in der andern. Sie nahm Geschichte und Beobachtung zur Hand, und setzte aus den einzelnen Zügen politischer Vortreflichkeit, die sie hin und wieder zerstreut antraf, ein Ganzes zusammen, wovon noch kein Modell vorhanden gewesen war."

Diese Definition kan die National-Versammlung nicht retten. Wenn man der Erfahrung den Tribut, den sie in allen praktischen Versuchen zu fordern hat, dadurch entrichten könnte, daß man einzelne Realitäten, die irgendwo in Raum und

Zeit abgesondert exiſtirten, in ein willkührliches, vielleicht formloſes Ganzes zuſammenbände, ſo gäbe es keine Misgeburt irgend
einer menſchlichen Kunſt, die nicht nach Principien der Erfahrung
gebildet ſeyn würde. Das berühmte Ungeheuer, mit deſſen Schilderung Horaz ſeinen Brief über die Dichtkunſt eröfnet, wäre
dann eine richtige Copie der Natur, in welcher allerdings jeder
der einzelnen Beſtandtheile, die eine regelloſe Einbildungskraft
an einander knüpfte, zu finden iſt. Wenn Erfahrung bey einem neuen Werke präſidiren ſoll, ſo iſt es nicht hinreichend,
daß ſie den Stoff der abgeſonderten Theile liefre, ſie muß auch
die innre Möglichkeit ihrer Zuſammenſetzung mit Rückſicht auf
einen Zweck nachweiſen. Wer Erfahrung nicht nach dieſem
Grundſatz benutzen will, der handelt weiſer und conſequenter,
wenn er ſie gänzlich verläßt.

Dies iſt denn auch die Parthey, welche die Vertheidiger
unverſuchter Spekulationen im Felde der Politik zeitig genug
ergreifen, wenn ſie ſich nicht länger gegen die Uebermacht einer praktiſchen Critik zu behaupten wiſſen. „Eine philoſophiſche Conſtitution“, das iſt die letzte Verſchanzung, in die ſie
ſich allemahl werfen. Sie daraus zu vertreiben, lohnt der Mühe
des Angriffs nicht. So lange ſie hier verweilen, kan man allen
ihren Operationen *) mit Gleichgültigkeit entgegen ſehen. Es
iſt bekannt, was die beſten philoſophiſchen Köpfe über den Werth
dieſer idealiſchen Staatsplane gedacht haben. Wenn eine
Staatsverfaſſung der reinen Vernunft irgendwo re-
aliſirt werden ſollte, dann wird es Zeit ſeyn, von ihrem Urtheil abzugehen. Dann werden die ungläubigen Freunde der
Menſchheit ſich gern für überwunden erklären, und freudig ihre

*) Wenn es nehmlich auf Raiſonnement ankömmt, denn,
wo es aufs Ausführen geht, werden ſie hier oft furchtbar genug.

Stimme mit des Siegers Stimme vereinigen. Bis dahin aber,
daß dieser „neue Polarstern" ihnen den Weg in unbekannte
Meere öfnet *), wird die Vernunft, die sie anbeten, und die
Pflicht, die sie erkennen, ihnen vorschreiben, an den wohlbekannten Küsten der Erfahrung ihre sichre und bescheidne Fahrt
fortzusetzen.

Makintosh erklärt die Auflösung des Problems, welches die National-Versammlung beschäftigte, in unsern Zeiten
für leicht „weil die Philosophen in Europa seit hundert Jahren alle wichtige Gegenstände der Politik und Staatsökonomie
zum Thema ihrer Untersuchungen und Meditationen gemacht
haben." — Keinem dieser Philosophen aber war es eingefallen, einen vollständigen Plan zu einer guten Constitution aus-
zuarbeiten. Sie hatten über einzelne Theile der Staatskunst
raisonnirt: ein Ganzes hatten sie nicht einmahl in der Theorie
zusammengesetzt. Sie hatten das ihrige gethan, um die Fehlerhaftigkeit der alten Regierungssysteme aufzudecken: dies war
die Hälfte, und gewiß nur die kleinste Hälfte des Weges: sie
mußten nun auch die reelle (nicht bloß ideale) Möglichkeit besserer Verfassungen darthun, die Elemente zu ihrer Ver-
wirklichung liefern, und die Mittel zum Gebrauch dieser Elemente an die Hand geben. Dies überließen sie ihren kühnern
und glücklichern Zöglingen, die in ihrer Schule gebildet, aus
den Spekulationen der Encyclopädisten, die Grundgesetze für
eine Königliche Demokratie schmiedeten.

Beym Schluß seines ersten Capitels stimmt Makintosh
noch den gewöhnlichen Hymnus des Rückzuges aller philosophischen Politiker an: „Wenn auch die neue Constitution nicht be-

R 5

---

*) „Guided by the polavity of reason to discover in unex-
plored regions the treasure of public felicity."

stehen kan, so bleibt doch der Versuch, sie aufzuführen, das
wohlthätigste und glänzendste Werk, was jemals Menschen un-
ternahmen: und daß er mislingt, kan nie etwas anders, als
die Schuld der unbezwinglichen Rotte seiner mächtigen und boshaften Gegner seyn" — Aber praktische Entwürfe können nur
dann für verdienstlich, und nur dann für bewundernswürdig gelten, wenn sie ausführbar sind. Ein politischer Roman bleibt
immer von einer Staatsverfassung für menschliche Bedürfnisse
wesentlich unterschieden, es mag ihn eine akademische oder eine
gesetzgebende Versammlung sanctionirt haben. — Wenn die
Freunde idealischer Constitutionen diesmahl ihren Zweck nicht
erreichen, wenn ihre Plane in Frankreich scheitern, so ist es
wohl so gut als entschieden, daß sie nie gelingen werden. Gün-
stigere Umstände (in ihrem Sinn des Worts) lassen sich vielleicht noch träumen, aber schlechterdings nicht erwarten, es sey
denn, daß man das Kunststück erfände, sobald die Revolutions-
Drommete dröhnt, nicht nur alle Häupter, Werkzeuge und Diener aller Regierungen, und jede ihrer Fußstapfen auf der Oberfläche des Landes, sondern auch alle Spuren derselben in der
Denkungsart, im Charakter und sogar im Gedächtniß der Menschen auf einen Hui! zu vertilgen. Nach aller vernünftigen
Wahrscheinlichkeit wird sich eine glänzendere Gelegenheit zur
Realisirung der ausschweifendsten Projekte, und eine vortheilhafte Stimmung einer Nation, alles Neue, wie eccentrisch,
wie verdächtig, wie zurückstoßend es auch seyn möge, anzunehmen, nicht wieder vereinigen. Die, welche ihren Ruhm und
das Wohl der Menschheit in Extremen suchen, müssen, wenn
die französische Revolution ihre Hoffnungen täuscht, durchaus,
und auf immer verzweifeln. Die übrigen werden aus dieser
großen Begebenheit die kostbare Lehre schöpfen, daß der erhabenste Flug in unversuchte Regionen, wenn er mit Ikarischer

Vermessenheit beginnt, mit Ikarischem Untergange endigt; daß das menschliche Geschlecht nur Schritt für Schritt, und Stufe für Stufe zum Genuß des Vortreflichen in jeder Art geleitet werden kan; und daß es für den, welchen die Natur ausrüstete und das Schicksal bestimmte, in einer großen praktischen Sphäre auf Glückseligkeit, Bildung und Veredlung seiner Zeitgenossen zu wirken, keine heiligere Pflicht und keine höhere Weisheit geben kan, als die Befolgung dieser alten Vorschrift:

Spartam nactus es, hanc exorna.

* * *

Der zweyte Abschnitt der Makintoshschen Schrift handelt von den Bestandtheilen (composition) und dem Charakter der National-Versammlung.

Dieser Abschnitt leistet das nicht, was seine Ueberschrift erwarten läßt, und es war nach der Reflexion, womit ihn der Verfasser eröfnet, auch nicht zu vermuthen, daß er es leisten würde. Er behauptet: „es komme bey einer Begebenheit von solchem Umfange, wie die französische Revolution, nur wenig auf die Eigenschaften einiger hervorragenden Personen an; und überhaupt, sey der Charakter der Handelnden nur im gewöhnlichen Lauf der Angelegenheiten wichtig, in ausserordentlichen Lagen aber, und in Perioden allgemeiner Gährungen und Regenerationen verhältnißmäßig unbedeutend und gleichgültig.“

Gegen diese hyper-physiokratischen Grundsätze erhebt sich Raisonnement, Erfahrung und Geschichte mit gleicher Macht. Wenn es auch erlaubt ist, Begebenheiten, deren Hervorbringung keine einzelne Menschenkraft commensurabel zu seyn scheint, in dem Augenblick, da der Total-Eindruck davon das Gemüth beherrscht, als Natur-Phänomene zu betrachten, und als solche in

einer historischen Schilderung zu behandeln, so kan es doch unmöglich weise seyn, oder gar zur Regel gemacht werden, in der
Beurtheilung irgend einer Scene die uns das unerschöpfliche The-
ater der Weltveränderungen darbietet, von der Beschaffenheit der
Schauspieler zu abstrahiren. Natur und Zufall — die Meta-
phern unsrer Blindheit und unsers Unvermögens in der Erklärung
des Weltlaufs — geben die Materie zur Geschichte her: des
Menschen Wille und Fähigkeit giebt ihr die Form. Die Geschichte ist das Gemählde seiner Thätigkeit, seiner Entschlüsse, seiner Weisheit und Thorheit, seiner Fehler und seiner Tugenden.
Es giebt nicht einen einzigen großen oder kleinen Umstand indem
Schicksal der Staaten, der nicht zur Wohlthat und zur Plage,
zur Veredlung und zur Erniedrigung, zum Heil und zum Verderben ausschlagen kan, je nachdem der Mensch ihn auffaßt, ihn
lenkt, ihn bearbeitet und ihn befruchtet. In allem, was mensch-
liches Werk ist, muß des Menschen Handlungsweise, Wirksamkeit und Charakter von unendlicher Wichtigkeit seyn.

Die französische Revolution, sagt Makintosh, zeichnet
sich dadurch vor allen die es je gegeben hat, aus, daß sie eine
Revolution ohne Anführer war.

Allerdings ist dies in einem gewissen Sinn richtig, und eine
charakteristische Eigenheit dieser erstaunenswürdigen Staatsveränderung. Andre Revolutionen waren Versuche ehrgeiziger und
unternehmender Menschen, dem Machthabenden im Staat durch
List oder Gewalt die Herrschaft zu entwinden: die Französische
war nichts als die Folge einer gänzlichen Ohnmacht der bisherigen
Regierung, durch eine fehlerhafte Administration vorbereitet und
durch eine Reihe unüberlegter Schritte unwiderruflich entschieden:
Niemand griff nach dem Scepter: er sank von selbst herab; der
Thron stürzte zusammen, weil es ihm an Kraft und Kunst man-
gelte, sich aufrecht zu halten. Eine Nation, wie die französische,

mußte den Wechsel ihres Zustandes augenblicklich fühlen, sie durfte
nur die Augen aufthun, um ihre Unabhängigkeit zu erkennen, sie
bedurfte keines Führers, um frey zu seyn, nachdem alles was sie
bisher gebunden hatte, aufgelöset, herabgefallen und verschwunden war — Aber eine Revolution ist das Werk einiger stürmischer Stunden: die wilde Volksbewegung die sie eröfnet, kan ihren
Ausgang nicht bestimmen, und doch ist dieser Ausgang das wesentliche. Hier muß eine höhere und eine begreiflichere Ordnung der
Dinge eintreten. Ganz Frankreich war zum Kriege mit wahren und
eingebildeten Feinden der öffentlichen Glückseligkeit aufgestanden:
es war das Geschäft der National-Versammlung, durch eine
weise Disposition Sieg und Frieden zu verbürgen.

Gesetzt aber, die vereinte Kraft der Mitglieder dieser Versammlung wäre nicht im Stande gewesen, den Lauf der R e v o l u-
t i o n zu hemmen, oder zu lenken, so läßt sich doch nimmermehr
begreifen, daß es auch bey der Entstehung der neuen C o n s t i t u-
t i o n auf die Fähigkeiten und den Charakter der Volksrepräsentanten nicht angekommen wäre. Die neue Constitution war bestimmt
der letzte Akt der französischen Revolution zu werden: ihr Werth
oder Unwerth mußte das letzte und entscheidende Gewicht in die
große Wage werfen, auf welcher Welt und Nachwelt dies furchtbare Probestück prüfen sollte. War diese Constitution vortreflich,
so vergaß man, was sie gekostet hatte, und die Menschheit war
versöhnt. War sie ein untaugliches Stümperwerk, oder ein flüch-
tiger Luftbau, so forderte die Geschichte Rechenschaft von jeder
fruchtlosen Jammerscene, worin sie empfangen und geboren
ward. — Konnte ein Werk von solcher Bedeutung ein Spiel
des Zufalls seyn? War es gleichgültig, ob Narren oder Weise,
Redliche oder Bösewichter, Unmündige oder Erfahrne den Vorsitz
bey einer Operation von so ernster und schauerhafter Wichtigkeit
führten?

Der grundfalsche Gesichtspunkt, aus welchem Makintosh den Einfluß der persönlichen Eigenschaften der National-Deputirten auf das Schicksal des Reichs betrachtete, hielt ihn von aller strengen Untersuchung ihrer Verdienste und ihrer Talente zurück. Was Burke mit so treffendem Scharfsinn über die Elemente der gesetzgebenden Versammlung gesagt hatte, blieb daher unbeantwortet und unentkräftet. Der ganze Abschnitt artet nach einer kurzen und oberflächlichen Rechtfertigung einiger Classen der Repräsentanten in eine Digression über verschiedne von Burke angegriffne Prinzipien und Methoden der neuen Gesetzgeber aus. Sie werden zuerst über den Vorwurf feindlicher Gesinnungen gegen die Religion, und alsdann über den Vorwurf der Unfähigkeit zur Finanzadministration vertheidigt.

Ob Burke Unrecht hatte, wenn er den Häuptern der herrschenden Parthey in Frankreich das geheime Verlangen, und den im Stillen formirten Plan, die christliche Religion und alle religiöse Gesinnung überhaupt in den Gemüthern des Volks zu untergraben, zuschrieb — das können wir jetzt, nachdem sich das religiöse System dieser philosophischen Weltverbesserer näher entwickelt hat, schon um vieles sicherer und gründlicher beurtheilen, als Makintosh es im Stande war. Wer die Schritte der Volksführer von dieser Seite beobachtet hat, wer auf die Schicksale der Geistlichkeit, auf die Verachtung aller Religionsgebräuche, auf den Ton der in allen Lieblingsschriften der letzten Jahre, und auf die unglaublichen Anträge die von Zeit zu Zeit im Jakobinerclubb und in der gesetzgebenden Versammlung zum Vorschein kommen, aufmerksam gewesen ist, der muß hinlängliche Data haben, um zwischen dem Ankläger und dem Apologisten zu entscheiden.

Was Makintosh zur Rechtfertigung der neuen Finanzverwaltung sagt, ist jetzt nicht mehr der Mühe einer Widerlegung werth. Hier kan der gemeinste Rechenmeister Betrachtungen an-

stellen, vor denen der unerschrockenste Senator, und der gelehr=
teste Minister in Frankreich erröthen muß. Wer in dieses Chaos
Licht und Ordnung blasen kan, dem mögen sie einen besondern
Tempel widmen. Denn alles Genie, und alle Talente, die ge=
wöhnlichen großen Männer eine Stelle im Pantheon verlei=
hen, sind nur ein Schatten der Geistesgaben, die dieser wahr=
scheinlich noch ungebohrne Sterbliche besitzen müßte.

*   *   *

Betrachtungen über die Volksexcesse welche die Re=
volution begleiteten, machen den Gegenstand des drit=
ten Capitels aus.

Die französische Revolution lieferte ein trauriges und schwar=
zes Blatt in die Geschichte der Menschheit. Das Jammern der
Verwayseten, das Wehklagen der Verbannten überschreyt kein
Freudenfest und keine Siegeshymne. Der Ausgestoßne verschmach=
tet sein Leben, der Gemordete schläft in seinem Grabe, wenn
auch ein Paradies auf den Trümmern ihrer Glückseeligkeit empor=
steigt. Aber es ist ein Gedanke des Entsetzens, daß Frankreich
umsonst an so viel grausamen Wunden geblutet haben sollte.

Die Missethaten, welche in den verfloßnen Jahren den französ=
fischen Boden befleckten, sind von den Vertheidigern der Revolution
sehr häufig mit den Gräueln der Kriege verglichen worden. Auch
Makintosh konte sich nicht enthalten, den verführerischen Schim=
mer dieser Vergleichung unter seine Argumente zu mischen. Schon
hat sich mehr als ein unpartheyischer Menschenfreund die Mühe
gegeben, das Täuschende, was in dieser Zusammenstellung liegt,
aufzudecken und zu bekämpfen: aber sie reproducirt sich tausend=
fältig und wirkt unaufhaltsam fort. Die Philosophie der Pöbel=
herrschaft, die die Maximen der moralischen Schätzung verfälscht
hat, sucht die Aufmerksamkeit und das Gefühl auf das Schreckbild

alter Uebel zu lenken, um sie von dem Anschauen neuer Verbrechen abzuziehen. Die Vernunft muß das ihrige thun, um dem betrügerischen Spielwerk ein Ende zu machen.

Staaten stehen gegen einander in eben dem Verhältniß wie einzelne Menschen. Wenn Processe unter diesen aufhören werden, nur dann wird es keine Kriege unter jenen mehr geben. Die Ordnung des gesellschaftlichen Vereins hat dem Streitigkeiten der Einzelnen Tribunäle zu ihrem Kampfplatz angewiesen: aber die Zwiste der Staaten müssen, bis einst die Polysynodie des Abts St. Pierre zu Stande kömmt, die Waffen entscheiden. Staaten sind gegen einander im Stande der Natur, und der Stand der Natur ist, wie Hobbes sehr richtig gelehrt hat, der Stand des Krieges.

Als die bürgerliche Gesellschaft aus ihrer ersten Rohheit hervorging, und Nationen nicht mehr gegen Nationen ins Feld ziehen konnten, da sonderte sich durch eine der glücklichen Operationen, in welchen die Erreichung eines untergeordneten Zwecks mit der Beförderung der großen Hauptzwecke des civilisirten Menschen zusammenschmilzt, ein Theil von der mächtigen Volksmasse ab, um das Schwerdt fürs Ganze zu führen. Als bey der zunehmenden Cultur das Kriegführen eine Kunst geworden war, entstanden hieraus disciplinirte Armeen. Immerhin mögen diese Armeen in den Händen unweiser oder leidenschaftlicher Regenten, eine Geissel der Völker werden: dies haben sie mit den edelsten Früchten der gesellschaftlichen Verbindung gemein. Immerhin mag ihre Erhaltung eine Last und ihre Bestimmung ein Uebel seyn: sie sind nichts desto weniger eine Wohlthat, und eine sehr wesentliche Wohlthat, in Vergleich mit der größern Last, die sie von uns abwälzen, und den unermeßlichen Uebeln, vor denen sie uns bewahren. Ihnen hat Europa einen sehr beträchtlichen Theil seiner hohen Civilisation zu verdanken.

Wenn

Wenn sie wirklich die Kriege verdoppelt hätten, so haben sie doch jedem einzelnen weit mehr als die Hälfte seiner Verderblichkeit genommen. Sie erhalten den Frieden mitten im Getümmel des Krieges. Sie bringen in ein Verhältniß, worin sonst blinde Gewalt unaufgehalten rasen würde, das Schattenbild einer bürgerlichen Ordnung. Da alles, was sie unternehmen, nach Regeln geschieht, da jede ihrer Bewegungen mit Absicht verknüpft ist, da es bey ihren blutigsten Thaten einen sichtbaren und nahen, oft einen großen Zweck giebt; so wird das Gemüth dessen, den sie in Gefahren, Widerwärtigkeiten und Tod leiten, auf feste Punkte gerichtet, durch reizende und ehrenvolle Hoffnungen gestärkt, und zum höchsten Grade der Ruhe, der Gelassenheit, und der Heiterkeit, der da wo alles auf dem Spiele steht nur irgend zu erreichen ist, gleichsam methodisch gestimmt. Seine Kraft arbeitet einem glorreichen Ziele zu; und wenn er unterliegt, so fällt er mit dem Gedanken an den Sieg.

Ist etwas von dem allem in den Gräuelscenen einer Volksrebellion zu finden? — Giebt es hier einen tröstenden und adelnden Zweck, dessen sich der Mörder oder der Gemordete bewußt wäre? Ist hier das wirkliche Uebel das Lösegeld für ein größeres? Oder giebt es ein größres Uebel, als Krieg im Reiche des Friedens, Krieg in einem Zustande, den man mit den größten Aufopferungen erkauft, einzig und allein um Frieden zu genießen? Werden alle Sophisten von Frankreich das gemeinste Menschengefühl überreden, daß eine tapfre und wohl geleitete Armee, die ihrem Schicksal muthig und hoffnungsvoll entgegen geht, eben den Eindruck machen soll, als ein wehrloser Haufen unglücklicher Bürger, die ein wüthender Pöbelschwarm zerreißt? — Gustav Adolph, oder Schwerin, wenn sie im Enthusiasmus der höchsten menschlichen Thätigkeit, von einer Kraft, die man mit des Himmels Donner verwech-

sein könnte, dahin sinken, als Clermont-Tonnere oder
Rochefoucault, wenn die undankbare Rotte, die sie beglücken wollten, ihnen das Mordmesser ins Herz stößt?

Noch würde man es sich gefallen lassen, die Schrecknisse
eines Revolutionssturms mit den Verheerungen des Krieges in
eine rechtfertigende Parallele gestellt zu sehen, wenn nur die
geringste Hoffnung vorhanden wäre, daß irgend eine Revolution das menschliche Geschlecht, oder einen beträchtlichen Theil
desselben, von der grausamen Nothwendigkeit, Kriege zu führen, einmahl für immer befreyen möchte. Aber worauf sollte
diese chimärische Hoffnung beruhen? — Wird durch irgend
eine Revolution der Geist, der die Kriege gebiehrt, im Menschen zerstöhrt werden? Werden Eigennutz, und Eitelkeit, und
Rachsucht, und Herrschbegierde in den Führern der Staaten
(unter welchem Titel sie auch auftreten mögen) plötzlich verstummen, weil eine Handvoll Redner erklärte, daß die Nation,
welche sie repräsentirten, hinfort ihre Nachbarn nicht mehr angreifen will? Wird irgend eine Staatsverfassung ersonnen
werden, die den Krieg abwenden könnte, wie ein Gewitterab-
leiter die Blitze des Himmels?

Ein Blick auf das reiche Gemählde der Weltgeschichte zertrümmert alle diese Erwartungen. Was zeigt sich uns, wohin
wir unsre Augen richten? Krieg unter Monarchien, Krieg
unter Republiken, Krieg unter Barbaren, Krieg unter gesitte-
ten Völkern, Krieg in allen Gestalten, und in allen Perioden
der Staaten. Wir jammern über das Elend, welches uns
drückt, weil wir nur selten ahnden, was für ein andres Elend
uns zu verschlingen droht, wenn dieses von uns wiche. „Der
Wille eines Einzigen sendet Tausende in den Tod", so tönt es
durch weitläuftige Reiche, wenn blühende Heere ausziehen, um mit
dem fürchterlichen Würfel zu spielen. Aber, wenn der Wille des

Einzigen schwiege, und nun auf immer schwiege, wenn das, was das Instrument seines Ehrgeizes und der Diener seiner Königlichen Launen war, in die Hände eines stolzen Senats, einer unruhigen Volksversammlung geriethe, würde es der wahren, würde es der erdichteten Veranlassungen weniger geben, die Mordfackel in benachbarte Provinzen, und wenn ein größres Interesse oder eine größre Thorheit ruft, an die letzten Gränzen der bewohnten Erde zu tragen? Noch haben die Annalen der Welt keinen monarchischen Staat aufzuweisen, der seine ganze Existenz auf einen fortdaurenden Krieg gegründet, jeden, den er noch nicht beherrschte, bloß darum für seinen Feind erklärt, und das blutige Schwerdt 700 Jahre lang nicht in die Scheide gesteckt hätte. Der Ruhm, dies aufgeführt zu haben, bleibt das ausschließende Eigenthum — einer Republik.

Die Excesse einer Volksrebellion sind also (gerade wie die Gegner der bürgerlichen Rangordnungen von den künstlichen Distinctionen zu sagen pflegen) nichts anders als eine neue Calamität, die man auf die alten thürmt, ohne diese dadurch zu ersticken. Sie sind, wie die Operationen eines ungeschickten, oder unglücklichen Wundarztes an einem eingewurzelten Schaden — schmerzhafter und schrecklicher als das Uebel selbst, aber unfähig es zu heilen.

Eine andre gleich untaugliche Methode, den Eindruck, den diese Excesse machen, zu schwächen, ist die, daß man sich bemüht, zwischen dem Unheil, das sie hervorbringen und den Vortheilen der Revolution, welcher sie dienen, eine förmliche Balanz zu ziehen. Es liegt nach meinem Gefühl etwas so empörendes in diesem Verfahren, daß man sich eines gewissen bittern Unwillens nicht erwehren kan, wenn man einen Mann, wie Makintosh darin verwickelt sieht. Ich, meines Theils, gestehe frey, daß ich die Elemente dieser neuen politischen Arithmetik weder kenne noch jemals zu erlernen begierig bin. Ich weiß nicht, ob die Mordsichel, die für Revolutionen mäht, bis zum Zwanzigtausendsten, oder bis zum Hunderttausendsten Leben fortschreiten darf; ich bin nicht kühn genung zu entscheiden, ob unschuldiges Blut in Bächen oder in Strömen fließen muß, ehe das große Interregnum der Moral, welches die Revolutionspolitik einführte, geschlossen ist. Wenn ich einen einzigen schuldlosen Bürger unter den Streichen der Volkswuth fallen, wenn ich den Frieden einer einzigen Hütte gewaltsam zerstöret sehe, so frage ich nicht: War es nützlich? — sondern — War es unvermeidlich? Jene Frage verwickelt mich in ein Labyrinth bedenklicher und gefahrvoller Untersuchungen, in das dornichte Gebiet einer unverständlichen, und quälenden Casuistik: auf diese läßt sich gewöhnlich leicht zu einer befriedigenden Antwort gelangen.

Die Frage: Waren die Volksexcesse unvermeidlich? — hat, auf die französische Revolution angewandt, keinen andern Sinn als diesen: War es der National-Versammlung unmöglich, sie zu verhindern? — Makintosh antwortet geradehin: Es war unmöglich! und stützt sich auf folgendes Dilemma: „Die National-Versammlung konnte weder ihre eigne Macht zu strengen Proceduren gegen das Volk gebrauchen, noch die Polizey und die Gerichtshöfe der alten Regierung zu dieser Absicht unterstützen. That sie das eine, so zündete sie einen bürgerlichen Krieg an: that sie das andre, so gab sie ihren Feinden die Waffen in die Hände.‟

Der erste Anblick dieses Arguments verräth sogleich, daß die Macht der National-Versammlung, auf einem oder dem andern Wege das Volk im Zaum zu halten, nicht abgeläugnet wird. Ihre Unthätigkeit wird durch Maximen der Staatsklug-

heit vertheidigt. Dieses Prälliminargeständnisses bemächtige ich
mich, um das ganze Dilemma über den Haufen zu werfen.

Ich habe mich oben erklärt, daß ich das wesentliche der
Total-Revolution in Frankreich in die Verbindung der Haupt-
Revolution zu Versailles mit der Revolution zu Paris, in
das Bündniß der National-Versammlung mit der Pöbelgewalt setze. Jetzt muß ich auf diese Idee zurückkommen.

Die ersten Excesse im Monath July 1789 können der National-Versammlung nicht zur Last gelegt werden. Waren einzelne Mitglieder darin verwickelt, so hatte sie doch vereint, und
in ihrer öffentlichen Qualität keinen Antheil daran.

Diese Excesse waren, in sofern man die National-Versammlung zur Verantwortung zieht, unvermeidlich.

Aber von dem Augenblick an, da sich beym jähen Nieder-
fall der alten Regierung alle Macht des Staats in den Händen dieses souveränen Korps zusammenzog, entschied das Betragen desselben das Schicksal von Frankreich. Hätte die National-Versammlung Weisheit und Mäßigung genug besessen,
um in diesem critischen Augenblick ihre erste Vollmacht und ihren ersten Plan nur so wenig als es durchaus nöthig war, zu
überspringen; hätte sie in dem Taumel der Leidenschaften,
worein sie das plötzliche Aufgehen eines Schauplatzes voll unermeßlicher Hoffnungen und in dem Taumel der Ideen, worein
sie das ungeheure Projekt der Regeneration des ganzen Reichs
stürzte, ein Blitzstrahl der freyen Vernunft erleuchtet; hätte
sie sich weggewandt von der Unendlichkeit dessen was sie konnte, und sich auf den engern Kreis dessen, was sie sollte,
eingeschränkt; hätte sie die Umstände, die sie umgaben, bloß
dazu genutzt, die Staatsverfassung welche die Nation so wie
der König, begehrt hatte, in ein Ganzes zu vollenden, und auf
ewige Zeiten zu befestigen; hätte sie früh erkannt, daß ein

S 3

Land, wie das ihrige, nicht einen Tag ohne eine executive Gewalt von der ersten Stärke bleiben mußte, und daß die Organisation einer solchen Gewalt ein dringendres, näheres, ernstres
Bedürfniß war, als selbst die weisesten Gesetze — so war Frankreich um einen geringen Preis gerettet.

Alsdann konnte auch jene Alternative, die Makintosh zu
ihrer Rechtfertigung aufführt, für sie kein fürchterliches Dilemma
seyn. Sie konnte beyden Forderungen zugleich aufs vollkommenste Genüge leisten. „Sie konnte ihre Macht zur Herstellung der
Ordnung brauchen, ohne einen bürgerlichen Krieg anzuzünden“.
— Die Gewohnheit, zu gehorchen, verliehrt sich unter einem
großen und civilisirten Volk nicht in einigen stürmischen Wochen.
Die National-Versammlung war der Abgott dieses Volks. Es
mußte ihr ein leichtes werden, sich einen allregierenden Einfluß zu
verschaffen. Milde und Wohlthätigkeit für das Ganze, und un-
erbittliche Strenge gegen die Einzelnen — das war der Charakter, den sie annehmen und behaupten mußte. Die Heiligkeit ihrer Deliberation mußte sie beständig in einer gewissen reinen Höhe,
vom Getümmel unangefochten, unbefleckt von Bürgerblut erhalten; sie konnte es sich zur förmlichen und feyerlichen Bedingung
machen, daß sie nur in der Stille bürgerlicher Ordnung ihr großes
Geschäft betreiben würde. — Auf der andern Seite lief sie
nicht Gefahr „ihren Feinden die Waffen zu überliefern“, wenn
sie das Ansehen der alten Regierung zu dem wohlthätigen Zweck
der öffentlichen Sicherheit aufrecht hielt. Der König war aller
reellen Macht beraubt, er hatte kein Geld und keine Armee, die
Rathgeber die sich seiner in den Tagen vor dem Aufruhr bemäch-
tigt hatten, waren geflohen; er hatte sich im eigentlichsten Verstande dem Pariser Pöbel auf Discretion ergeben. Dies war der
Augenblick, wo die National-Versammlung ihn ergreifen mußte,
in diesem Augenblick war er ihr Feind noch nicht: er konnte es

nicht seyn, und er durfte es nicht seyn. Wenn sie ihn gleich damals redlich und thätig in ihren Schutz nahm, so blieb ihm nichts übrig, als ihr Freund und ihr Alliirter zu werden. Der Hof war viel zu ohnmächtig, um als offner Nebenbuhler der National-Versammlung, und als offner Widersacher des Volks aufzutreten: wollte er schaden, so mußte es auf dem Wege der Intrigue geschehen, und wie weit hätte diese gereicht, wenn Weisheit und Mäßigung nicht von den Führern der Volksparthey gewichen wären! Würde sie einen einzigen der Misbräuche, die schon vor der Volks-Revolution zum Tode verdammt waren, im Innern des Reichs wieder ins Leben gezogen haben? Oder würde irgend ein Europäischer Fürst, wenn die National-Versammlung mit dem ersten Einzuge des Königs in Paris die Revolution für geschlossen erklärt hätte, und jedem fernern gewaltsamen Schritt mit der ganzen Fülle ihrer Macht entgegen getreten wäre, auf den Gedanken gerathen seyn, sich gegen Frankreich zum Kriege zu rüsten? —

Wenn aber, statt solche Maßregeln zu ergreifen, die National-Versammlung sich zu einer Mitverschwornen der Pöbelverbrechen herabwürdigte, wenn sie auf ihrem Rednerstuhl erklären ließ, daß Insurrection eine heilige Pflicht, und ein tugendhaftes Unternehmen sey; wenn sie zu einer Zeit, wo alles, was sein Haupt empor hob, wegen seines nahen oder entfernten Zusammenhanges mit der alten Regierung verhaßt worden war, die verführerischen Prinzipien einer erträumten Gleichheit, als die Grundlage ihres neuen Werks ankündigte, und in einer Crise, wo jede Besitzung unsicher war, die ersten Grundsätze des Eigenthums verdächtig machte; wenn sie das Volk, statt es an seine Pflichten zu erinnern, die es unaufhörlich übertrat, von nichts als seinen Rechten unterhielt, die es aufs fürchterlichste ausgedehnt hatte; wenn die einzig-respektirte Macht im Staat das Signal

zur allgemeinen Verachtung alles dessen was bisher Gegenstand
der Verehrung oder der Furcht gewesen war, angab, wenn sie
die Anarchie als eine ihrer Hauptmaschinen liebte und begünstigte,
und bey den Berichten von den grausamsten und empörendsten
Ausschweifungen das Mitleid mit den Schlachtopfern, den Unwillen
gegen die Missethäter schwächte, indem sie j e n e als blutdürstige
Tyrannen, d i e s e als gutmüthige Patrioten schilderte; wenn ein
Volkssenat, der sich auf einmahl von allen Quellen der öffentlichen Gewalt umgeben sieht, gegen den Ruin seines Vaterlandes
kein andres Mittel zu ergreifen wußte, als daß er „die zurückkeh-
rende Heiterkeit des Nationalcharakters" *) abwartete — was
für Hoffnungen blieben da dem Freunde der Ordnung und des
Friedens übrig! Die National-Versammlung sollte die Vernunft
des Volks repräsentiren, jetzt war sie die Seele seiner Leidenschaften.   Ihr einziges Augenmerk mußte seyn — den Pöbel zu führen, ohne sich mit ihm zu vermengen: jetzt vermengte sie sich mit
ihm, ohne ihn zu führen; und das war die eigentliche Quelle aller
unglücklichen Begebenheiten in Frankreich.

Wer die Reden, die Handlungen, die Maximen und den
Geist der constituirenden Versammlung beobachtet hat, wird sich
nicht so leicht entschließen können, sie für unschuldig an den Gräuelthaten zu erklären, welche die französische Revolution begleiteten.   Sie that nichts, um diese Gräuelthaten zu verhindern, sie
that viel, um sie unterhalten.   Die Volksexcesse mögen an und
für sich „zufällige Uebel" (incidental evils) gewesen seyn: aber
durch die Fehler der National-Versammlung, und mehr noch
durch das fehlerhafte und gefährliche S y s t e m, nach welchem sie
handelte, wurden sie n o t h w e n d i g e Uebel, erhielten eine Con-

---

*) The returning serenity of the public mind — sagt M a l l e -
t o s h.

ſiſtenz und ſogar eine Art von Würde, welche Nacheiferung rege machen könnte, und perpetuirten ſich als Keime zu neuen Uebeln, denen die Blutſcenen vom 2ten und 3ten Sepeember 1792 noch nicht ihre letzte Gränze angewieſen haben werden.

Außer den allgemeinen Prinzipien über die Unvermeidlichkeit der Volksexceſſe, welche dies dritte Capitel aufſtellt, enthält es ausführliche Reflexionen, über die Begebenheiten vom 5ten und 6ten Oktober 1789, die mit meinem Zweck in keiner nähern Verbindung ſtehen. Ich erwähne ihrer blos, um die Anmerkung zu machen, daß die Apologie der Ritterſitten, zu welcher die Betrachtungen über jene Scenen Burke's Geiſt weckten, auf Makintoſh den widrigen Eindruck nicht gemacht haben muß, den ſie bey andern ſeiner Gegner hervorbrachte. Er findet dieſe Sitten an und für ſich der größten Aufmerkſamkeit, und ihren Zuſammenhang mit der Bildung unſers Zeitalters einer ſehr ernſthaften Unterſuchung werth.

Am Schluß des Capitels nimmt er die franzöſiſche Literatur, gegen Burke's traurige Prophezeyung in Schutz. „Die National-Verſammlung ſchließt größre Muſter von Beredſamkeit, und größre politiſche Talente in ſich, als irgend eine Verſammlung der neuern Zeit aufzuweiſen hatte". — Es ſey ſo! Kan aber dies Verdienſt auf die Rechnung des neuen Syſtems geſetzt werden? Hatte der Geiſt der franzöſiſchen Freyheit dieſe Köpfe gebildet, und dieſe Rednerzungen ausgeſtattet? Nein! ſie waren ſammt und ſonders unter dem Schatten des verhaßten Throns gebohren, aufgewachſen, und gereiſt. Die Mounier, und Bergaſſe, und Mirabeau, und Rochefoucault, und Autun, und Barnave, und Lameth, und Clermont-Tonnere, und Cazales, und Malouet, und Maury, die Orakel aller Partheyen, und die Freyheitshelden jeder Periode, waren die Zöglinge einer despotiſchen Verfaſſung. Man darf

die zweyte National-Versammlung nur aussprechen, damit jeder
sich erinnere, wie tief ihre ausgezeichnetsten Mitglieder an Einsicht und Talent unter jenen Schöpfern der neuen Ordnung standen. Die weitern Betrachtungen über diesen Unterschied finden
sich von selbst in einem nachdenkenden Gemüth ein; und das
wahrscheinliche Schicksal der französischen Litteratur steht auf jeder
Seite ihrer neuen Produkte geschrieben.

*   *   *

Das vierte Capitel enthält Bemerkungen über
die neue Constitution von Frankreich.

Dies Capitel zerfällt in zwey Abtheilungen. In der ersten
beurtheilt der Verfasser die allgemeinen theoretischen Prinzipien,
in der andern die praktischen Anordnungen der französischen Gesetzgeber.

Den ersten Theil dieses Capitels halte ich für den schwächsten
der ganzen Schrift. Die Armseeligkeit des Stoffs widerstrebt jedem Versuch, ihm eine glänzende Gestalt zu geben. Man erschrickt, wenn man an der Stelle, wo man die politischen Prinzipien einer Versammlung sucht, die ein Königreich umschaffen
will, nichts weiter findet, als — die Deklaration der Rechte.
Unter den Werth dieser Deklaration habe ich mich bereits ausführlicher erklärt. Ich begnüge mich also, hier zwey Anmerkungen
über das Makintosh'sche Raisonnement zu machen.

1) Es ist eine ganz falsche Annahme, daß Burke behauptet hätte: „die Gesellschaft fordre eine Cession aller unsrer natürlichen Rechte“. — Wenn wir uns die Gesellschaft als wer-
dend vorstellen, so denken wir uns freylich durch eine sehr vernünftige Fiction alle Rechte des Einzelnen auf einen Augenblick
in ihren Schooß niedergelegt, weil nur eine Uebersicht dieser
gesammten Rechte, und eine vollständige Vergleichung derselben

unter einander zu der wichtigen Bestimmung desjenigen An-
theils vom natürlichen Recht führt, den Jeder aufgeben muß,
wenn der Staat bestehen soll. So bald dieser Antheil einmahl festgesetzt ist, hat die Gesellschaft keine weitern Ansprüche,
und der Genuß des Ueberrestes muß ungestöhrt bleiben. Dies
ist es, was jeder vernünftige Mann unter der „Aufopferung
des natürlichen Rechts" versteht. Dies ist der unbezweifelte
Sinn, den Burke mit diesem Ausdruck verband: alles, was
Makintosh von dieser Seite gegen ihn aufstellt, ist leere
Deklamation, weil es ihm eine Lehre andichtet, die er nie
bekannte.

2) Jeder, der nicht eins der beyden (gleich ungereimten)
Extreme: „daß in der bürgerlichen Gesellschaft alle natürliche
Rechte verschwinden" — oder: „daß sie alle fortdauern" —
behauptet, unterschreibt, so gut als Makintosh den Satz,
daß ein Theil des natürlichen Rechts geopfert werden muß,
wenn bürgerliche Gesellschaft subsistiren soll. Die Schwierigkeit
ist nur zu bestimmen, wie groß dieser Theil seyn soll; und diese
hat Makintosh, wie es sich auch in einem allgemeinen Raisonnement gar nicht erwarten ließ, nicht gehoben. Er sagt
zwar: Keine Regierung muß vom natürlichen Recht mehr ab-
ziehen, als zur Erhaltung der allgemeinen Sicherheit nach
aller Strenge nöthig ist. Aber die unbestimmte Bedingung,
„nach aller Strenge", schließt wieder das ganze Problem ein,
dessen Auflösung man verlangte.

Der Uebergang von den sogenannten allgemeinen Principien zur neuen Constitution selbst, verräth im Werk des Apologisten, wie im größern Werk der National-Versammlung die
gänzliche Unbrauchbarkeit jener abstrakten Grundflächen, womit
sich die Politik der französischen Philosophen so viel wußte.
Zwischen der Deklaration der Rechte und der neuen Staats-

verfaſſung iſt ein förmliches Vacuum. Der Uebergang enthält nicht den Schatten eines Zuſammenhanges zwiſchen Theorie und Ausführung, und verkündigt (durch ſein Stillſchweigen) vernehmlich genung, daß jenes gerühmte Fundament,
alles in der Welt, nur — kein Fundament ſeyn kan.

Es wäre eine mühſame und überflüßige Arbeit, der Prüfung verſchiedner einzelnen Stücke der neuen Conſtitution, welche den zweyten Theil des vierten Capitels ausmacht, Schritt
für Schritt zu folgen. Das Schickſal dieſer Conſtitution war
der ſchärfſte Tadel, der je darüber ergehen konnte. Sie
hatte nicht Lebenskraft genung in ſich, um nach ihrer Vollendung ein einziges Jahr auszudauern. Jetzt liegt ſie auf einem
gemeinſchaftlichen Schutthaufen mit der alten Verfaſſung des
Reichs: und die, welche ſie erſchufen, ſind eine Beute der
Schmach, des Elends, der Kerker, oder des Todes geworden.

Makintoſh erhebt ſich gegen den Titel einer Demokratie, der dieſer neuen Staatsverfaſſung ſo häufig, ſelbſt
von ihren Freunden beygelegt worden iſt, als gegen eine tücki-
ſche Verläumdung derſelben. Aber mich dünkt, die Conſtitution als eine monarchiſche vertheidigen, heißt gerade den un-
haltbarſten Poſten verfechten. Es wäre unnütz und verwegen,
hierüber noch ein Wort hinzu zu thun, nachdem das Werk des
Herrn Neckers: Du pouvoir exécutif in allen Händen iſt.

Nur über ein einziges Hauptſtück in der Reviſion des
Herrn Makintoſh, muß ich noch einige Bemerkungen machen. Dies iſt die Unterſuchung, ob, und in wie fern die Organiſation der geſetzgebenden Macht in Frankreich mit den Formen der brittiſchen Conſtitution übereinſtimmend gemacht werden
konnte und ſollte.

Es war nicht zu erwarten, daß ein entſchiedner Feind aller
privilegirten Stände, und ein erklärter Lobredner der Abſchaf-

fung des Adels, sich dem System der zwey Senate oder
Kammern, welches aus Gründen, die oben (S. 253.) er-
örtert worden sind, von erblichen Distinctionen nicht füglich zu
trennen ist, geneigt erklären würde. Makintosh bekriegt daher mit vieler Anstrengung die Idee, welche Burke an mehrern
Stellen seiner Schrift geäußert hatte: daß die Franzosen wohl
gethan haben würden, aus den Elementen, die sie in ihren
alten Ständen vorfanden, ein der brittischen Constitution ähnliches Staatssystem zu formiren. Er behauptet, diese Assimi-
lation der französischen und englischen Staatsverfassung sey an
sich unmöglich, und wäre sie möglich, nichts weniger als vortheilhaft für Frankreich gewesen.

Um den ersten Satz zu beweisen, geht er die verschiednen Com-
binationen durch, nach welchen aus den beyden privilegirten Ständen in Frankreich ein Analogon des brittischen Oberhauses hätte
entstehen können. Entweder die Geistlichkeit und der Adel mußten zwey abgesonderte Senate ausmachen, so, daß die ganze
gesetzgebende Macht aus drey, und mit Einschluß des Königs
aus vier Theilen bestanden hätte. Diese Form war auf alle
Weise zweckwidrig. Oder, die Geistlichkeit und der Adel mußten zusammengenommen ein Oberhaus bilden. In diesem Fall
mußten entweder die privilegirten Stände aus ihrem Mittel
Deputirte erwählen, und diese so oft erneuern, als sich das Repräsentantenhaus erneuert; oder es wurde ein für allemahl
eine Auswahl vorgenommen, die ein erbliches Oberhaus gleich
dem Großbrittannischen Hause der Lords formirt hätte.

Gegen die periodische Wiederkehr der Wahlen zu dieser
Versammmlung, erklärt sich Makintosh deshalb, weil, nach
seiner Meynung, der Einfluß der Krone auf dieses Wahlgeschäft bey der großen Abhängigkeit des französischen Adels vom
Thron, zu groß gewesen seyn würde. Diese Gefahr kan man

so bedeutend nicht finden, wenn man erwägt, wie das erste Probestück dieser Art, die Wahl zur conſtituirenden National-Verſammlung ausgefallen war. Aber ein andrer wichtiger Umſtand ſcheint gegen dieſe Einrichtung zu ſtreiten. Es iſt der, daß das Oberhaus und die Repräſentanten-Kammer zu wenig von einander verſchieden waren, und mithin die vornehmſten Zwecke der Theilung der geſetzgebenden Macht zu wenig erreicht wurden, wenn ſie beyde nach einer Form entſtanden, zu einer Zeit auf- und zu einer Zeit untergingen. — Die Abſonderung eines Theils der Stände in ein erbliches Obberhaus wäre an und für ſich ohnſtreitig die ſicherſte und vortheilhafteſte Methode geweſen, Aehnlichkeit zwiſchen der brittiſchen und franzöſiſchen Staatsverfaſſung hervorzubringen, aber die Einwendungen, die Makintoſh dagegen vorträgt, ſind von entſcheidender Erheb-lichkeit. Eine ſolche Auswahl würde die große Maſſe der Stände eben ſo empfindlich gekränkt haben, als die Aufhebung ihrer gemeinſchaftlichen Privilegien, und wäre daher, wenn man ſie auch übertragen hätte, wahrſcheinlich die Quelle der fürchterlichſten Oppoſitionen, und bürgerlichen Unruhen ge-worden.

Außer dieſen hier erwähnten Methoden gab es noch eine, die bey Makintoſh mit Stillſchweigen übergangen iſt. Es war die Einrichtung, die vereinten privilegirten Stände ein Oberhaus aus ihrer Mitte wählen zu laſſen, deſſen Glieder ihre Stellen auf Lebenszeit behielten, und bey ihrem Abgange durch neue Wahlen erſetzt wurden. Auch dieſe Methode hatte ihre bedenklichen Seiten. Es hätte aber Mittel gegeben, ſie (ſo wie die Methode der periodiſchen Wiederkehr der Wahlen) ſo zu modaliſiren, daß der große Zweck in dem Grade, als es bey jeder ganz neuen Conſtitution für ein altes Reich zu erwar-ten iſt, erreicht worden wäre.

Nach den Prinzipien, die Makintosh vertheidigt, lohnt es indessen nicht der Mühe, über die Anwendbarkeit dieser verschiednen Methoden die geringste Untersuchung anzustellen. Wenn die Einführung zweyer Häuser in Frankreich auch möglich war, so war sie doch nichts weniger als wünschenswürdig. Ehe man die beste Form einer getheilten Gesetzgebung ausmittelt, muß man erst die allgemeine Frage aufwerfen: „Ist eine einfache repräsentative Gesetzgeber-Versammlung, oder eine Constitution des wechselseitigen Gleichgewichts die vorzüglichere Regierungsform?" *) — und diese Frage muß man in Rücksicht auf die offenbare Fehlerhaftigkeit des letztern Systems, für das erstre entscheiden. — Dies ist das Raisonnement, und folgendes sind die Einwendungen, welche Makintosh der Theilung der gesetzgebenden Macht entgegen stellt:

*) In einer Note behauptet Makintosh sogar: wenn man diese Frage in gewöhnlicher Sprache vortragen wollte, könnte man sie so ausdrücken: „Ist die Wachsamkeit des Herrn, oder das Gezänk der Diener die beste Bürgschaft für die treue Verwaltung der Geschäfte?" — Ich bin nicht im Stande, zu begreifen, welcher Dämon ihm diese Redaction eingegeben haben muß, welche offenbar die ganze Frage entstellt und verfälscht. Sie enthält zwey Capital-Irrthümer: 1) Den Irrthum, daß eine einzige Versammlung, als ganz gleichbedeutend mit dem Herrn (worunter hier das souveraine Volk zu verstehen ist) aufgeführt wird, da sie doch in eben dem Sinn des Worts ein Diener heißen muß, in welchem mehrere Versammlungen, oder überhaupt mehrere Theilnehmer an einer delegirten Macht so genannt werden. 2) Den Irrthum, daß es besser sey, wenn der Herr selbst regiert, da dies doch in jedem Staat der aus mehr als einigen Tausend Menschen besteht, schlechterdings unmöglich ist, mithin nichts übrig bleibt, als, daß man die geschicktesten Diener wähle, und sich ihrer auf die geschickteste Weise zu bedienen suche.

1. Der Endzweck einer repräsentativen Versammlung ist kein andrer, als den allgemeinen Willen auszusprechen. Dieser kan nur ein einziger seyn: er kan also auch nicht doppelt repräsentirt werden.

2. Alle Societäten, deren Bestimmung es ist, einer Macht im Staat Schranken zu setzen, werden früher oder später von Privatinteresse oder vom Corporationsgeist regiert.

3. Es läßt sich darthun, daß Constitutionen des Gleichgewichts und der wechselseitigen Beschränkung nur in der Idee und Theorie existiren.

Diese drey Einwendungen scheinen aber nichts weniger als unüberwindlich zu seyn, — Auf die erste läßt sich antworten:

Nur in einem Staat vom allerkleinsten Umfange kan sich der Wille der Nation geradezu, und ohne ein Medium offenbaren: in Staaten von einiger Größe muß er allemahl construirt werden, und er ist nicht eher vorhanden, (wenigstens nicht eher gesetzlich-erkennbar) als bis das künstliche Organ, welches ihn repräsentiren und auslegen soll, ihn an das Licht gebracht hat. Da nun dieses Organ nur in einer uneingeschränkten Monarchie einfach, in jedem zusammengesetzten Staatssystem aber zusammengesetzt ist, so muß das, was man den allgemeinen Willen nennt, in jeder solchen Staatsverfassung das Resultat der überlegten Willenserklärungen mehrerer Personen seyn; und man kan eben so gut sagen, daß der allgemeine Wille in einer einzigen ungetheilten Versammlung, die aus hundert Repräsentanten besteht, hundertfältig, als behaupten, daß er von einer aus zwey Senaten bestehenden, doppelt repräsentirt werde. Der allgemeine Wille ist immer nur ein einziger, wie vielfach und complicirt auch die Formen seyn mögen, die ihm vorbereiten, und gleichsam ausarbeiten, weil nur das, was zuletzt aus diesen Formen hervorgeht, der allgemeine Wille heißen kan. Es ist das

charak-

Charakteristische aller repräsentativen Verfassungen, daß das
Gesetz aus einem Kampf der Meynungen entstehen soll: es
kömmt bloß darauf an zu entscheiden, wie dieser Kampf am
zweckmäßigsten einzuleiten ist. — Die Idee der Erforschung
und Darstellung eines allgemeinen Willens, streitet also an und
für sich nicht im geringsten mit dem System der zwey Senate.

Auf die zweyte Einwendung läßt sich folgendes sagen:

Da das allgemeine Prinzip der Theilung der gesetzgebenden
Macht, noch nicht die Art, wie diese Theilung vorgenommen
werden soll, angiebt, so geht man offenbar zu weit, wenn man
einer jeden Organisation nach zwey Senaten die Neigung,
ein von Privatinteresse und Innungsgeist beseeltes Corps im
Staat zu schaffen, zuschreibt. Wenn man aber die größre
Festigkeit eines solchen controlirenden Senats, welcher der
Flüchtigkeit und Wandelbarkeit einer Repräsentanten-Kammer
das Gegengewicht halten soll, und welche den Hauptvorzug in
diesem Theilungssystem ausmacht, Aristokratismus und Zunft-
geist nennen, wenn man das Prinzip einer beständigen Ro-
tation zum alleinigen Prinzip der Regierung machen, und
alles was mit Dauer verknüpft ist, als Usurpation und Tyranney brandmarken will — dann ist die einfachste Verfassung allerdings die beste, weil in dieser der Wirkungskreis der Intriguen aller Art, die von häufigen Wahlen nicht zu trennen
sind, wenigstens eingeschränkter ist, als er es in einer künstlicher-
gebauten seyn würde.

Die dritte Einwendung ist vielleicht die scheinbarste von
allen, und man hat sich ihrer öfters bedient, um die Bewunderer der brittischen Constitution in Verlegenheit zu setzen.

Wenn das Wesentliche einer Constitution des Gleichgewichts und der wechselseitigen Beschränkung
darin bestände, daß bey jeder wichtigen Angelegenheit ein wirk-

licher Kampf zwischen den verschiednen Theilhabern an der ge-
sezgebenden Macht vorfallen, und sichtbar seyn müßte: so
könnte man freylich von der Englischen Staatsverfassung mit
allem Recht sagen: „daß einer ihrer größten Vorzüge nur in
der Idee existire". Die Fälle, wo ein Parlamentshaus Beschlüsse des andern verworfen hätte, sind in der letzten Periode
der Großbrittannischen Geschichte äußerst selten, und das Wi-
derspruchsrecht des Königes von England ist in 100 Jahren
nicht ausgeübt worden *). Aber der hohe Werth dieser Constitution liegt gerade darin, daß es selten oder nie zum wirklichen Kampf komme, und daß das Verhältniß zwischen den con-
stituirten Mächten ein beständiges Schwanken zum Gleichgewicht, in keinem Augenblick eine Aufhebung desselben sey. So
wie sich in dem großen System der physischen Welt das entge-
gengesetzte Wirken der beyden bewegenden Grundkräfte bloß
dadurch verräth, daß die körperlichen Massen in regelmäßigen
Bahnen, welche das continuirliche Resultat jenes geheimen und
wohlthätigen Krieges sind, fortlaufen: eben so offenbart sich
in dem Kunstgebäude einer weisen Politik der Wechselkampf
der Mächte bloß in dem gleichförmigen, ruhigen, unwandelba-
ren Gange der Staatsverwaltung. Ein Englisches Parlamentshaus läßt es sich nicht träumen, ein einseitiges, gefährliches,
eigennütziges Gesetz in Vorschlag zu bringen, weil es zum
Voraus weiß, daß das andre Haus es verwirft. Das
gesammte Parlament kann nie auf den Gedanken gerathen,
eine Bill, wodurch seine Macht ungebührlich vergrößert,
die Prärogative der Krone geschmälert, oder die Grund-

---

*) Wilhelm III. bediente sich desselben zum letztenmahl, als
er (im Jahr 1692) die Bill wegen dreyjähriger Dauer der
Parlamenter (Triennial bill) verwarf.

verfaſſung des Reichs angegriffen wird, zu entwerfen, weil es zum Voraus weiß, daß der König ſich ihr widerſetzen darf. — Das alſo, was ein Vorwurf für die Staatsverfaſ, ſungen des Gleichgewichts ſeyn ſoll, iſt gerade die glänzendſte Seite derſelben, und die wahre Eſſenz ihrer Vortreflichkeit.

Welche Gefahren ſind dagegen mit dem Syſtem einer einzi, gen ungetheilten geſetzgebenden Verſammlung, beſonders in gro, ßen Staaten verknüpft! Wird irgend eine Organiſation einer ſolchen Verſammlung, mit welcher Kunſt ſie auch erſonnen, mit welcher Heiligkeit ſie auch beobachtet werde, gegen die Eilfertigkeit ihrer Beſchlüſſe, gegen den Enthuſiasmus des Augenblicks, gegen den unermeßlichen Einfluß der Geiſtesſuperiorität oder der Bered, ſamkeit einiger hervorragenden Mitglieder, gegen die anſteckende Kraft der Leidenſchaften, gegen die verderblichen Wirkungen, wel, che das Gefühl uneingeſchränkter Macht hier, wie allenthalben, hervorbringen muß, — ſicher ſtellen? — Es läßt ſich durchaus nichts denken, was mit dem Deſpotiſmus eines Einzigen mehr Aehnlichkeit hätte, als eine Staatsverfaſſung worin eine einzige, ſouveraine, durch nichts controlirte Verſammlung, die Geſetze giebt. Umſonſt ſchmeichelt man ſich, der verderblichen Tendenz einer ſolchen Verſammlung durch die Kürze ihrer Dauer abgehol, fen zu ſehen. Dieſes Correctif iſt nicht einmahl ſtark genung, um offne Verrätherey daraus zu verbannen; wie ſollte es gegen alle die andern Krankheiten, denen ſie unterworfen bleibt, aushalten? Selbſt das Veto, welches die franzöſiſche Conſtitution dem Könige beygelegt hatte, wäre ein unkräftiger Damm gegen die Allmacht einer einzigen Geſetzgeber Verſammlung geweſen. — Und doch war dieſes Veto der ewige Stein des Anſtoßes aller demokratiſch, ge, ſinnten Revolutionsfreunde. Sie beſtürmten es mit eben den Ar, gumenten, mit welchen ſie die zwey Senate niedergeſchlagen hat, ten. Sie haben den Sieg davon getragen. Möge Frankreichs guter Genius die gegründeten, bis hieher noch unwiderleglichen Besorgniſſe derer zu Schanden machen, welche das Frohlocken über dieſen Sieg nicht theilen können, und welche ſtatt des Abs grundes, aus dem die franzöſiſche Nation ſich empor wand, einen andern, vielleicht tiefern Abgrund geöfnet ſehen, der ſie früher als ſie es ahndet, und vielleicht noch mitten unter ihren Triums phen verſchlingen wird!

*   *   *

Das fünfte Capitel, welches den Beſchluß der Makins toſh'ſchen Schrift ausmacht, iſt eine Vertheidigung der Bewunderer der franzöſiſchen Revolution in England.

Man begreift, wie dieſe merkwürdige Revolution die Augen eines beträchtlichen Theils der Welt blenden konnte. Auch ein Schattenſpiel von Glückſeeligkeit ergötzt, wenn es die Wohnun- gen des Elends erheitert. Aber daß England, ſeines Reichs thums uneigendenk, den Flitterſtaat und die Lumpen ſeiner Nach- barn beneidet — das iſt eine Erſcheinung worin der Beobachter ſich verliehren muß.

Gleichwohl iſt ſie da, dieſe Erſcheinung, und wächſt von ei- nem Tage zum andern, zu einer Schreckensgeſtalt heran, welche die brittiſche Conſtitution und die Ruhe des glücklichſten Reichs in Europa mit einem tödtlichen Stoß bedroht. Sie iſt da, dieſe Erſcheinung, — und Männer vom erſten Range im Gebiete der Einſichten und der Talente führen ein feindſeeliges Heer philo- ſophiſcher Schwärmer und raſtloſer Neuerer zum Sturm auf die ehrwürdige Feſte einer alten und wohlthätigen Staatsverfaſſung an, die noch vor wenig Jahren jeder Britte als ſeinen höchſten Schatz anbetete, und die bis auf den Augenblick, da eine wahr- haft peſtilentialiſche Verkehrung aller Ideen und aller Grund

fätze von der Werkſtätte einiger unſinnigen Weltverbeſſerer aus,
ging, die Lehrmeiſterin, das Studium und das Modell aller den,
kenden Politiker geweſen war.

Die Bewundrer der franzöſiſchen Conſtitution,
welche Makintoſh ſo feyerlich in Schutz nimmt, ſind keine an,
dre, als jene praktiſchen Bewundrer, die es für ihre
höchſte Pflicht halten, das, was in ihren Augen die preiswür,
digſte Frucht menſchlicher Aufklärung und menſchlicher Energie
iſt, in ihren vaterländiſchen Boden zu verpflanzen, England aus
ſeinem langen Schlummer aufzuwecken und den Misbräuchen
und Laſten unter welchen es ſeufzt, in dieſer, allen Staatsre,
volutionen ſo günſtigen Periode, ein raſches und glorreiches
Ende zu machen.

Es wäre eine thörigte Anmaßung, wenn ein Ausländer be,
ſtimmen wollte, bis auf welchen Grad die Klage über die Ver,
derbniß des Engliſchen Regierungsſyſtems gegründet, und die
Sehnſucht nach einer Reform dieſes Syſtems vernünftig iſt.
Aber — ob Großbrittannien ſich in einem Zuſtande befindet,
der eine Totalrevolution wünſchenswürdig macht? — Das,
dünkt mich, iſt eine Frage, zu deren Beantwortung auch ein
Ausländer Data beſitzt.

Nach Makintoſh ſind es hauptſächlich folgende Punkte,
die eine Hauptveränderung in den Regierungsprinzipien drin,
gend und unnachlaßlich erheiſchen.

1. Die Größe und fortdaurende Zunahme der Nationalſchuld.

2. Der Druck der Taxen, als eine Folge dieſer National,
ſchuld.

3. Die intoleranten Geſetze gegen die Katholiken, und an,
dre unterdrückte Religionspartheyen.

4. Die Ausſchließung großer Claſſen von Bürgern von
allen öffentlichen Aemtern durch die Teſtakte.

5. Die Bestechungen der Parlamentsglieder im Unterhause.

6. Die Verletzung des Rechts, durch Geschworne verhört zu werden.

7. Die Einschränkungen der Preßfreyheit.

Wenn man diese Beschwerden näher beleuchtet, so ergiebt sich bald, daß einige darunter offenbar vom zweyten Range in Ansehung der Wichtigkeit sind: dahin gehören alle die, welche die Zurücksetzung der dissentirenden Religionspar-theyen betreffen. Der Staat im Ganzen wird nicht um ein Haar reicher, blühender und glücklicher seyn, wenn auch die Testakte, und alle ausschließenden Religionsstatute in einem Augenblick vernichtet würden. Die Dissenters selbst würden frey-lich dabey gewinnen: da aber der Geist der ihnen feindlichen Ge-setze durchaus nicht auf Unterdrückung, vielweniger auf Verfol-gung gerichtet ist; da sie (nachdem längst alles, was hart und grausam in diesen Gesetzen war, entweder förmlich abgeschafft ward, oder schlechterdings veraltete) bloß von gewissen Aemtern und Würden im Staat zurückgehalten werden: und da diese, nach jeder vernünftigen Schätzung sehr leichte Ungerechtigkeit durch den überwiegenden Vortheil, den ein festes mit der Staatsverfassung genau verknüpftes Religionssystem gewährt, hinreichend entschul-diget ist, so wäre die Bewirkung einer Reform in diesem Punkt sicher nicht einer einzigen gewaltsamen Operation werth.

Andre Beschwerden sind augenscheinlich übertrieben. Dahin gehören die über die Beschränkung der Preßfreyheit und die Verletzung des Rechts, durch Geschworne verhört zu werden. — Die Schriften, die während der französischen Revolution in England erschienen sind, enthalten die glänzendsten Beweise einer gränzenlosen Preßfreyheit, die es nur irgend geben kan. Es ist unläugbar, daß viele dieser Schriften alle Schranken der bürgerlichen Ordnung, des Wohlstandes und der Mäßigung überspringen: mehrere davon sind wahre Libelle, und Libelle von der gefährlichsten Art, da sie zugleich mit Aufmunterungen zur Insurrection verknüpft sind. Gleichwohl ist Paine's Schrift die einzige, gegen welche man sich der leeren und unbedeutenden Formalität einer öffentlichen Anklage bedient hat *). — Mit dem Verhör durch Geschworne ist es eben so beschaffen. Der einzige Fall, wo dieses köstliche Vorrecht des Engländers überschritten wird, sind die Vergehungen gegen die Accisegesetze, eine Ausnahme, die die Bedürfnisse eines großen Staats vielleicht unvermeidlich machen.

Eine der wichtigsten unter den angeführten Beschwerden — die Bestechbarkeit der Volksrepräsentanten, ist kein eigenthümlicher Fehler der brittischen Constitution, sondern eins der unheilbaren Gebrechen aller vermischten Staatsverfassungen, die je existirt haben, und noch existiren werden. Sobald der Machthabenden im Staat mehrere sind, läßt sich schlechterdings ein unrechtmäßiger Einfluß des einen auf den andern nicht verhindern. Dieses Uebel kann nur dann aufhören, wenn sich alle

T 4

---

*) Ich weiß nicht ob es einem Staat, an dessen Spitze ein König steht, mit Recht und Billigkeit zuzumuthen ist, daß er sich in unwandelbarer Gleichgültigkeit allgemeine Grundsätze wie diese: — When we look around the world and see that off all men in it the race of Kings are the most insignificant in capacity, our reason cannot fail to ask us — What are those men kept for? — (Paine Rights of Man. T. I. p. 138.) — oder gar Ausrufungen wie die folgende: „God help that country, be it England or elsewhere, whose liberties are protected by German principles of government, and Princes of Brunswick!" — (ibid. p. 132.) — gefallen lasse. Wenn ein Buch, das solche Stellen enthält, nicht ein Libell heißen soll, so müßte eine andre Erklärung dieses Ausdrucks, als die bisher allgemein angenommne eingeführt werden.

Gewalt des Staats auf Einen Punkt concentrirt. Ob dem Neus
erungsdürftigten Britten mit einer solchen Verfassung gedient
wäre, verdient wohl kaum als Frage aufgeworfen zu werden.

Es bleibt also von allen den Klagepunkten, welche eine Revolution in England begründen sollten, nichts, was in einem un-
befangnen Gemüth einen lebhaften Eindruck zurückläßt, als der
Umfang der Nationalschuld, und das Steigen der
Taxen. Allerdings ist dies die unvortheilhafteste, und die
schwindlichste Seite des Englischen Staatssystems. Es bleibt indessen ganz eigentlich Sache der Regierung, den Fortschritten
dieses Uebels zu wehren: und nie scheint es einer Regierung so wahr-
hafter Ernst gewesen zu seyn, mit Weisheit, Ordnung und strenger
Oekonomie zu Werke zu gehen, als der gegenwärtigen Regierung
von England. Es wäre frevelhafter Wahnsinn, sie in ihrem festen
und wohlthätigen Gange, sie in ihren treflich-berechneten, und
meisterhaft-ausgeführten Operationen durch gewaltsame Einbrü-
che zu stöhren. Wie in den Zeiten politischer Ungewitter Natio-
nalschulden bezahlt, Finanzsysteme verbessert, Taxen regulirt, und
Staatseinkünfte verwaltet werden, — davon hat Frankreich ein
unveraeßliches Beyspiel gegeben.

Von den Wünschen und Forderungen derer, die für die Krankheiten ihres Vaterlandes keine andre Kur kennen, als eine Revolution, bleibt übrigens Makintosh noch um einen Schritt entfernt. Er fühlt mit ihnen die herannahende Nothwendigkeit einer
solchen Revolution: aber er glaubt, daß ihr noch auf einem gelindern Wege auszuweichen sey. Er fordert die Regierung feyer-
lichst auf, diesen gelindern Weg selbst zu eröfnen, und durch eine
freywillige Hauptreform sich selbst und die Nation den drohenden
Gefahren unaufhaltsamer Volksstürme und weitgreifender Convulsionen zu entreißen.

Ueber diese patriotische, kraftvolle und furchtbare Aufforde=
rung will ich mir nur zwey Anmerkungen erlauben:

1. Es giebt, nach Makintosh und allen englischen Poli=
tikern vom neuen Styl, eine einzige Reform der brittischen
Staatsverfassung, die alle andre in sich schließt, und die allen
Revolutionen auf immer vorbeugen kan. Dies ist die Verbes=
serung des Repräsentationssystems. Der Glaube an
die Allmacht dieser Universalmedizin ist so groß, daß man es für
eine Kleinigkeit hält, allen andern Uebeln abzuhelfen, wenn nur
erst die Ungleichheit der Repräsentation gehoben wäre. — Ich
habe bereits in einer Note zum Burkischen Werk *) die Gründe
angezeigt, aus denen ich dieser Meynung, die übrigens auch sehr
vollwichtige Autoritäten gegen sich hat, nicht beytreten kan. Ich
sehe von allen den Hauptbeschwerden, die mit einer gleichförmigern
Repräsentationsmethode verschwinden sollen, nur eine einzige,
worauf eine Veränderung in diesem Theil der Constitution wesentli=
chen Einfluß haben könnte: und das ist die Corruptibilität
des Parlaments. Da aber diese bey jeder veränderten Ein=
richtung, im allergünstigsten Fall nur abnehmen, nie aber, so lange
Menschen Menschen bleiben, ganz aufhören wird **), so scheinen
mir die Hoffnungen, die man auf die Verbesserung des Repräsenta=
tionssystems gründet, in großem Maße chimärisch zu seyn. Al=
lem Vermuthen nach wird dieses ernsthafte Capitel nächstens im

T 5

*) S. 1ter Theil S. 80.

**) Man müßte denn zugleich durch eine Herabsetzung der Civil=
liste die Macht der Krone merklich schwächen, oder vielmehr
in Nichts verwandeln wollen — eine Operation, die, Gott
sey Dank, noch nicht in Antrag gekommen ist, und deren Mög=
lichkeit jeden denkenden Britten mit Schrecken erfüllen
sollte.

Parlament abgehandelt werden müssen: das Geschrey nimmt von Tage zu Tage überhand, und kleidet sich allmählig in den Charakter einer allgemeinen Volksstimme. Wenn die reformirende Parthey den Sieg davon trägt, so wird es sich zeitig genung ausweisen, ob dieser Sieg so wichtig ist, als sie ihn jetzt schildert. Wohl ihr, und wohl ihrem Vaterlande, wenn der Kampf, der sich dort eröfnen soll, wie er auch endigen mag, wenigstens ohne eine heftige Erschütterung endigt. Wer kan ihm anders als mit einer geheimen Bangigkeit entgegen sehen?

2. Sobald eine Revolution vor der Thür ist, es mag sie nun das Uebermaß der Uebel, oder die träumerische Sehnsucht nach einem bessern Zustande, oder der bloße Einfluß verführerischer Beyspiele erzeugen, giebt es allerdings nichts was weiser und nichts was dringender wäre, als große Reformen, durch freywillige Entschlüsse der Machthabenden bewirkt. Aber kan ein einsichtsvoller und gewissenhafter Rathgeber, indem er diese Entschlüsse aufruft, die wesentlichen Regeln der Klugheit übergehen, ohne deren Beobachtung die wohlgemeynteste Ausbesserung einzelner Theile so leicht den Ruin des Ganzen nach sich zieht? — Wahrlich, so schnell läßt sich die Lehre, die Frankreich der Welt gegeben hat, nicht auslöschen, so schnell nicht vergessen, daß die furchtbarste aller Revolutionen, welche die Geschichte der letzten Jahrhunderte aufstellt, aus dem größten, wohlthätigsten und ausgebreitetsten Reformationsplan, der je auf einem Thron entworfen ward, hervorsproßte. Gute Vorsätze müssen durchaus nicht von Ohnmacht abzustammen scheinen, wenn sie gute Früchte tragen sollen. Kraft muß sie empfangen und gebähren, Kraft muß sie erziehen und begleiten. Wenn es nicht mehr möglich ist, dem Strohm zu widerstehn, so muß man ihm wenigstens, um nicht ohne Rettung darin zu versinken, mit der unerschütterlichen Besonnenheit, mit der unbe-

zwinglichen Geistesgegenwart eines tapfern und geübten, nicht mit der Muthlosigkeit und Verblendung eines feigen oder un-erfahrnen Steuermanns, dem die Gefahr den Kopf verfinstert, und das Herz entmannt, seigen. In Zeiten, wie die gegen-wärtigen sind, ist es die höchste und glücklichste Staatskunst, das Opfer, welches man einer eisernen Nothwendigkeit bringt, in das ehrenvolle Gewand eines zwanglosen und edelmüthigen Geschenks zu hüllen, das was einem gerechten Streben nach Verbesserung, oder einem unruhigen Neuerungsgeist gewährt werden muß, ohne Straucheln und ohne Zögern zu gewähren, die festen Plätze aber, aus denen die Macht nicht weichen darf, ohne ihren Untergang aufs Spiel zu setzen, mit der Standhaf-tigkeit und Würde, die das Bewußtseyn ihrer heiligen Bestim-mung, und ihrer erhabnen Zwecke einer guten Regierung alle-mahl einflößen wird, auch unter den drohendsten Gefahren zu behaupten.

Wie nahe und dringend diese Gefahren in England seyn mögen, kan nur der mit Sicherheit beurtheilen, der die Lage der Sachen vor Augen hat: aber der allgemeine Rausch, der Europa seit einigen Jahren heimsucht, scheint England in her-vorstechendem Grade ergriffen zu haben. Politische Schwär-merey ist ein schnell um sich fressendes Uebel, das aller Berech-nungen spottet, und alle Prophezeyhungen zu Schanden macht. Da Burke sein Buch schrieb, war das, was er von dem Ei-fer der Englischen Nation für ihre Staatsverfassung sagte, ge-wiß um viele Grade wahrer, als es in diesem Augenblick ist, obgleich seitdem kaum zwey Jahre verlaufen sind. Zwischen der Sorge für die Erhaltung der Constitution, und der Auf-merksamkeit auf die ungestümen Forderungen derer, welche eine Veränderung begehren, einen glücklichen Vereinigungspunkt zu

finden, iſt gewiß das ſchwerſte Problem, was die Engliſche
Regierung in dieſem Jahrhundert beſchäftiget hat. Möchte
doch Weisheit und Entſchloſſenheit jeden Schritt leiten, den ſie
zur Auflöſung dieſes Problems thun wird, damit nicht unter
ihren Händen das Meiſterſtück der neuern Politik, und die letzte
Hoffnung der aufgeklärten Menſchheit verlohren gehe!

V.

Ueber die National-Erziehung in Frankreich *).

––––––

Die constituirende National-Versammlung hatte kaum die ersten Schritte in ihrer kühnen und niebetretnen Bahn zurück-gelegt, als sie gewahr wurde, daß ihrer Arbeit Sinn und Zweck fehlte, wenn sie nicht zwischen ihrem neuen politischen System, und den Fähigkeiten, den Sitten und dem Charakter der Nation, für welche es entworfen werden sollte, Ueberein-stimmung hervorzubringen wußte. Diese Uebereinstimmung war aber nur auf zweyerley Weise zu erlangen. Man mußte ent-weder die Staatsverfassung den Menschen, oder die Menschen der Staatsverfassung anpassen. Das erste wollte sie nicht, mithin blieb ihr nichts übrig, als das letzte zu erwählen.

Die Sorge für eine National-Erziehung ward da-her frühzeitig die wesentlichste und unerläßlichste Pflicht der französischen Gesetzgeber. Sie war nicht bloß Pflicht in dem Sinn des Worts, in welchem Aufmerksamkeit auf alles was die Glückseeligkeit und Bildung der Nation befördern konnte,

––––––

*) Eigentlich nur das Skelett einer weitläuftigern Abhandlung über diesen Gegenstand, dessen ausführlichere Erörterung, da sie von der Bearbeitung einiger andern Haupt-gegenstände, be-sonders von einer allgemeinen Untersuchung des Einflusses der französischen Revolution auf den Nationalcharakter nicht füg-lich zu trennen war, die Gränzen dieser Arbeit überschritten haben würde.

diesen Nahmen verdiente. Sie war es in einer höhern Bedeutung. Ohne National-Erziehung war die ganze Regeneration, in deren Vollendung sie ihren größten Stolz setzte, ein Hirngespinst: ohne National-Erziehung war ihre neue Constitution (wenn sie auch an und für sich hätte bestehen können) gleich bey ihrer Geburt dem Untergange gewidmet. Es war also die Pflicht der politischen Selbsterhaltung, was sie nöthigen mußte, auf eine National-Erziehung zu denken.

Nichts desto weniger blieb es bis auf den letzten Augenblick in Ansehung dieses großen Hauptpunkts beym Reden. Die constituirende Versammlung ging auseinander ohne das Geringste zur Realisirung eines Plans gethan zu haben, dessen dringende Wichtigkeit sie lebhaft gefühlt, und tausendfältig anerkannt hatte. Sie hinterließ die Arbeit ihren Nachfolgern, in deren Händen sie kein beßres Schicksal erwartete. Es ist noch äußerst zweifelhaft, ob diese Nachfolger mit Talenten, wie sie ein Unternehmen von solcher Größe erforderte, versehen waren: so viel ist aber gewiß, daß sie es mit der Vollbringung desselben nicht ernstlich meynten, daß ein wilder Partheygeist sie zu allen ruhigen Operationen unfähig machte, und daß ihnen die Befriedigung augenblicklicher Leidenschaften weit mehr am Herzen lag, als die wesentlichsten Veranstaltungen für das Wohl künftiger Generationen.

Das große Problem, ohne dessen Auflösung weder die Constitution, welche die erste gesetzgebende Versammlung erfand, noch irgend eine andre ihr analoge, am allerwenigsten aber eine rein republikanische, in Frankreich gedeihen kan, ist also bis auf diesen Augenblick noch so unberührt, als es im Anfang der Revolution war. Die Zeit wird lehren, was die, von deren Weisheit und Fähigkeit das Schicksal Frankreichs endlich abhängig geworden ist, über diesen Hauptgegenstand beschließen werden.

Bis dahin muß es jedem frey stehen, die Frage: Läßt sich überhaupt eine solche National-Erziehung in Frankreich erwarten,
als die veränderte politische Verfassung des Staats, wenn sie
nicht eben so schnell, als wie entstand, wieder vergehen soll, erfordert? — als unentschieden zu betrachten und über die Ausführ-
barkeit der ganzen Sache Zweifel zu hegen.

Ich kleide die meinigen in folgende Sätze ein:

I. Frankreich bedarf einer National-Erziehung:
nach aller Wahrscheinlichkeit aber ist das höchste, was es je
erreichen kan, nichts als National-Unterricht.

Der Unterschied ist von äußerster Wichtigkeit. — Was die
Idee einer National-Erziehung zuerst in Frankreich erweckt, und
die Anführer der Revolution gelehrt hat, das wahre Lebensprin-
zip der neuen Constitution in diese Erziehung zu setzen, war das
Beyspiel einiger alten Staaten, die mit Hülfe einer solchen Erziehung Verfassungen, welche nicht bloß über die menschliche Natur, sondern sogar wider dieselbe zu seyn schienen, Festigkeit und
Dauer verschafften. Vermuthlich schmeichelte man sich, als das
Wort National-Erziehung zuerst ausgesprochen ward, in Frankreich etwas ähnliches einzuführen. Ein einziger Blick auf das
Unterscheidende in der Situation der alten Staaten und des französischen Reichs, konnte diese betrügliche Hoffnung vernichten.
In den Zeiten der Völkerkindheit, in kleinen oder isolirten Ländern, wo die Bedürfnisse des Geistes und des Körpers einfach
waren, und die Bildung des Charakters (das wesentliche Stück
aller Erziehung) wenig oder gar nicht gehindert wurde — da
war es möglich, sich ganzer Generationen zur Erreichung eines
großen Zwecks zu bemächtigen. Aber jetzt, in diesem hohen Alter der Welt, in der Mitte von Europa, eine Nation von 25
Millionen, in der seit Jahrhunderten die höchste Verfeinerung
und die höchste Verderbtheit ihren Sitz aufgeschlagen hatte, und

die man, wenn auch alle andre Schwierigkeiten zu überwinden wären, nie aus ihren tausendfältigen Verbindungen mit andern Nationen reißen könnte — eine solche Nation erziehen, sie zu Bürgern (in dem Sinn den dies Wort bey den Alten hatte) bilden zu wollen, ist die fabelhafteste aller Chimären.

Nachdem daher der erste Rausch verflogen war, und es zur nähern Einleitung der Sache kommen sollte, lösete sich das Erziehungsprojekt gar bald in einen Plan zum National-Unterricht auf *), ein Unternehmen, dem unser Zeitalter und Frankreichs Kräfte eher gewachsen sind, von dem aber Niemand dieselben Wirkungen als von einer eigentlichen National-Erziehung erwarten wird.

II. Der

*) Mirabeau, der über diese Materie als über einen seiner Lieblingsgegenstände häufig nachgedacht hatte, und der, wenigstens was die Auffassung und Umschauung der Hauptideen betraf, gewiß instar omnium war, hat den Plan zu einem Gesetz über die National-Erziehung, und eine Abhandlung, die sich auf diesen Plan bezieht, hinterlassen. Beydes ward besonders gedruckt, und die Abhandlung ist in Deutschland dadurch, daß der Herr Domherr von Rochow eine mit Anmerkungen versehne Uebersetzung davon geliefert hat, bekannter geworden. Alle Vorschläge nun, die in diesem Plan enthalten sind, gehen einzig und allein auf eine zweckmäßige Einrichtung des öffentlichen Unterrichts. Im Eingange befindet sich sogar folgende merkwürdige Stelle: „Es ist vielleicht noch ein Problem zu wissen, ob Frankreichs Gesetzgeber sich mit der Erziehung anders befassen sollen, als, um die Fortschritte derselben zu beschützen, und ob nicht eine Staatsverfassung, die die Entwicklung des menschlichen Selbst am meisten begünstiget, die einzige Erziehung ist, die das Volk von ihnen erwarten muß.“ — Es ist nicht zu vermuthen, daß die Philosophen, die jetzt am Ruder sind, weiter reichen werden, als Mirabeau.

II. Der französische National = Charakter muß durch eine öffentliche Erziehung ganz umgeschaffen werden, wenn eine republikanische Verfassung gedeihen soll: es ist aber im günstigsten Fall nur darauf zu rechnen, daß er verbessert werden wird.

Die beyden Hauptumstände in der neuen Ordnung der Dinge, welche eine gänzliche Umschaffung des National-Charakters nöthig machen, sind 1) daß alles was auf irgend eine Weise den schwächern Theil im Menschen an eine Staatsverfassung fesseln kan, Würden, Ehrenzeichen, Belohnungen, Glanz und Hoheit der Regierenden, mit einem Worte, alles, wodurch der Staat auf die Neigungen wirkt, in Frankreich ausgerottet ist, und daß daher, sobald der erste Freyheitstaumel vorüber seyn wird, wie es auch der Plan derer, welche die neue Einrichtung schufen, ausdrücklich mit sich bringt, nichts weiter, als das Gesetz regieren muß. — 2) Daß jeder Bewohner dieses weitläuftigen Landes jetzt an der Regierung mehr oder weniger, mittelbaren oder unmittelbaren Antheil hat.

Ob die Franzosen, als die Revolution ausbrach, auf dem Punkt der moralischen Bildung standen, daß es nur einiger Worte bedurfte, um „die reine Herrschaft des Gesetzes" und „die Ausübung einer allgemeinen Volkssouveränität" ohne die größte Gefahr unter ihnen einzuführen? — ist eine Frage, welche die Gesetzgeber selbst nicht schlechthin zu bejahen wagten. Es gehörte eine vollkommne moralische Wiedergeburt dazu, wenn die Nation diese furchtbaren Geschenke ertragen sollte. Nun möchte aber, nach dem ersten Satz, eine solche Umwandlung allenfalls wohl von einer eigentlichen National-Erziehung (und näher betrachtet, auch nicht einmahl von dieser) nie aber von der öffentlichen Erziehung, die in Frankreich Statt finden kan, zu erwarten seyn. Die letzte kan den Theil der Nation, welchen sie trift, einigermaßen verbeſſern: ſie wird nie großen Einfluß auf den allgemeinen Volks-Charakter haben. Die weiſeſten Reformen im öffentlichen Unterricht werden keine republikaniſche Tugenden erzeugen, und alle politiſchen Vorleſungen in Schulen, Akademien und Clubbs, der künftigen Generation weder Römergröße noch Spartanergeiſt einflößen.

III. Die National-Erziehung mußte das Fundament der ganzen neuen Conſtitution ſeyn: ſie bedarf aber ſelbſt eines Fundaments, und ſucht es in der Conſtitution.

Was ſoll den Patriotismus, die politiſchen Talente und die politiſchen Tugenden, welche die neue Verfaſſung fordert, in Frankreich ſchaffen, nähren und verbreiten? — „Oeffentliche Anſtalten, worin die Jugend zu dieſen Qualitäten erzogen wird“ — Was ſoll dieſe Anſtalten bewachen, controliren, regieren und leiten? — „Die adminiſtrirenden Corps, die Volks-Magiſträte, die National-Verſammlungen —“ Aber was wird dieſen neuen Aufſehern der öffentlichen Erziehung, welche forthin die Seele dieſes wichtigen Inſtituts ſeyn ſollen, den Geiſt, die Fähigkeiten und die Tugenden ihres Amts einflößen? — „Die neue Staatsverfaſſung“. — Dies iſt der Cirkel, in welchem ſich das Raiſonnement über National-Erziehung, ſelbſt in den beſten franzöſiſchen Köpfen unaufhörlich herum dreht.

Er iſt bloß deshalb unvermeidlich, weil die Geſetzgeber Frankreichs alles erneuern wollten. So lange als politiſche Reformen innerhalb der Gränzen menſchlicher Kräfte, ſo lange als ſie wahre Reformen bleiben, tritt nie die Nothwendigkeit ein, „eine Total-Revolution in der menſchlichen Natur zu ſtiften, und eine neue Conſtitution für das menſchliche Herz zu erfinden“. Verbeſſerungen der öffentlichen Erziehungsmethoden können mit Verbeſſerungen in der Regierungsform Schritt halten, und es kann eine zweckmäßige Bildung der Nachkommenſchaft geben, ohne daß es nöthig wäre, die Instrumente dieser Bildung aus dem Nichts hervorzurufen. Aber wer einen neuen Himmel und eine neue Erde schaffen will, muß die Kunst verstehen, sie mit neuen Menschen zu bevölkern.

IV. Die National-Erziehung muß, um ihren Endzweck zu erreichen, das ganze französische Volk umbilden, sie wird aber auf jeden Fall nur einen Theil desselben treffen können.

Dieser Punkt ist der erheblichste. Eine National-Erziehung in Frankreich muß schlechterdings die Nation im Ganzen umfassen, weil sie der Veränderung des politischen Systems durchgängig zur Unterlage dienen soll. Jede Classe des Volks hat auf eine oder die andre Art Theil an der neuen Regierung: wäre also eine einzige von den Wohlthaten einer National-Erziehung in ihrem weitesten Umfange ausgeschlossen, was ließe sich von dem Einfluß dieser Classe in die Staatsoperationen erwarten! Sie würde gerade so regieren, wie zeither der Pariser-Pöbel regiert hat.

Gleichwohl wird es so lange unmöglich seyn, der National-Erziehung diese schlechterdings-nöthige Ausdehnung zu geben, als man nicht Mittel gefunden haben wird, unter einer höchst zahlreichen Volksclasse der Armuth, zu der sie unwiderruflich verdammt scheint, abzuhelfen. Alle öffentliche Anstalten, die sich in einem Lande von Frankreichs Umfange je errichten lassen, können diese Schwierigkeit nicht besiegen, können nie verhindern, daß der Sohn des dürftigen Bürgers, sobald er seinen Arm zu bewegen vermag, für die Subsistenz seiner Eltern, und sobald er der Unmündigkeit entwachsen ist, für dem Beruf den er sich gewidmet hat, und der ihm seinen Unterhalt sichern soll, arbeite. Mithin bleibt, so lange es eine Menge von Menschen im Staat giebt, die vom Gewinn des Tages leben, und diesen Gewinn auf dem Wege anhaltender, langsamer, und ermüdender mechanischer Beschäftigungen suchen müssen, ein ansehnlicher Theil der Nation übrig, dessen sich die öffentliche Erziehung entweder gar nicht, oder doch nur äußerst wenig, und nie hinreichend für die Zwecke, welchen sie in Frankreich entsprechen muß, bemächtigen kan.

Freylich glauben die philosophischen Staatsverbesserer auch für dieses Uebel eine Kur gefunden zu haben. „In ihrem neuen Staat wird es keine Armuth mehr geben: Armuth ist bloß die Frucht der tyrannischen Regierungen, des Despotismus und des Aristokratismus: Freyheit und Gleichheit verwandeln alles in Gold, was sie berühren" — Kein vernünftiger Mensch wird bezweifeln, daß unter einer guten Regierung der Wohlstand aller Bürgerclassen größer, und der Dürftigkeit im Ganzen weniger seyn muß, als unter einer schlechten. Aber — ein gänzliches Aufhören aller Armuth, kan wohl der Morgentraum eines Menschenfreundes, oder das Attribut einer arkadischen Republik, nie das Werk einer neuen Constitution oder die Erwartung eines Staatsmanns seyn.

Es giebt in der jetzigen Verfassung der Welt nur eine einzige Art von öffentlicher Erziehung, die alle Stände umschlingt und alle Verhältnisse des Menschen umfaßt: dies ist die Religion. Weil sie an keine bestimmte Periode des Lebens gebunden ist, weil sie den Lauf der bürgerlichen Geschäfte nicht merklich unterbricht, weil sie mehr das Herz als den Kopf regieren und bilden soll, und daher von ihren Zöglingen keine Art künstlicher Vorbereitung fordert: so findet ihre Wirksamkeit fast nirgends Schranken. Sie ist recht eigentlich die Erziehung der niedern Volksclassen, die sie durch die Mäßigung der Leidenschaften und durch die Disciplin der Begierden, oft die Dürftigkeit vermeiden, und immer sie ertragen lehrt. Da sie das Bewußtseyn einer innern und höhern Existenz, das keine Fessel erreichen, und keine Unterdrückung bändigen kan, weckt und unterhält, so ist sie die treflichste Bildnerin zur wahren Freyheit, so wie sie das Gefühl der einzigen

Gleichhält, die allen bürgerlichen Verhältnissen trotzt, in dem Gemüth des Aermsten und Verlassensten nährt. Ihr allein haben wir es zu danken, daß unter dem vereinten Gewicht ewig-erneuerter Bedürfnisse, nieder-drückender Arbeit und unvermeidlicher Plagen, das auf einem beträchtlichen Theil des menschlichen Geschlechts liegt, das Ebenbild der Gottheit noch nicht zum Gefährten des Thieres herabsank, und daß in die Tiefen des Jammers, des Staubes und der Verwesung, worin Tausende unsrer unglücklichen Brüder schmachten, noch ein heitrer Sonnenstrahl fällt, der uns das Daseyn eines unsterblichen Geistes verkündigt.

Ihren Grundmaximen unabänderlich getreu, Widersacher des Alten, voll unersättlichen Durstes nach Zerstörung, haben die französischen Gesetzgeber hier, wie allenthalben, damit angefangen, das was sie fanden, zum Untergang zu verdammen, ohne zu wissen, was sie an die erledigte Stelle setzen wollten, ohne zu untersuchen, ob es auch im ganzen Umfang ihrer Schöpfung etwas geben würde, was diese Lücke auszufüllen vermöchte. Sie haben das Ihre gethan, um die Religion aus allen Bezirken zu vertreiben, die ihrer Macht und ihrer Weisheit unterthan sind. Wenn die Religion sich in Frankreich erhält, so ist es nicht durch sie, sondern troß ihnen. Wenn ihre Künste anschlagen, wenn ihre Maschinen bey Kräften bleiben, so muß sie fallen, und wahrscheinlich wird sie fallen. Es ist umsonst, eine solche Voraussagung noch jetzt, als die Chimäre einer unruhigen und erhitzten Einbildungskraft, oder als die Besorgniß schwacher Seelen, die eine erhabne Neuerung nicht begreifen und nicht ertragen können, zu verlachen oder zu verachten. Die Welt hat gesehen, was seit drey Jahren vorgegangen ist: sie hat gehört und gelesen, womit man ein Institut, dem man schon mehr als die Hälfte seines äußern Glanzes raubte, und das man tödtlich verwundet, wenn man es in der Meynung der Menschen angreift, fernerhin bedroht. Noch ist von dem, was dies alte, glorreiche Institut ersetzen soll, keine Spur vorhanden; noch kan der geübteste Scharfsinn nicht erkennen, die hoffnungsvollste Kühnheit nicht entscheiden, ob dies Machwerk moderner Politik, welches man National-Erziehung nennt, die Menschheit für den Verlust, den man ihr zugedacht hat, die Moralität für die Stütze, welche man ihr entreißen will, entschädigen wird. Zeit muß schlechterdings verfließen, ehe die Wirkungen der neuen Methode anheben können. Sollten nun, bis dieses geschieht, die frommen Wünsche, und philantropischen Projekte derer, welchen alle religiöse Verfassung ein Gräuel ist, mit dem frühzeitigen Erfolge, den sie sich selbst ganz öffentlich prophezeyhen, gekrönt werden, so würde nach allen andern Zerrüttungen, welche die bürgerliche Gesellschaft in Europa seit einigen Jahren erfahren hat, und noch erfahren wird, ein Interregnum der sittlichen Triebfedern eintreten, an welches man in einem Zustande, wo alle Kräfte aufgeboten, alle Gemüther aufs höchste gespannt, und alle Leidenschaften in der fürchterlichsten Bewegung sind, ohne ein geheimes Entsetzen nicht denken kan.

Critisches Verzeichniß

der

bis in die Mitte des J. 1792 durch die französische Revolution

und das Werk des Herrn Burke

in England veranlaßten Schriften.

———————

Das folgende Verzeichniß ist vielleicht in mehr als einer Rück, ficht brauchbar. Es ist an und für sich merkwürdig, und der Mühe werth, einen flüchtigen Blick auf die allgemeine und anhaltende Bewegung zu werfen, welche die französische Revolution, und besonders die Burkische Schrift unter der denkenden und schreibenden Claſſe in England hervorgebracht hat. Es kan nicht unangenehm seyn, die mannichfaltigen Formen, in welche ſich ein und derselbe Gegenstand unter dieser an Origiginalität ſo reichen Nation kleidete, zu beobachten. Es ist endlich nicht ganz uninteressant für die Litteratur, alles, was über eine Hauptmaterie, wie diese, aus brittischen Federn gefloſſen ist, in einer kurzen Uebersicht (der ich jedoch zu diesem Ende die möglichste Vollständigkeit zu geben versucht habe) vereinigt zu finden.

Einen Umstand, welcher jedem, der dies Verzeichniß durchblättert, in die Augen leuchten muß, kan ich unmöglich mit Stillschweigen übergehen. Von den 74 Schriften, welche es enthält, ſind 46 gegen und nur 25 für Burke *); und anstatt daß man unter jenen die Arbeiten eines Priestley, Makintoſh, Lofft, Rous, Brooke-Boothby, und einiger andern von gleichem Gewicht findet, (die genievollen Ausschweifungen eines Barlow und Paine nicht einmahl zu gedenken) ſo giebt es unter dieſen nur wenige, die ſich über die Mittelmäßigkeit erheben, und keine einzige, die man vorzüglich, oder auch nur bedeutend nennen könnte. — Es

U 5

*) Die fehlenden drey ſind seine eignen, nach dem Hauptwerk erschieuenen.

verſteht ſich von ſelbſt, daß kein vernünftiger Mann von dieſem Umſtande einen Schluß auf den Werth des Burkiſchen
Buchs machen wird *). Wahrheit iſt immer Wahrheit, ſie
mag der Anhänger viel oder wenig haben, und bey der Beurtheilung eines ſo ernſthaften und vielſeitigen Gegenſtandes, als
eine Staatsverfaſſung iſt, eines Gegenſtandes, der ſo viel Vorbereitung und ſo viel Anſtrengung erfordert, möchte es wohl nicht
immer das weiſeſte ſeyn, nach dem Ausſpruch der Meiſten
zu fragen. — Aber eine Behauptung, die ſich an unzähligen
Stellen der Burkiſchen Schrift findet, die, „daß der bey weitem größte und beſte Theil der brittiſchen Nation weder die
franzöſiſche Conſtitution bewundre, noch eine Hauptveränderung
in der brittiſchen wünſche“, ſcheint durch dieſe auffallende Dis-

*) Nur Paine hat ſich unter andern Verſündigungen gegen
ſeine Gottheit — den gemeinen Menſchenverſtand, auch die
erlaubt, daß er den Vorzug ſeines Buchs vor allen ſchon vorhandnen oder noch zu erwartenden Büchern ſeiner Gegner, durch
die Anzahl der Exemplare beſtimmt, die er verkauft
hat, und die jene wahrſcheinlich verkaufen werden! Ich muß
die Stelle ſelbſt herſetzen, damit nicht diejenigen, welche Paine’s Ruhm kennen, ohne mit ſeinen Narrheiten bekannt zu
ſeyn, die Sache für Scherz oder Verläumdung halten. „Wenn
Herr Burke, oder irgend Jemand von ſeiner Seite eine Beantwortung der „Rechte des Menſchen“ zum Vorſchein bringt
die nur die Hälfte, nur den vierten Theil der Abdrücke
erlebt, welche meine Schrift erfahren hat, ſo will ich re-
pliciren. Aber ſo lange dies nicht geſchehen iſt, will ich dem
allgemeinen Urtheil des Publikums (dem ich ſonſt gewiß nicht
ſchmeichle) folgen, und das keiner Widerlegung werth achten,
was dies Publikum nicht der Mühe werth findet, geleſen zu
werden. Ich kan dreiſt annehmen, daß die Anzahl der Exemplare von dem erſten Theil der „Rechte des Menſchen „in
England, Schottland und Irrland zuſammen genommen, zwiſchen 40 und 50,000 geweſen iſt.“ S. Rights of Man. Part.
II. p. 10.

proportion zwischen der Anzahl der Schriftsteller für, und der
Schriftsteller gegen die französischen Revolution, gewaltig af,
fizirt zu werden. Wie die Stimmung der Englischen Nation
im Ganzen in diesem Augenblick (am Ende des Jahrs 1792)
beschaffen seyn mag, läßt sich ohne Vermessenheit außerhalb
England nicht angeben, mithin der Streit, ob Burke den wah,
ren Sinn der Majorität der Nation getroffen, oder verfehlt hat,
nicht mit Sicherheit entscheiden : aber folgende Bemerkungen
können doch zur Erklärung jenes sonderbaren litterärischen Phä,
nomens, welches den Anschein einer allgemeinen Verschwörung
der denkenden Köpfe gegen Burke's Buch erregt, das ihrige
beytragen.

1) Wenn auch die Anti-Burkische Parthey in Eng,
land viel kleiner wäre, als die Burkische, so würde sie doch
in einem Streit, der mit Schriften geführt wird, allemahl
das Uebergewicht der Menge haben, weil sich gerade in ihr
fast alles, was über politische Angelegenheiten schreibt, concen,
trirt. Wenn wir auf die Verfasser der meisten für die franzö,
sische Revolution in England erschienenen Schriften sehen, so
finden wir fast durchgängig privatisirende Gelehrte, junge auf,
blühende Genies, Leute von unabhängiger und eben darum
müßiger Lebensart. Alle diese sind den Freyheitssystemen, den
großen Verwandlungen, den allgemeinen Gährungen, und je,
der Begebenheit, die auf der öffentlichen Scene Leben, Bewe,
gung und Thätigkeit hervorruft, wäre sie auch mit Tumult und
Zerrüttungen verbunden, zugethan. Alle diese haben auch
Drang, Zeit und Muth zu schreiben. Dagegen giebt es in je,
dem Staat eine ansehnliche Classe denkender und gründlicher
Männer, die bey eben so großen Fähigkeiten als jene, ihrem
Geist eine andre Richtung gegeben haben, die, in wichtige oder
mühsame Geschäfte vergraben, ihre Gedanken über allgemein
interessante Materien weder mit der Schnelligkeit sammeln,
noch mit der Leichtigkeit vortragen können, deren es bedarf,
um mit der rüstigen Gegenparthey Schritt zu halten, und die
oft aus Bescheidenheit, oft aus persönlichem Mißfallen, oft

aus Furcht, durch vervielfältigte Einmischung in große und lebhafte Controversien, das was sie hintertreiben wollen zu befördern, den Schriftstellern der vorher beschriebnen Gattung, die gewöhnlich etwas mehr Dreistigkeit besitzen, einen unblutigen Sieg überlassen. Es wäre höchst unbillig, wenn man nicht annehmen wollte, daß eine beträchtliche Anzahl derer, welche auf Burke's Seite stehen, zu dieser schweigenden, aber in keiner Rücksicht verächtlichen Parthey gehört.

2) Burke's Schrift mußte ihrem Verfasser wegen ihres viel-umfassenden Inhalts, mehr als eine Gattung von Widersachern zuziehen: mithin ist es so sehr nicht zu verwundern, daß das gesammte Heer derer, welche gegen ihn auftraten, groß war. Außer den blinden Schwärmern, die in England schlechterdings alles abscheulich, in Frankreich alles vortreflich fanden, gab es noch drey Hauptclassen von Gegnern, auf deren Widerspruch sich Burke von Anfang an gefaßt halten mußte: Erstlich die, welche, ohne die französische Revolution zu vertheidigen, eine Veränderung in England wünschten. Zweytens die, welche, ohne mit der brittischen Constitution unzufrieden zu seyn, die französische (besonders in der Meynung, daß sie der brittischen ähnlich seyn würde) erhoben. Drittens, die ansehnliche Classe derer, welche Burke's Prinzipien in Ansehung der Religionsangelegenheiten verdammen mußten. Diese letzte Classe war die stärkste. Beynahe die Hälfte alles dessen, was gegen Burke geschrieben ist, beschäftigt sich mit Widerlegung seiner Ideen über religiöse Institute und Kirchenverfassung; und mehr als die Hälfte aller antiburkischen Schriften sind von dissentirenden Gelehrten geschrieben. Ein Umstand, der bey dieser Schätzung von Wichtigkeit ist.

3) Das, was diese beyden Bemerkungen nicht erklären, mag auf die Rechnung einer höchst merkwürdigen, und von Tage zu Tage unverkennbarern Veränderung gesetzt werden, welche die französische Revolution in England hervorgebracht hat. Das Philosophiren über allgemeine Gegenstände der Po-

Uelf, und das Critifiren der Grundſätze und Grundformen der
Conſtitution, (ſehr verſchieden von dem Tadel einzelner Regie-
rungsoperationen, der ſtets in England gebräuchlich geweſen
iſt) hat in den letzten zwey Jahren auch dort, der Himmel
weiß, ob zum Heil oder zum Verderben, größre Fortſchritte
gemacht, als in funfzig Jahren vorher: und die Anhänger der
franzöſiſchen Revolution haben ſich in Großbrittannien, ſo wie
in andern Ländern der Welt, faſt in eben dem Maße vermehrt, in welchem ſich die Sache, die ſie anbeten, verſchlim-
mert hat.

*　　*　　*

Die in dem nachſtehenden Verzeichniß mit * bemerkten
Schriften ſind ſolche, die ſich entweder durch vorzüglichen Inhalt auszeichnen, oder doch durch Umſtände berühmt worden
ſind — Uebrigens iſt in der Folge der Artikel, die Zeitordnung
ihrer Erſcheinung ſo gut als es ſich thun ließ, beobachtet. Gegen die Mitte des jetzigen Jahres ſcheint die große Debatte
ein Ende genommen zu haben, wenigſtens iſt nachher keine
Schrift von Wichtigkeit mehr zum Vorſchein gekommen.

Folgende Schriften, die auf die Burkiſche ſchon Bezug haben,
erſchienen v o r derſelben:

* 1. *A Discourse on the Love of our Country delivered on*
  Nov. 4. 1789. at the Meeting-House in the Old-Jewry
  to the Society for commemorating the Revolution in Great.
  Britain by Richard Price.

Rede über die Liebe zum Vaterlande, gehalten am 4ten No-
vember im Verſammlungshauſe in der Old-Jewry, vor
der zum Gedächtniß der Großbrittanniſchen Revolution
geſtifteten Geſellſchaft; von Richard Price.

Diese Rede war gleichsam der erste Feuerfunke der in das Gebiet von Großbrittannien fiel. Da in dem ersten Theil des Burkischen Werks weitläuftig davon gehandelt wird, so bedarf es hier keiner nähern Charakterisirung derselben.

* 2. *Substance of the Speech of the Right Honourable Edmund Burke, in the Debate on the Army Estimates in the House of Commons the 9th. Day of February 1790. Comprehending a Discussion of the present State of affairs in France.*

Auszug aus der Rede des Herrn Burke bey der Debatte über die Ausdehnung der Armee, am 9ten Februar 1790. Enthaltend eine Erörterung des gegenwärtigen Zustandes von Frankreich.

Burke's erste öffentliche Erklärung über die französische Revolution, die schon den Keim alles dessen enthält, was er nachher ausführlicher vorgetragen hat.

3. *A Letter from Earl Stanhope to the R. H. Edmund Burke, containing a short answer to his late Speech on the French Revolution. 8v. 34. p. Elmsley.*

Ein Brief des Grafen Stanhope an Herrn Burke, enthaltend eine kurze Antwort auf dessen letzte Rede über die französische Revolution.

Graf Stanhope war der Präsident der Revolutions-Gesellschaft, mithin ein natürlicher Gegner von Burke.

4. *Review of the Pamphlet, entitled, Discourse on the Love of our Country. 8v. 29. p. Faulder.*

Eine Uebersicht des Pamphlets, betitelt: Rede über die Liebe zum Vaterlande.

5. *Philosophical Reflections on the late Revolution of France, and the Conduct of the Dissenters in England, in a Letter to Dr. Priestley, by J. Courtenay. 8v. 34. p.*

Philosophische Betrachtungen über die neuste Revolution in Frankreich, und das Betragen der Dissenters in England, in einem Briefe an Dr. Priestley, von J. Courtenay (Mitglied des Parlaments, Verfasser einer Schrift über Johnson's Charakter.)

Eine beissende, oft nicht unglückliche Ironie, gegen diejenigen gerichtet, welche gefährliche Folgen der französischen Revolution in England ahndeten.

———————

Die Burkische Schrift selbst erschien unter dem Titel:

6. *Reflections on the Revolution in France and on the Proceedings in certain Societies in London relative to that event; in a Letter intended to have been sent to a Gentleman in Paris, by the Right Honourable Edmund Burke. (364. p. Dodsley.)*

Betrachtungen über die Revolution in Frankreich, und über die Proceduren gewisser Gesellschaften in London in Bezug auf diese Begebenheit; in Einem Briefe der für einen jungen Mann in Paris bestimmt war, von Herrn Edmund Burke.

———————

Auf diese Schrift folgten nun:

7. *A Letter to the Right Honourable Edmund Burke in Reply on his Reflections on the Revolution in France; by a Member of the Revolution-Society. 8v. 55. p. Stockdale.*

Ein Brief an Herrn Burke zur Antwort auf seine Betrachtungen über die französische Revolution, von einem Mitglied der Revolutions-Gesellschaft.

Der wahrscheinliche Verfasser ist Major Scott. Die Hauptidee in dem Briefe ist, daß zwei Personen, von denen sich die eine in Indien, die andre in Frankreich aufgehalten hat, einander wechselseitig schildern, wie falsch Burke im Hastingschen Proceß jenes

und in den Betrachtungen über die Revolution, dieses Land beurtheilt habe. Dies führt eine Vertheidigung des Herrn Hastings
herbey, die offenbar das wesentliche in der Schrift ausmacht.

8. *Short Observations on the R. H. E. Burke's Reflections etc.
8v. 42. p. Kearsley.*

Kurze Bemerkungen über Hrn. Burke's Betrachtungen ꝛc. —
Mit dem Motto aus Shakespear's Julius Cäsar.

> Cassius. Wie steht's mit Cicero? Wer wird ihn prüfen?
> Brutus. O nenn' ihn nicht! Laß uns nicht mit ihm brechen!
> Denn Er befördert nie, und wär's das beste,
> Was er nicht selbst ersann. . . .

Ein hartes, aber unwichtiges Pamphlett, voll von den alltäglichen
Deklamationen über die geringe Anzahl der bey der Revolution aus-
geübten Verbrechen, über die Verderbniß des französischen Adels,
Burke's Inconsequenz u. s. f.

9. *A vindication of the Rights of Man; in a Letter to the
R. H. E. Burke occasioned by his Reflections etc. by Mary
Wollstonecraft. (159. p. Johnson.)*

Eine Vertheidigung der Menschenrechte, in einem Briefe
an Burke, veranlaßt durch seine Betrachtungen u. s. f.
von Maria Wollstonecraft, (Verfasserin einer Er-
ziehungsschrift.)

Keine eigentliche Widerlegung, sondern das Produkt einer augenblicklichen Aufwallung voll wohlwollender Zärtlichkeit gegen die leidenden Classen der menschlichen Gesellschaft, deren Elend (selbst unter den besten Constitutionen) hier lebhaft geschildert ist, und denen
die edle Verfasserin durch diese Revolution geholfen glaubt.

10. *Observations on the Reflections of the R. H. E. Burke.
In a Letter to the Earl of Stanhope. (95. p. Dilly.)*

Bemerkungen über die Betrachtungen u. s. f. des Herrn
Burke. In einem Brief an den Grafen Stanhope.

Soll

Soll von Mistreß Macaulay Graham (gebohrnen Cambridge) Verfasserin einer Geschichte von England seit Jakob I, und
mehrerer politischer, philosophischer und pädagogischer Schriften
herrühren. — In dieser Rücksicht verdient das Buch einige Aufmerksamkeit, sonst enthält es gewöhnliche Sachen.

Weil es merkwürdig ist, daß das weibliche Geschlecht gleich
Anfangs so warmen Antheil an den französischen Angelegenheiten
genommen hat, so füge ich hier noch die Anzeige einer Schrift bey,
die zwar nicht eigentlich gegen Burke gerichtet, aber doch mit seinem Gegenstande genau verknüpft ist, und kurz nach seinem Buche
erschien:

11. *Letters written in France in the Summer 1790 to a Friend
in England containing various Anecdotes relative to the French
Revolution*, by *Helen Maria Williams*. 222. p. 12m.
Cadell.

Briefe aus Frankreich, geschrieben im Sommer 1790, an
einen Freund in England. Enthaltend verschiedne Anekdoten von der französischen Revolution; von H. M. Williams, (Verfasserin vieler Gedichte.)

An Stärke der Gedanken und des Ausdrucks steht diese Schriftstelle-
rin mehrere Stufen über den beyden vorigen. Uebrigens ist sie demselben politischen System zugethan, als jene.

* 11. *Thoughts on Government, occasioned by Mr. Burke's
Reflections etc. In a Letter to a Friend.* 48. p. Debrett.

Gedanken über Staatsverfassung, veranlaßt durch Herrn
Burke's Betrachtungen u. s. f. In einem Briefe an einen Freund.

Der Verfasser ist George Rous, einer der ansehensten Männer
in der neuen Whig-Parthey, bekannt durch verschiedne andre kleine
politische Schriften. (Ist in dieser Streitigkeit späterhin noch einmahl aufgetreten)

Das vorzüglichste was diese Schrift enthält (die übrigens mit
dem Lieblingsargument der Revolutionsfreunde, der Vergleichung

X

zwischen den Gräueln der Kriege und den Gräueln der Volksexcesse, anhebt) sind Ideen über die in der brittischen Staatsverfassung vorzunehmenden Reformen, die man in England mit ausgezeichnetem Beyfall aufgenommen hat.

Wenn man den Ton, in dem dieser Schriftsteller und mehrere seines Gleichen, die man gewiß des Aristokratismus in keinem Sinn des Worts beschuldigen wird, von der brittischen Constitution sprechen, mit dem Ton vergleicht, welchen Paine und einige seiner Schüler angestimmt haben, so wird es schwer zu glauben, daß von einem und demselben Staat die Rede sey, und ein mit der ganzen Controverse unbekannter Leser müßte sich durchaus einbilden, daß hier zwey ganz verschiedne Gegenstände im Spiel wären, welche weiter als der Nordpol und Südpol von einander entfernt lägen.

13. Preface and Additions to the fourth Edition of the Discourse on the Love of our Country; by Richard Price.

Vorrede und Zusätze zur vierten Edition, der Rede über die Liebe zum Vaterlande, von Richard Price.

Die wichtigste Rechtfertigung welche diese neue Ausgabe der Priceschen Rede enthält, ist die, daß es nicht die Scene vom 6ten October 1789, sondern der Einzug des Königs am 20ten July war, was die von Burke so heftig angegriffne Schilderung „des Triumphsaufzuges" zum Gegenstande hatte.

* *14. Remarks on the Letter of the R. H. Mr. Burke concerning the Revolution etc. by Capel Lofft. (100. p. Johnson.*

Bemerkungen über den Brief des Herrn Burke, betreffend die Revolution u. s. f. von Capel Lofft, (Verfasser vieler politischer Schriften, auch einiger Gedichte.)

Eine der schätzbarsten Schriften, die in dieser Controverse erschienen sind. Der Geist der Mäßigung, die Billigkeit, die Würde, die durchgehends darin herrschen, gewinnen bald das Herz des Lesers für den denkenden und wohlwollenden Mann, dem das Heil der Menschheit wichtiger als alles ist, der sich nie erlaubt, die Aufmerksamkeit von der Sache ab und auf unnütze Personalitäten zu richten, und der allenthalben, wo er mit seinem Gegner einstimmt, seinen Beyfall nicht wie einen erzwungnen Tribut, sondern wie eine wohlthätige Ergießung des Herzens darbringt. Es herrscht ein etwas schwerfälliger, zuweilen dunkler Styl in dieser Schrift; aber der Inhalt lohnt immer der Mühe, die es kostet, ihn auszuforschen.

15. *Thoughts on the Commencement of a new Parliament with an Appendix containing Remarks on the Letter of the R. H. E. Burke etc. by Joseph Towers.* (*165. p. Dilly.*)

Gedanken über den Anfang eines neuen Parlaments, mit einem Anhang; enthaltend Anmerkungen über den Brief des Herrn Burke u. s. f. von Joseph Towers, (einem dissentirenden Geistlichen, Verfasser vieler politischer Schriften).

Vertheidigung der beyden angegriffnen Societäten, Rechtfertigung des französischen Volks, Aufforderung der Britten zur Vereinigung mit Frankreich — Das ist der Hauptinhalt desjenigen Theils dieser Schrift, der sich auf die Burkische bezieht.

16. *Letters to the R. H. E. Burke occasioned by his Reflections etc. by Joseph Priestley.*

Briefe an Herrn Burke, veranlaßt durch seine Betrachtungen u. s. f., von Joseph Priestley.

Die größte Hälfte dieser Briefe beschäftigt sich mit dem Lieblingsthema des Verfassers, der Aufhebung der Kirchenmacht und alles bürgerlichen Unterschiedes zwischen den Religionspartheyen. Priestley's Grundsätze, Charakter und Schreibart sind auch in Deutschland bekannt genung: daß die französische Revolution in seinen Augen die glücklichste Begebenheit aller Jahrhunderte seyn würde, ließ sich zum Voraus erwarten.

17. *Temperate Comments upon intemperate Reflections, or a Review of Mr. Burke's Letter.* (*67 p. Walter.*)

Gemäßigte Anmerkungen über ungemäßigte Betrachtun=
gen, oder eine Uebersicht des Briefes des Herrn Burke
u. f. f.

Der unbekannte Verfasser sucht zu beweisen, „daß die National=
Versammlung unmöglich so schlecht seyn konnte, wie Burke sie
schildert, weil sie doch das Resultat der freyen Wahl einer großen
Nation war; daß der Hof, wenn er im Anfange der Revolution
die Oberhand behalten hätte, größre Massacren als je die Revolu=
tion hervorbrachte, verordnet haben würde, daß National=Banke=
rutt, und Krieg mit England beschlossen war u. f. f.“!

18. *Reflections upon Reflections including some Observations in
the Constitution and Laws of England in two Letters to the
R. H. E. Burke, by Robert Woolsey. (101 p. Stewart.)*

Betrachtungen über Betrachtungen mit Einschluß einiger
Bemerkungen über die Constitution und Gesetze von Eng=
land, in zwey Briefen an Herrn Burke von Robert
Woolsey.

Der erste Brief ist eine schlechte Vertheidigung der französischen Re=
volution: der zweyte ein harter Angriff auf die Englische Staats=
verfassung, worin mit pedantischer Pünktlichkeit alle großen und
kleinen Beschwerden, die nur irgend gegen diese Staatsverfassung
aufgebracht werden können, sogar mit Einschluß einzelner fehlerhaf=
ter Einlagesätze zusammengehäuft sind. Das Ganze in einem unan=
genehmen und plumpen Styl geschrieben.

19. *Strictures on the Letter of the R. H. E. Burke on the Revolution etc. and Remarks on certain occurrences that took place
in the last Session of Parliament relative to that Event.*

Zerstreute Anmerkungen über den Brief des Herrn Burke
u. f. w. und über verschiedne Begebenheiten in der letzten
Parlamentssitzung.

Der größte Theil des Pamphlets ist eine Vertheidigung der Dissen=
ters. Es ist durchgehends unbedeutend.

20. *Lindor and Adelaide. A moral Tale, in which are exhibi-*
ted the Effects of the late Revolution in France on the Peasan-
try of that Country. (385 p. Stockdale.)

Lindor und Adelaide. Eine moralische Erzählung, worin
die Wirkungen der französischen Revolution auf die Bau-
ern in Frankreich geschildert sind.

Der Endzweck dieses politischen Romans ist, die Thorheit derer ins
Licht zu stellen, die durch Staats-Revolutionen dem ärmern Theil
des menschlichen Geschlechts geholfen glauben — Da er in B u r k e's
Prinzipien geschrieben ist, und sogar eine Lobrede auf B u r k e's
Genie enthält, so sprechen die Englischen Critiker, (die fast ohne
Ausnahme zu den Anti-Burkianern gehören) nur in mittelmäßigen
Ausdrücken davon: und da es mir nie zu Gesicht gekommen ist, muß
ich mein eignes Urtheil darüber suspendiren.

21. *Comparison of the Opinions of Mr. B u r k e and Mr.*
R o u s s e a u on Government Reforms. (56. p. Lowndes.)

Vergleichung der Meynungen des Herrn B u r k e und des
Herrn R o u s s e a u über Reformen der Staatsverfaſ-
sungen.

Eine gar schwache Vertheidigung der Burkischen Grundsätze, worin
B u r k e's B e t r a c h t u n g e n mit R o u s s e a u's T r a k t a t über
die Regierungsform von Pohlen verglichen werden, eine
Vergleichung, die eben so unglücklich gerathen, als gewählt ist.

* 22. *Lessons to a young Prince by an old Statesman. (6th. Edi-*
tion. 182. p. Symonds.)

Unterricht für einen jungen Prinzen von einem alten Staats-
mann.

Ein eccentrisches, aber merkwürdiges Produkt, wovon die frühern
Ausgaben vor Burkes Schrift erschienen, und das in England viel
Glück gemacht hat, weil es, unter der Larve einer vollkommnen
Partheylosigkeit bittre ironische Ausfälle auf alle politische Partheyen
enthält. — Die Art, wie B u r k e in den neuen Ausgaben

dieſer Schrift behandelt wird, iſt gewiß weder treffend noch anſtändig.

23. *An Abridgment of the Letter of the R. H. E. Burke on the French Revolution.* (31. p. Debrett.)

Ein Auszug aus dem Brief des Herrn Burke über die franzöſiſche Revolution.

Ein Auszug aus Burke auf 31 Seiten! So gerathen, wie man es erwarten konnte.

24. *The wonderful Flights of Edmund the Rhapſodiſt, into the Sublime and Beautiful Regions of Fancy, Fiction, Extravagance and Abſurdity expoſed and laughed at: by a Deſcendant of Momus.* (72. p. Symords.)

Die wundervollen Flüge, Edmund des Rhapſodiſten, in die Erhabnen und Schönen Regionen der Einbildungskraft, Dichtung, Ausſchweifung, und Abgeſchmacktheit, dargeſtellt und verlacht von einem Abkömmling des Momus.

Nichts als eine elende Pöbelfarce.

25. *A Letter to the R. H. E. Burke from a Diſſenting Country-Attorney in Defence of his civil Profeſſion and religious Diſſent.* (150. p. Johnſon.)

Brief an Herrn Burke, von einem diſſentirenden Provinzial-Advokaten, zur Vertheidigung ſeines bürgerlichen Berufs und ſeiner religiöſen Meynungen.

Eine Vertheidigung des Advokatenſtandes, und heftige Ausfälle auf den geiſtlichen, beydes ſehr local, ſehr unzuſammenhängend, und ſehr partheyiſch.

26. *Strictures on the Letter of the R. H. E. Burke etc.* (173. p. Gardner.)

Zerſtreute Bemerkungen über den Brief des Herrn Burke) u. ſ. f.

keiner Aufmerkſamkeit werth! Nichts als alte Argumente, und nicht einmal in einem neuen Gewande.

27. *The Rights of Kings.* (46. p. Ridgway.)

Die Rechte der Könige.

Nicht zur Erweiterung, sondern zur Einschränkung dieser Rechte; doch in einem gemäßigten und vernünftigen Tone. Die Schrift soll folgende drey Prinzipien bestätigen: 1) Das Wohl des Volks ist der Zweck aller Regierung. 2) Die Form der Regierung ist das Mittel, um zu diesem Zweck zu gelangen. 3) Alle Macht in den Händen eines Regenten ist nur ein anvertrautes Gut.

28. *A Vindication of the R. H. Burke's Reflexions on the Revolution in France in Answer to all his Opponents.* (143. p. Debrett.)

Eine Rechtfertigung der Betrachtungen des Herrn Burke über die französische Revolution, zur Widerlegung aller seiner Gegner.

Eine Replik auf einige der vorzüglichern von den bisher angezeigten Schriften, besonders gegen den Verfasser des „Unterrichts für einen jungen Prinzen" gegen die „Kurzen Betrachtungen" (Nro. 7.) gegen Dr. Price, Major Scott, Dr. Towers, Lofft, Rous, Mrs. Wollstonecraft, Mrs. Graham, Priestley u. a. gerichtet. — Der Plan ist offenbar zu groß angelegt, als daß man ihn, ohne selbst Burke zu seyn, glücklich ausführen konnte. Dabey ist die Schrift in einem schwärmerischen, leidenschaftlichen, oft sehr bittern und ungestümen Ton geschrieben, und wird, allem Vermuthen nach, der Gottheit, auf deren Altar sie gelegt worden, kein recht süßes Opfer gewesen seyn.

Ein weit weniger wohlgefälliges aber mußte ihm folgendes Pamphlett bringen.

29. *Letter to the R. H. E. Burke, by Rossbonne, Curate of — Ex-member of the National Assembly.* (34. p. Ridgway.)

Brief an Herrn Burke, von Roßbonne, Pfarrer zu — gewesenen Mitgliede der National-Versammlung.

Der Titel ist eine Maske, unter der eine wohlmeynende, aber gar ohnmächtige Person steckt.

* 30. *Rights of man, being an Answer to Mr. Burke's At-*
tack on the French Revolution, by Thomas Paine, Se-
cretary for foreign affairs to Congreſs in the American
War. (171. p. Jordan.)

Die Rechte des Menſchen, eine Antwort auf Herrn Burke's
Angriff gegen die franzöſiſche Revolution, von Thomas
Paine, Secretair des Congreſſes zur Zeit des Amerika-
niſchen Krieges u. ſ. f.

Dieſe Schrift iſt die berühmteſte von allen, welche in England über
die franzöſiſche Revolution geſchrieben ſind. Sie hat, mehr als irgend eine andre, die Prinzipien dieſer Revolution, das Wohlgefallen an derſelben, und den Wunſch, ſie nachzuahmen, in jedem Theil
von Großbrittannien, und in den meiſten Ländern von Europa, wo
ſie geleſen und angebetet worden iſt, unter allen Claſſen von Menſchen verbreitet. Sie hat dem Nahmen ihres Verfaſſers auf der Liſte
der Freyheitshelden und Weltaufklärer dieſes Jahrhunderts eine der
erſten Stellen geſichert.

    Der ungeheure Succeß, der dieſe Schrift gleich den beyden äl-
tern, die Paine unter den Titeln: „Common Senſe“ und „A
Letter to the Abbé Raynal“ herausgab, begleitete, iſt nichts weniger als unerklärbar. Es vereinigen ſich in dem Schriftſteller zwey
Eigenſchaften, denen der Beyfall der Menge faſt immer auf dem
Fuß folgt; das Talent mit Stärke und mit Pomp populär zu ſchrei-
ben, und — eine unerſchütterliche Dreiſtigkeit.

    Für einen denkenden und unterrichteten Mann, enthalten die
Paineſchen Produkte durchaus nichts intereſſantes — als das Schau-
ſpiel ihrer Extravaganz. Wenn man ſich vom erſten Erſtaunen erholt hat, findet man weder neue Ideen noch neue Geſichtspunkte
darin. Wo er die Fehler der alten Staatsverfaſſungen tadelt, wirft
er ſich in abgedroſchnen Gemeinplätzen herum. Wo er neue vor-
ſchlägt, fällt er unabläſig in den gemeinen Irrthum, den Zuſtand
der Amerikaniſchen Freyſtaaten mit dem Zuſtand der Europäiſchen

Reiche zu vermengen. Wo er philosophische Begriffe entwickelt, ist er gewöhnlich seicht, verworren und unbefriedigend.

Das Charakteristische seines Ideenganges ist, daß er sich nie eher beruhiget, als bis er seinen Gedanken auf die äußersten Gränzen seines Gegenstandes hinauf geschraubt hat. Wenn er Könige lästert, (ein Geschäft, welches er mit einer vielleicht noch beyspiellosen Erbitterung, und so, daß es auch den geschworensten Feind der Könige ermüden muß, *treibt) so entläßt er sie nie eher, als bis er sie für die aller-unnützeste von allen unnützen Bürden dieses Erdbodens erklärt hat. Wenn er gegen die Exeesse des Regierens zu Felde ziehen will, so giebt er nicht eher nach, als bis er rein heraus gesagt hat, daß menschliche Angelegenheiten am besten — ohne alle Regierung gedeihen würden.

Sein desultorischer und regelloser Vortrag ist ein seltsames Gemisch von edeln und niedrigen, kraftvollen und wässerigten Phrasen, von Anekdoten und philosophischen Reflexionen, von Raisonnement und Deklamation. In seinem Styl ist weder Ordnung, noch Einheit, noch Geschmack; er ist oft stark, öfter matt, und zuweilen, ehe man es sich vermuthet, pöbelhaft. Mit einem Wort, sein Buch hat außer seinen eigenthümlichen Fehlern auch noch alle die Fehler, die man der Burkischen Schrift vorwirft, ohne eine einzige ihrer Schönheiten zu besitzen *).

Von diesem Buche erschien (der Zeitfolge nach viel später) der zweyte Theil unter dem Titel:

X 5

---

*) Ein Mann, den man wahrlich nicht für einen Anhänger Burke's halten wird, wenn man seine Schriften lieset, drückt sich über eine von den Tausend abgeschmackten Prahlereyen, die Paine's Buch enthält, folgendergestalt aus: „Mr. Paine observes very truly that", „his sentences do not „finish like Mr. Burke's periods with music in the ear and no-, thing in the heart," „for they are as unmusical, as they are absurd. Brooke Boothby Observations p. 117.

* 31. *Rights of Man. Part the second combining principle and pactice by Thomas Paine.* (178 p. *Jordan.*

Die Rechte des Menschen. Zweiter Theil, worin die Theorie mit der Praxis vereinigt ist; von Thomas Paine. Dieser Theil ist an La Fayette gerichtet, und außer einer rechtfertigenden Vorrede, in fünf Abschnitte zerlegt, von denen jeder ganz füglich den Titel eines jeden andern führen könnte, weil dieselben Ideen, und dieselben Ausdrücke in einem wie in den andern vorkommen. Die Titel der Abschnitte heißen: 1) Von der bürgerlichen Gesellschaft und Civilisation 2) Von der Entstehung der jetzigen alten Staatsverfassungen. 3) Von alten und neuen Regierungssystemen. 4) Von Constitutionen. 5) Mittel und Wege, den politischen Zustand von Europa zu verbessern, durchstreut mit vermischten Anmerkungen.

Die Praxis, welche auf dem Titel angekündiget ist, findet sich nur auf den letzten 60 Seiten, und besteht in einem Plan, die Ausgaben der Großbrittannischen Regierung (ohne daß die Frage, wie denn dieses möglich gemacht werden soll? — mit etwas anderm als einem Vorschlage zur Allianz zwischen Frankreich, Amerika, England und Holland, beantwortet wäre) von 2 Millionen Pf. St. auf 1½ Millionen herabzusetzen, und den Ueberschuß des jetzigen Ertrages der Taxen (deren Aufhebung, wie es heißt, dem Handel gefährlich seyn würde) jedes Jahr unter die Armen zu vertheilen! *) Es versteht sich von selbst, daß eins von den Mitteln zu dieser großen Reform, die gänzliche und plötzliche Abschaf-

*) Nachdem er die Außenlinien dieses unglaublichen Projekts vorgetragen, und besonders den Umstand, daß die Million der Civilliste 150,000 Alten zu Gute kommen würden, herausgehoben hat, bricht er in folgende pathetische Beschwörung aus: „Ist es besser, daß ein Müßigänger diese Million verschlucke, oder daß eine Menge hülfloser Menschen davon ernährt werde? Laßt Vernunft und Gerechtigkeit, laßt Ehre und Menschlichkeit, laßt selbst Heuchelev, Schmeichelev und — Herrn Burke, laßt George, laßt Ludwig, Leopold, Friedrich, Catharine, Cornwallis oder Tippoo Saib die Frage beantworten.“

fung der Königlichen Würde ist, von der in diesen 176 Seiten, wenigstens 150mahl gesagt wird, „sie sey die verderblichste aller Narrheiten, die je den Erdboden befleckt haben, weil sie Einem Menschen ein jährliches Einkommen von Millionen verschaffe, da doch
(wie Paine förmlich berechnet hat) kein Sterblicher mehr als
20,000 Pf. St. jährliches Gehalt verdienen könnte" —

Was positiver Rath und praktische Lehre heißen kan, ist durchgängig von dieser Stärke: desto ernsthafter und gefährlicher aber sind
die Ausfälle auf die jetzige Verfassung Großbrittanniens und aller
übrigen Staaten von Europa. Die unerhörte Frechheit dieses
Schriftstellers, dem schlechterdings nichts auf Erden heilig ist, macht
selbst den geübtesten Leser auf Augenblicke stutzig, und muß den
schwächern unaufhaltsam mit sich fortreißen. Es ist, als könnte der
nicht irren, der mit einer so eisernen Zuverlässigkeit, mit einer so
diktatorischen Ueberlegenheit, mit einer so unerschütterlichen Consequenz zu Werke geht. Die wahre Kunst, den Beyfall der Welt zu
erwerben, ist, daß man nichts halb unternehme. · Niemand hat
diese Maxime in solchem Grade benutzt und ein so dreistes Gebäude von systematischer Raserey darauf gegründet, als dieser aus-
schweifende Demagogen-Fürst.

Der Styl ist im zweyten Theil etwas besser als im ersten, auch
herrscht etwas mehr Einheit und Zusammenhang darin, obgleich die
Ordnung noch immer höchst willführlich bleibt, und Gedanken von
„äquatorischer Größe" (wie sie hier genannt worden) mit elenden
Personalitäten und gemeinen Jahrmarktskunststücken *) abwechseln.

---

*) Unter diese rechne ich folgende Stelle, die ich hier in einem
treuen Auszuge liefre, und die, als Ernst betrachtet, zu traurige Schlüsse auf den Gemüthszustand ihres Verfassers veranlassen würde: „Herr Burke läugnet, daß Staatsverfassungen
auf Rechte des Menschen gebaut sind: sollen sie nun auf
Rechte überhaupt gebaut seyn, so müssen sie sich auf die Rechte von etwas gründen, das nicht Mensch ist: nun giebt
es aber keine andre Bewohner der Erde, als Menschen und
Thiere; mithin müssen sich die Staatsverfassungen auf

Das empörendste in dem Buch (wenn es anders unter solchen Excessen eine Gradation geben kan) ist die Art, wie der Verfasser von sich selbst redet, und die Unverschämtheit, die wichtigsten Discussionen zu unterbrechen, um den Leser von den unschätzbaren Diensten zu unterhalten, die Er, als der erste Mann dieses Jahrhunderts, dem menschlichen Geschlecht geleistet hat.

32. *A Defence of the Constitution of England against the Libels that have been lately published against it particularly Mr. Paine's Pamphlett etc. (61 p. Baldoin.)*

Eine Vertheidigung der Englischen Constitution gegen die Libelle, welche neuerlich wider dieselbe erschienen sind, besonders Paine's Pamphlet.

Gegen den Verfasser des „Unterrichts für einen jungen Prinzen" gegen Paine und gegen den bekannten Horne Tooke gerichtet, den der Verfasser als den versteckten Anstifter aller politischen Zwistigkeiten und aller geheimen Intriguen gegen die brittische Constitution, seit beynahe 50 Jahren (?) darstellt.

33. *Rights of Englishmen. An Antidote to the Poison now vending by the transatlantic Republican Thomas Paine, by Isaac Hunt; an American Loyalist. (91 p. Bew.)*

Rechte der Engländer, ein Antidot für das Gift des transatlantischen Republikaners Thomas Paine, von Isaac Hunt, einem Amerikanischen Loyalisten.

Eine schwache, plumpe, und schlecht-geschriebne Invective, die man nur mit großer Mühe bis aus Ende lieset.

* 34. *A Letter to the R. H. E. Burke, by Sir Brooke Boothby. (120 p. Debrett.)*

Ein Brief an Herrn Burke, von Sir Brooke Boothby.

Rechte der Thiere gründen!! mithin ist eine Staatsverfassung ein Vieh!! — Rights of Man. Part. II. P. 55.

Das Werk eines redlichen, einsichtsvollen und gebildeten Mannes, eines gesunden Kopfs und eines menschenliebenden Herzens, mit großer Unpartheylichkeit und mit vielem Anstande geschrieben. (Der Verfasser ist weiterhin noch einmahl aufgetreten.)

35. *Observations on the R. H. E. Burke's Reflections etc. by Benjamin Bousfield. (54 p. Dublin.)*

Bemerkungen über Burke's Betrachtungen u. s. f., von Benjamin Bousfield.

Einer der gewöhnlichen Vertheidiger bürgerlicher und religiöser Freyheit, mit Wärme aber dabey doch leidlich anständig geschrieben: sonst in keiner Rücksicht merkwürdig.

36. *Brief Reflections upon the Liberty of the British Subject in Adress to the R. H. E. Burke, occasioned by his late publication by John Buttler. (144 p. Canterbury.)*

Kurze Betrachtung über die Freyheit des Britten, gerichtet an Herrn Burke, veranlaßt durch seine neuste Schrift, von Johann Buttler.

Eine offenherzige Erklärung eines redlichen Mannes aus einer niedern Volksclasse, über die Mängel der Englischen Staatsverfassung, besonders aber die Mißbräuche in dem Repräsentationssystem, worunter er persönlich gelitten zu haben versichert, indem er durch seine Weigerung, einem mächtigen Candidaten seine Stimme zu geben, einen Theil seines Lebensunterhalts verlohren zu haben glaubt.

37. *The first principles of civil and ecclesiastical Government delineated in a Letter to Dr. Priestley, occasioned by his to Mr. Burke; by Samuel Cooper. (Robinson.)*

Die ersten Grundsätze bürgerlicher und religiöser Verfassung; in einem Briefe an Dr. Priestley, veranlaßt durch die seinigen an Herrn Burke, von Samuel Cooper.

Eine gar mittelmäßige Vertheidigung einiger Burkischen Grundsätze.

38. *Letters to Thomas Paine in Answer to his late Publication by a Member of the University of Cambridge.*

Briefe an Thomas Paine, zur Antwort auf seine letzte Schrift; von einem Mitgliede der Universität zu Cambridge.

39. *Letters to Thomas Paine in Answer to his late Publication, shewing his errors and the fallacy of his principles as applied to the Government of this Country.*

Briefe an Thomas Paine u. s. f. worin seine Irrthümer und die Falschheit seiner Grundsätze in Rücksicht auf die Regierungsform von England gezeigt werden.

Zwey Schriften, davon mir nichts als die Existenz und der Titel bekannt ist. Die letztre hat indessen zwey Auflagen erlebt.

40. *A Letter from an eminent legal Character late of Trou-la-Putin en Dauphiné and now of the City of Dublin to the Whigs of the Capital.* (Debrett.)

Ein Brief eines berühmten Rechtsgelehrten, vormals zu Trou la Putin in Dauphine, und gegenwärtig zu Dublin, an die Whigs der Hauptstadt.

Eine nicht ganz übel gerathne Satyre! Der wichtige Rechtsgelehrte ist — der Scharfrichter, der nach einer sinnreichen Auslegung der Rechte des Menschen, und mit den Paineschen Grundsätzen gerüstet, eine Menge grober Schandthaten begeht, und sie in Einstimmung mit diesen Grundsätzen ziemlich glücklich rechtfertiget.

* 41. *Letters on the Revolution of France and on the new Constitution occasioned by the Publications of the R. H. E. Burke and Alexander de Calonne, adressed to John Sinclair Bart, by Thomas Christie with an Appendix of original Papers and Documents.*

Briefe über die französische Revolution und die neue Constitution von Frankreich, veranlaßt durch die Schriften der Herren Burke und Alexander Calonne, gerichtet an Johann Sinclair (Baronet, Verfasser der Geschichte der Englischen Staatsrevenüen) von Thomas Christie, mit einem Anhange von Original-Dokumenten u. s. f.

Eine

Eine der beliebtesten unter den Revolutionsschriften der Engländer, weil sie sehr genaue und detaillirte Nachrichten von der innern Beschaffenheit der neuen Constitution liefert. Sie verdient allerdings das Lob, daß sie mit vieler Sachkenntniß geschrieben ist. Dies scheint mir aber auch das einzige zu seyn, welches man ihr mit Recht beylegen kan. Die Grundsätze sind schwach, die Argumente seicht und alltäglich, die Urtheile einseitig und partheyisch. Mehr als drey Viertheile der Gedanken und sogar der Ausdrücke in diesen Briefen sind entlehnt. Die Darstellung der neuen Constitution (das heißt der abgerißnen Stücke derselben, die damals existirten) macht den wesentlichen Theil des Werks, und der Anhang, bestehend aus 40 allgemein-bekannten Piecen, die Hälfte desselben aus.

42. *Letter to the R. H. E. Burke, on Politics, by E. Tatham.* (111 p. Oxford.

Brief an Herrn Burke über Politik, von E. Tatham.

Der Verfasser ist ein Schulmann, der freylich besser gethan hätte, wenn er von diesem Probestück zurückgeblieben wäre. Es ist ein höchst-unglücklich-abgelaufner Versuch einer Vertheidigung der Burkischen Ideen.

43. *Reflections on the Revolution in France, by Mr. Burke, considered, also Observations on Mr. Paine's Pamphlet, by James Edward Hamilton.* (145 p. Johnson.)

Burke's Betrachtungen über die französische Revolution beurtheilt, nebst Bemerkungen über Paine's Pamphlett, von J. E. Hamilton.

Eine armselige Schrift eines guten und wohlmeynenden Mannes, dem unglücklicher Weise Aristoteles Politik in die Hände fiel, die ihn zu dem Entschluß begeisterte, ein politischer Schriftsteller zu werden. Er geht im Lobe dieses Buchs, dem er den ersten Rang unter allen alten und neuen politischen Schriften einräumt, so weit, daß er ihm sogar das Verdienst der Deutlichkeit und der Methode im hohen Grade zuschreibt! Kommen Schwierigkeiten vor, die mit

Y

dem Aristoteles nicht zu heben sind, so bekennt er ganz offenherzig, daß er sich nicht zu helfen wisse — Ein Beyspiel seiner politischen Einsichten ist unter andern der Rath, den er Frankreich giebt — sich dem brittischen Reich, so wie es Irland gethan, zu incorporiren!

44. *A short Letter to the R. H. E. Burke on his strange Conduct in the house of Commons, and his Impeachment of the French Revolution.*

Ein kurzer Brief an Herrn Burke über sein seltsames Betragen im Parlament, und den der französischen Revolution gemachten Proceß.

Ein plumper und unbedeutender Angriff!

* 45 *Vindiciae Gallicae. Defence of the French Revolution and its English Admirers against the Accusations of the R. H. E. Burke, including some Strictures on the late Production of Mr. de Calonne, by James Makintosh.* (351 p. Robinsons.)

Vindiciae Gallicae. Eine Vertheidigung der französischen Revolution und ihrer Bewundrer in England gegen die Anklagen des Herrn Burke; mit abgerißnen Bemerkungen über das letzte Werk des Herrn von Calonne von Jakob Makintosh.

Dies ist der Achilles aller für die französische Revolution in England erschienenen Schriften. Da der Beurtheilung dieses Buchs eine der obigen Abhandlungen gewidmet ist, so ist es nicht nöthig hier etwas davon zu sagen.

46. *Answer to the Reflections of the R. H. E. Burke etc. by Mr Depont.* (12mo. 36 p. Debrett.)

Antwort auf die Betrachtungen des Herrn Burke u. s. f., von Depont.

Enthält die Berichtigung einiger einzelnen Umstände in der Burkischen Schrift, und eine hoffnungsvolle Versicherung, daß nunmehr alle Unruhen in Frankreich geendiget, und nichts als Glückseligkeit

im Gefolge der neuen Conſtitution zu erwarten ſey! — Das merk⸗
würdigſte dieſer kleinen Schrift iſt, daß der Verfaſſer derſelben eben
der junge Mann iſt, an welchen die Betrachtungen des Hrn. Bur⸗
ke gerichtet waren.

47. *Strictures on the Letter of the R. H. E. Burke on the Re-*
   volution of France. (173 p. Gardner.)

Abgeriſſne Bemerkungen über Burke's Brief über die fran⸗
zöſiſche Revolution.

Nur ein geringer Theil des Buchs beſchäftigt ſich mit der franzöſi⸗
ſchen Revolution: der größte mit Engliſcher Politik, beſonders aber
mit der religiöſen Verfaſſung. Burke iſt ſehr ſchlecht behandelt; ſonſt
iſt die Schrift eine der erträg'ichern.

* 48. *Two Letters from the R. H. E. Burke on the French*
   Revolution; one to the French Translator of his Reflections,
   the other to Captain W. (24 p. Symonds.)

Zwey Briefe von Herrn Burke über die franzöſiſche Re⸗
volution; der eine an den franzöſiſchen Ueberſetzer ſeines
Werks, der andre an den Hauptmann W.

Die beyden Briefe hatten in den öffentlichen Blättern geſtanden.
Die Veranlaſſung des erſten gab eine Aufforderung des Verfaſſers
der franzöſiſchen Ueberſetzung (eines höchſt mittelmäßigen Produkts,
was nicht den Schatten des Burkiſchen Geiſtes kenntlich machen kan)
daß Burke ſich über ſeine Angriffe auf den Charakter Heinrich des IV.
rechtfertigen ſollte. Er thut es in dieſem Briefe ohne jedoch um ein
Haar breit von ſeiner (gewiß ſehr treffenden) Schilderung (S. Th. 1.
S. 215. u. f. der Ueberſ.) zurück zu weichen — der andre iſt die
Antwort auf ein Schreiben, mit welchem ihn Hauptmann W. die Rede
des Abt Maury überſandt hatte. Nachdem er dem Genie und der
Kunſt in dieſen Reden volle Gerechtigkeit widerfahrenlaſſen, giebt
er ſeinem Correſpondenten den Auftrag, dem Verfaſſer derſelben, wenn
ihn der Revolutionſturm aus Frankreich vertreiben ſollte, eine Zu⸗
flucht in ſeinem Hauſe anzubieten, „wo er ihm die Wohnung, welche
Mirabeau inne gehabt hatte, einräumen würde, nachdem er die⸗

felbe durch alle in feinen Kräften ftehende Mittel, (nur nicht durch
das, welches jener alte Spanier androhte, um den Schimpf, den
Connetable von Bourbon beherbergt zu haben abzuwaſchen) gerei-
niget hätte."

* 49. *A Letter from Mr. Burke to a Member of the National Aſſembly. In Anſwer to Some objections to his Book on
French Affairs.* (74 p. *Dodsley.*)

**Ein Brief von Herrn Burke an ein Mitglied der Natio-
nal-Verſammlung über einige Einwürfe gegen ſein Buch.**

Der Ton dieſes Briefes iſt an manchen Stellen leidenſchaftlicher, als
alles, was das gröſre Buch enthält, und würde tadelhaft ſeyn,
wenn nicht die Stärfe und das Feuer der Gedanken, und die immer ſteigende (durch den Contraſt zwiſchen der handgreiflichen Untauglichkeit der Sache und dem zügelloſen Enthuſiaſmus ihrer Lobredner, aufs höchſte geſpannte) Erbitterung des Schriftſtellers ihn
erflärte und rechtfartigte. Der berüchtigte Ausfall auf Rouſſeau,
der in dieſer Schrift vorfömmt, hat ihr und ihrem Verfaſſer die
meiſten Feinde zugezogen. Selbſt dieſer Ausfall enthält wahre,
feine und groſe Bemerkungen, ob er gleich im Ganzen ungerecht iſt.
Der übrige Theil der Schrift hat die Behandlung gewiß nicht verdient,
welche ihn der Partheygeiſt der Gegner erfahren ließ.

* 50. *An Appeal from the new to the old Whigs, in conſequen-
ce of Some late Diſcuſſions in Parliament, relative to the Reflections on the French Revolution.* (139. p. *Dodsley.*)

**Apellation von den neuen zu den alten Whigs, in Verfolg
einiger Streitigfeiten im Parlament, veranlaßt durch die
Betrachtungen über die franzöſiſche Revolution. (Von
Herrn Burke.)**

Die Debatten über die in Canada einzuführende Regierungsform
(on the Quebec - Bill) eröfneten für Burke eine zweyte Gelegenheit, ſeine Geſinnungen über die franzöſiſche Revolution im Parlament laut werden zu laſſen. Es fam darauf an, ob man bey der

Organisation dieser Regierungsform nach brittischen oder nach französischen Grundsätzen verfahren sollte. Fox, Sheridan, und verschiedne andre Häupter der Oppositionsparthey hatten sich nur zu deutlich für die letztern erklärt: Burke wollte dem Strom ihrer gefährlichen Popularität etwas entgegen setzen. Dies führte (am 27. April 1791, als sich das Haus in eine Committee über die Quebec Bill verwandelt hatte) die berühmte Streitigkeit herbey, worin Fox und Burke ihre alte Freundschaft öffentlich und auf immer zerrissen.

Um seine Grundsätze, und sein Betragen an diesem Tage zu rechtfertigen, und seine Absichten bey der Publizirung seiner Betrachtungen in ihr wahres Licht zu stellen, besonders aber um sich gegen den Vorwurf politischer Inconsequenz und des Ueberganges von der Parthey der Freyheit zu der Parthey des Despotismus zu vertheidigen, gab Burke, einige Zeit nach jener Streitigkeit im Parlament, diese Schrift heraus, die zwar der äußern Form nach von einem andern zu seiner Vertheidigung geschrieben ist, die aber in jeder Zeile den Geist, die Kraft und den Styl ihres Verfassers verräth, der sich auch nirgends zu verbergen suchte.

Der größte Theil dieser Schrift beschäftigt sich mit einer historischen und critischen Argumentation für den Satz: daß Burke in seinen Aeusserungen über Revolutionen überhaupt, und besonders über die Englische im Jahr 1688, wenn gleich im Widerspruche mit den Whigs seiner Zeit, den Prinzipien der ältern Whigs, welche an der Spitze des Parlaments standen, das Jakob den II. absetzte, vollkommen treu gewesen ist. Sich in die Tiefen dieser Argumentation einzulassen, ist für einen Fremden ein weniger-interessantes, und wie es scheint, ein ganz vergebliches Unternehmen. Es kömmt hier nicht mehr auf Worte und Deklarationen, sondern auf Beurtheilung geheimer Gedanken und Erforschung des versteckten Sinns alter Formeln an, seitdem sich einige der mächtigsten Gegner des Burkischen Systems in die Behauptung geworfen haben, daß Lord Somers, und die andern herrschenden Whigs von 1688 in dem Statut Bill of Rights, und in allen darauf folgenden öffentlichen Akten (worauf sich Burke mit allem Recht stützt) ihre wahren Grundsätze dem Geist der Zeiten zu Liebe verhüllt hätten. — Sobald das Raisonnement eine solche Richtung nimmt, ist es fast nicht mehr möglich, zu einem sichern Schluß zu gelangen.

. Mir scheint diese ganze Untersuchung von keiner großen Wichtigkeit zu seyn. Um zu entscheiden, ob ein politisches Prinzip gut sey, kömmt wenig darauf an, ob alte Whigs, oder neue Whigs, oder gar keine Whigs es angenommen haben Die Wahrheit wird nicht um einen einzigen-Grad mehr oder weniger Wahrheit, wenn diese oder jene politische Parthey sie auf ihre Fahnen schreibt. Aus diesem Grunde habe ich das Unternehmen des Herrn Burke, sich nach dem System der alten Whigs gegen die neuen zu vertheidigen, so vernünftig und nothwendig es auch in Rücksicht auf seine Privats verhältnisse seyn mochte, im Ganzen immer ziemlich unbedeutend und den glücklichen oder unglücklichen Erfolg desselben, aus allgemeinen Gesichtspunkten angesehen, gleichgültig gefunden.

Dies abgerechnet, halte ich diese Burkische Schrift für eine meisterhafte Vertheidigung: die, welche ihn beschuldigten, daß er nicht anders als in den Ausbrüchen heftiger Leidenschaften spreche, werden sich hier beschämt finden; die, welche ihn verkannten, werden, wenn ihre Verblendung nicht unheilbar ist, sich orientiren, die, welche an ihm irre wurden, ihn begreifen lernen. — Außer dem was ganz eigentlich zu seiner Rechtfertigung gehört, sind Ideen und Raisonnements in diesem Werk, die an Tiefsinn dem stärksten, was das größre enthält, an die Seite gesetzt werden können. Das Ganze ist ein ehrenvolles Monument der Grundsätze und Handlungsmaxi men des großen Manns, das hoffentlich länger als das Andenken an die meisten seiner Widersacher dauern wird.

* 51. *A Letter to the R. H. E. Burke, by George Rous, in Reply to his Appeal from the new to the old whigs. (126 p. Debr.)*

Ein Brief an Herrn Burke von George Rous; zur Ant wort auf seine Apellation u. s. f.

Der Verfaſſer (ſchon aus Nr. 15. bekannt) iſt einer der ſtärkſten Verfechter der Nothwendigkeit einer Reform in der Engliſchen Staats-verfaſſung. Rechtfertigung ſeiner Grundſätze über dieſen Punkt, und Vertheidigung der Prinzipien auf welchen das neue politiſche Syſtem von Frankreich beruht, machen den Hauptinhalt dieſer Schrift aus, die in jeder Rückſicht unter die beſſern gehört.

* 52. *Obſervations on the Appeal from the new to the old Whigs and on Mr. Paines Rights of Man. In two Parts, by Sir Brooke Boothby. (283 p. Stockdale.)*

Bemerkungen über die Apellation von den neuen Whigs zu den alten, und über Paine's Rechte der Menſchen. In zwey Abſchnitten von Sir Brooke Boothby.

Dies Buch iſt eins der vorzüglichſten die in dieſer Controverſe erſchie-nen ſind, nicht, als Darſtellung eines Syſtems, ſondern als In-begriff einzelner, gründlicher und wichtiger Bemerkungen über die beyden Schriften, mit deren Reviſion es ſich beſchäftiget. Da der Verfaſſer ein geſchworner Foxite iſt, ſo war es nicht zu erwarten, daß Burke mit ausgezeichneter Schonung behandelt werden würde. Aber deſto mehr gereicht es ihm zur Ehre, daß er von dem Augen-blick an, da Paine vor den Richterſtuhl gezogen wird, gleichſam vergißt, daß Burke in dieſem Streit zu einer andern Parthey als er ſelbſt gehört, und nun mit Burke, den er ſtrenge genug critiſirt hatte, gegen den erklärten Feind der brittiſchen Conſtitution gemein-ſchaftliche Sache macht. Schon dieſe Wendung macht die Schrift intereſſant, die Widerlegung des Paine iſt durchgehends glücklich, und mit vieler Sachkenntniß geſchrieben.

53. *A Letter from Major Scott to Mr. Burke in Anſwer to his Appeal. (Stockdale.)*

Ein Brief des Major Scott an Herrn Burke zur Antwort auf ſeine Apellation.

Eine boshafte Sammlung aller der Stellen aus Burkes Reden und Schriften, die mit ſeinen neuern Grundſätzen in Widerſpruch ſtehen (oder doch zu ſtehen ſcheinen.)

Y 4

54. *Strictures on the new Tenets of Mr. Burke , by Charles Pigott Esq. (104 p. Ridgway.)*

Bemerkungen über die neuen Lehren des Herrn Burke, von Carl Pigott.

Treibt dasselbe Gewerbe als die vorhergehende, nur viel schwächer und armseeliger.

55. *Parallel betwen the Conduct of Mr. Burke and that of Mr. Fox in their late Party Contest , in a Letter to the former.*

Parallele zwischen dem Betragen des Herrn Burke und dem des Herrn Fox bey ihrem neulichen Streit, in einem Brief an den erstern.

Von einem Foxiten geschrieben, mithin strenge gegen Burke. Sonst ist dies Pamphlett gemäßigt, und nicht übel gedacht. Ein Punkt, der vorzüglich darin urgirt wird, ist „die Verbesserung des Repräsentationssystems in England“, bey welcher Gelegenheit der Verfasser von den Anführern der neuen Whigspartbey sagt: „diese Männer wollen, daß das Volk, welches von Rechtswegen alles, gegenwärtig nichts ist, wenigstens etwas werde.“

56. *Examination of Mr. Burkes Appeal, by Belsham Esq. (Dilly.)*

Prüfung der Apellation des Herrn Burke, von Belsham.

Der Verfasser gehört nicht gerade unter die schwächern Gegner, doch enthält keine Schrift wenig Neues.

57. *Historical Memoir on the French Revolution. To which are annexed Strictures on the Reflections of Mr. Burke.*

Historisches Memoire über die französische Revolution, mit angehängten Bemerkungen über Herrn Burke's Betrachtungen.

Von dem Verfasser der vorigen Schrift, von dem auch ein neuerlich erschienenes, in England sehr gerühmtes Buch: „Essays philosophical, historical and litterary“ herrührt. — Der historische Theil ist der beste. Die Bemerkungen gegen Burke zeichnen sich

blos durch Heftigkeit aus. In Ansehung des Styls gehört das
Werk unter die vorzüglichern.

58. *A British Freeholder's Adress to his Countrymen on
Thomas Paines Rights of Man.*

**Eines brittischen Landmanns Anrede an seine Landsleute über
Paine's Rechte des Menschen.**

59. *Slight Observations on Paine's Pamphlett in 3 Letter.*

**Flüchtige Bemerkungen über Paine's Pamphlett, in drey
Briefen.**

Zwey ganz unbedeutende Schriften.

60. *A Letter to a Member of the National Assembly, containing Remarks on the proceedings of that body, Strictures on
Mr. Burke and Mr. Paine etc.*

**Ein Brief an ein Mitglied der National-Versammlung,
über die Proceduren derselben, über Burke, Paine u. s. f.**

Voll blinden Freyheitsenthusiasmus, ohne Würde oder Neuheit der
Gedanken, ohne Reiz im Styl.

* 61. *Remarks on the Letter of Mr. Burke to a Member of
the National - Assembly, by Capel |Lofft. (84. p.
Johnson.)*

Eine kleine Schrift, die auch als Anhang zur zweyten Edition der
oben (Nr. 14.) angezeigten Schrift ausgegeben wird. Sie enthält
viel Gutes; das merkwürdigste darin ist eine starke, edle, und mehr
rentheils glückliche Vertheidigung Rousseau's gegen die in dem Burkischen Briefe enthaltne Schilderung desselben.

62. *The political Crisis, or a Dissertation on the Rights of
Man. (125 p. Jordan.)*

**Die politische Crise, oder eine Abhandlung über die Rechte
des Menschen.**

Eine schlechte Schrift für Paine.

63. *Letters to Thomas Paine, by a Member of the University af Cambridge. (64 p.)*

Briefe an Thomas Paine, von einem Mitgliede der Univer=
sität Cambridge.

64. The Republican refuted in a Series of biographical, criti-
cal and political Strictures on Paine's Rights of man by
Charles Harrington Elliot. (102 p. Richardson.)

Der Republikaner widerlegt in einer Reihe biographischer,
critischer und politischer Anmerkungen über Paine's Rechte
des Menschen, von Carl Harrington Elliot.

Zwey schlechte Schriften gegen Paine; wovon besonders die letzte
in einem sehr unanständigen Tone geschrieben ist.

65. A Defence of the Rights of Man, being a Discussion of
the Conclusions drawn from those Rhights, by Mr. Paine.
(34 p. Evans)

Vertheidigung der Rechte des Menschen, eine Untersuchung
der von Herrn Paine daraus gezogenen Schlüsse.

Eine kurze Widerlegung des Paine, mit Mäßigung und Vernunft,
aber ohne Neuheit und Nachdruck geschrieben.

66. A new Friend on an old Subject. (Rivington.)

Ein neuer Freund über einen alten Gegenstand.

Keine tiefsinnige Schrift, aber eine gute und edle Vertheidigung des
persönlichen Charakters des Herrn Burke. Es ist der Mühe werth,
folgende Schilderung aus dieser Schrift hier einzuführen. „Die
Nachwelt sagt der Verfasser, wird ihn blos aus den großen und
herrschenden Zügen seines Lebens kennen lernen — in Religions,
materien, fest bey seiner Ueberzeugung, standhaft in seinem Gehor,
sam, erhaben in seinen Hoffnungen — in seinem politischen Wan,
del eifrig und treu, nicht so sehr ein Anhänger irgend einer Parthey,
als eine Stütze des nach seinem System unserm Vaterlande so un,
umgänglich, nöthigen Gleichgewichts der Mach: — im häuslichen
Leben sanft und liebreich in einem seltnen Grade — in der Freund,
schaft herzlich und standhaft" —

67. Notes upon Paine's Rights of Man. (96 p. Debrett.)

Noten über Paine's Rechte des Menschen.

Sechs Abhandlungen gegen Paine, und die Vertheidiger seines Systems, in einem gesuchten Styl geschrieben, und von keinem sonderlichen Werth.

68. *A Rejoinder to Mr. Paine's Pamphlett entitled, Rights of Man.* (102 p. *Kearſley.*)

Replik auf Paine's Pamphlett über die Menschenrechte.

Eine elende Schrift, voll politiſchen und theologiſchen Unſinns, worin bewieſen wird, „daß der Teufel unſre erſte Mutter dadurch, daß er ſich für einen Vertheidiger der Rechte des Menſchen ausgab, verführte, und daß Herr Paine der Anti-Typus der großen Schlange ſey!! — "

69. *Rights of Citizens, being an Inquiry into ſome of the Conſequences of ſocial Union and an Examination of Mr. Paine's principles on Governmens.* 130 p. *Debrett.*)

Rechte der Bürger, eine Unterſuchung einiger Folgen des geſellſchaftlichen Vereins, und der Prinzipien des Herrn Paine.

Kein Buch von erſter Stärke, aber doch ein vernünftiges Raiſonnement, und eine der beſten Widerlegungen des Herrn Paine.

70. *A vindication of the Revolution-Society againſt the Calumnies of Mr. Burke.* (59 p. *Ridgway.*)

Eine Rechtfertigung der Revolutions-Geſellſchaft gegen die Verläumdungen des Herrn Burke.

Beruht hauptſächlich auf der Behauptung, daß die Revolutionsgeſellſchaft die Geſinnungen der Nation ausgedrückt habe. — Burke wird ſehr ſchlecht behandelt, und die ganze Broſchüre iſt keiner Aufmerkſamkeit werth.

71. *Rights for Man, or Analytical Strictures on the Conſtitution of Great Britain; by Robert Applegarth.*

Rechte für Menſchen, oder analytiſche Bemerkungen über die Conſtitution von Großbrittannien, von Robert Applegarth.

Ein elendes Gewäsch über die Revolutionssucht dieser Zeiten, voll theologischen Schwulstes, erbärmlicher Deklamationen gegen Amerika und Irland u. s. f.

* 72. *Advice to the privileged Orders in the several states of Europe resulting from the necessity and propriety of a General Revolution in the principle of Government; by Joel Barlow.*

Guter Rath an die privilegirten Stände der Europäischen Staaten, gegründet auf die Nothwendigkeit und Zweckmäßigkeit einer allgemeinen Revolution in dem Prinzip der Regierungen, von Joel Barlow. (Einem jungen Amerikaner, Verfasser zweyer politisch = didaktischen Gedichte unter dem Titel: „Die Erscheinung des Columbus" und „die Verschwörung der Könige.")

Der erste Theil dieses Werks enthält 4 Abschnitte, 1) Feudalsystem, 2) Kirche, 3) Militair, 4) Justizverwaltung — der zweyte Theil, welcher in kurzem erfolgen soll, wird mit den Betrachtungen über Finanzen, Litteratur u. s. f. das Ganze beschließen.

Man kan von der französischen Revolution mit allem Recht sagen, daß sie gerade so vertheidigt wird, als sie ausgeführt worden ist. So wie die Stifter dieser Revolution die meisterhaftesten Zerstöhrer, aber die schlechtsten Baumeister waren, die es je gegeben hat, so sind ihre besten Lobredner treffliche Tadler des gegenwärtigen Zustandes der Dinge, aber sehr unbrauchbare Rathgeber, wenn es darauf ankömmt — einen bessern zu finden.

Von wenigen gilt beydes in so hohem Grade, als von dem Verfasser dieser Schrift. Seine Critik der jetzigen Verfassung der bürgerlichen Gesellschaft ist oft wahr und treffend, die Beredsamkeit mit der er das Elend der niedern Volksclassen, die Schrecknisse der Kriege, und die Gräuel des religiösen Fanatismus schildert, ist kühn, eindringend und mächtig. Aber

Quum ventum ad verum est. . . . .

wenn nun die Mittel, um diesen Uebeln abzuhelfen, angegeben wer-

ben sollen, dann kommen alle die Armseligkeiten zum Vorschein,
womit die französischen Redner und Schriftsteller seit drey Jahren die
Welt verhöhnen. „Allgemeine Gleichheit der Menschen" ohne auch
nur anzugeben, worin sie eigentlich bestehen soll, „Rechte des Menschen" ohne zu zeigen, wie man darauf allein Staatsverfassungen
baut, „Beyspiel von Amerika" ohne auch nur die entfernteste Möglichkeit der Nachahmung dieses Beyspiels in irgend einem Europäischen
Staat nachzuweisen — dies ist die Summa aller Lehre, die dieses
Buch liefert, sobald man etwas positives darin sucht, und sich nach
dem Gebäude umsieht, was auf allen Trümmern, die es bereitet,
empor steigen soll.

Im Gedankenreichthum, Zusammenhang und Styl steht dieser
Schriftsteller sehr weit über P a i n e, und sein Werk behauptet allerdings
einen ansehnlichen Rang unter den Revolutionsschriften die in England erschienen sind. In der Ausdehnung und Tollkühnheit der Zer-
störungsplane, in der Dreistigkeit der Prophezeyhungen, in der fabelhaften Extravaganz der Verbesserungsideen, und in allem was man
zu der politischen Unverschämtheit, die in den letzten Jahren Mode
geworden ist, rechnen kan, hat es das stärkste was Paine liefern konnte, erreicht, wo nicht übertroffen. Dies ist so deutlich als
möglich gesagt, daß es für ein unbefangnes Gemüth trotz aller Schönheit des Vortrages und der Wahrheit und Stärke einzelner Ideen
empörend seyn muß.

73. *An Answer to the second part of Rights of Man; in
two Letters to the Author.* (60 p. *Rivingtons.*)

Antwort auf den zweyten Theil „der Rechte des Menschen",
in zwey Briefen an den Verfasser.

Eine sehr vernünftige kleine Schrift, in welcher Paine's gefahrvolle
Rhapsodien aus den wahren Gesichtspunkten beurtheilt werden.

74. *An Examination of the R. H. E. Burke's Reflections etc.
interspersed with Hints of Improvements of the new French
Constitution; by F r a n c i s S t o n e.* (212 p. *Robinson.*)

Eine Prüfung der Betrachtungen u. s. f. des Herrn Burke, nebst Winken zur Verbesserung der neuen französischen Constitution, von Franz Stone, (Vorsitzer der Gesellschaft der petitionirenden Geistlichkeit in England, Verfasser einiger kleinen politischen Schriften.)

Hoffentlich die letzte der ausführlichen Erörterungen der Burkischen Schrift; unstreitig eine der schwächsten. — Unter den Verbesserungen der französischen Constitution, welche der Verfasser in Vorschlag bringt, ist eine der vornehmsten: „die gänzliche Zerstöhrung der gallikanischen Kirche durch die Einführung einer völligen Freyheit, sich Prediger, von welcher Art sie auch seyn mögen, zu wählen." Neu ist dieser Verbesserungsvorschlag freylich nicht: aber daß er ausgeführt werden wird, so ausschweifend er auch scheinen mag, erwartet die Welt von einem Tage zum andern." Ein andrer, „daß die National-Versammlung die geistlichen Güter nicht hätte verkaufen, sondern verpachten sollen" verräth die geringe Kenntniß, die der Verfasser von diesem Geschäft, und allen dabey vorkommenden Umständen gehabt haben muß.

* A Defence of Dr. Price and the Reformers of England, by the Reverend Christopher Wyvil. (100 p. Johnson.)

Vertheidigung des Dr. Price und der Reformatoren in England, von Christoph Wyvil, (Rector zu Black-Notley in Essex, Verfasser verschiedner kleinen sehr geschätzten theologischen und politischen Schriften, und Vorsitzer einer freywilligen Association, die sich vor einigen Jahren in der Grafschaft York versammelte, um über die Mittel zu einer Parlamentsreform zu berathschlagen.)

Diese Schrift ist eine der vorzüglichsten die gegen Burke erschienen sind. Sie trägt die Klagen über die Mängel in der brittischen Staatsverfassung mit edler Freymüthigkeit, mit geziemender Würde, und mit großer Mäßigung vor. Sie dringt auf Reformen, indem sie Revolutionen verdammt; sie erhebt die Constitution indem sie sie tadelt — Wenn das, was Zeitungen, Journale und Broschüren aller Art einmüthig behaupten, gegründet seyn, wenn dem brittischen Staatssystem wirklich eine Hauptveränderung bevorstehen sollte, möchte doch ein günstiges Schicksal, Männern dieser Art, Gehör und Einfluß verschaffen!

————